Hermann Schmidt

LITERATOUR

Eine Reise durch die wunderbare
WELT DER BÜCHER

Hoffmann und Campe

1. Auflage 2022
Copyright © 2022 Hoffmann und Campe Verlag, Hamburg
www.hoffmann-und-campe.de
Umschlaggestaltung: © KUZIN & KOLLING,
Büro für Gestaltung, Hamburg, Hannah Kolling
Umschlagabbildung: Coles Phillips *Woman reading in rocker*
July 1913, Good Housekeeping
Satz: fuxbux, Berlin
Gesetzt aus der Chaparral und der Spartan
Druck und Bindung: GGP Media GmbH, Pößneck
Printed in Germany
ISBN 978-3-455-01496-9

Ein Unternehmen der
GANSKE VERLAGSGRUPPE

In dankbarer Erinnerung an meine Gladenbacher Lehrer
Dieter Blume und Dr. Berthold Leinweber

Hermann Schmidt

Inhalt

IV DICHTER FÜR EINE BESSERE WELT

V KLASSIKER DER MODERNE

Vorwort

Der vorliegende Band stellt eine persönliche Auswahl bedeutender Autoren des 19., 20. und 21. Jahrhunderts vor, die nicht nur durch ihr literarisches Schaffen auf sich aufmerksam gemacht haben, sondern zumeist auch ein außergewöhnliches Leben führten: unangepasst wie Else Lasker-Schüler, aufrührerisch wie Georg Büchner, mal eigenbrötlerisch wie Walter Kempowski, mal haltlos wie Hans Fallada, einige alkoholabhängig wie Joseph Roth, Dylan Thomas, Patricia Highsmith und Peter Kurzeck, oder starke Raucher wie Wilhelm Busch oder Heinrich Böll, einige von der steten Suche nach Liebe getrieben wie Georges Simenon, Patricia Highsmith, Bertolt Brecht, manche vergleichsweise »normal«, viele verkannt, geschmäht und verfolgt, immer aber von der Passion des Schreibens getrieben.

Von allen vorgestellten Autorinnen und Autoren und deren von mir ausgewählten Büchern und Werken geht eine einzigartige, unverwechselbare Faszination aus, die mein Leben als Leser in jungen Jahren geprägt hat und die bis heute anhält. Niemand, der sich auf die abenteuerliche Reise durch die Welt der Bücher begibt, wird sich deren Zauber entziehen können.

Begonnen hat meine »Reise« mit Grimms Märchen, den Märchen von Hans Christian Andersen, Ludwig Bechstein, Wilhelm Hauff und mit den Bildergeschichten von Wilhelm Busch.

Gedichte und Novellen von Theodor Storm, Verse von Annette von Droste-Hülshoff, Theodor Fontane, Rainer Maria Rilke und Erich Kästner, Kurzgeschichten von Ernest Hemingway, Heinrich Böll und Siegfried Lenz, die ich durch meine

Deutschlehrer Dieter Blume und Dr. Berthold Leinweber kennenlernte, führten dazu, dass ich mich für die Lebensgeschichte dieser Autoren zu interessieren begann. Seit Mitte der siebziger Jahre des alten Jahrhunderts habe ich regelmäßig Reisen zu den Lebensstationen meiner Lieblingsautoren und den Schauplätzen ihrer Werke unternommen. So bin ich in das Falladasche »Haus am See« in Carwitz gelangt, besuchte immer wieder einmal die bezaubernde »Stormstadt« Husum, begab mich auf die Spuren von Franz Kafka in Prag, reiste nach Laugharne in Wales, wo Dylan Thomas zeitweilig lebte und schrieb. Eine weitere Reise führte mich nach Salinas und Monterey in Kalifornien, wo John Steinbeck lebte – um nur einige Orte meiner langen Reise durch die literarische Welt zu nennen.

Über allem könnte der Titel eines Songs von John Lennon und Paul McCartney stehen: »Magical Mystery Tour«. Ich möchte Sie gerne mitnehmen auf eine Reise durch die wunderbare Welt der Bücher und der Menschen, die sie geschrieben haben.

Die Kurzbiographien meiner Lieblingsautorinnen und -autoren werden ergänzt durch kommentierte Textauszüge, Buchtipps und Hinweise zu Gedenkstätten.

Herrn Rainer Wieland, dem Lektor dieses Buches, danke ich für seine akribische Durchsicht des Manuskriptes und die zahlreichen Anregungen, die er mir für die »Literatour« mit auf den Weg gegeben hat. Frau Sophia Jungmann und dem Team von Hoffmann und Campe danke ich für Rat und Tat bei der Fertigstellung des Buches.

Hermann Schmidt, im Juni 2022

I
LESEVERFÜHRER

1 Wilhelm Busch.
Der ewige Junggeselle

*15.4.1832 Wiedensahl
†9.1.1908 Mechtshausen

Als ich ein kleiner Junge war, las ich jeden Abend vor dem Beten und Einschlafen in meinem Bett, während draußen auf der Straße ab und zu ein Auto vorbeifuhr und das Dorf bereits schlief. Im Frühjahr und Sommer las ich, solange es hell war, im Herbst und Winter, nach Einbruch der Dunkelheit, mit der Taschenlampe unter der Decke.

Die bekanntesten Märchen der Brüder Grimm, die von Hans Christian Andersen und Wilhelm Hauff hatte mir und meinem Freund, dem Nachbarsjungen Giso, dessen Oma Anna erzählt, während wir in der Küche saßen und dazu rohe Kartoffeln aßen, die sie schälte und in einen großen Topf mit kaltem Wasser warf.

Bald danach bekam ich eine Märchensammlung geschenkt. Nun konnte ich meine Lieblingsmärchen selbst lesen: »Von einem, der auszog, das Fürchten zu lernen«, »Der fliegende Koffer«, »Hans im Glück«, »Der kleine Muck«, das waren meine Lieblingsmärchen.

In meinem Zimmer stand ein kleines Bücherregal, in dem sich die Bücher meiner Eltern und meines Großvaters befanden, darunter: *Vom U-Boot bis zur Kanzel* von Martin Niemöller, Rilkes *Aufzeichnungen des Malte Laurids Brigge*, Goethes *Die Leiden des jungen Werthers*, Eichendorffs *Taugenichts*, die Romane von Theodor Plievier, eine Sammlung deutscher Balladen – und natürlich die Bibel. Keines dieser Bücher aus dem Regal las ich. Mit einer Ausnahme, und das war das *Große Wilhelm Busch Buch*, damals neben *Dr. Oetkers Backbuch* und einem

Gesundheitslexikon zum Pflichtbestandteil eines jeden deutschen Durchschnittshaushalts gehörend.

Mit Wilhelm Busch begann meine jahrzehntelange, bis heute anhaltende Reise durch das Abenteuerland der Literatur. Natürlich kannte ich bereits die Bildgeschichte *Max und Moritz*. Mit meiner Mutter und meinen beiden Schwestern hatte ich sogar die Verfilmung im Union-Theater in der nahen Kreisstadt Biedenkopf gesehen: der erste Film meines Lebens. Danach träumte ich davon, eine Holzbrücke, die über den Dorfbach führte, anzusägen, um anschließend beobachten zu können, wie der dicke Dorfdiener, der mit einer Glocke durch den Ort ging und die neuesten Bekanntmachungen des Bürgermeisters verlas, in den Bach plumpste. Und ich stellte mir vor, wie ich einem ungeliebten Onkel eine Tüte mit Maikäfern ins Federbett legte.

Im *Großen Wilhelm Busch Buch* entdeckte ich schließlich mit der *Tobias Knopp*-Trilogie die Welt der Erwachsenen. Immer wieder las ich die Verse, sodass ich bald einige davon auswendig aufsagen konnte. Noch heute kann ich mich über die Zeilen des großen Volksdichters ausschütten vor Lachen: *Rotwein ist für alte Knaben / Eine von den besten Gaben*. Oder: »*Heißa!!*« – *rufet Sauerbrot – / »Heißa! meine Frau ist tot!!*«[1]

Im weiteren Verlauf meines Lebens habe ich die Bildgeschichten und Gedichte Wilhelm Buschs immer wieder gelesen. Als Erwachsener fuhr ich in die Bilderbuch-Dörfer Wiedensahl, Ebergötzen und Mechtshausen, die Lebensstationen des Dichters, um die Schauplätze seiner Helden und ihrer Geschichten wiederzufinden. Jeder Weg hat sich gelohnt.

Geboren wurde Wilhelm Busch am 15. April 1832 als erstes von sieben Kindern in Wiedensahl, wo die Eltern einen Krämerladen betrieben. Das Dorf liegt bei Stadthagen, unweit des Steinhuder Meeres, und gehörte damals zum Königreich Hannover. Vater Busch war sehr auf Bildung bedacht. Die Söhne erhielten eine umfassende schulische Ausbildung und ergriffen zum Teil akademische Berufe: Einer wurde Mathematiklehrer, ein anderer promovierte in Philosophie. Der älteste Sohn der Familie, Wilhelm, sollte Maschinenbauer werden.

Als Wilhelm neun Jahre alt war, wurde er zum Bruder seiner Mutter, dem Pastor Georg Kleine, nach Ebergötzen bei Göttingen in Obhut gegeben. Das Zuhause in Wiedensahl war für die große Familie zu eng geworden. Nach Wilhelm wurden später auch die anderen Geschwister der Erziehung des Pastors anvertraut. Erst drei Jahre nach seinem Abschied von der Familie sah Wilhelm seine Eltern wieder. Das Fernsein von den Eltern war eine schwere Bürde für den kleinen Jungen, der ein besonders enges Verhältnis zu seiner Mutter hatte.

Die Erziehung durch den Onkel sollte indessen entscheidend für den weiteren Lebensweg Wilhelm Buschs sein. Busch ging in Ebergötzen nicht in die Dorfschule, er erhielt durch seinen Onkel Einzelunterricht, bis er im Alter von fünfzehn Jahren an die Polytechnische Schule in Hannover wechselte. Dort entpuppte sich Wilhelm als Musterschüler.

In Ebergötzen räumte der Onkel seinem Neffen viele Freiheiten ein, nachdem er erkannt hatte, dass Wilhelm ein außergewöhnlich begabter Junge war. Mit dem Müllersohn Erich Bachmann entwickelte sich eine enge Freundschaft. Gemeinsam streiften die Jungen im Dorf und in der Natur umher, fingen Forellen, spielten Streiche, und sie zeichneten zusammen. Erich Bachmann übernahm später die Mühle des Vaters. Er war und blieb für ein ganzes Leben der beste Freund Wilhelm Buschs.

1847 gab Wilhelm Busch das Berufsziel Maschinenbauer auf und beschloss, ein Studium der Malerei aufzunehmen. Er verließ die Oberschule in Hannover und besuchte fortan die Kunstakademie in Düsseldorf. Dort wurde er allerdings auch nicht recht glücklich. Deshalb wechselte er zur Königlichen Akademie der Künste in Antwerpen. Nach einem weiteren Jahr kehrte er nach Wiedensahl zurück. Wilhelm Busch war jetzt zwanzig Jahre alt, und seine künstlerische Zukunft, die der Vater eher kritisch gesehen und nur unwillig finanziert hatte, war ungewiss.

Dem Ruf eines Düsseldorfer Studienkollegen folgend, brach Wilhelm Busch nach München auf, in die Stadt, die in jenen Jahren den Ruf einer Kunstmetropole hatte. Dort wurde Busch in den Künstlerverein Jung-München aufgenommen. Gemeinsam mit Freunden lebte er ein sorgloses Leben, konnte sich zunächst jedoch nicht als Künstler etablieren. Bei einem der allabendlichen Wirtshausbesuche in München lernte er den Verleger der *Fliegenden Blätter* und *Münchener Bilderbogen*, Caspar Braun, kennen, der Busch anbot, für ihn zu arbeiten. Damit konnte sich Busch für einige Zeit finanziell über Wasser halten und regelmäßig seinem Durst frönen. In einer Männerrunde zog man an den Wochenenden aus der Stadt hinaus in die umliegenden Biergärten an den oberbayerischen Seen und beim Kloster Andechs. Inzwischen rauchte Busch von morgens bis abends, immerzu selbst gedrehte Zigaretten. Täglich kam er auf vierzig bis fünfzig Zigaretten französischen Tabaks.

Wilhelm Busch war zwar häufiger einmal verliebt, doch geheiratet hat er nie. Als er beim Vater der siebzehnjährigen Anna Richter um die Hand des Mädchens anhielt, wurde sein Antrag abgelehnt, da er keine zuverlässige berufliche Perspektive zu bieten hatte. Seine späteren Darstellungen ehelichen Lebens sind dann auch allesamt von satirischem Humor geprägt, etwa die einzigartig-wunderbare Darstellung des Schicksals von Tobias Knopp.

Von 1867 an war Busch häufiger Gast der Frankfurter Bankiersfamilie Keßler, bei der sein Bruder Otto als Hauslehrer angestellt war. Wilhelm Busch fühlte sich zur Ehefrau des Bankiers hingezogen, die Mutter mehrerer Kinder war. Die Bankiersgattin sammelte Gemälde und glaubte in Wilhelm Busch einen großen Maler entdeckt zu haben. Johanna Keßler wusste um Wilhelms Zuneigung für sie. Ob sie es duldete, dass sich mehr als platonische Gefühle einstellten, ist literaturge-schichtlich nicht belegt. Jedenfalls bezog Busch eine Wohnung in der Nähe des Keßler-Hauses und lebte vier Jahre in Frankfurt am Main.

Daneben pflegte Busch eine enge Freundschaft mit der Holländerin Maria Anderson, die ihm gestand, ihn »platonisch« zu lieben. Ein Foto zeigt Maria Anderson als hagere Frau mit zotteligen Haaren und harten Zügen. Es verwundert nicht, dass die Holländerin kein sonderliches Begehren des in sich selbst ruhenden Dichters auslöste.

Die 1872 erschienene Bildgeschichte *Die fromme Helene*, in der Wilhelm Busch die religiöse Heuchelei auf die Schippe nahm, fand die Anerkennung zahlreicher Kritiker. Inzwischen hatte Wilhelm Busch einen hohen Bekanntheitsgrad erreicht. Seine Bildgeschichten waren in ganz Deutschland verbreitet und außerordentlich populär.

Nachdem Busch Frankfurt am Main verlassen hatte, ging er wieder zurück nach Wiedensahl. Dort zog er zunächst ins Haus seines Bruders Adolf und dessen Ehefrau Johanna ein. Als es zu Unstimmigkeiten kam, wechselte er ins Wiedensahler Pfarrhaus von Schwager Hermann Nöldeke. Der Wiedensahler Pastor war mit seiner Schwester Fanny verheiratet. Und als der Schwager starb, zog Busch mit Schwester Fanny ins Pfarrwitwenhaus. »Bei meiner Schwester habe ich es nun auch gut«, schrieb er einmal an Marie Anderson.

1898 wurde der Neffe Otto Nöldeke als Pfarrer in das an den östlichen Ausläufern des Harzes gelegene Dorf Mechtshausen berufen. Mutter Fanny und sein berühmter Onkel folgten ihm dorthin. Das Malen hatte Wilhelm Busch bereits zwei Jahre vorher aufgegeben. Gegen eine Abfindung von 50 000 Mark hatte er sämtliche Rechte an seinen Veröffentlichungen an den Verlag Bassermann abgetreten.

In Mechtshausen wussten nur wenige Menschen, welch berühmter Zeitgenosse dort an den Abenden spazieren ging.

An seinem siebzigsten Geburtstag flüchtete Wilhelm Busch von dort, um dem Trubel der Feierlichkeiten aus dem Wege zu gehen. In seiner Abwesenheit trafen Tausende von Glückwünschen und Geschenken ein. Der Verlag, der *Max und Moritz* erstveröffentlicht hatte, überwies 20 000 Mark, die Busch an Krankenhäuser in Hannover weitergab.

Wilhelm Busch, einer der größten Humoristen deutscher Sprache, starb am 9. Januar 1908 im Alter von 76 Jahren an einer plötzlichen Herzschwäche. Gut getrunken und viel geraucht hat der gute Mann bis zu seinem letzten Atemzug.

Buschs anhaltender Ruhm gründet auf seinen Bildgeschichten, allen voran *Max und Moritz*, *Fips, der Affe* und der Vers-Trilogie *Tobias Knopp* – sie sind die Vorläufer der Comics. Seit mehreren Jahrzehnten werden einzelne Bildgeschichten Wilhelm Buschs von Pädagogen, Eltern, Erziehern und Literaturinteressierten zunehmend kritisch beleuchtet. Dabei wird auf gewalttätige Szenen und Grausamkeiten verwiesen, wenn zum Beispiel die »bösen Buben« Max und Moritz ins Mühlwerk geraten, fein geschrotet als Körner enden und vom Federvieh gefressen werden. Auch in *Tobias Knopp*, *Hans Huckebein* oder in der *Frommen Helene* und in anderen Bildergeschichten Buschs lassen sich vergleichbare Geschehnisse entdecken, die zu dem Fazit der Kritiker führen, derartige Texte aus pädagogischen Erwägungen Kindern vorenthalten zu müssen. Ähnliches müsste übrigens, nebenbei erwähnt, dann auch für unzählige Märchen der Brüder Grimm gelten.

Bei der Lektüre der entsprechenden Bildgeschichten Buschs wie auch beim Lesen der Märchen habe ich diese Abschnitte als Kind nicht weiter reflektiert und auch nicht bewusst als Bedrohung wahrgenommen. Dass »böses Tun« Strafen nach sich zieht, war in der Praxis der Erziehung des 19. und 20. Jahrhunderts üblich. Die grotesk übertriebenen Strafen, die Wilhelm Busch in Wort und Bild setzt, waren mir dennoch deutlich, ohne dass ich dabei Schaden genommen oder Ängste entwickelt hätte. Und vermutlich ging es den meisten Kindern ebenso.

Ein weiterer Vorwurf in der Rezeption des Werkes von Wilhelm Busch bezieht sich auf den ihm unterstellten Antisemitismus. Mehrfach lassen sich Stellen in Bildgeschichten und Briefen finden, die geeignet sind, dies zu belegen, wenn er etwa in der *Frommen Helene* schreibt: *Und der Jud mit krummer Ferse / Krummer Nas' und krummer Hos' / Schlängelt sich zur hohen Börse / Tiefverderbt und seelenlos ...*[2] Auch an anderer Stelle (etwa in *Plisch und Plum*) lassen sich vergleichbare Textpassagen finden. Allerdings sollten diese in ihren zeitlichen Kontext gestellt werden. *Die fromme Helene* erschien im Jahr 1872, *Plisch und Plum* zehn Jahre später. Gehässigkeiten, Verunglimpfungen und Vorurteile über jüdische Mitbürger waren in jener Zeit in Deutschland und anderen europäischen Ländern leider weitverbreitet. Wilhelm Busch folgte in den inkriminierten Texten dem Zeitgeist jener Jahre. Vor dem Hintergrund des Holocaust, der Jahrzehnte später als das größte Verbrechen gegen die Menschlichkeit in die Weltgeschichte eingegangen ist, bekommen die entsprechenden Verse eine Dimension, die zum Zeitpunkt ihrer Niederschrift nicht absehbar war. Das entschuldigt nichts. Die Textstellen sind eindeutig antisemitisch. Spott und Häme über Juden dürfen in Buschs Werken nicht übersehen werden. Ob man Busch aber deshalb per se als Judenhasser oder Wegbereiter des Nationalsozialismus bezeichnen darf, bleibt weiterhin umstritten.

Unbestritten gilt: Wilhelm Busch ist derjenige Autor des 19. Jahrhunderts, der wie kein anderer das deutsche Spießbürgertum der Gründerjahre karikiert hat. Seine Werke haben einen volksliedhaften Ton. Unzählige seiner Verse sind zu geflügelten Worten geworden, die bis heute im deutschen Sprachgebrauch erhalten geblieben sind.

Im Jahr 2018 erschien das Buch *Laubengänge* von Gerhard Henschel und Gerhard Kromschröder, das eine Wanderung der beiden Autoren von Wiedensahl nach Ebergötzen in Wort und Bild wiedergibt: ein Wiedereintauchen in die Welt des Dichters, der mich in meiner Kindheit zum Lesen verführt hat.

Meine Lieblingsbücher von Wilhelm Busch:
- **Tobias Knopp**
- Balduin Bählamm
- Maler Klecksel
- Die fromme Helene
- Max und Moritz

Nach *Max und Moritz* ist das Versepos **Tobias Knopp** das bekannteste Werk Wilhelm Buschs. Die drei Teile *Abenteuer eines Junggesellen*, *Herr und Frau Knopp* und *Julchen* entstanden in den 1870er Jahren. Ich las den *Knopp* zum ersten Mal im Alter von dreizehn oder vierzehn Jahren. Auf der unentwegten Suche des Junggesellen nach einer Liebsten muss er manche Enttäuschung hinnehmen, beispielhaft steht dafür die Episode mit seiner »alten Flamme« Adele:

Transpirierend und beklommen, / Ist er vor die Tür gekommen, / Oh, sein Herz, es klopft so sehr, / Doch am Ende klopft auch er. / »Himmel«, ruft sie, »welches Glück!! / Knopp sein Schweiß, der tritt zurück. /»Komm, geliebter Herzensschatz, / Nimm auf der Berschäre Platz! / Nur an dich bei Tag und Nacht, / Süßer Freund, hab ich gedacht. / Unaussprechlich inniglich, / Freund und Engel, lieb ich dich!«[3]

Das ist dem lieben Knopp dann doch zu viel, aber Rettung naht:

Knopp, aus Mangel an Gefühl, / Fühlt sich wieder äußerst schwül; / Doch in dieser Angstsekunde / Nahen sich zwei fremde Hunde. / »Hülfe! Hülfe!« – ruft Adele – / »Hilf, Geliebter, meiner Seele!!!« / Knopp hat keinen Sinn dafür. / Er entfernt sich durch die Tür. – / Schnell verläßt er diesen Ort / Und begibt sich weiter fort.[4]

Doch schon bald wendet sich alles zum Guten. Knopp gründet eine Familie, und nahtlos schließen sich in *Herr und Frau Knopp* und *Julchen* kuriose Szenen einer Ehe und Begebenheiten an, die Busch in formvollendeten Versen so witzig zu erzählen weiß, dass sie bis heute zum Schönsten gehören, was die deutsche Lyrik zu bieten hat.

Empfehlenswerte Bücher über Wilhelm Busch:

— Gudrun Schury: *Ich wollt, ich wär ein Eskimo. Wilhelm Busch: Die Biographie.* Aufbau Verlag, Berlin 2007.

— Gert Ueding: *Wilhelm Busch. Das 19. Jahrhundert en miniature.* Insel Verlag, Frankfurt am Main, Leipzig 2007.

— Joseph Kraus: *Wilhelm Busch.* Rowohlt Bildmonographie, 17. Auflage, Reinbek 2007.

— Frank E. Pietzcker: *Wilhelm Busch. Auf der Suche nach Heimat.* Klotz Verlag, Eschborn 2011.

Literatour Wilhelm Busch:

— Museum Wilhelm Busch, Deutsches Museum für Karikatur- und Zeichenkunst, Georgengarten 1, 30167 Hannover

— Wilhelm Busch Geburtshaus, Hauptstr. 68, 31719 Wiedensahl

— Museum im Alten Pfarrhaus, Hauptstr. 83, 31719 Wiedensahl

— Museum Wilhelm-Busch-Mühle, Mühlgasse 8, 37136 Ebergötzen

— Wilhelm-Busch-Haus, Mechtshausen, Pastor-Nöldeke-Weg 7, 38723 Seesen-Mechtshausen

2 Theodor Storm.
Der Husumer

*14.9.1817 Husum
†4.7.1888 Hademarschen

Die Werke Theodor Storms waren in den Nachkriegsjahren Bestandteil der schulischen Bildungspläne aller Bundesländer. An Theodor Storm und dessen populärsten Werken kam kein deutscher Schüler vorbei. Die Novelle *Der Schimmelreiter* steht bis heute auf der Empfehlungsliste literarischer Texte im Deutschunterricht. Sowohl meine Söhne Kai und Henning als auch mein Enkel Bjarne lasen in der Schule den *Schimmelreiter* – zugegebenermaßen jedoch, je nach deren Alter, mit abnehmender Begeisterung. Enkel Bjarne erklärte mir, von mir nach seinen Eindrücken zum *Schimmelreiter* befragt: »Da reitet einer Tag und Nacht auf dem Deich hin und her.«

In der Freiherr-vom-Stein-Schule in Gladenbach lasen wir zuerst *Pole Poppenspäler*, und zu Weihnachten 1962 schenkten mir meine Eltern die *Gesammelten Werke von Theodor Storm* mit Gemälden von Adolph Menzel. In der zehnten Klasse lasen wir dann endlich den *Schimmelreiter*, neben *Hans und Heinz Kirch* die für mich eindrucksvollste Novelle Storms. Genauso faszinierten mich die Gedichte Theodor Storms, von denen wir einige (»Die Stadt«, »Abseits«, »Meeresstrand« (*Ans Haff nun fliegt die Möwe* ...) in der Schule auswendig lernten. Für mich, aufgewachsen in der kleinen, überschaubaren Welt Oberhessens, geriet der Dichter Theodor Storm zu einem Tor zu einer anderen Welt. Der äußerste Norden Deutschlands, Schleswig-Holstein und somit auch Nordfriesland und seine Inseln und Halligen, wurden zu meinem Sehnsuchtsort.

Die Beschäftigung mit Theodor Storm und dessen dichterischem Schaffen hat mich nie mehr losgelassen. Husum, »die graue Stadt am Meer«, habe ich immer wieder besucht, und auch andere Plätze und Orte, an denen Storm gelebt hat: Heiligenstadt und Hademarschen, den Schimmelreiter-Krug in Sterdebüll, in dem die Rahmenerzählung der Schimmelreiter-Novelle ihren Anfang nimmt. Ich war viele Jahre lang Mitglied der Theodor-Storm-Gesellschaft, und immer wieder lese ich einzelne seiner Gedichte und Novellen und in den Briefen, die er seiner Frau, literarischen Weggefährten und Verlegern geschrieben hat.

Geboren wurde Hans Theodor Woldsen Storm am 14. September 1817 in Husum, das damals zu Dänemark gehörte. Sein Vater Johann Casimir Storm und dessen Vorfahren stammten aus Westermühlen, einem kleinen Ort südwestlich von Rendsburg gelegen, ganz in der Nähe des heutigen Nord-Ostsee-Kanals. Er war Rechtsanwalt von Beruf. Storms Mutter Lucie, geborene Woldsen, wuchs in einer der reichsten Husumer Familien auf.

Im Alter von vier Jahren wurde Theodor eingeschult, mit neun Jahren wechselte er zur Husumer Gelehrtenschule. Zur Abrundung seiner Schulausbildung besuchte er anschließend für zwei Jahre das Lübecker Katharineum. Im April 1837 nahm er das Studium der Rechtswissenschaft an der Kieler Universität auf. 1842 trat er in die Anwaltskanzlei seines Vaters ein, und ein Jahr später eröffnete er eine eigene Praxis in Husum.

Parallel zu seiner beruflichen Tätigkeit begann er Gedichte, Spukgeschichten und Märchen zu schreiben, die in Sammlungen veröffentlicht wurden. Im Jahr 1848 verfasste er die Gedichte »Oktoberlied« und »Abseits«, ein Jahr später die erste Fassung der Novelle *Immensee* und das Märchen *Der kleine Häwelmann*. 1852 erschien sein erster Gedichtband in einem Kieler Verlag.

Im Zuge des deutsch-dänischen Konfliktes engagierte sich Storm gegen die dänische Herrschaft. Daraufhin wurde seine Bestallung als Anwalt vom dänischen König aufgehoben. Storm bemühte sich in der Folge um eine Anstellung als Anwalt bei der preußischen Regierung in Berlin. Im Oktober 1853 wurde er zum preußischen Gerichtsassessor ernannt und zog von Husum nach Potsdam.

In Berlin traf er sich im Verein Tunnel über der Spree mit anderen Künstlern, zu denen auch Theodor Fontane und der Maler Adolph Menzel gehörten. Seinen Zeitgenossen erschien der mittelgroße, leicht gebeugt gehende Mann aus Nordfriesland schon aufgrund seiner Kleidung außergewöhnlich. Storm trug bevorzugt bequeme Hosen und Jacken aus Leinen, die nicht maßgeschneidert waren. Die literarischen Wegbegleiter im Tunnel machten sich lustig über ihn. Storm störte das nicht. Er pflegte und genoss sein Image als norddeutscher Außenseiter.

1856 wurde er zum Kreisrichter in Heiligenstadt (Eichsfeld) berufen. Und nach Beendigung des Deutsch-Dänischen Krieges im Jahr 1864 durfte Storm wieder nach Husum zurückkehren. Er übernahm dort das Amt des Landvogts von Husum-Land.

In all den Jahren ging Storm seiner literarischen Arbeit weiter nach und schrieb Gedichte und Novellen, die in literarischen Zeitschriften und in Buchform veröffentlicht wurden. 1868 erschien im Braunschweiger Verlag Westermann eine erste Gesamtausgabe in sechs Bänden. Im gleichen Jahr wurde Storm preußischer Amtsrichter und später Oberamtsrichter und Amtsgerichtsrat.

Neben seiner beruflichen und dichterischen Tätigkeit, neben seiner Begeisterung für die Natur und seinem Interesse für Musik und der Leitung verschiedener Gesangschöre widmete sich Theodor Storm einer weiteren Leidenschaft: den Frauen. Früh schon hatte er eine starke Neigung zum anderen Geschlecht entwickelt. Im Alter von zwölf Jahren küsste er heimlich die Freundin seiner Schwester, Emma Kühl, mit der er sich acht Jahre später verlobte und anschließend gleich wieder entlobte. Als junger Student verliebte er sich in die sechzehnjährige Bertha von Buchan. Er schrieb für sie Liebesgedichte und machte ihr einen Heiratsantrag, der von dem streng christlichen erzogenen Mädchen jedoch abgelehnt wurde.

Kurz darauf, 1844, verlobte er sich mit seiner acht Jahre jüngeren Cousine Constanze Esmarch aus Bad Segeberg und heiratete sie zwei Jahre später. Seiner Frau hatte Storm, wie in jenen Zeiten üblich, die Rolle der Hüterin des Hauses und der Familie zugedacht. Zugleich versuchte er, Constanze als gleichwertige Partnerin für Gespräche über sein schriftstellerisches und berufliches Arbeiten fortzubilden. In Anlehnung an das alttestamentarische »Hohelied Salomos« verfasste er ein überschwängliches Liebesgedicht: *Deine Lenden stehen gleich aneinander wie zwei Spangen von des Meisters Hand, deine Brüste sind wie zwei junge Rehzwillinge, die unter Rosen weiden ... Wie schön und lieblich bist du Liebe in Wollüsten! Wende deine Augen von mir, denn sie machen mich brünstig. Deine Gestalt gleicht dem Palmbaum und deine Brüste den Weintrauben ...*[5]

Doch schon bald, noch vor der Geburt des ersten Sohnes Hans, wurde er seiner Frau untreu. Er hatte sich in die siebzehnjährige Dorothea (Doris) Jensen verliebt, die in dem von ihm geleiteten Chor mitwirkte. Dennoch hielt die Ehe dieser andauernden Belastung stand. Sieben Kinder brachte Constanze ins Leben: Hans (1848), Ernst (1851), Karl (1853), Lisbeth (1855), Lucie (1860), Elsabe (1863), Gertrud (1865).

Nach der Geburt des siebten Kindes starb Constanze. Der nun achtundvierzigjährige Theodor Storm trug schwer am Tod seiner Frau, aber nicht allzu lange. Bei der Taufe seiner Tochter Gertrud traf er Dorothea Jensen wieder. Freunden berichtete er, dass es »nichts Verblühteres gebe als eine verblühte Blondine«, doch nach Ablauf des Trauerjahres heiratete er »Frau Do«. Wohl auch deshalb, weil er Unterstützung im Haushalt der Familie mit sieben Kindern benötigte. 1868 kam die gemeinsame Tochter Friederike zur Welt.

Zusammen ertrug das Paar den Alkoholismus des ältesten

Sohnes Hans und die Krankheit des jüngsten Sohnes Karl, der sich in seiner Leipziger Studienzeit die Syphilis zugezogen hatte. Dorothea Storm begleitete ihren Mann als Kritikerin seiner literarischen Werke und war eine pedantische Hausfrau, die Eindruck auf die zahlreich erscheinenden Gäste im Hause Storm machte. Dass Theodor Storm auch im hohen Alter noch ein Auge für die Verlockungen des weiblichen Geschlechtes hatte, ist in den sorgfältig recherchierten Veröffentlichungen des Literaturwissenschaftlers Karl Ernst Laage hinreichend belegt.

Nach seiner Pensionierung im Jahre 1880 ließ Storm sich in Hanerau-Hademarschen, zwischen den Städten Rendsburg, Itzehoe und Heide gelegen, seinen Alterswohnsitz errichten. Hier schuf er die Novelle, die ihn posthum berühmt machte, den *Schimmelreiter*. Nur wenige Monate nach dessen Vollendung starb Theodor Storm am 4. Juli 1888 in Hademarschen an Magenkrebs. Drei Tage nach seinem Tod wurde er in Husum, seiner Geburtsstadt, die unauslöschlich mit seinem Namen verbunden ist, begraben.

Das Leben und Schaffen Storms ist untrennbar mit seiner nordfriesischen Heimat verknüpft, und dennoch erzielte der Dichter eine Wirkung, die weit über die Grenzen Deutschlands hinausgeht. *Der Schimmelreiter*, *Pole Poppenspäler*, *Bötjer Basch* und *Hans und Heinz Kirch* gehören zur Weltliteratur. Bis heute zählt Theodor Storm zu den meistgelesenen Schriftstellern deutscher Sprache im Ausland (insbesondere in Japan, in den USA und in Belgien). Seine volksliedhaften Natur- und Liebesgedichte machen ihn neben Goethe, Schiller, Heine und Fontane zu einem der wichtigsten Lyriker deutscher Sprache.

**Meine Lieblingsnovellen und die schönsten
Gedichte von Theodor Storm:**

- **Der Schimmelreiter**
- Hans und Heinz Kirch

- Die Stadt (Gedicht)
- Oktoberlied (Gedicht)
- Meeresstrand (Gedicht)

Die Novelle **Der Schimmelreiter** fußt auf einer alten Sage, die in Nordfriesland die Runde machte. Als weitere Quelle benutzte Theodor Storm die Geschichte *Der gespenstige Reiter. Ein Reiseabenteuer*, die im Jahr 1838 erschienen war. Im Sommer 1886 begann Storm mit den Arbeiten am *Schimmelreiter*, im Februar 1888 beendete er sie. Im Mai des gleichen Jahres erschien sie zunächst in der Zeitschrift *Deutsche Rundschau* und danach in Buchform.

Der Schimmelreiter ist die letzte vollendete literarische Arbeit Storms. Sie gehört zu den wichtigsten Werken des deutschen Realismus. Die Hauptfiguren der Novelle – der Deichgraf Hauke Haien und dessen Ehefrau Elke – und auch die anderen Akteure im Kampf der Menschen gegen die Naturgewalt des Meeres sind glaubwürdig und anschaulich dargestellt. Der Schimmel, den Hauke Haien kauft, symbolisiert das nahende Unheil und wird mit einem Pferdegerippe auf der nahen Jevershallig in Verbindung gebracht, das dem Volksglauben nach in Mondnächten zu sehen ist.

Die Schilderung der Sturmnacht, die den alten Deich brechen lässt und für den Deichgrafen und seine Familie zum Schicksal wird, gehört zu den Höhepunkten der Erzählkunst deutscher Dichtung im 19. Jahrhundert. Storms Stärke als Erzähler liegt in seiner prägnanten, nie ausufernden Sprache, mit der er die handelnden Figuren des Geschehens vor dem Hintergrund von Marschen, Himmel und Meer in Szene setzt:

Der Deichgraf Hauke Haien jagte auf seinem Schimmel dem Deiche zu. Der schmale Weg war grundlos, denn die Tage vorher war unermeßlicher Regen gefallen, aber der nasse saugende Klei schien gleichwohl die Hufen des Tieres nicht zu halten, es war, als hätte es festen Sommerboden unter sich. Wie eine wilde Jagd trieben

die Wolken am Himmel; unten lag die weite Marsch wie eine uner-
kennbare, von unruhigen Schatten erfüllte Wüste; von dem Wasser
hinter dem Deiche, immer ungeheurer, kam ein dumpfes Tosen, als
müsse es alles andere verschlingen.[6]

Der Schimmelreiter ist bis heute Pflichtlektüre im Deutschunterricht an weiterführenden Schulen und wurde dreimal – 1934,
1978 und 1984 – verfilmt.

Empfehlenswerte Bücher über Theodor Storm:

— Karl Ernst Laage: *Theodor Storm. Eine Biographie.*
  Verlag Boyens & Co, 8. Auflage, Husum 2007.

— Jochen Missfeldt: *Du graue Stadt am Meer. Der Dichter Theodor
  Storm in seinem Jahrhundert.* C. Hanser Verlag, München 2013.

Literatour Theodor Storm:

— Theodor-Storm-Haus, Wasserreihe 31, 25813 Husum
  mit Theodor-Storm-Archiv

— Geburtshaus Theodor Storm, Husum

— Gedenkstein Theodor Storm, Husum

— Schimmelreiterkrug, Sterdebüll 67, 28856 Sterdebüll
  (früher Gasthof, jetzt Wohnhaus)

— Literaturhaus Theodor Storm, Am Berge 2,
  37308 Heilbad Heiligenstadt

— Gedenkstein Theodor Storm Hanerau-Hademarschen

— Denkmal Theodor Storm Heiligenstadt

3 Ludwig Thoma.
Der doppelte Ludwig

*21.1.1867 Oberammergau
†26.8.1921 Rottach-Egern

Meinen Deutschlehrern Dieter Blume und Dr. Berthold Leinweber verdanke ich mein frühes Interesse für Literatur und die
deutsche Literaturgeschichte. Es begann mit Kurzgeschichten
von Wolfgang Borchert, Wolfdietrich Schnurre und Heinrich
Böll, die wir in der Schule lasen, mit Hörspielen, die wir aus
literarischen Texten selbst fertigten, und mit gemeinsamem
Lesen von Texten im Unterricht. Deutschstunden waren neben Sport die Highlights meiner gesamten Schulzeit.

Immer am letzten Schultag vor Beginn der großen Ferien
las uns Dieter Blume etwas in seiner unnachahmlich lebendigen Art vor. Dazu gehörten auch die *Lausbubengeschichten* von
Ludwig Thoma. Darin fanden wir Schüler uns wieder. Einzelne
der von Ludwig Thoma erzählten Episoden sind so herzerfri-
schend witzig, dass ich sie bis heute immer wieder nachlese.

Erst im Erwachsenenalter erstand ich antiquarisch eine Ausgabe von *Jozef Filsers Briefwexel*, ein Bravourstück bayerischen
Humors über das gottgesegnete Bayernland und die dort agierenden Kommunalpolitiker, durchaus übertragbar auf nachfolgende Zeiten. Als Redakteur des *Simplicissimus* war Ludwig
Thoma ein ungeheuer witziger und geistreicher Schilderer bay-
erischer Lebensart und ein streitlustiger Kritiker Preußens.

Die Widersprüche und Brüche im Leben des Menschen Ludwig Thoma blieben mir lange verborgen, bis sie seit den 1990er
Jahren in den Feuilletons diskutiert wurden. Meine Sympathie
für einige seiner literarischen Figuren und die entsprechenden
Werke blieb davon unberührt, obgleich der letzte Abschnitt

des Lebens von Ludwig Thoma auch bei mir einen faden Beigeschmack hinterlässt.

Ludwig Thoma wurde am 21. Januar 1867 als Sohn des Oberförsters Max Thoma und dessen Frau Katharina, geborene Pfeiffer, in Oberammergau geboren. Die Thomas hatten sieben Kinder, Ludwig war das fünfte Kind der Familie. Weil das Forsthaus in der Vorderriß weit abgelegen, in einem Nebental der Isar, nahe der Landesgrenze zu Tirol, lag, brachte die Mutter Ludwig im bayerischen Passionsspielort Oberammergau zur Welt.

Die Kindheitsidylle im abgeschiedenen Forsthaus, mit zahlreichen Tieren und den am Tal gelegenen Wäldern war für Ludwig Thoma nur von kurzer Dauer. 1873 zog die Familie Thoma nach Forstenried bei München. Im Jahr darauf – der kleine Ludwig war da gerade sieben Jahre alt – starb der Vater an einem Herzinfarkt. Die häufig kranke Mutter musste nun allein für ihre sieben Kinder aufkommen. Die Witwenpension in Höhe von 100 Mark reichte hinten und vorne nicht. Schließlich übernahm ein Beamter die Vormundschaft für ihre Kinder. Der wurde nicht Herr über den eigenwilligen Ludwig, der zwar als besonders begabt galt, aber alles andere im Kopf hatte als Schule, Disziplin und Fleiß. Umso talentierter zeigte sich der Junge im Aushecken von Streichen. Die Lehrer an der Lateinschule in Landstuhl in der Pfalz, die Ludwig besuchte, bescheinigten ihrem ungezogenen Schüler: »In seinem Charakter liegt etwas Durchtriebenes. Bei Tadel und Strafe zeigt er eine für seine Jahre ungewöhnliche Kälte und hartnäckige, trotzige Unempfindlichkeit.«

Je autoritärer seine Erzieher und Lehrer mit ihm umgingen, umso mehr wehrte sich Ludwig Thoma durch neue, oft boshafte Streiche. In der Familie, bei seiner Mutter und den älteren Geschwistern, galt er als Versager, der nur seinem Vergnügen nachjagte. Die hatten alle Hände voll zu tun: Die Mutter hatte den Gasthof Zur Kampenwand in Prien am Chiemsee gepachtet und führte ihn zusammen mit ihren Töchtern. Später übernahm sie die Gaststätte Post in Traunstein.

Mehrfach wechselte Ludwig die Internatsschulen: Von Neuburg an der Donau ging es nach Burghausen, München und Landshut. In Landshut machte Ludwig 1886 Abitur. Der Direktor des Gymnasiums hatte den Schüler Thoma für die übliche Abiturabschlussrede vorgesehen, doch als der Auserwählte am Rednerpult stand, brachte er kein Wort heraus.

Danach begann Ludwig ein Studium der Forstwissenschaft an der Forstakademie in Aschaffenburg am Main. Schon bald erkannte er, dass dies für ihn nicht der Weg in eine gedeihliche Zukunft sein konnte. Zwei Semester hielt er aus, dann wechselte er nach München, um Jura zu studieren. In Erlangen schloss er sein Studium mit dem Examen ab. Die mündliche Doktorprüfung bestand er mit »Ausreichend«. Seine schriftliche Arbeit zur Dissertation wurde von der Universität Erlangen nie angenommen. Ob Ludwig Thoma den Doktortitel, den er fortan für sich in Anspruch nahm, zu Recht führte, ist umstritten.

Anschließend nahm er eine Tätigkeit als Rechtspraktikant am Amtsgericht Traunstein auf. Erfüllung fand er darin nicht, auch nicht nach einem Wechsel zu einem Münchener Rechtsanwaltsbüro. In diese Zeit fielen seine ersten schriftstellerischen Versuche.

Im Juni 1894 starb Ludwigs Mutter. Im Herbst des gleichen Jahres ließ er sich als Advokat in Dachau nieder. Erste Erzählungen von ihm wurden in der *Augsburger Abendzeitung* veröffentlicht. Es folgte eine Sammlung Dachauer Bauerngeschichten unter dem Titel *Agricola* in Buchform.

In München lernte Thoma den jungen Verleger Albert Langen kennen, der die satirische Wochenzeitung *Simplicissimus* gegründet hatte. Unter dem Pseudonym Peter Schlemihl veröffentlichte Thoma dort satirische Gedichte. 1899 verkaufte er seine Anwaltspraxis in Dachau und wurde ab März 1900

Redakteur des *Simplicissimus*. Seine politischen Satiren und Gedichte hatten ihn zu einem für Albert Langen unentbehrlichen Mitarbeiter gemacht. Die Auflage stieg, der *Simpl* wurde nun Woche für Woche von 80 000 Leserinnen und Lesern verschlungen.

1901 wurde Thomas Theaterstück *Die Medaille* im Residenztheater in München uraufgeführt. Ein Jahr später folgte mit der Komödie *Die Lokalbahn* ein erster großer Erfolg. Damit war der Dichter seine Geldsorgen vorerst los. Zusammen mit seinem Freund Ignaz Taschner unternahm er eine Fahrradtour nach Florenz, wenig später reiste er nach Südfrankreich, Nordafrika und Sizilien.

Zurück in München, begann er mit der Arbeit an den *Lausbubengeschichten*, die 1905 als Buch herauskamen. Im Jahr darauf erschien sein erster großer Roman *Andreas Vöst*. Als Thoma ihn vollendet hatte, gab es ein großes Fest in seiner Münchener Wohnung. Dabei lernte er die fünfundzwanzigjährige Tänzerin Marietta Schulz, geborene di Rigardo, kennen, die von den Philippinen stammte. Schon rein äußerlich war Marietta in allem das Gegenteil dessen, was Ludwig Thoma verkörperte. Sie verbrachte ihre Zeit mit Skifahren, Segeln und Tennis. Marietta ließ sich von ihrem Mann scheiden und heiratete noch im gleichen Jahr Ludwig Thoma. Gegen Zahlung einer fünfstelligen Summe hatte Mariettas Mann die Schuld für das Scheitern der Ehe auf sich genommen.

Die Ehe mit Marietta, von Thoma stets »Marion« genannt, hielt nicht lange. Beide Partner hatten sich in der Ehe einer gewissen gegenseitigen Freizügigkeit versichert, die Thoma allerdings vor allem für sich selbst in Anspruch zu nehmen gedachte. Als Marietta eine Affäre begann, bedeutete dies den Anfang vom Ende seiner Liebe zu ihr. Im August 1910 wurde das Paar geschieden.

Zur gleichen Zeit schrieb Ludwig Thoma den Bauernroman *Der Wittiber* (bayerisch für »Witwer«), der die seinerzeitigen moralischen Vorstellungen der bäuerlichen Welt seiner Heimat widerspiegelt und Einblicke in die Gefühlswelt des Autors gewährt.

Gemeinsam mit Albert Langen, Hermann Hesse und Theodor Heuss, dem späteren Bundespräsidenten, gründete Thoma 1906 die Zeitschrift *März*, die sich zu einer der erfolgreichsten Zeitschriften im deutschen Kaiserreich entwickelte. Für Hermann Hesse sollte sie der Auftakt zu seinem literarischen Erfolg sein. Im selben Jahr musste Ludwig Thoma wegen eines Spottgedichts im *Simplicissimus*, in dem er angeblich führende Vertreter von Sittlichkeitsvereinen beleidigte, eine sechswöchige Haftstrafe im Münchener Gefängnis Stadelheim antreten. Die nutzte er, um an seinem neuen Theaterstück *Moral* zu arbeiten. Mit dem großen Erfolg des Stückes *Moral* und den nachfolgend erscheinenden *Filserbriefen* erreichte Thoma endgültig den Status finanzieller Unabhängigkeit. 1908 bezog er ein großes Haus »Auf der Tuften« in Rottach am Tegernsee. Zudem pachtete er die Jagd in Dachau und die Tegernseer Gemeindejagd.

Seine literarische Produktion setzte sich auch während des 1914 begonnenen Krieges ungebrochen fort. Ludwig Thoma wandelte sich vom entschiedenen Kriegsgegner zum Kriegsbefürworter. Vehement trat er für den Erhalt des Deutschen Reiches ein, was zu Auseinandersetzungen in der Redaktion des *Simplicissimus* führte. Im März 1915 wurde Ludwig Thoma als Sanitäter einer Transporteinheit rekrutiert, die sich in den Einsatz nach Belgien begab. Ein paar Monate später wurde ihm das Eiserne Kreuz verliehen. Kurz darauf schied er wegen einer Ruhrerkrankung als felddiensttauglich aus dem Militärdienst aus.

Nach Beendigung des Krieges wandte sich Thoma einer früheren Freundin, Maidi Feist-Belmont, inzwischen verheiratete von Liebermann, zu. Am Tegernsee machte das Gerücht die Runde, dass es in ihrer Ehe nicht zum Besten stehe. Thoma bemühte sich um sie, aber Frau von Liebermann beantwortete seine Briefe nicht. Doch Ludwig Thoma kämpfte um Maidi und forderte ihren Ehemann auf, seine Frau freizugeben – falls erforderlich, im Rahmen einer finanziellen Regelung, wie er es ja bereits erfolgreich bei seiner ersten Eheschließung praktiziert hatte. Bis zu seinem Tod sollte Thoma um Maidi werben, stets vergeblich.

Politisch war Thoma nach dem verlorenen Krieg endgültig im reaktionären Lager gelandet. Er wurde Autor des rechtsorientierten *Miesbacher Anzeigers*, einem Sammelbecken von Nationalisten und späteren Unterstützern und Mitläufern des Naziregimes. Ludwig Thoma verfasste anonym 167 Artikel, die vorwiegend gegen sozialdemokratische Positionen Stellung nahmen. In politischen und journalistischen Kreisen begann die Suche danach, wer hinter dem Anonymus steckte. Alsbald wurde Ludwig Thoma als Verfasser ausgemacht, doch Thoma leugnete hartnäckig. Sogar gegenüber Maidi von Liebermann.

Am 26. August 1921 verstarb Ludwig Thoma an einem Magenleiden in seinem Haus »Auf der Tuften« in Rottach. Den größten Teil seines Vermögens vermachte er Maidi von Liebermann, die das Haus am Tegernsee als Pension weiterführte.

Viele Literaturkritiker sehen in Ludwig Thoma heute allenfalls den Schöpfer humorvoller Jugenderinnerungen, die in der zweiten Hälfte des vorigen Jahrhunderts mehrfach auf alberne Weise verfilmt wurden. Der langjährige Mitarbeiter der *Süddeutschen Zeitung*, Martin A. Klaus, hat im Jahr 2016 ein von der Literarturkritik viel beachtetes Werk über Thoma geschrieben, in dem er dessen Beziehungen zu Frauen, seine politischen Ansichten und seinen Antisemitismus kritisch beleuchtet.

Man mag zu Ludwig Thoma stehen, wie man will: Seine *Lausbubengeschichten* haben ganze Kindergenerationen und viele Erwachsene im 20. Jahrhundert entzückt und zum Lachen gebracht. Seine *Filserbriefe* sind – jeder für sich – Glanzstücke politischer Satire, die bis heute ihresgleichen suchen und von einer Beobachtungsgabe und einem Humor zeugen, die den bayerischen Schriftsteller über die literarisch tätigen Satiriker seiner Zeit hinausheben.

Meine Lieblingsbücher von Ludwig Thoma:
- **Lausbubengeschichten**
- Jozef Filsers Briefwexel
- Der Münchner im Himmel
- Altaich
- Erinnerungen

Die *Lausbubengeschichten* erschienen erstmals im Jahr 1905 und tragen den Untertitel *Aus meiner Jugendzeit*. In einer späteren Ausgabe wurden sie von Olaf Gulbransson illustriert. Neben dem *Münchner im Himmel* sind die *Lausbubengeschichten* das bekannteste und erfolgreichste Werk Ludwig Thomas.

Mein Lieblingskapitel trägt die Überschrift »Besserung«. Darin geht es um die Bus- und Zugfahrt zweier missratener Schüler, die gerade ihr Zeugnis bekommen haben. In reichlich angetrunkenem Zustand machen es sich die beiden im Rauchercoupé bequem:

Wie der Zug gegangen ist, hat der Fritz eine Zigarre angezündet und den Rauch auf die Decke geblasen, und ich habe es auch so gemacht. Eine Frau ist neben mir gewesen, die ist weggerückt und hat mich angeschaut, und in der anderen Abteilung sind die Leute aufgestanden und haben herübergeschaut. Wir haben uns furchtbar gefreut, dass sie alle so erstaunt sind, und der Fritz hat recht laut gesagt, er muss sich von dieser Zigarre fünf Kisten bestellen, weil sie so gut ist ...

Bei der nächsten Station haben wir uns Bier gekauft, und wir haben es schnell ausgetrunken. Dann haben wir die Gläser zum Fenster hinausgeschmissen, ob wir vielleicht einen Bahnwärter treffen ... Wir sind weitergefahren, und bei der nächsten Station haben wir uns wieder ein Bier gekauft. Wie ich es ausgetrunken habe, ist mir ganz schwindlig geworden und es hat sich alles zu drehen angefangen. Ich habe den Kopf zum Fenster hinausgehalten, ob es mir nicht besser wird. Aber es ist mir nicht besser geworden, und ich habe mich stark zusammengenommen, weil ich glaubte, die Leute meinen sonst, ich kann das Rauchen nicht vertragen.

Es hat nichts mehr geholfen, und da habe ich geschwind meinen Hut genommen. Die Frau ist aufgesprungen und hat geschrien, und alle sind aufgestanden, und der Lehrer sagte: »Da haben wir es.« Und der große Mann in der anderen Abteilung: »Das sind die Burschen, aus denen man die Anarchisten macht.«[7]

Empfehlenswerte Bücher über Ludwig Thoma:

— Ludwig Thoma: *Erinnerungen* (Autobiographie).
  dtv, München 1983.
— Fritz Heinle: *Ludwig Thoma*. Rowohlt Bildmonographie,
  aktualisierte Ausgabe, Reinbek 1985 (zuerst 1963).
— Martin A. Klaus: *Ludwig Thoma. Ein erdichtetes Leben.*
  dtv, München 2016.

Literatour Ludwig Thoma:

— Ludwig-Thoma-Haus, Auf der Tuften, 83864 Tegernsee
— Ludwig-Thoma-Haus, Augsburger Str. 23, 85221 Dachau
— Geburtshaus Ludwig Thoma, Dorfstr. 20, 82487 Oberammergau

4 Annette von Droste-Hülshoff.
Die adelige Westfälin vom Bodensee

*10.1.1797 Havixbeck
†24.5.1848 Meersburg

Die Schullektüre *Die Judenbuche* empfand ich nach wenigen Seiten als dröge, und einige meiner Mitschüler auch. Ich kaufte mir ein dünnes Bändchen mit Materialien zum Text – waren es *Königs Erläuterungen*? – und konnte somit im Unterricht erfolgreich verbergen, dass ich die Erzählung der adeligen Dichterin gar nicht gelesen hatte.

In der gewonnenen Zeit hörte ich lieber Platten der Beatles, der Kinks und der Rolling Stones. Und um die Novellendichterin nicht völlig aus den Augen zu verlieren, widmete ich mich stattdessen einigen Balladen der Droste. »Der Knabe im Moor« jagte mir Schauer über den Rücken, das war eine Story ganz nach meinem Geschmack.

Der Kapitän steht an der Spiere, das Fernrohr in gebräunter Hand ... So beginnt die Ballade »Die Vergeltung«, ein handwerkliches Meisterstück deutscher Dichtkunst, von gleichem Rang wie »Der Knabe im Moor«, »Der Fundator« und »Am Turme«. Hätte »die Droste« nur diese Gedichte geschrieben und sonst gar nichts, so würde sie dennoch Eingang in den Olymp der deutschen Dichtung finden. *Die Judenbuche* aber habe ich bis heute nicht gelesen – ein Versäumnis, das es zu bereinigen gilt. Es ist die einzige vollendete Novelle der Dichterin.

»Die Droste« wurde am 10. Januar 1797 auf der Wasserburg Hülshoff bei Münster in Westfalen geboren. Ihr vollständiger Name lautet Anna Elisabeth Francisca Adolphina Wilhelmina Ludovica Freiin von Droste zu Hülshoff.

Sie wuchs auf Burg Hülshoff mit drei Geschwistern auf. Biographen schildern sie als lebhaftes, sensibles Kind, das sich gern in der Natur aufhielt und gelegentlichen Stimmungsschwankungen unterlag, in denen sie sich gern auf sich selbst zurückzog. Andererseits hatte sie Freude am gemeinsamen Musizieren und Komödie-Spielen. Seit ihrer frühen Kindheit kränkelte sie und litt unter häufigen Kopfschmerzen sowie an einer Sehschwäche. Früh begann sie, sich mit der Musik und dem Schreiben zu beschäftigen. In ihrer Jugend lernte sie den Märchendichter Wilhelm Grimm kennen, der ihr gegenüber skeptisch blieb. »Es ist schade, dass sie etwas Vordringliches und Unangenehmes in ihrem Wesen hat«, schrieb er an seinen Bruder Jacob Grimm, »es war nicht gut mit ihr fertig zu werden.« Diese Einschätzung gründete auf dem Selbstbewusstsein der jungen Frau, mit dem sie sich kritisch und meinungsstark in den Gesprächen der etablierten Dichter zu Wort meldete. Die von Männern dominierte Welt der literarischen Kreise jener Zeit nahm die Einlassungen der jungen, ambitionierten Frau als geduldete Randerscheinung ihrer Gespräche wahr. Oft wurden ihre Diskussionsbeiträge mehr belächelt denn als Bereicherung empfunden. Ein anderer Zeitzeuge, der Kaufmann Fritz Beneke, beschrieb die junge Dichterin anlässlich eines Besuches in Bökendorf gar als »eitel, eigensinnig und gebieterisch«.

Bei einem der kontinuierlich stattfindenden Treffen des Bökendorfer Kreises, einer Gruppe literatur- und kulturinteressierter Adeliger und Vertretern des gehobenen Bürgertums auf Schloss Bökerhof, lernte die dreiundzwanzigjährige, nur einen Meter fünfzig große Annette den Kasseler Juristen und Schriftsteller Heinrich Straube kennen, der sich in sie verliebte. Inwieweit Annette von Droste-Hülshoff die Gefühle ihres wenig attraktiv aussehenden Freundes erwiderte, ist bis heute literaturgeschichtlich nicht geklärt.

Der zum Freundeskreis gehörende Ministersohn und Literat August von Arnswaldt spann nun gemeinsam mit Straube und anderen Angehörigen des Kreises eine Intrige, um die

Ernsthaftigkeit und Treue der Droste auf die Probe zu stellen: Er gab vor, sich in Annette verliebt zu haben, und Annette ging darauf ein – in welcher Form auch immer. An dieser Intrige zerbrachen die Beziehungen Annettes zu beiden Freunden. Annette von Droste-Hülshoff fühlte sich gedemütigt und zog sich aus dem Kreis zurück.

Zu den Ereignissen hat sich die Dichterin brieflich geäußert: *Ich glaube, ich war in Arnswaldt verliebt, und in Straube nicht so recht, aber das erste ist vergangen ... Arnswaldt muss mich von Anfang an gehasst haben, denn er hat mich behandelt wie eine Hülse, die man nur auf alle Art drücken und brechen darf, um zum Kern zu gelangen.*[8] Bis heute wird aus diesem nachhaltigen Einschnitt im Leben der Dichterin ihre bis zum Lebensende andauernde Ehe- und Kinderlosigkeit hergeleitet.

Annette widmete sich weiter ihrem dichterischen Schaffen, komponierte Musikstücke und unternahm Reisen ins Rheinland zu Verwandten. Nach dem Tod ihres Vaters zog sie 1826 mit ihrer ältesten Schwester Jenny in das Rüschhaus zu Münster, dem Witwensitz ihrer Mutter. Die ohnehin innige Beziehung zu Jenny vertiefte sich. Auch die Heirat ihrer Schwester tat dem keinen Abbruch. 1834 zog Jenny mit ihrem Ehemann Freiherr von Laßberg auf die Burg Meersburg am Bodensee. Bei den zahlreichen längeren Besuchen und Aufenthalten von Annette entstanden die wichtigsten Werke der Dichterin.

1838 erschienen die ersten Gedichte der Annette von Droste-Hülshoff in einem Band des Münsteraner Aschendorff Verlages. Die Veröffentlichung fand kein großes Aufsehen, es wurden nur wenige Exemplare verkauft. Aufregend fand die literarische Öffentlichkeit allenfalls den Umstand, dass eine Frau Gedichte veröffentlichte.

Als Annette einundvierzig Jahre alt war, begann eine Freundschaft zu dem vierundzwanzigjährigen Levin Schücking, dem Sohn ihrer Freundin Katharina Busch. Schon als Schüler hatte er sich gelegentlich im Kreis der Familie Droste-Hülshoff eingefunden. Schücking war ein gut aussehender junger Mann, der eine große Anziehungskraft auf Frauen ausübte. Annette von Droste-Hülshoff wurde eine enge Vertraute für ihn, sie ging in einer fürsorglichen, ja fast mütterlichen Rolle für ihn auf. Er vermittelte ihr ein Gefühl von wiederkehrender Jugend, das ihr, trotz gesundheitlicher Labilität, die Kraft für neue kreative Phasen gab. Sie begann mit der Arbeit an der Novelle *Die Judenbuche*.

Auf Vermittlung von Annette übernahm Levin Schücking die Aufgabe eines Bibliothekars auf Schloss Meersburg, in dem seine Freundin, die er in Briefen mit »Mütterchen« und zunächst mit »Sie« anschrieb, ein kleines Zimmer bewohnte. Um dem Geschwätz der Öffentlichkeit zu entgehen, musste die Beziehung verschleiert werden. Dennoch sah man sich täglich. Ganz offensichtlich sah die Dichterin in Levin Schücking nicht nur den jungen Mann, den sie mütterlich und Rat gebend umsorgen durfte. Sie sehnte sich nach der Erfüllung ihrer Liebe und nach körperlicher Nähe. In ihren Briefen himmelte sie ihn regelrecht an: *Mein liebes, liebstes Herz*, schrieb sie, *ich kann Dir gar nicht sagen, wie lieb ich Dich habe.*[9] Doch ihrer Sehnsucht nach Mehr konnte und wollte Schücking nicht entsprechen. Droste liebte Schücking, für Schücking war die Droste eine beste Freundin, eine Art Mutterersatz.

Im Frühjahr 1842 verließ Levin Schücking Meersburg und trat eine Stelle als Prinzenerzieher in der Nähe von Salzburg an. Alsbald heiratete er die Tochter eines hessischen Generals, Luise von Gall, der er vor der Verlobung noch nie persönlich begegnet war. Kennengelernt hatte Schücking seine spätere Ehefrau durch deren Veröffentlichungen in einer Zeitung des Cotta Verlages. Daraus folgte eine Kontaktaufnahme per Brief. Den ihm vertrauten Dichter Ferdinand von Freiligrath bat er, der Droste nichts davon zu erzählen. In einem gemeinsamen Brief, den Levin Schücking und seine Braut Luise an Annette sandten, stellten sie sich schließlich als Paar vor.

Die Droste fiel auf sich selbst zurück. Sie litt unter der Trennung von Levin und war eifersüchtig, ohne sich dies anmerken zu lassen. Nachdem sie sich ein kleines Häuschen in den Rebhängen oberhalb der Burg gekauft hatte, weilte das Ehepaar Schücking für gut drei Wochen auf der Meersburg. So sah Levin seine alte Freundin zum ersten Mal nach der Trennung wieder. Und dann nie mehr. Annette von Droste-Hülshoff kehrte, von Krankheit gezeichnet, nach Münster zurück.

Levin Schücking kritisierte nun in seinem schriftstellerischen Werk die Privilegien des Adels, sehr zum Missfallen seiner Freundin, die sich jetzt auch dem Verdacht ausgesetzt sah, intime Informationen aus ihren Kreisen an ihren jahrelangen engen Freund weitergegeben zu haben.

In den letzten Sommertagen des Jahres 1846 zog Droste-Hülshoff noch einmal um, zunächst vom Rüschenhaus ins Schloss Hülshoff. Ihr Arzt empfahl ihr, den Winter nicht im Münsterland zu verbringen. Ende September traf sie nach einer beschwerlichen Reise in Meersburg ein. Kurz nach der Märzrevolution in Deutschland starb Annette von Droste-Hülshoff am 24. Mai 1848 auf Schloss Meersburg. Zwei Tage später wurde sie auf dem dortigen Friedhof beerdigt.

Levin Schücking setzte sich auch nach ihrem Tod für die Dichterin ein. Er besorgte die Ausgabe Sämtlicher Werke von Annette Droste-Hülshoff, die 1878/79 im Cotta Verlag erschien.

Meine Lieblingswerke der Annette von Droste-Hülshoff:
• Balladen und Gedichte

»Der Knabe im Moor«

O schaurig ist's über's Moor zu gehn, / Wenn es wimmelt vom Heiderauche / Sich wie Phantome die Dünste drehn / Und die Ranke häkelt am Strauche, / Unter jedem Tritte ein Quellchen springt, / Wenn aus der Spalte es zischt und singt, / O schaurig ist's übers Moor zu gehen, / Wenn das Röhricht knistert im Hauche.[10]

Wer, der diese Zeilen gelesen hat, könnte sie je vergessen? Die adelige Dichterin war eine Meisterin der deutschen Sprache, wie kaum eine zuvor und kaum eine danach. Ihre Verse lassen unvergessliche Bilder entstehen. Das Gedicht vom Knaben im Moor erzählt eine Geschichte, die man heutzutage in einem Film nicht plastischer darstellen könnte. Alles passt. Jede Zeile, jeder Reim stimmt punktgenau. Das setzt nicht nur Eingebung und Phantasie voraus, sondern auch überragendes handwerkliches Geschick in der Bearbeitung und Verfeinerung eines Textes.

Die Ballade schildert einen Jungen, der nachts durch das Moor geht und von Ängsten gepeinigt wird, die ihn immer rascher vorantreiben. Die Gefahr, der er durch die Beschaffenheit des Moorbodens ausgesetzt ist, geht einher mit Bildern von bedrohlichen Phantasiegestalten aus ihm bekannten Sagen und Erzählungen seiner Umgebung.

Fest hält die Fibel das zitternde Kind / Und rennt, als ob man es jage; / Hohl über die Fläche sauset der Wind – / Was raschelt drüben am Hage? / Das ist der gespenstische Gräberknecht, / Der dem Meister die besten Torfe verzecht; / Hu, hu, es bricht wie ein irres Rind! / Hinducket das Knäblein zage. // Vom Ufer starret Gestumpf hervor, / Unheimlich nicket die Föhre, / Durch Riesenhalme wie Speere; / Und wie es rieselt und knittert darin! / Das ist die unselige Spinnerin, / Das ist die gebannte Spinnlenor', / Die den Haspel dreht im Geröhre.[11]

Von Strophe zu Strophe steigt die Spannung. Bis zu dem Punkt, an dem der Knabe wohlbehalten am anderen Ende des Moores angelangt ist.

Da mählich gründet der Boden sich, / Und drüben, neben der Weide, / Die Lampe flimmert so heimatlich, / Der Knabe steht an der Scheide. / Tief atmet er auf, zum Moor zurück / Noch immer wirft er den scheuen Blick: / Ja, im Geröhre war's fürchterlich, / O schaurig war's in der Heide.[12]

»Der Knabe im Moor« wurde am 16. Februar 1842 im *Morgen-*

blatt für gebildete Leser, das vom Cotta Verlag herausgegeben wurde, veröffentlicht. Dort erschien im gleichen Jahr auch die Novelle *Die Judenbuche*. Die Droste gehört zu den wenigen Dichterinnen von Weltrang, die sich der deutschen Sprache bedienten. Das gilt uneingeschränkt, auch wenn sie und ihre Werke für viele heutzutage fast in Vergessenheit geraten sind.

Empfehlenswerte Bücher
über Annette von Droste-Hülshoff:

— Barbara Beuys : *Blamieren mag ich mich nicht. Das Leben der Annette von Droste-Hülshoff.* C. Hanser Verlag, München 1999.

— Herbert Kraft: *Annette von Droste-Hülshoff.* Rowohlt Bildmonographie, 5., neu bearbeitete Auflage, Reinbek 1998.

Literatour Annette von Droste-Hülshoff:

— Droste-Hülshoff-Museum, Herrenhaus der Villa Schonebeck, Burg Hülshoff, Schonebeck 6, 48329 Havixbeck

— Museum Haus Rüschenhaus,
Am Rüschenhaus 81, 48161 Münster-Nienberge

— Fürstenhäusle Meersburg, Stettener Str. 11, 88709 Meersburg

5 Heinrich Heine.
Ein deutscher Dichter für die ganze Welt

*13.12.1797 Düsseldorf

†17.2.1856 Paris

Mein Großvater verehrte Heinrich Heine wie keinen anderen deutschen Dichter, vielleicht weil er überzeugter Sozialdemokrat war und er ebenfalls den Vornamen Heinrich trug. Die »Loreley« konnte er auswendig aufsagen und in entsprechender Stimmung auch in klangvollem Tenor vorsingen, während er sich dabei selbst am Klavier begleitete. Sein Lieblingsgedicht von Heinrich Heine war »Die schlesischen Weber«. Gerne zitierte er die Zeile *Denk ich an Deutschland in der Nacht, dann bin ich um den Schlaf gebracht*, aus Heines *Wintermärchen*: Etwa wenn der von ihm geschmähte Bundeskanzler Adenauer im Radio wieder einmal gegen die Sozialdemokraten und Gewerkschaften wetterte oder die »Ritterkreuzträger-Partei« FDP, wie er sie zu nennen pflegte, sich anschickte, gegen den von ihm verehrten Kurt Schumacher oder gegen Erich Ollenhauer zu Felde zu ziehen.

Heinrich Heine gehört neben Goethe und Schiller zu den größten Dichtern deutscher Sprache. Seine Werke haben Weltgeltung und sind zeitlos geblieben. Kein anderer deutscher Lyriker hat derart volksliedhafte Verse geschrieben, die so klar und einfach die Gefühlswelt alles Menschlichen beschreiben wie er.

Geboren wurde Heinrich Heine im Dezember 1797 in Düsseldorf am Rhein. Der genaue Geburtstag ist unklar, neuere Forschungen gehen vom 13. Dezember aus. Zu den Irritationen trug Heinrich Heine höchstselbst bei, weil er sein Geburtsdatum kurzerhand auf die Jahrhundertwende verlegte, wohl um als eine der ersten Geistesgrößen des 19. Jahrhunderts in die Kulturgeschichte einzugehen. Dessen hätte es nicht bedurft, das schaffte er auch so.

Seine Eltern waren der Textilkaufmann Samson Heine aus Hannover und dessen Ehefrau Betty, geborene van Geldern, aus Düsseldorf. Sie gehörten der jüdischen Gemeinde der Stadt an. Ihr ältester Sohn bekam den Namen Harry Heine. Erst als dieser zum Protestantismus konvertierte, nahm er den Namen Heinrich an. Zum Zeitpunkt der Geburt Heines gehörte Düsseldorf zum französischen Kaiserreich. Nach der Niederlage Napoleons bei der Völkerschlacht zu Leipzig 1813 besetzten französische Truppen die Stadt. Zwei Jahre später wurde das Rheinland auf Beschluss des Wiener Kongresses gemeinsam mit Westfalen ein Teil von Preußen.

Nach dem Besuch der Vorschule und der Volksschule besuchte Harry Heine für fünf Jahre das Düsseldorfer Lyzeum und wechselte danach auf die Höhere Handelsschule. Nach verschiedenen Praktika in Banken und in einer Kolonialwarenhandlung absolvierte er eine zweijährige Lehre in einem Hamburger Bankhaus, an dem sein Onkel Salomon Heine beteiligt war. Salomon Heine hatte den Ruf, der reichste Mann von Hamburg zu sein. In seinem vornehmen Haus im heutigen Stadtteil Ottensen (damals zu Altona und damit zu Dänemark gehörend) verkehrte alles, was in Wirtschaft, Politik und Kunst Rang und Namen hatte. Neben zwei Söhnen hatte Salomon auch vier Töchter, in die sich der junge Heine der Reihe nach verliebte, obgleich sie doch seine Cousinen waren. Seine von den Millionärstöchtern mehr oder weniger unerwiderten Gefühle goss Harry Heine in romantische Verse.

Die Geschäfte des Vaters in Düsseldorf gingen derweil immer schlechter. Als letzte Rettung war die Gründung einer Zweigniederlassung in Hamburg unter dem Firmennamen seines Sohnes »Harry Heine et Comp.« gedacht. Hier sollten die in Düsseldorf nicht verkauften Waren angeboten werden. Die erforderliche Kapitaleinlage besorgte Onkel Salomon. Doch kurze Zeit nach der Gründung der Hamburger Filiale war Samson Heine bankrott. Die Verbindlichkeiten gegenüber Banken und Salomon Heine beliefen sich auf rund 90 000 Taler.

1819 kehrte Heine in sein Elternhaus nach Düsseldorf zurück. Onkel Salomon unterstützte die Familie seines Bruders und stellte für die Ausbildung der Kinder Geld zur Verfügung. Harry Heine nahm in Bonn ein Jurastudium auf. Nach zwei Semestern wechselte er an die Universität Göttingen. Dort hielt es ihn aber nicht lange. Wegen einer Duellforderung nach einer von ihm geäußerten Beleidigung erhielt er einen einjährigen Universitätsverweis. Auch die Burschenschaft, der er beigetreten war, musste er verlassen, da er ein »Vergehen gegen die Keuschheit« begangen haben soll. Ort der unkeuschen Tat: die »Knallhütte« – nomen est omen –, ein Bordell in der Ortschaft Bovenden, nördlich von Göttingen.

Heine wechselte zur Königlichen Universität Berlin. Hier trat er zum ersten Mal als Buchautor hervor. 1822 erschien in der Maurer'schen Buchhandlung ein Band mit seinen Gedichten und ein Jahr später mit *Intermezzo* ein weiteres Werk im Verlag Dümmler. Erhöhte Aufmerksamkeit erreichte Heine mit der Veröffentlichung seiner *Briefe aus Berlin* in der Zeitung *Rheinisch-Westfälischer Anzeiger*. Die ironisch-kritischen Berichte aus der preußischen Hauptstadt bedeuteten den Beginn seiner journalistischen Arbeiten.

Es schlossen sich Aufenthalte bei den nach Lüneburg umgezogenen Eltern und Reisen nach Westpolen, Cuxhaven und in den Harz an, bevor Harry Heine sein Studium – nun wieder in Göttingen – abschloss. Er legte sein juristisches Examen ab und wurde 1825 zum Dr. juris promoviert. Im gleichen Jahr konvertierte er in Heiligenstadt, eigentlich einer katholischen »Hochburg«, und ließ sich dort protestantisch auf den Namen Christian Johann Heinrich Heine taufen.

Dann zog Heine nach Hamburg, wo der Verleger Julius

Campe 1826 *Die Harzreise* als ersten Teil der *Reisebilder* veröffentlichte. Mit den *Reisebildern*, die sukzessive bei Hoffmann und Campe erschienen, gelang Heine der schriftstellerische Durchbruch. Gleichzeitig begannen seine Auseinandersetzungen mit den deutschen Zensurbehörden. Verleger Campe unterstützte seinen Autor tatkräftig in dessen Kampf gegen die Zensur. Um der üblichen Vorzensur der Behörde aus dem Weg zu gehen, wurde der zweite Band der *Reisebilder* zu einem 360 Seiten starken Sammelband zusammengefasst, sodass sich Heine später zu einem Loblied auf seinen Verleger veranlasst sah, das er im *Wintermärchen* niederschrieb:

Der Campe ist wirklich ein großer Mann, / ist aller Verleger Blüte. / Ein anderer Verleger hätte mich / vielleicht verhungern lassen, / der aber gibt mir zu trinken sogar; / werde ihn niemals verlassen. / Ich danke dem Schöpfer in der Höh, / der diesen Saft der Reben / erschuf und zum Verleger mir / den Julius Campe gegeben![13]

Der junge Autor und sein Verleger waren einander auf freundschaftliche und oft ironische Weise verbunden. Heine schrieb an Campe: *Ich weiß … dass ihr Herz mir liebend zugetan ist, aber der Weg von Ihrem Herzen bis zu Ihrer Tasche ist sehr weit …*[14] Trotz zahlreicher Auseinandersetzungen, in der es meist um Honorarfragen ging, fanden Autor und Verleger immer wieder zusammen. Campe schrieb über seine Zusammenarbeit mit Heine, »es sei, wie es sich in einer guten literarischen Ehe geziemt, wo man lieben, aber auch schmollen und grollen darf, damit wieder Platz für die Liebe gewonnen wird …«.

Heine fasste den Plan, eine vollständige Sammlung seiner bisherigen Gedichte verlegen zu lassen. Obwohl er auf ein Vorabhonorar verzichten wollte, tat sich Campe mit diesem Projekt schwer. Wohl nur aufgrund des Erfolges der *Reisebilder* wurde Das *Buch der Lieder* im Jahr 1827 gedruckt. Es brauchte zehn Jahre, bis es zu einem Erfolg wurde, der nur mit Goethes *Werther* vergleichbar war. Nun musste es ständig nachgedruckt werden. *Das Buch der Lieder* erschien bis zu Heines Tod in dreizehn und bis zum Ablauf des Verlagsrechtes bei Hoffmann und Campe in fünfzig Auflagen.

Noch im Jahr des Erscheinens des *Buchs der Lieder* übernahm Heine für ein hohes Jahresgehalt den Posten eines Redakteurs bei der Monatszeitschrift *Neue Allgemeine Politische Annalen* in München, die Johann Friedrich Cotta herausgab. Eine Bewerbung um die Stelle eines Honorarprofessors an der Universität München wurde vom bayerischen König Ludwig I. abgelehnt. Vor allem deshalb, weil Heines Wirken als Kritiker der herrschenden Klasse und Verhältnisse offenkundig und ein Mann seiner Überzeugungen für die Obrigkeit alles andere als willkommen war.

Umso mehr galt es jetzt für Heine, sich auf seine schriftstellerische und journalistische Arbeit als eigentlichen Broterwerb zu konzentrieren. Seine zahlreichen Reisen wurden zum schier unerschöpflichen Quell seiner literarischen Veröffentlichungen, in denen sich die spöttische Kritik an den gesellschaftlichen Verhältnissen zunehmend verschärfte.

Im Jahr 1831 wurden seine Werke vom preußischen Ministerium des Innern verboten. Heinrich Heine ging ins französische Exil nach Paris. Dort begann er eine Korrespondententätigkeit für Cottas *Allgemeine Zeitung*. Neben Bekanntschaften zu Frauen aus den Salons des Pariser Lebens wie Betty Rothschild, George Sand und Elisa Rachel hielt sich Heine bevorzugt im Milieu der einfacheren Damen auf der Straße und in den Prostituiertenvierteln der französischen Hauptstadt auf. 1834 lernte er die achtzehn Jahre jüngere Schuhverkäuferin Augustine Crescence Mirat kennen, mit der er bald zusammenzog. Heine nannte sie »Mathilde«. Gerne flanierte die bemerkenswert schöne Frau mit dem Dichter durch die Pariser Innenstadt. Sie liebte schöne Stoffe und Kleider und begleitete ihn ins Theater, auf Bällen und auf zahlreichen Reisen. Hausfrau mochte sie nicht sein. Wenn Heine fragte, was es heute zu essen gebe, antwortete sie: »Hammelbraten« – weil Heine nichts mehr verabscheute als Hammelbraten.

1841 heirateten Heine und Mathilde, auch deshalb, weil er sich wegen eines unmittelbar bevorstehenden Duells um die materielle Zukunft seiner Gefährtin sorgte. Ursache für das Duell war eine von Heine öffentlich geäußerte Bemerkung über den Kaufmann Salomon Strauß, den er in einer Denkschrift über Ludwig Börne als »gehörnten Esel« bezeichnet hatte. Heine erlitt bei dem Duell einen Streifschuss an der Hüfte.

Finanziell in Nöten, hatte Heinrich Heine im April 1837 seinem Verleger Julius Campe gegen eine Einmalzahlung von 20 000 Francs für elf Jahre die Rechte an seinem Gesamtwerk übertragen. Weiterhin wurde Heine von Onkel Salomon unterstützt. Eine Zeit lang erhielt er eine Regierungspension aus einem Geheimfonds des französischen Außenministeriums, die im Zusammenhang mit der journalistischen Tätigkeit Heines stand. Bewilligt wurde sie vom französischen Ministerpräsidenten Adolphe Thiers, der entscheidend an der Julirevolte und der Inthronisierung von »Bürgerkönig« Louis-Philippe I. beteiligt und literarisch interessiert war. Zu diesem Zeitpunkt war Heinrich Heine als Dichter und Kritiker der deutschen Verhältnisse europaweit bekannt.

1844 wurde vom preußischen Innenministerium ein Grenzhaftbefehl gegen Heinrich Heine erlassen. Sein Gesundheitszustand verschlechterte sich zusehends. Im Jahr der Revolution 1848 litt er an fortwährenden Krämpfen, Lähmungen und Bewegungsunfähigkeit. Von nun an war Heine ein Pflegefall. Er wurde mit hohen Morphiumdosen behandelt.

Die letzten acht Jahre seines Lebens verbrachte er in der »Matratzengruft«, wie der Dichter sein Krankenlager nannte. Am 17. Februar 1856 starb Heinrich Heine. Der Ursprung und die genaue Art seiner Krankheit sind in der Forschung bis heute nicht umfassend geklärt. Wahrscheinlich handelte es sich um eine Hirn- und Rückenmarkssyphilis. In neueren Berichten über Untersuchungen an Haaren des Dichters, die in deutschen Ärzteblättern veröffentlicht wurden, wird darüber spekuliert, dass Heine auch an einer Bleivergiftung verstorben sein könnte. Am 20. Februar 1856 wurde er auf dem Pariser Friedhof Montmartre begraben. Mathilde Heine überlebte ihren Mann um siebenundzwanzig Jahre. Nach dessen Tod wohnte sie mit einer Freundin, sechzig Papageien und vier großen Bologneser Hunden zusammen.

Von sich selbst hat Heine gesagt, dass er das Deutsche mehr als alles andere auf der Welt liebe, dass »meine Brust ein Archiv des deutschen Gefühls« sei. Und doch wurde er von deutschen Machthabern und zum Teil auch von Dichterkollegen geächtet und verfolgt. Die Angriffe gegen ihn, vor allem seitens national und antisemitisch gesinnter Kritiker, gründeten auf den vermeintlichen Schlüpfrigkeiten und mehr noch auf den politischen Provokationen und »Spitzen«, die er sich in seinen Gedichten gegenüber der herrschenden Klasse herausnahm. Ironie, Direktheit und Klarheit der Sprache machen, neben der ihm eigenen Empfindsamkeit, für seine Bewunderer den eigentlichen Reiz seiner Dichtkunst aus.

Zunächst in der ehemaligen DDR, ab Mitte der 1960er Jahre auch in Westdeutschland, erfuhren die Werke Heines eine »Wiederauferstehung« und werden seitdem in Schulen und an Universitäten gelesen.

Meine Lieblingswerke von Heinrich Heine:
- **Deutschland. Ein Wintermärchen**
- Buch der Lieder

Deutschland. Ein Wintermärchen: Das satirische Versgedicht bezieht sich auf eine Reise Heines, die er am 21. Oktober 1843 antrat und die ihn von Paris nach Hamburg führte. Seit Beginn des Exils im Jahr 1831 war er nicht mehr in Deutschland gewesen. Nun machte er Station in Hannover, Minden, Bückeburg, im Teutoburger Wald, in Köln und Aachen und besuchte in Hamburg seine Mutter und seinen Verleger Julius Campe. Noch auf der Rückreise nach Paris begann er mit der Niederschrift seiner Reiseerlebnisse in Versen, in denen er zutreffend und spöttisch die Rückständigkeit Deutschlands, des Landes, das er so sehr liebte, beschrieb. *Deutschland. Ein Wintermärchen* erschien 1844 in Buchform im Verlag Hoffmann und Campe. Es ist ein Glanzlicht deutscher Poesie, das über das 19. Jahrhundert hinausreicht und bis heute zu den wichtigsten Werken europäischer Literatur gezählt werden darf. Am 4. Oktober 1844 wurde es von der preußischen Regierung verboten. Im Dezember desselben Jahres erließ der preußische König Friedrich Wilhelm IV. einen Haftbefehl gegen Heinrich Heine.

Im traurigen Monat November war's, / die Tage wurden trüber, / der Wind riß von den Bäumen das Laub, / da reist' ich nach Deutschland hinüber. // Und als ich an die Grenze kam, / da fühlt' ich ein stärkeres Klopfen / in meiner Brust, ich glaube sogar / die Augen begunnen zu tropfen. // Und als ich die deutsche Sprache vernahm, / da ward mir seltsam zumute; / ich meinte nicht anders, als ob das Herz / recht angenehm verblute. // Ein kleines Harfenmädchen sang. // Sie sang mit wahrem Gefühle / und falscher Stimme, doch ward ich sehr / gerühret von ihrem Spiele. // Sie sang von Liebe und Liebesgram, / Aufopferung und Wiederfinden / dort oben in jener besseren Welt / wo alle Leiden schwinden. / Sie sang vom irdischen Jammertal, / von Freuden, die bald zerronnen, / vom Jenseits, wo die Seele schwelgt / verklärt in ew'gen Wonnen. // Sie sang das alte Entsagungslied, / das Eiapopeia vom Himmel, / womit man einlullt, wenn es greint, / das Volk, den großen Lümmel. // Ich kenne die Weise, ich kenne den Text, / ich kenn auch die Herren Verfasser; / ich weiß, sie tranken heimlich Wein / und predigten öffentlich Wasser ...[15]

In *Deutschland. Ein Wintermärchen* zeigt Heinrich Heine die ganze Meisterschaft seines dichterischen Schaffens: seine bildhafte Sprachkraft, die Perfektion der Vers- und Reimschmiedekunst, die über allem schwebende Ironie, die Klarheit und Prägnanz in der Kritik herrschender gesellschaftlicher Verhältnisse und einen schier unerschöpflichen Fundus an lyrisch anrührenden Bildern.

Ein neues Lied, ein besseres Lied, / o Freunde will ich euch dichten, / wir wollen hier auf Erden schon / das Himmelreich errichten. // Wir wollen auf Erden glücklich sein, / und wollen nicht mehr darben; / verschlemmen soll nicht der faule Bauch, / was fleißige Hände erwarben.[16]

Heinrich Heine gehört unzweifelhaft zur ersten Garde der Lyriker deutscher Sprache.

Empfehlenswertes Buch über Heinrich Heine:

— Jan-Christoph Hauschild: *Der Zweck des Lebens ist das Leben selbst. Heinrich Heine. Eine Biographie.* Verlag Kiepenheuer & Witsch, Köln 1997.

Literatour Heinrich Heine:

— Heinrich-Heine-Institut, Bilker Str. 12, 40213 Düsseldorf

— Heinrich-Heine-Haus, Am Ochsenmarkt 1, 21335 Lüneburg

— Heine-Haus e. V., Elbchaussee 31, 22765 Hamburg

II

MEISTER-
ERZÄHLER

6 Adalbert Stifter.
Ein Meister der deutschen Sprache

*23.10.1805 Oberplan/Böhmen
†28.1.1868 Linz/Österreich

Mit Brigitta, der unattraktiven Frau in Männerkleidern und Hauptfigur in der gleichnamigen Erzählung des böhmischen Dichters, konnte ich in jungen Jahren wenig anfangen. Haben wir die Erzählung in der Schule lesen müssen? Verfuhr ich als Schüler in der Bewältigung des Stoffes ähnlich wie bei der *Judenbuche* und begnügte mich mit *Königs Erläuterungen*? Ich weiß es nicht mehr – bei manchen Aktivitäten oder Nichtaktivitäten der frühen Jahre neigt man zur Verdrängung. Interessanter fand ich dann schon den Lebenslauf des Autors, wie er in umfassenderen Literaturgeschichten geschildert wurde. Wer war dieser voluminöse Mann, der sich mit dem Rasiermesser um die Ecke gebracht hatte? Das interessierte mich zunächst mehr als die Lektüre seiner scheinbar langatmig dahingeschriebenen Naturbeobachtungen.

Ein paar Jahre später, als ich als Soldat der Bundeswehr für einige Zeit auf Kreta bei einer NATO-Einheit stationiert war, fand ich unter den wenigen deutschsprachigen Büchern in einem Antiquariat in Chania eine Ausgabe mit Erzählungen von Adalbert Stifter. Darin enthalten war die Geschichte »Aus dem bairischen Walde«, die ich nach einigem Blättern entdeckte. Ich kaufte das Buch. Man stelle sich vor: Ich saß in der kretischen Septembersonne, abends irgendwo in einem Restaurant auf der Halbinsel Akrotiri, die Wellen klatschten gegen die Kaimauern des Hafenbeckens, und ich las gebannt über das Wüten eines tagelang andauernden Schneesturms in den Wäldern zwischen Bayern und Böhmen. So bewegend, so bedrückend, so authentisch habe ich nie wieder in meinem Leben lesend ein Naturereignis wahrgenommen:

Das war kein Schneien wie sonst, kein Flockenwerfen, nicht eine einzige Flocke war zu sehen, sondern wie wenn Mehl von dem Himmel geleert würde, strömte ein weißer Fall nieder, er strömte aber auch wieder gerade empor, er strömte von rechts gegen links, von allen Seiten gegen alle Seiten, und dieses Flimmern und Flirren und Wirbeln dauerte fort und fort und fort wie Stunde an Stunde verrann.[17]

Nach wenigen Seiten war mir klar, welch großartigen Meister der deutschen Sprache ich lange Zeit übersehen hatte. Als nächstes Buch las ich den *Nachsommer*.

Zwei Monate bevor Adalbert Stifter am 23. Oktober 1805 als erstes Kind des Leinwebers und Landwirts Johann Stifter und dessen Ehefrau Magdalena geboren wurde, hatten seine Eltern geheiratet. Er kam im südböhmischen Oberplan (heute Horni Plana / Tschechien) zur Welt. Das heute rund zweitausend Einwohner zählende Städtchen lebte von Handel und Handwerk. Stifters Eltern betrieben im Nebenerwerb eine kleine Landwirtschaft. Als Adalbert zwölf Jahre alt war, verunglückte sein Vater tödlich. Auf einer Ausfahrt mit einem Gespann in Oberösterreich war er unter seinen umgestürzten Wagen geraten.

Drei Jahre später heiratete die Mutter ein zweites Mal – einen deutlich jüngeren Mann, von Beruf Bäckermeister. Mit seiner Mutter verband den Musterschüler Adalbert, »Bertl« genannt, zeit seines Lebens eine innige Beziehung. Bei der Erziehung ihrer fünf Kinder wurde sie von ihrem Vater und von ihrem Schwiegervater unterstützt. Als Kind malte Adalbert gerne und sammelte Pflanzen, Steine und Naturalien, die er zu Hause aufbewahrte. Darüber hinaus unterstützte er die Großväter bei der Feldarbeit, eggte und pflügte, säte und erntete und hielt sich die meiste Zeit des Tages im Freien auf.

Nachdem Adalbert die Volksschule beendet hatte, sorgte der Großvater mütterlicherseits dafür, dass der dreizehnjährige »Bertl« das Gymnasium besuchen durfte. Nach eingehender Befragung und Prüfung durch einen Gymnasialprofessor wurde er in das Benediktinerstift Kremsmünster in Oberösterreich aufgenommen. Dort avancierte der junge Stifter zum Klassenprimus. Während er in der Schule durch Strebsamkeit und Leistung auffiel und sich die Anerkennung und die Zuneigung seiner Lehrer erwarb, war sein Verhältnis zu seinem Stiefvater von Spannungen geprägt. 1825 erkrankte er an Pocken. Die mit der Krankheit einhergehenden Narben zeichneten sein Gesicht für sein gesamtes Leben.

Nach dem Abitur nahm Stifter das Studium der Rechtswissenschaften in Wien auf. Nebenbei besuchte er Vorlesungen in den naturwissenschaftlichen Disziplinen. Während der Semesterferien hielt er sich in seiner Heimat auf und lernte in der an der Moldau gelegenen Kleinstadt Friedberg die bildschöne neunzehnjährige Franziska Greipl kennen, die aus einer wohlhabenden Kaufmannsfamilie stammte. Es war der Beginn einer quälenden unglücklichen Liebe. Nach einer Zeit der Annäherung gestand Stifter Fanny, dass er sie liebe. Sie erlaubte ihm, ihr zu schreiben. Doch seine Briefe blieben unbeantwortet. Anlässlich einer weiteren Begegnung in den Ferien teilte Fanny dem Dreiundzwanzigjährigen mit, dass ihre Eltern in eine Ehe mit ihm nicht einwilligten. Er versuchte sich im Schreiben von Versen, dem Verfassen von Erzählungen und vernachlässigte dabei sein Studium. Im Jahr 1830 brach er es ohne Abschluss ab.

Im Alter von siebenundzwanzig Jahren (1833) lernte Adalbert Stifter, der inzwischen neben seinem Studium als Hauslehrer arbeitete, Amalie Mohaupt kennen, verliebte sich in sie und versprach ihr die Ehe. Seine Freunde missbilligten die Beziehung zu Amalie, der man nachsagte, im Umgang mit Männern nicht unerfahren zu sein. Die Tochter eines Unteroffiziers, die ihren Lebensunterhalt als Putzmacherin in Wien verdiente, war dem Werben des jungen Mannes nicht abgeneigt, während Stifter weiterhin Briefe an Fanny schrieb. Nachdem er im Sommer 1835 Fanny zufällig bei einer Hochzeitsfeier eines Freundes in Oberplan wiedergesehen hatte, versuchte er erneut, ihr Herz zu erobern: *Liebe, teure Freundin,* schrieb er ihr. *Du bist ein Engel, den ich nicht verdiente, Du hast von Deinen Eltern die unerschöpfliche Herzensgüte geerbt, mein heiliger Engel bist Du, so rein und gut ... könnt ich doch an Deinem unschuldigen keuschen Herzen diese Last in recht bittren Tränen ausweinen, obs nicht doch Linderung gäbe ... Kein Mann auf Erden liebt Dich mehr als ich, weil Dich keiner mehr kennt als ich – und keiner kann Dich glücklicher machen ...*[18]

Beim Kuss mit Amalie stelle er sich vor, sie, Fanny, zu küssen. Doch Fanny ging auf die Erneuerung seines Liebesbekenntnisses nicht ein. Schließlich kehrte Stifter zu Amalie zurück. Fanny heiratete einen Beamten. Sie verstarb dann bei der Geburt ihres ersten Kindes.

Und im November 1837 heiratete der Dichter Amalie Mohaupt. In die gemeinsame Wohnung trat deren lungenkranke Schwester Pepi mit ein. Amalie erwies sich in ihrer neuen Rolle als Ehe- und Hausfrau als sparsam und ordnungsliebend. Im Haushalt führte sie das Regiment.

Wie seine frühen literarischen Versuche fanden auch seine Gemälde jener Jahre kaum Beachtung. Seine Bilder verkauften sich schlecht. Kritiker bemängelten, dass Stifters Landschaftsmalerei zu sehr von konventionellen Vorbildern geprägt sei und biedermeierlich-naiven Charakter habe. Somit konzentrierte sich das künstlerische Schaffen Stifters fortan auf das Schreiben. Den Lebensunterhalt aber verdiente er nach wie vor als Privatlehrer vornehmlich junger Damen.

1840 wurde Stifters Erzählung »Der Condor« in einer Wiener Zeitschrift für Kunst, Literatur und Theater veröffentlicht. Sie fand über die Hauptstadt der österreichischen Donaumonarchie hinaus Anerkennung unter Kritikern. Dem »Condor« folgte eine kreative Schaffensperiode mit zahlreichen Meisterwerken, die in loser Folge in verschiedenen Zeitschriften veröffentlicht wurden: »Der Hochwald«, »Die Mappe meines Urgroßvaters«, »Die Narrenburg«, »Abdias«, »Brigitta«, »Der Hagestolz«, »Der Waldsteig«, »Bergkristall«.

In den Jahren 1843 bis 1846 übernahm Stifter die Unterrichtung des Sohnes von Staatskanzler Fürst Metternich in den Fächern Mathematik und Physik. In der freien Zeit malte und dichtete er und hielt sich oft und gern im Wiener Literaturcafé Neuner auf. Nun konnte er sich ein Dienstmädchen leisten. Seine Frau verreiste im Sommer zu ihrem Bruder, der an der ungarisch-serbischen Grenze als Soldat diente und in ärmlichen Verhältnissen lebte. Dorthin schickte er Liebesbriefe, während er sich gleichzeitig sehnsuchtsvoll nach der verstorbenen Fanny verzehrte.

Zur Sonnenfinsternis am 8. Juli 1842 schrieb er eine Betrachtung, die in ihrer Brillanz zu den besten Beschreibungen dieses Naturereignisses gehört, die je zu Papier gebracht wurden:

Der Fluss schimmerte nicht mehr, sondern war ein taftgraues Band, matte Schatten lagen umher, die Schwalben wurden unruhig, über die Auen starrte ein unbeschreiblich seltsames, aber bleischweres Licht … Der Mond stand mitten in der Sonne, rings um ihn ein wundervoller Kreis von Schimmer, in Strahlen auseinanderbrechend, als gösse die obenstehende Sonne ihre Lichtflut auf die Mondeskugel nieder, dass es rings auseinanderspritzte – das Holdeste, was ich je an Lichtwirkung sah.[19]

Mit Erscheinen des »Abdias«, der Lebensgeschichte eines afrikanischen Juden, wurde Stifter auch in Deutschland zunehmend bekannt. Die bis dahin in Zeitschriften veröffentlichten Arbeiten erschienen ab 1844 unter dem Titel *Studien* in Buchform.

Die Unruhen der Revolution von 1848 veranlassten Stifter, von Wien nach Linz zu ziehen. Ehefrau Amalie widmete sich penibel der Führung des gemeinsamen Haushaltes. Am literarischen Schaffen ihres Mannes nahm sie nicht den geringsten

Anteil. Das Ehepaar aß gern »oft und reichlich«, wie der Stifter-Biograph Urban Roedl zu berichten weiß, was auch rein äußerlich durch die zunehmende Körperfülle von Adalbert und Amalie sichtbar wurde.

Da das Ehepaar kinderlos war, nahm es die sechsjährige Nichte Amalies an Kindes statt an. Später kam eine zweite Pflegetochter hinzu. Das Schicksal meinte es nicht gut mit beiden: Die zweite Pflegetochter starb an Tuberkulose; die erste verließ das Haus ihrer Stiefeltern und wurde Wochen später bei Mauthausen am Ufer der Donau tot aufgefunden.

Auf Vorschlag eines Gönners wurde Stifter 1850 zum kaiserlich-königlichen Schulrat berufen und übernahm für 1500 Gulden Jahresgehalt die Aufgabe eines Schulinspektors der oberösterreichischen Volksschulen. Zuvor hatte er die Rechte an seinen bisher erschienenen Werken für 6000 Gulden an den Verleger Heckenast verkauft. Dennoch blieb Stifter weiterhin von Geldnöten geplagt. Kein Wunder angesichts des üppigen Lebensstils des Dichters und seiner Frau: Logenplätze im Theater, teure Fiakerfahrten, gediegene Kleidung, auserlesene Möbel und hohe Ausgaben für Weine, Zigarren, Essen – immer alles vom Feinsten.

Im Jahr 1857 erschien Stifters Bildungs-, Liebes- und Familienroman *Der Nachsommer*, der bald ein großartig-anerkennendes Echo erhielt. Soziale Konflikte und der Zeitgeist des Aufbruchs spielen darin – wie in den allermeisten seiner Werke – so gut wie keine Rolle. Hierin unterscheidet er sich von vielen zeitgenössischen Schriftstellerkollegen. Stifter konzentriert sich auf die akribische Schilderung von Natur und Landschaft und die Einbindung der Menschen in ihre unmittelbare Umgebung. Mit seiner Art zu schreiben beabsichtigte Stifter, einer zunehmend verrohenden Welt die Schönheit alles Natürlichen und die edlen Werte menschlichen Daseins gegenüberzustellen.

Die gesundheitlichen Beschwerden des Dichters nahmen Anfang der 1860er Jahre zu. Er litt unter Angstzuständen und

Schwermut, brach ohne Grund plötzlich in Tränen aus und suchte schließlich für einen sechsmonatigen Krankenaufenthalt ein Landgut in den Lackenhäusern im Bayerischen Wald auf. Als die Arbeiten Stifters an dem Roman *Witiko* ins Stocken gerieten, mahnte ihn sein Verleger Heckenast 1866 an, da das Konto des Autors für Vorschüsse um 19 000 Gulden überzogen sei. Im gleichen Jahr wurde Stifter in den Ruhestand versetzt, und er bekam den Titel eines Hofrats verliehen. Schwindel und Angstanfälle häuften sich. Hinzu kamen unerträgliche körperliche Schmerzen. Seine Frau Amalie pflegte ihn.

In der Nacht vom 25. auf den 26. Januar 1868 brachte sich Stifter mit dem Rasiermesser eine tiefe Schnittwunde am Hals bei. Der herbeigerufene Arzt stillte die Blutung und vernähte die offene Wunde. Zwei Tage später starb Adalbert Stifter, der große deutsche Dichter, in Linz.

Meine Lieblingswerke von Adalbert Stifter:
- **Der Nachsommer**
- Aus dem bairischen Walde
- Der Condor

Adalbert Stifters Spätwerk **Der Nachsommer** gehört zu den großen und wichtigsten Prosastücken des 19. Jahrhunderts in deutscher Sprache. Die Bedeutung des Romans liegt in der präzisen Schönheit der Schilderungen von Natur und Menschen. Der Roman erzählt die Begegnung eines jungen Mannes mit einem älteren Herrn und deren unterschiedliche Lebensläufe. Der Reiz des Erzählstils liegt in der ruhigen, sanften und betrachtenden Art des Autors. Im *Nachsommer* lernen Leserinnen und Leser die Faszination der Langsamkeit beim Lesen neu zu entdecken. Jeder Satz will gelesen sein. So entfaltet sich die ganze Schönheit der Sprache Adalbert Stifters:

Ich schlug die Richtung nach Süden ein, wie ich überhaupt sehr gerne bei dem Beginne eines Spaziergangs so gehe, dass ich leicht nach Mittag sehe, das Licht vor mir habe, und in den schöneren Glanz und die lieblichere Färbung der Wolken blicken kann. Der Himmel war wie gestern ganz heiter, die Sonne stand in dem östlichen Teile, und begann die Tropfen, welche an den Gräsern und an dem Laub der Bäume hingen, aufzusaugen. Die Morgenkühle war noch nicht vergangen, obwohl der Einfluss der Sonne immer mehr und mehr bemerkbar wurde. Ich sah mit neuen Augen auf alle Dinge um mich, es schien, als hätten sie sich verjüngt, und als müsste ich mich wieder allmählich an ihren Anblick gewöhnen. Ich kam auf die Anhöhe, und sah auf den langen Zug der Gebirge. Die blauen Spitzen blickten auf mich herüber, und die vielen Schneefelder zeigten mir ihren feinen Glanz ...[20]

Minutiös beschreibt der Dichter das Leben seiner Figuren im Einklang mit der Natur. Stifters Sprache ist klar und rein. In seinen Beschreibungen und Dialogen wird nichts übersehen, noch die winzigsten Details haben Bedeutung und fügen sich zu einem Ganzen zusammen. Thomas Mann hat über ihn geschrieben: »Stifter ist einer der merkwürdigsten, hintergründigsten, heimlich kühnsten und wunderlich packendsten Erzähler der Weltliteratur, kritisch viel zu wenig ergründet.«

Empfehlenswerte Bücher über Adalbert Stifter:

— Wolfgang Matz: *Adalbert Stifter oder Diese fürchterliche Wendung der Dinge*. Wallstein Verlag, Göttingen 2016.
— Urban Roedl: *Adalbert Stifter*. Rowohlt Bildmonographie, 15. Auflage, Reinbek 1999.

Literatour Adalbert Stifter:

— Stifterhaus, Adalbert-Stifter-Platz 1, 4020 Linz, Österreich
— Adalbert-Stifter-Museum und Heimathaus, Kirchenberg 8, 4164 Schwarzenberg am Böhmerwald, Österreich
— Geburtshaus von Adalbert Stifter, Palackého 21, 38226 Horni Plaha, Tschechien

7 Gottfried Keller.
Der Autodidakt aus Zürich

*19.7.1819 Zürich
†15.7.1890 Zürich

Wie mit Storms Novellen und Gedichten kam ich auch mit den Werken Gottfried Kellers über die Schule in Berührung. Ob Lehrer wirklich wissen, wie viel Einfluss sie auf die Interessen und das Leben ihrer Schülerinnen und Schüler nehmen können? Für mich war es ein Glücksfall, dass ich Deutschlehrer hatte, die mich für die Welt der Dichtung so sehr begeisterten, dass ich im jugendlichen Alter von vierzehn Jahren alle wesentlichen Daten der deutschen Literaturgeschichte und deren wichtigste Köpfe und Werke kannte. Als junger Mensch neigte ich dazu, Interessen in meinem Kopf zu priorisieren. Für die Themen, mit denen ich mich beschäftigte, legte ich mir Listen und Tabellen an. Meine Nummer 1 im Fußball war der 1. FC Köln, meine Lieblings-Popgruppe waren – mit weitem Abstand – die Beatles, und als wichtigster Schriftsteller rangierte Theodor Storm in meinem Ranking ganz oben.

Kleider machen Leute, das fand ich allein vom Titel her eher uninteressant. Und *Der grüne Heinrich* war mir zunächst schon aufgrund seines Umfangs zu opulent. Ich dachte in meiner zur Vereinfachung neigenden Art: Keller, dieser bärtige Schweizer, kann an »meinen« Theodor Storm sowieso nicht heranreichen. Unter Zugrundelegung von Gedichtvergleichen beider Lyriker, die sie ja schließlich auch waren, schien sich mein Urteil zu bestätigen. Wie sehr ich mich irrte, stellte sich erst Jahre später heraus: dann, als ich endlich den *Grünen Heinrich* las.

Gottfried Keller wurde am 19. Juli 1819 in Zürich als Sohn eines Drechslermeisters geboren. Der starb, als sein Sohn gerade einmal fünf Jahre alt war. Neben seiner Frau und dem Sohn Gottfried hinterließ der Verstorbene eine Tochter mit Namen Regula, drei Jahre jünger als ihr Bruder. Drei weitere Geschwister Gottfrieds starben frühzeitig.

Zwei Jahre nach dem Tod des Vaters heiratete die Mutter ein zweites Mal – den Leiter der Werkstatt ihres Mannes, der sie jedoch nach kurzer Zeit wieder verließ. Gottfried besuchte zunächst die Armenschule seiner Geburtsstadt, danach die neu gegründete kantonale Industrieschule, vergleichbar mit der deutschen Realschule. An dieser Schule wurde er in den Sprachen Französisch und Italienisch unterrichtet.

Die zweite Katastrophe im Leben des jungen Gottfried nach dem frühen Tod des Vaters ereignete sich, als man ihn bei einem Streich als Rädelsführer ausmachte. Keller hatte mit Schulkameraden an einem politischen Aufmarsch teilgenommen und vor dem Haus eines ungeliebten Lehrers randaliert. Seine Mitstreiter bezichtigten ihn fälschlicherweise der Anstiftung zur Tat. Sie gingen bei der Bestrafung leer aus, Gottfried musste die Schule verlassen. Da war er vierzehn Jahre alt.

Den Schulverweis hat Gottfried Keller sein Leben lang als ungerecht empfunden. Alles, was er in den folgenden Jahren an Bildung erwarb, brachte er sich selbst bei, durch Lesen und Zuhören in Gesprächen mit Freunden und Erwachsenen, später als Hörer bei Vorlesungen an deutschen Universitäten. Er beschloss, Kunstmaler zu werden, und trat in eine Lehre als Lithograph und Kupferstecher ein, schloss die Ausbildung jedoch nicht ab. Gern verbrachte der rauschbärtige Biertrinker seine Zeit in feucht-fröhlicher Runde und war einer gelegentlichen Rauferei nicht abgeneigt.

Bald gab er das Malen auf und wandte sich ersten literarischen Versuchen zu: Er schrieb Gedichte, Aufsätze, Essays. In seinem Lebensunterhalt wurde er von Mutter und Schwester unterstützt. Auf das Talent Kellers aufmerksam geworden, gewährte ihm die Regierung des Kantons Zürich im Jahr 1848 ein Stipendium, das er für eine Studienreise nutzte, die ihn nach Heidelberg und Berlin führte.

Die »Studienreise« dauerte sieben Jahre an. In dieser Zeit entstanden die wichtigsten seiner Werke, die in die Weltliteratur eingingen. Keller bewohnte in Berlin ein Zimmer in der Mohrenstraße, in unmittelbarer Nähe des Gendarmenmarktes, und lebte dort in bescheidenen Verhältnissen. Mehrfach kam es zu Kontakten mit literarisch-künstlerischen Kreisen, in denen sich Gottfried Keller jedoch nicht wohlfühlte. Meist schweigend verfolgte er die Gespräche der Menschen dort, begegnete ihnen zurückhaltend und gelegentlich auch schroff. Geschliffene Manieren waren seine Sache nicht. Man hielt ihn für einen kauzigen Provinzler. Viel wohler fühlte sich Keller unter Freunden in den zahlreichen Bier- und Weinstuben der Stadt.

1854 erschienen im Verlag Vieweg die ersten drei Bände des *Grünen Heinrich*. Der Bildungsroman folgt inhaltlich in weiten Teilen der persönlichen Entwicklung seines Autors. Dem Erscheinen vorausgegangen war ein langwieriger Streit zwischen Verleger und Autor wegen Honorarvorschüssen und überschrittener Termine bei der Ablieferung der Manuskriptseiten. Seinem Verleger machte der Dichter immer wieder Versprechungen, die er nicht halten konnte. Es dauerte stets eine Weile, bis Keller das, was er sich ausgedacht hatte, zu Papier brachte. Es folgten ein weiterer Gedichtband und dann, 1856, der erste Band der *Leute von Seldwyla*.

Sowohl *Der grüne Heinrich* als auch *Die Leute von Seldwyla* brachten zunächst keinen großen Verkaufserfolg. Von der ersten Fassung des *Grünen Heinrich* wurden in zwanzig Jahren lediglich 900 Exemplare abgesetzt. Keller verschuldete sich und kehrte nach Zürich zurück – als gesellschaftlicher Außenseiter und Schriftsteller mit mäßigem Erfolg, der nicht bereit war, sich den Konventionen des Bürgertums zu unterwerfen. So ähnelte er zuweilen der Figur des von ihm erdachten Pankraz, der »wild wie ein Indianer« lebt und sich von anderen, vor allem von Frauen, aushalten lässt. Noch im Alter von vierzig Jahren sah er sich selbst als gescheiterte Existenz an, und ihn plagten Schuldgefühle.

Kellers Beziehungen zu Frauen standen unter einem ungünstigen Stern. Er verliebte sich in die wesentlich jüngere Pianistin Luise Scheidegger und verlobte sich mit ihr im Mai 1866. Luise Scheidegger, Tochter aus begütertem Hause, litt zeitweilig unter Depressionen. Im Juli 1866, zwei Monate nach der Verlobung, wurde sie tot in einem Teich aufgefunden. Im gleichen Jahr schrieb Keller das Gedicht »Auf den Tod von Luise Scheidegger«, ein Vermächtnis seiner Liebe zu ihr. Sieben Jahre später machte er Lina Weißert, die in einem Studentenlokal in Zürich kellnerte, einen Heiratsantrag, doch sie war bereits mit einem anderen Mann liiert, den sie später auch heiratete: Eugen Huber, Autor des schweizerischen Zivilgesetzbuches.

Die materielle Lage Gottfried Kellers hatte sich bereits einige Jahre zuvor deutlich verbessert, als er 1861 vom Kantonatsrat seiner Heimatstadt Zürich zum Ersten Staatsschreiber ernannt wurde. Die Berufung Kellers in die mit bis zu 6000 Franken Jahresgehalt honorierte Position führte zu Kritik in den etablierten Züricher Kreisen: Wie konnte es sein, dass man den umstrittenen Dichter, der einer üblichen akademischen Ausbildung entbehrte, den zahlreichen anderen und vermeintlich qualifizierteren Bewerbern vorgezogen hatte?

Der Amtsantritt gestaltete sich schwierig. Gottfried Keller war ein Mann, der sich nicht immer in der Gewalt hatte und auch schon mal aus der Haut fuhr. Am Vorabend des Arbeitsantritts hatte Keller in einem Wirtshaus randaliert und den Sozialisten Ferdinand Lassalle mit einem Stuhl bedroht. Am nächsten Morgen musste er von einem Regierungsrat aus dem Bett geholt werden. Dieser Auftritt sollte aber der einzige dieser Art bleiben. Fortan kam Keller seinen Pflichten nach und wurde in seiner Behörde akzeptiert und geachtet. Fünfzehn Jahre lang versah er pflichtgemäß seinen Dienst. In dieser Zeit litt seine literarische Produktion. Mit *Sieben Legenden* und dem zweiten Band der *Leute von Seldwyla* wurden lediglich zwei weitere Werke aus seiner Feder veröffentlicht.

Nach der Aufkündigung seines Amtes konzentrierte sich Keller nun wieder auf die schriftstellerische Arbeit. Sein Arbeitsstil änderte sich allerdings nicht. Erneut kam es zu Ankündigungen von Manuskripten, deren Ablieferungstermine er nicht einhalten konnte. Im Jahr 1876 erschienen die *Züricher Novellen*, vier Jahre später eine zweite Fassung des *Grünen Heinrich*, anschließend die *Gesammelten Gedichte* und der Roman *Martin Salander*. Mit seinem Dichterkollegen Theodor Storm verband ihn eine jahrelange, intensive Brieffreundschaft, die von Keller beendet wurde, nachdem der Husumer seinen Roman *Martin Salander* in überzogener Form (»grausam realistisch«) kritisiert hatte, obgleich Keller selbst das Werk als »zu wenig poetisch« bezeichnet hatte.

Intensivere Freundschaften pflegte der Dichter aus Zürich nun nur noch selten. Zu sehr litt er an seinen gescheiterten Beziehungen zu Frauen. *Ich bin ein kleiner, dicker Kerl*, schrieb er selbstironisch, *der abends 9 Uhr ins Wirtshaus und um Mitternacht zu Bette geht* ...[21]

1878 wurde Gottfried Keller die Ehrenbürgerschaft der Stadt Zürich verliehen. Inzwischen hatte er sich aufgrund seines literarischen Werkes ein hohes Ansehen erworben: als Vorkämpfer liberaler Ideen, als Kritiker der politisch-sozialen Verhältnisse in der Schweiz und als volksnaher Schriftsteller, der mit seinen Büchern ein breites Publikum unterschiedlichster Schichten erreichte.

Zu seinem siebzigsten Geburtstag wurden ihm zahlreiche Ehrungen zuteil. Gottfried Keller hatte den Höhepunkt seines literarischen Ruhms erreicht. Um dem Trubel der Geburtstagsfeierlichkeiten zu entgehen, hatte er zuvor Zürich verlassen und sich in ein Hotel am Vierwaldstättersee begeben. Dort wurde er an seinem Geburtstag vom Kanzler der schweizerischen Eidgenossenschaft aufgesucht und geehrt. In einer Urkunde wurde sein Werk gebührend und im Stil der Zeit gewürdigt: »Auch der sittliche Kern, ja die jugend- und volkserzieherische Absichtlichkeit, welche, unbeschadet ihrer Kunstschönheit, viele Ihrer Dichtungen durchdringt, macht dieselben zu Werken, aus denen sowohl das jetzige Geschlecht, als auch spätere Generationen unseres Volkes nur die besten, gesundesten Anregungen schöpfen können.«

Ein Jahr vor seinem Tod erschien 1889 die zehnbändige Ausgabe seiner *Gesammelten Werke*. Gottfried Keller starb am 15. Juli 1890 nach längerer Krankheit – er litt an Rückenmarksschwindsucht – in seiner Fünfzimmerwohnung im ersten Stock des Hauses Thaleck in Zürich, seiner Geburtsstadt.

Meine Lieblingswerke von Gottfried Keller:
- **Der grüne Heinrich**
- Gedichte
- Die Leute von Seldwyla

Kellers Begabung verdanken wir nicht nur die imaginäre Kleinstadt Seldwyla als Schauplatz seiner Geschichten und einige zeitlose Gedichte, sondern auch eine Vielzahl von ihm geschaffener literarischer Figuren wie Wenzel Strapinski aus *Kleider machen Leute* oder den »Grünen Heinrich«.

Fast ein ganzes Jahrzehnt hat Gottfried Keller an seinem Roman **Der grüne Heinrich** gearbeitet. Die erste Fassung des Romans erschien im Jahr 1854. Zwanzig Jahre später überarbeitete Keller das Buch. Mit all den Terminverzögerungen und nicht eingehaltenen Verabredungen hat er seinen Braunschweiger Verleger schier zur Verzweiflung gebracht.

Der grüne Heinrich folgt inhaltlich in weiten Teilen dem Lebensweg des Autors, die Übereinstimmung des Autors mit dem

Titelhelden des Buches ist unübersehbar: Wie Gottfried Keller wird Heinrich Lee der Schule verwiesen; wie Keller verlässt er seine Heimatstadt Zürich, um Glück und Anerkennung als Künstler zu finden. Zusammen mit Stifters *Nachsommer* und Goethes *Wilhelm Meisters Lehrjahre* gehört *Der grüne Heinrich* zu den wichtigsten Bildungsromanen deutscher Sprache. Der Titel des Romans könnte in heutiger Zeit leicht missverstanden werden. Er bezieht sich nicht etwa auf eine besondere politische Neigung des Heinrich, sondern auf die grüne Kleidung, die der junge Heinrich trägt – und, mehr oder weniger selbstironisch, auf die Unreife des Titelhelden. Das Buch enthält wunderbare Schilderungen von Charakteren aus der unmittelbaren Umgebung des Dichters, brillante Dialoge und wundervoll-bildhafte Beschreibungen der Natur.

Schon der bedächtige, sanfte Einstieg in das bedeutendste Buch des Schweizer Erzählers zeigt dessen Meisterschaft:

Zu den Schönsten vor Allen in der Schweiz gehören diejenigen Städte, welche an einem See und an einem Flusse zugleich liegen, so, dass sie wie ein weites Thor am Ende des Sees unmittelbar den Fluß aufnehmen, welcher mitten durch sie in das Land hinauszieht. So Zürich, Luzern, Genf; auch Konstanz gehört gewissermaßen noch zu ihnen. Man kann sich nichts Angenehmeres denken, als die Fahrt auf einem dieser Seen, z. B. auf demjenigen von Zürich. Man besteigt das Schiff zu Rapperswyl, dem alten Städtchen unter der Vorhalle des Urgebirges, wo sich Kloster und Burg im Wasser spiegeln, fahre, Huttens Grabinsel vorüber, zwischen den länglichen Ufern des Sees, wo die Enden der reich schimmernden Dörfer in einem zusammenhängenden Kranze sich verschlingen, gegen Zürich hin, bis, nachdem die Landhäuser der Züricher Kaufleute immer zahlreicher wurden, zuletzt die Stadt selbst wie ein Traum aus den blauen Wassern steigt und man sich unvermerkt mit erhöhter Bewegung auf der grünen Limath unter den Brücken hinwegfahren sieht. Das ganze Treiben einer geistig bedeutsamen und schönen Stadt drängt sich an den leicht dahinschwebenden Kahn ...[22]

Berühmt wurde der Roman auch durch eine Episode der Liebesgeschichte zwischen Judith und Heinrich: Judiths nächtliches Bad im Fluss, das von Heinrich beobachtet wird. Der Abschnitt wurde in der zweiten Fassung des Buches von Keller gestrichen – wohl wegen seines angeblich erotisch-voyeuristischen Charakters:

Wie ich so hinhorchte, entdeckte ich endlich mir gegenüber eine undeutlich weiße Gestalt, welche sich im Schatten hinter dem Felsen bewegte ... und den Körper im Wasser treiben ließ ... ich sah jedes Glied in dem hellen Lichte deutlich, aber wie fabelhaft vergrößert und verschönt ... auf den Brüsten und den Hüften schimmerte das Wasser, aber noch mehr leuchteten ihre Augen, die sie schweigend auf mich gerichtet hielt ...[23]

Heinrich hilft Judith beim Ankleiden und sie küssen sich – mehr nicht. Aus heutiger Sicht erscheint kaum noch verständlich, was daran anstößig sein soll.

Empfehlenswertes Buch über Gottfried Keller:

— Ulrich Kittstein: *Gottfried Keller. Ein bürgerlicher Außenseiter.* wbg Academic, Darmstadt 2019.

Literatour Gottfried Keller:

— Gottfried-Keller-Zentrum, Gottfried-Keller-Str. 8, 8192 Glattfelden, Schweiz

— Nähere Informationen zu Geburtshaus und Wohnstätten unter www.gottfriedkellerzuerich.de

Theodor Fontane.
Der große Erzähler aus Neuruppin

* 30.12.1819 Neuruppin
† 20.9.1898 Berlin

Wer an stillen Tagen in das beschauliche Städtchen Neuruppin reist, kann sich am frühen Morgen und am späten Abend ein Bild von der Umgebung machen, in der Theodor Fontane geboren wurde und einen Teil seiner Kindheit verbrachte: die gepflasterten Straßen, der im Licht schimmernde See mit einer Naturbadeanstalt aus dem Bilderbuch, Ausflugslokale am Wasser, Boote, die über den See gleiten, die Apotheke, die seinem Vater gehörte.

Nach Neuruppin fuhr ich zum ersten Mal zu DDR-Zeiten, als man von Berlin aus mit einem Tagesvisum touristische Ziele in der anderen deutschen Republik besuchen durfte. Damals schien das Städtchen, wie viele andere vergleichbare Orte in Ostdeutschland, in einen Dornröschenschlaf versunken. Überall bröckelte der Putz, und die Straßen mit Kopfsteinpflaster waren voller Schlaglöcher. Unter hohen Bäumen am Seeufer konnte man in einer HO-Gaststätte Spiegeleier mit Bratkartoffeln für 2 Mark 90 essen. Ein Bier kostete 30 Pfennig. Die Menschen waren freundlich, und wenn man ins Gespräch mit ihnen kam, hätte man meinen können, dass sie allesamt bei freien Wahlen in einem gemeinsamen Deutschland Willy Brandt wählen würden. (So kann man sich täuschen.)

Fontane: Der war für mich in meiner Schulzeit neben und nach Schiller der große deutsche Balladendichter. »John Maynard« und »Die Brück' am Tay« lernten wir in der Schule auswendig. In meinem Zimmer dichtete ich einige seiner Balladen um. So wurde aus John Maynard mein Fußballheld des

SV Eckelshausen, der Linksaußen unserer Bezirksklassenelf Ende der fünfziger Jahre: »Hermann Fischbach. Wer ist Hermann Fischbach? Hermann Fischbach ist unser Linksaußenmann. Aushielt er, bis er die Spiele gewann. Wer schoss die Tore, wer trägt die Kron? Hermann Fischbach! Unsere Liebe sein Lohn ...« Und aus den »zehn Minuten bis Buffalo« wurden »zehn Minuten bis zum Abpfiff«. Der Dichterkollege und Freund Paul Heyse – der erste deutsche Schriftsteller, der den Nobelpreis für Literatur (1910) erhielt – schrieb: »Du musst es dahin bringen, dass jeder Quintaner Fontanes Balladen kennt ...« Das hat Fontane dann auch geschafft!

Außer *Effi Briest* – einmal mehr in der Schule als Pflichtlektüre auf dem Lehrplan – kannte ich zunächst keinen einzigen seiner Romane. Im Laufe der Jahre habe ich viele Bücher aus seiner Feder gelesen: die *Wanderungen durch die Mark Brandenburg*, den *Stechlin, Irrungen, Wirrungen, Unterm Birnbaum* und *Meine Kinderjahre*. Und mit jedem Buch von Fontane, das ich las, wuchs meine Verehrung für diesen großen deutschen Dichter. Mit Theodor Fontane kann ein Leser sich ein Leben lang beschäftigen, immer wird er Neues finden – etwa seine Reportagen und Briefe.

Die Vorfahren Theodor Fontanes waren Hugenotten, die aus Frankreich zugewandert waren. Sein Vater Louis Henri Fontane verließ vorzeitig das Gymnasium und nahm in Berlin eine Apothekerlehre auf. An den Befreiungskriegen von 1813 nahm er als Feldlazarettapotheker teil. Im März 1819 heiratete er Emilie Labry, deren Familie aus dem Languedoc stammte. Louis Henri Fontane war zum Zeitpunkt der Eheschließung dreiundzwanzig Jahre alt, seine Ehefrau einundzwanzig. Er kaufte die Löwen-Apotheke in Neuruppin und ließ sich in der brandenburgischen Stadt nieder. Hier wurde am 30. Dezember 1819 Heinrich Theodor Fontane geboren.

Natur und Charakter des Vaters waren von Unbekümmertheit und Leichtsinn geprägt. Stets wirtschaftete er über seine

Verhältnisse und verspielte große Teile seines Vermögens, während die Mutter stets auf Ordnung und Sicherheit bedacht war. In seinen Kindheitserinnerungen beschreibt Theodor Fontane die Ehe seiner Eltern als eine Art »Dauerfehde«. Die familiären Probleme standen dem wachen Interesse des Jungen jedoch nicht im Wege. Er war unbeschwert stets auf der Suche nach Neuem.

Theodor wuchs unter deutschen Spielkameraden und Freunden auf. Schon früh erkannte er das kleinstädtische Leben in seiner Geburtsstadt als spießbürgerlich: Das Einzige, was in Neuruppin unregelmäßig gewesen sei, so Theodor Fontane, seien die unregelmäßigen Verben seiner Gymnasialzeit.

Als Theodor Fontane sieben Jahre alt war, verkaufte sein Vater die Löwen-Apotheke und erwarb die Adler-Apotheke in Swinemünde (heute Polen). In Swinemünde setzte sich die unbeschwerte Kindheit fort: Theodor war der Anführer bei Spielen und Streichen. Nachdem er ein Vierteljahr die dortige Schule besucht hatte, wurde er von seinen Eltern abgemeldet, die nun die Bildung ihres Sohnes in eigener Regie übernahmen. Latein, Französisch, Geschichte und Geographie unterrichtete der Vater auf die ihm eigene Art: ohne Zwang, die Neigungen seines Sohnes fördernd. Es gelang ihm, den Jungen für die Interessen zu begeistern, die ihm selbst eigen waren. Früh las Theodor Zeitungen und eignete sich Kenntnisse in Geschichte, Politik und Literatur an, schrieb lustige Gedichte über und an seinen Vater. Als man den zehnjährigen Theodor fragte, was er einmal werden wolle, antwortete er: »Professor der Geschichte!« Die Eltern unterstützten seine Begabung und stillten seinen Wissensdurst.

Im Alter von dreizehn Jahren verließ Theodor Fontane sein Elternhaus in Swinemünde und besuchte das Gymnasium in seiner Geburtsstadt Neuruppin. Er wohnte dort bei einem Superintendenten der protestantischen Gemeinde. Gut ein Jahr danach wechselte er zur Friedrichswerder'schen Gewerbeschule nach Berlin, wo er bei seinem Onkel August Fontane und dessen Frau – »Tante Pinchen« – untergebracht wurde. Die Leichtlebigkeit seines Onkels führte einige Schuljahre später zum Wohnungswechsel in eine Mietskaserne, in der der sechzehnjährige Theodor Fontane auf einem Flur mit einer Prostituierten und einem verarmten polnischen Edelmann ein Zimmer bezog. Ansonsten schwänzte der Schüler Fontane häufig die Schule und hielt sich lieber im Café als im muffigen Klassenzimmer auf.

Ostern 1836 endete Fontantes Schulzeit, und er begann eine Apothekerlehre in Berlin. Während seiner Lehrzeit begann er, Gedichte zu schreiben. Eine erste Sammlung schenkte er seiner »inniggeliebten Mutter«. Gleichzeitig las er alles, was ihm in die Hände fiel: die Werke Gutzkows, Scotts, Coopers, Shakespeares und Dickens' und die einschlägigen Zeitungen und Zeitschriften jener Jahre. Zwölf seiner Gedichte und die erste Novelle *Geschwisterliebe* wurden im *Berliner Figaro* zu Beginn der 1840er Jahre veröffentlicht. Bald kam Fontane mit literarischen Kreisen in Kontakt. Er nahm er an den Veranstaltungen des literarischen Vereins Tunnel über der Spree teil und wurde dessen Mitglied.

Nach Absolvierung seines Militärdienstes als Einjährig-Freiwilliger trat er in die Polnische Apotheke in Berlin ein und wurde zum Apotheker Erster Klasse approbiert. Er fand eine Anstellung im Krankenhaus Bethanien. Am 8. Dezember 1845 verlobte er sich mit Emilie Rouanet-Kummer. Emilie war als uneheliches Kind in Dresden geboren worden und verbrachte ihre ersten Lebensjahre bei ihrem Onkel August Rouanet in Wermsdorf bei Oschatz. Im Alter von drei Jahren wurde sie zur Adoption freigegeben. Ihre Adoptiveltern konnten ihr kein behütetes Zuhause bieten, sie wuchs in schwierigen Verhältnissen auf. Zum ersten Mal begegneten sich Theodor und Emilie bei einem Familienfest von Fontanes Tante. Da war er fünfzehn und Emilie zehn Jahre alt. Zehn Jahre später kam es zu einem erneuten Treffen. In Theodor Fontane, den sie später als ihren »geliebten Herzensmann« bezeichnete, hoffte sie den Mann gefunden zu haben, der ihr Liebe, Sicherheit und familiäre Geborgenheit bot. Fünf lange Jahre musste Emilie auf die Heirat warten, denn noch immer waren Fontanes finanzielle Verhältnisse prekär. Hilfe von seinen Eltern, die sich inzwischen ohne Scheidung getrennt hatten, war nicht zu erwarten. 1849 gab er die Anstellung im Berliner Krankenhaus Bethanien auf und beschloss, sich auf seine Tätigkeit als freier Journalist und Autor zu konzentrieren.

Im Oktober 1850 heiratete er Emilie in der Gewissheit, eine Familie ernähren zu können. Ein Jahr später kam Sohn George Emile zur Welt. Zwischen 1851 und 1864 wurden den Eheleuten Fontane sieben Kinder geboren, von denen drei als Säuglinge verstarben. Die achtundvierzig Jahre dauernde Ehe mit Emilie war insbesondere in ihren Anfängen von materiellen Nöten geprägt. Ehefrau Emilie hatte nicht viel Zutrauen in die journalistische Arbeit ihres Mannes und war stets darauf bedacht, einen bescheidenen Wohlstand zu erwerben. In diesem Bestreben ähnelte sie ihrer Schwiegermutter. Zugleich aber war Emilie Fontane ihrem Mann eine fürsorgliche Helferin und treue Gefährtin. Sie unterstützte ihn, wo immer sie konnte, übertrug seine oft kaum lesbaren Manuskripte ins Reine und führte mit ihm in den langen Zeiten seiner späteren Abwesenheit einen regen Briefwechsel. Die Briefe der Eheleute Fontane umfassen drei Bände. Emilie, die Theodor Fontane um einige Jahre überlebte, äußerte über ihren Mann nach dessen Tod: »Es war doch ein schönes Leben mit ihm, und ich würde gleich noch einmal beginnen.«

Um den Geldsorgen zu entfliehen, fasste Fontane den Entschluss, als Korrespondent der *Preußischen Zeitung* nach England zu gehen. Die erforderlichen Reisekosten wurden von seinem Vater und Freunden aufgebracht. Nach einem halbjährigen Aufenthalt in London kehrte er wieder nach Deutschland zurück und arbeitete eine Zeit lang als Schlussredakteur für die *Preußische Zeitung*.

Im Auftrag der preußisch-königlichen Central-Stelle für Preß-Angelegenheiten nahm Fontane im September 1855 dann eine Tätigkeit als Berichterstatter in London auf, die fünf Jahre andauerte. Zu seinen Aufgaben gehörte es, aus der Vielzahl der britischen Zeitungen und Zeitschriften die wichtigsten Artikel für die deutsche Zentrale herauszufiltern, diese zu übersetzen und auf den Weg in die Heimat zu bringen. Da es nach wie vor an Geld mangelte, sichtete Fontane das Presseangebot in Cafés, wo der Lesestoff auslag. Nach und nach gelang es ihm, eigene Artikel in der englischen Presse unterzubringen. Gleichzeitig schrieb er für die *Neue Preußische (Kreuz-)Zeitung*, die *Vossische Zeitung* und die *Zeit* Reportagen und Kommentare über das politische und gesellschaftliche Geschehen in England.

Fontane litt an Heimweh, das zeitweilig dadurch gelindert wurde, dass seine Familie zu längeren Aufenthalten nach London reisen durfte. Im Jahr 1857 konnte er mit seiner Familie ein Haus in einer Londoner Vorstadt beziehen. Er unternahm eine Reise nach Schottland, die literarischen Niederschlag in dem Bericht *Jenseits des Tweed* fand. Anfang 1859 verließ Fontane England. Ehefrau Emilie löste den Haushalt auf, und die Familie nahm ihren Wohnsitz in Berlin in der Potsdamer Straße. Fontane schied aus dem Dienst für die preußische Regierung aus und wurde Redakteur der *Kreuzzeitung*.

Dort und in der *Preußischen Zeitung* wurden seine ersten Beiträge der *Wanderungen* veröffentlicht, die im Laufe der folgenden Jahre immer weiter anwuchsen und unter dem Titel *Wanderungen durch die Mark Brandenburg* in Buchform erschienen. 1864 reiste er nach Schleswig-Holstein und Dänemark, um über den Deutsch-Dänischen Krieg zu berichten.

Im Jahr 1870 wechselte Fontane, inzwischen einundfünfzig Jahre alt, von der *Kreuzzeitung* zur *Vossischen Zeitung* und übernahm dort die Aufgabe des Theaterkritikers. Es folgte eine

Zeit rastloser literarischer Produktion, kurzfristig unterbrochen durch den labilen Gesundheitszustand des Schriftstellers und Journalisten, darunter: *Vor dem Sturm* (1878), *Grete Minde* (1880), *Schach von Wuthenow* (1883), *Unterm Birnbaum* (1885), *Irrungen, Wirrungen* (1888), *Unwiederbringlich* (1892), *Frau Jenny Treibel* (1893), *Meine Kinderjahre* (1894), *Effi Briest* (1896), *Der Stechlin* (1897) – um nur die wichtigsten Werke jener Jahre zu nennen. Die Meisterschaft Fontanes als Erzähler ist vor allem durch die Romane seiner letzten Schaffensperiode belegt. Literaturgeschichtlich ist »der alte Fontane« ein fest umrissener Begriff: Die großen literarischen Erfolge Fontanes stellten sich erst in den späten 1880er Jahren ein.

Am 20. September 1898 verstarb Fontane, einer der bedeutendsten Dichter deutscher Sprache, in Berlin. In der deutschen Literaturgeschichte lassen sich nur wenige Autoren finden, die dem Umfang von Theodor Fontanes Schaffen gleich- oder nahekommen. Fontanes Gedichte, Erzählungen, Romane, Aufsätze und Briefe sind von einer Brillanz, Genauigkeit und Schärfe, die ihresgleichen sucht. Sein Spätwerk, das er im Alter von sechzig Jahren begann, führte den deutschen Roman zu einer Meisterschaft, die jedem europäischen Vergleich standhält und ein Bild der preußischen Geschichte und ihrer gesellschaftlichen Realität spiegelt, das unerreicht blieb. Darüber hinaus steht Theodor Fontane mit seinen Balladen auf einer Stufe mit den großen deutschen Klassikern. Thomas Mann bescheinigte Fontane »Milde, Güte, Gerechtigkeit, Humor und Weisheit« und verglich dessen Popularität mit der von Goethe.

Meine Lieblingswerke von Theodor Fontane:
- **Meine Kinderjahre**
- **Balladen und Gedichte**
- Unterm Birnbaum
- Wanderungen durch die Mark Brandenburg
- Der Stechlin

Erst in seinem letzten Lebensabschnitt, sechs Jahre vor seinem Tod, schrieb Theodor Fontane seine Kindheitserinnerungen nieder: **Meine Kinderjahre**. Vorausgegangen war eine länger anhaltende Depression, während er an *Effi Briest* arbeitete. Sein Hausarzt riet ihm, sich interimsweise an einem leichteren Stoff zu versuchen. Dieser Empfehlung folgte Fontane. Später erklärte er dazu: *Ich wählte ›Meine Kinderjahre‹ und darf sagen, dass ich mich an diesem Buch wieder gesund geschrieben habe.*[24]

Die Erzählung konzentriert sich auf die Jahre in Neuruppin und Swinemünde. Fontanes Beschreibungen geben ein lebendiges Bild seines Elternhauses, seiner Erziehung und der Umgebung, in der er aufwuchs, und sie vermitteln realistische Eindrücke aus dem gesellschaftlichen Leben im ersten Drittel des 19. Jahrhunderts. Im Mittelpunkt der Erzählung steht jedoch nicht etwa der Autor selbst, sondern vor allem die Person seines Vaters Louis Henri Fontane. Erstaunlicherweise war Fontane mit diesem Buch der erste große Erfolg als Erzähler beschieden.

Ostern 1819 hatte mein Vater die Neuruppiner Löwenapotheke in seinen Besitz gebracht, Ostern 1826, nachdem noch drei von meinen vier Geschwistern an ebendieser Stelle geboren waren, gab er diesen Besitz wieder auf. Dieser frühe Wiederverkauf des erst wenige Jahre zuvor unter den günstigsten Bedingungen, man kann sagen »für ein Butterbrot« erstandenen Geschäfts wurde später, wenn das Gespräch darauf kam, immer als verhängnisvoll für meinen Vater und die ganze Familie bezeichnet. Aber mit Unrecht. Das »Verhängnisvolle«, das sich viele Jahre danach – glücklicherweise auch da noch in erträglicher Form, denn mein Papa war eigentlich ein Glückskind – einstellte, lag nicht in dem Einzelakte dieses Verkaufs, sondern im Charakter meines Vaters, der immer mehr ausgab als er einnahm und von dieser Gewohnheit, auch wenn er in Ruppin geblieben wäre, nicht abgelassen haben würde. Das hat er mir, als er alt und ich nicht mehr jung war, mit der ihm eigenen Offenheit viele, viele Male zugestanden. »Ich war doch noch ein halber Junge, als ich mich verheiratete«, so hieß es dann wohl, »und aus meiner frühen Selbständigkeit erklärt sich alles.« Ob er darin recht hatte, mag dahingestellt sein. Er war überhaupt eine ganz ungeschäftliche Natur, nahm ihm vorschwebende Glücksfälle für Tatsachen und überließ sich, ohne seiner auch in besten Zeiten immer nur bescheidenen Mittel zu gedenken, der Pflege »nobler Passionen«. Er begann mit Pferd und Wagen, ging aber bald zur Spielpassion und verspielte während der sieben Jahre von 1819 bis 26 ein kleines Vermögen. Der Hauptgewinner war ein benachbarter Rittergutsbesitzer ...[25]

Mit *Meine Kinderjahre* lernen wir einen Fontane kennen, der sich von seinen im breiten Erzählstil angelegten historischen Darstellungen gesellschaftlichen Lebens in Preußen und England und von den regionalgeographischen Wanderungen, Reisen und seinen umfassenden Reportagen und Kriegsberichterstattungen unterscheidet. *Meine Kinderjahre* zeigen den feinfühligen Fontane von seiner privaten Seite.

Empfehlenswerte Bücher über Theodor Fontane:

— Regine Dieterle: *Theodor Fontane*. C. Hanser Verlag, München 2018.

— Wolfgang Hädecke: *Theodor Fontane*. dtv, München 2002.

— Cordt Beintmann: *Theodor Fontane*. dtv portrait, München 1998.

— Helmut Nürnberger, Dietmar Storch: *Fontane Lexikon*.
  C. Hanser Verlag, München 2007.

Literatour Theodor Fontane:

— Museum Neuruppin, August-Bebel-Str. 14/15, 16816 Neuruppin

— Löwen-Apotheke, Karl-Marx-Str. 84, 16816 Neuruppin
  (Geburtshaus Theodor Fontane)

— Fontane-Museum im Schloss Ribbeck,
  Theodor-Fontane-Str. 10, 14641 Nauen

— Fontane-Grab auf dem Friedhof II der Französischen Gemeinde,
  Berlin-Mitte, Liesenstraße 7 (Ehrengrab der Stadt Berlin)

9 Thomas Mann.
Repräsentant des Großbürgertums

* 6.6.1875 Lübeck
†12.8.1955 Zürich/Schweiz

Die Bücher Thomas Manns waren lange Zeit meine Sache nicht. Ich bevorzugte in meiner Jugend vor allem Autoren, die sich den sozialen Fragen stellten, die der Sehnsucht nach mehr Gerechtigkeit Ausdruck verliehen, die nach einer anderen, besseren Gesellschaft verlangten, die der Scheinheiligkeit der restaurativen deutschen Nachkriegsgesellschaft Ausdruck verliehen: Max von der Grün, Heinrich Böll, Karlheinz Deschner, Erich Kästner, Wolfdietrich Schnurre, Alfred Andersch, Hans Werner Richter, Günter Grass und Siegfried Lenz. Weiten Teilen meiner Generation war der Erzähler Thomas Mann der Vertreter einer untergegangenen großbürgerlichen Klasse: zu fremd die Welt, in der er gelebt hatte und die er beschrieb, zu lang und zu kompliziert seine Sätze, immer bedeutungsschwer, wie aus der Zeit gefallen.

Thomas Mann, geboren am 6. Juni 1875, wuchs in einer großbürgerlichen Familie in der Hansestadt Lübeck auf. Die Geschichte seiner Familie lässt sich bis ins 16. Jahrhundert zurückverfolgen. Sein Vater war ein reicher Kaufmann, zwei Jahre nach der Geburt des Sohnes Thomas wurde er zum Senator für Wirtschaft und Finanzen im Stadtstaat Lübeck gewählt. Die Mutter Thomas Manns, Julia, geborene da Silva-Bruhns, war die Tochter eines Lübecker Weinhandelskaufmanns, der 1848 die in Brasilien geborene Maria da Silva ehelichte.

Thomas Mann hatte fünf Geschwister. Sein Bruder, der Schriftsteller Heinrich Mann, war vier Jahre älter als er. Die jüngeren Schwestern Julia und Carla sollten später durch Suizid aus dem Leben scheiden. Die Kinder wuchsen in großbürgerlichen Verhältnissen auf. Schauplätze des Familienlebens waren der repräsentative Lübecker Wohnsitz der Familie in der Straße Beckergrube und das Stammhaus in der Mengstraße 4, wo die Großmutter lebte.

Nach der wohlbehüteten Kindheit fiel ein erster Schatten auf die Entwicklung des späteren Nobelpreisträgers: Thomas Mann war ein schlechter Schüler, der erst im Alter von achtzehn Jahren seine schulische Ausbildung mit der Mittleren Reife abschloss. Zum Abitur reichte es nicht, auch deshalb, weil ihm die ständigen Anforderungen, den sogenannten preußischen Tugenden gerecht zu werden, und die spießigen Erziehungsmethoden seiner Lehrer nicht behagten. Die Schule empfand er als langweilig und stumpfsinnig.

Von sich selbst hat Thomas Mann später einmal gesagt, dass er ein fauler Schüler gewesen sei, der wegen seiner Leistungsverweigerung, bei gleichzeitiger offen zur Schau gestellter Überlegenheit, den Hass seiner Lehrer auf sich gezogen habe. Stattdessen zog es ihn immer wieder ans Meer, nach Travemünde, an die Ostsee, wo er nach eigener Aussage die glücklichsten Tage seines Lebens verbrachte. Thomas Mann war als Jugendlicher ein Träumer, der sich gern in das Refugium seines Zimmers zurückzog und dort als kleiner Junge gemeinsam mit seinem Bruder Heinrich Puppenspiele aufführte. Die gemeinsamen Puppentheateraufführungen setzten sich bis in die Pubertät fort, und zeit seines Lebens blieb die Vorliebe für das Theater ein wichtiger Wegbegleiter.

Als der Vater im Jahr 1891 an Blasenkrebs starb, wurde die Firma durch Testamentsverfügung liquidiert, weil er keinem seiner Kinder die Fortführung des mehr als hundertjährigen Unternehmens zugetraut hatte. Seinem zweitgeborenen Sohn attestierte der Vater, »ein gutes Gemüth« zu haben und später einmal für einen »praktischen Beruf« geeignet zu sein. Doch der hatte andere Pläne: Noch vor Erreichen der Mittleren Reife begann Thomas Mann mit dem Schreiben für eine Schülerzeitung. Als Vierzehnjähriger bezeichnete er sich gegenüber einer Freundin als »lyrisch-dramatischer Dichter«.

Der nach dem Tod des Vaters als Vormund bestellte Patrizier und Weinhändler Krafft Tesdorpf sorgte dafür, dass Thomas Mann nach der Schulzeit als Auszubildender bei einer Feuerversicherung angestellt wurde. In dieser Zeit erschien seine erste Novelle *Gefallen* in einem literarischen Magazin. Bald wurden ihm weitere Veröffentlichungen ermöglicht, sodass er seine Tätigkeit in der Versicherung aufgab.

Inzwischen war Thomas Mann zu seiner Mutter und den Geschwistern nach München gezogen, die dort nach dem Tod ihres Mannes ihren Wohnsitz genommen hatte. In München besuchte Thomas Mann Vorlesungen an der Technischen Universität. Infolge der ihm testamentarisch zugewiesenen finanziellen Unterstützung des Vaters war es ihm möglich, sich als freier Schriftsteller und Journalist zu etablieren. Während eines gemeinsamen Aufenthaltes in Italien begann Thomas Mann mit der Arbeit am Roman *Buddenbrooks*. Zwölf Monate arbeitete er als Redakteur für den *Simplicissimus*, bis er im Jahr 1900 zum Militär eingezogen wurde. Nach einem Vierteljahr schied er dort wegen Dienstuntauglichkeit aus.

1901 erschienen die *Buddenbrooks*, für die er achtundzwanzig Jahre später den Nobelpreis für Literatur zugesprochen bekam. Jeder Leserin und jedem Leser war klar, dass für die Kaufmannsfamilie, deren Verfall der Roman erzählt, Thomas Manns eigene Familie Pate stand. Sein Onkel Friedrich Mann veröffentlichte zwölf Jahre nach Erscheinen des Romans im *Lübecker Generalanzeiger* eine Anzeige mit folgendem Text:

Es sind mir im Laufe der letzten 12 Jahre durch die Herausgabe der »Buddenbrooks«, verfasst von meinem Neffen, Herrn Thomas Mann in München, dermaßen viele Unannehmlichkeiten erwachsen, die von den traurigsten Konsequenzen für mich waren ... Ich sehe mich deshalb veranlasst, mich an das lesende Publikum zu wenden und dasselbe zu bitten, das oben erwähnte Buch gebührend einzuschätzen. *Wenn der Verfasser der »Buddenbrooks« in karikierender Weise seine allernächsten Verwandten in den Schmutz zieht und deren Lebensschicksale eklatant preisgibt, so wird jeder rechtdenkende Mensch finden, dass dieses verwerflich ist. Ein trauriger Vogel, der sein eigenes Nest beschmutzt.*[26]

1904 lernte Thomas Mann die sieben Jahre jüngere Katharina (Katia) Pringsheim in einer Münchner Straßenbahn kennen. Sie war die Tochter des Mathematikers Alfred Pringsheim und Enkelin der Frauenrechtlerin Hedwig Dohm. Thomas Mann zuliebe brach Katia Pringsheim ihr Mathematikstudium ab. Das Paar heiratete und bezog eine von Manns Schwiegervater finanzierte Wohnung in der Franz-Joseph-Straße in Schwabing, die von der Schwiegermutter eingerichtet wurde. Im Lauf der Ehe kamen sechs Kinder zur Welt: Erika, Klaus, Golo, Monika, Elisabeth und Michael.

Die Thomas Mann immer wieder zugeschriebenen und höchstwahrscheinlich nie »ausgelebten« homoerotischen Neigungen lassen sich in seinen Werken zwar wiederfinden, sie konnten sein bürgerliches Leben und das Zusammensein mit seiner Familie aber nie ernsthaft gefährden. 1914 zog die Familie in eine Villa am Herzogpark; die Sommer verbrachte man bis 1917 in einem Sommerhaus in Bad Tölz.

Wie viele andere zeitgenössische deutsche Schriftsteller ließ sich Thomas Mann im Ersten Weltkrieg vom allgemeinen Patriotismus mitreißen. In seinen 1918 erschienenen *Ansichten eines Unpolitischen* verteidigte er den wilhelminischen Obrigkeitsstaat und bekannte sich zu einem Deutschtum, das mit demokratischen Grundsätzen unvereinbar sei. Doch bald revidierte der Schriftsteller seine politische Einstellung. Nach der Ermordung des Reichsaußenministers Walther Rathenau im Juni 1922 trat Thomas Mann für den Erhalt der Weimarer Republik ein und schloss sich der liberalen Deutschen Demokratischen Partei an.

1924 erschien der Roman *Der Zauberberg*, an dem Mann ein ganzes Jahrzehnt gearbeitet hatte, und avancierte rasch zu einem großen Publikumserfolg. Bei der Verleihung des Nobelpreises für Literatur 1929 bezog sich das Nobelpreiskomitee allerdings explizit auf seinen ersten Roman *Buddenbrooks*, was den Schriftsteller sehr ärgerte.

Am 17. Oktober 1930 hielt Thomas Mann in Berlin eine Rede unter dem Titel *Ein Appell an die Vernunft*, die später als *Deutsche Ansprache* in die Geschichte einging. Darin bezeichnete er den aufkommenden Nationalsozialismus als »eine Riesenwelle exzentrischer Barbarei«. Fortan opponierte Thomas Mann engagiert gegen Hitler.

Nach einer Vortragsreise in mehreren europäischen Hauptstädten begab sich das Ehepaar Mann im Februar 1933 in einen Winterurlaub in den schweizerischen Kurort Arosa. Damit begann das Exil von Thomas und Katia Mann. Eine Treueerklärung zur nationalsozialistischen Regierung verweigerte Thomas Mann. Er erklärte seinen Austritt aus der Preußischen Akademie der Künste. Am Tag der Bücherverbrennung am 10. Mai 1933 wurden die Werke seines Bruders Heinrich und seines Sohnes Klaus ins Feuer geworfen, sein Werk wurde verschont.

Das Exil führte die Manns zunächst nach Sanary-sur-Mer an der Côte d'Azur und anschließend nach Küsnacht in die Schweiz. In Deutschland war ein Schutzhaftbefehl gegen Thomas Mann erlassen und sein Haus in München beschlagnahmt worden. In den Jahren 1934 und 1935 reiste er mit seiner Frau in die USA. Aufgrund seiner Popularität wurde die Einreise ohne gültige Pässe gewährt: In Deutschland war die Verlängerung der abgelaufenen Passdokumente verweigert worden. 1936 entzogen die nationalsozialistischen Behörden ihm ebenso wie seiner Frau Katia und den Kindern Golo, Elisabeth und Michael die deutsche Staatsbürgerschaft.

Im Jahr 1938 siedelte die Familie vollständig in die USA über. Von dort aus agierte Thomas Mann aktiv und offen gegen das nationalsozialistische Regime in seiner Heimat. Im deutschen Programm der britischen Rundfunkanstalt BBC wurden Monat für Monat knapp zehnminütige Radiosendungen unter dem Titel *Deutsche Hörer!* ausgestrahlt, die in weiten Teilen des deutschen Reichsgebietes empfangen werden konnten. Darin wandte sich Thomas Mann an die Menschen in Deutschland:

Es geht zu Ende, Deutsche, glaubt mir und seid getrost! Gerade in diesem Augenblick sage ich es euch, wo es wieder einmal nach Erfolg und Sieg und Eroberung aussieht. Es geht zu Ende – nicht mit euch, nicht mit Deutschland ... Aber zu Ende geht es, ein Ende wird es haben, und zwar bald, mit dem scheusäligen System, dem Raub-, Mord- und Lügenstaat des Nationalsozialismus ... Man wird abrechnen, vernichtend abrechnen, mit seinen Bonzen, seinen Machern und Helfern, Dienern und Nutznießern, seinen Generalen, Diplomaten und Gestapo-Hyänen. Man wird auch abrechnen mit seinen geistigen Wegbereitern ...[27]

1941 war die Familie nach Pacific Palisades gezogen, einen Stadtteil von Los Angeles. Drei Jahre später wurde Thomas Mann Staatsbürger der Vereinigten Staaten.

Nachdem er sich vor einem amerikanischen Komitee für »unamerikanische Umtriebe« rechtfertigen musste, weil er angeblich zu den Sympathisanten Stalins und der Sowjetherrschaft gehöre, kehrte Thomas Mann 1954 nach Europa zurück und bezog eine Villa in Kilchberg in der Schweiz. Mehrfach besuchte er sein Heimatland, aber willkommen fühlte er sich dort nicht. Kritiker nahmen es ihm übel, dass er im Verhalten der Deutschen während des Naziregimes eine Kollektivschuld sah, für die die Deutschen zu zahlen hätten.

Am 12. August 1955 verstarb Thomas Mann im Alter von achtzig Jahren in einer Züricher Klinik an den Folgen einer Arteriosklerose der Bauchschlagader. Vier Tage später wurde er auf dem Kilchberger Friedhof beerdigt.

In einer Rede zur Verleihung des Thomas-Mann-Preises im Mai 1996 verteidigte Günter Grass seinen Schriftstellerkollegen gegen dessen Kritiker: »An ihm wetzen schmal ausgestattete Talente gern ihren Stichel. Kleingeister tun sich groß beim Abrechnen. Spießer von akademischem Rang bekritteln sein Familienleben. Und Fliegenbeinzähler klopfen sein Werk nach homoerotischen Nahtstellen ab. Neuerdings sind, außer berufsnotorischen Saubermännern, auch Biografen bemüht, der McCarthy-Ära Dauer zu verleihen, indem sie dem fürs Mittelmaß übergroßen Autor ›ideologische Unzuverlässigkeit‹ ankreiden ...« Und der bedeutende Literaturkritiker Joachim Kaiser, langjähriger Feuilletonchef der *Süddeutschen Zeitung*, schrieb über Thomas Mann: »Er war wohl doch der größte, repräsentativste, schreibmächtigste und universalste deutsche Autor der ersten Jahrhunderthälfte.«

Empfehlenswerte Werke von Thomas Mann:
- Bekenntnisse des Hochstaplers Felix Krull
- Buddenbrooks. Verfall einer Familie
- Lotte in Weimar

Am Roman **Bekenntnisse des Hochstaplers Felix Krull** hat Thomas Mann mehrere Jahrzehnte gearbeitet. Den Plan dazu fasste er bereits 1905, begann die Arbeit daran im Jahr 1910 und setzte das Schreiben bis 1913 fort. Eine erste Fassung erschien 1922; es folgten weitere zwölf unterschiedliche Ausgaben, die letzte 1954. Das Buch schildert die Erlebnisse des Hochstaplers Felix Krull in Form eines Schelmenromans und gilt als Parodie auf zahlreiche klassische Bildungsromane.

Für die Leichtigkeit und Ironie, mit der Thomas Mann seine sprachliche Meisterschaft gestaltet, exemplarisch ein kurzer Auszug aus dem ersten Kapitel des »Gaunerromans«, in der der Erzähler die in Regalen gelagerten Sektflaschen der Kellerei seines Vaters ihrer finalen Bestimmung zuführt:

Mein armer Vater war Inhaber der Firma Engelbert Krull, welche die untergegangene Sektmarke »Loreley extra cuvée« erzeugte.

Unten am Rhein, nicht weit von der Landungsbrücke, lagen ihre Kellereien, und nicht selten trieb ich mich als Knabe in den kühlen Gewölben umher, schlenderte gedankenvoll die steinernen Pfade entlang, welche in die Kreuz und Quere zwischen den hohen Gestellen hinführten, und betrachtete die Heere von Flaschen, die dort in halbgeneigter Lage übereinander geschichtet ruhten. Da liegt ihr, dachte ich bei mir selbst (wenn ich auch meine Gedanken natürlich noch nicht in so treffende Worte zu fassen wußte), da liegt ihr im unterirdischen Dämmerlicht, und in euerem Innern klärt und bereitet sich still der prickelnde Goldsaft, der so manchen Herzschlag beleben, so manches Augenpaar zu höherem Glanze erwecken soll! Noch seht ihr kahl und unscheinbar aus, aber prachtvoll geschmückt werdet ihr eines Tages zur Oberwelt aufsteigen, um bei Festen, auf Hochzeiten, in Sonderkabinetten eure Pfropfen mit übermütigem Knall zur Decke zu schleudern und Rausch, Leichtsinn und Lust unter den Menschen zu verbreiten ...[28]

Die Eleganz des Sprachstils, die atmosphärische Dichte der Handlung kennzeichnen den Roman von der ersten bis zur letzten Seite. Leserinnen und Lesern, die sich – ähnlich wie ich – in jugendlichem Alter vor langen Schachtelsätzen und der geforderten hohen Leseaufmerksamkeit des Erzählstils Manns fürchten, sei *Felix Krull* als Einstieg in die dichterische Welt des groß- und weltbürgerlichen Nobelpreisträgers nachdrücklich empfohlen.

Empfehlenswerte Bücher über Thomas Mann:

– Klaus Harpprecht: *Thomas Mann. Eine Biographie.*
Rowohlt Verlag, Reinbek 1995.

– Hermann Kurzke: *Thomas Mann. Das Leben als Kunstwerk.*
Eine Biographie. C. H. Beck Verlag, München 1999.

Literatour Thomas Mann:

– Buddenbrookhaus, Mengstraße 4, 23552 Lübeck

– Thomas-Mann-Villa, Heißstraße 31, 83646 Bad Tölz

10 Joseph Roth.
Der Mann aus Galizien

*2.9.1894 Brody, Galizien
†27.5.1939 Paris

Auch Joseph Roth bin ich lesend erst in der zweiten Hälfte meines Lebens begegnet, und wie so oft auf meiner abenteuerlichen Reise durch die Welt der Dichtung zunächst durch die Beschäftigung mit dem Lebensweg dieses Autors.

Seinen Vater Nachum Roth, der als Getreideeinkäufer für ein Hamburger Unternehmen in Galizien tätig war, hat Joseph Roth niemals kennengelernt. Miriam Grübel, die Mutter Joseph Roths, war die Tochter eines jüdischen Tuchhändlers und bei ihrer Heirat zwanzig Jahre alt. Auf einer Zugfahrt erlitt Nachum Roth einen Anfall. Er wurde in eine Heilanstalt eingewiesen und später Verwandten in Westgalizien übergeben. Die schwangere Mutter zog zurück in ihr Elternhaus in Brody. Dort wurde der Sohn Moses Joseph am 2. September 1894 geboren.

Galizien mit seinen acht Millionen Einwohnern gehörte nach der ersten Teilung Polens zu Österreich-Ungarn. Die Bevölkerung setzte sich aus Ukrainern, Polen und Deutschen zusammen, darunter rund sieben Prozent jüdischen Glaubens. Die galizische Heimat ist der Schauplatz fast aller Romane und Erzählungen Joseph Roths.

Der kleine Joseph, ein langhaariger, schwarz gelockter Knabe, verbrachte seine Kindheit im Haus des Großvaters. Seine Mutter umsorgte ihn und legte trotz der ärmlichen Verhältnisse, in denen sie lebten, großen Wert auf ein gepflegtes Auftreten, sowohl bei sich selbst als auch bei ihrem Sohn. Täglich brachte sie den Jungen zur Schule und holte ihn wieder ab.

Joseph Roth erhielt Violinunterricht und besuchte ab seinem elften Lebensjahr das Kronprinz-Rudolf-Gymnasium in Brody, wo er 1913 die Matura mit Auszeichnung ablegte. Unterrichtssprache am Gymnasium war Deutsch, die Hälfte der Schüler war jüdischen Glaubens. Joseph Roth war Klassenprimus mit besonderem Interesse für Sprachen und Literatur. Unter den Dichtern liebte er vor allem die Verse Heinrich Heines. Das Fach Mathematik hasste er.

Nach der Matura nahm Roth das Studium der Germanistik in Lemberg auf, wechselte jedoch ein Jahr später zur Wiener Universität. In Wien lebten bei Ausbruch des Ersten Weltkrieges mehr als 100 000 Jüdinnen und Juden. Nach Kriegsbeginn folgten ihm seine Mutter und weitere Verwandte nach Wien. Der Student Joseph Roth machte seine Universitätslehrer durch gute Leistungen auf sich aufmerksam. Die Haare waren akkurat gescheitelt und mit Pomade glatt gestrichen. Manchmal trug er ein Monokel und gab sich den Anschein eines Gigolos, wienerisch »Gigerl« genannt.

In *Österreichs Illustrierter Zeitung* erschien im Oktober 1915 sein Gedicht »Welträtsel«. Weitere Beiträge folgten, bis Roth im September 1916 zu einem Feldjägerbataillon eingezogen wurde. Um seine Soldatenzeit hat Roth einige aus der Luft gegriffene Geschichten in die Welt gesetzt: Er habe im Wiener Regiment der Hoch- und Deutschmeister gedient, behauptete er, mehrere Auszeichnungen erhalten und sei in russischer Kriegsgefangenschaft gewesen. Das 21. Feldjägerbataillon war ein deutscher Truppenteil. Nachdem sich Roth dort mit einem Kameraden auf Polnisch unterhalten hatte, wurde er in den Pressedienst versetzt, wo er auch mit der Briefzensur befasst war. Daneben publizierte Roth weiter für Pressemedien, nun auch für das *Prager Tageblatt*.

Nach Ende des Krieges stand Roth ohne Einkommen da. Auf die Fortsetzung des Studiums musste er verzichten. Nach der Gründung der Zeitung *Der neue Tag* trat er als Mitarbeiter in die Redaktion ein und schrieb innerhalb eines Jahres hundert feuilletonistische Beiträge für das Blatt. Im Herbst 1919 lernte er die achtzehnjährige Friederike Reichler (»Friedl«) kennen, die mit einem Wiener Journalisten verlobt war, und verliebte sich in sie. Als *Der neue Tag* eingestellt wurde, zog Joseph Roth nach Berlin. Er wurde als Sonderberichterstatter von der *Neuen Berliner Zeitung* nach Ostpreußen entsandt, um über den Polnisch-Sowjetischen Krieg zu berichten. Bald darauf bekam er Boden unter die Füße. Er schrieb regelmäßig Feuilletonbeiträge für das *Berliner Tageblatt*, den *Berliner Börsen-Courier* und den sozialdemokratischen *Vorwärts*. Die Beiträge im *Vorwärts* erschienen unter dem Pseudonym »Der rote Joseph«.

Nachdem sich Friederike Reichler von ihrem Verlobten getrennt hatte, heiratete Roth sie. Zeitzeugen äußerten, dass Roths Frau sehr attraktiv und Joseph Roth sehr eifersüchtig gewesen sei. Friederike begleitete ihn auch auf seinen journalistischen Reisen.

Zwischen 1922 und 1924 entstanden seine ersten Romane: *Das Spinnennetz*, *Hotel Savoy* und *Die Rebellion*. *Hotel Savoy* erschien im Vorabdruck in Deutschlands renommiertester Zeitung, der *Frankfurter Zeitung*. Die machte ihn 1925 zu ihrem Korrespondenten für Frankreich. Doch bereits im Jahr darauf wurde er durch Friedrich Sieburg ersetzt. Seine Arbeitgeber machten ihm das Angebot, in Italien zu arbeiten. Stattdessen ergaben sich Reisen im Auftrag der *Frankfurter Zeitung* in die Sowjetunion und nach Albanien, über die er Reiseberichte anfertigte.

1928 erkrankte Friederike Roth an Schizophrenie. Die Krankheit hatte sich bereits zuvor angedeutet, als sie einem Geldbriefträger grundlos 1000 Mark geschenkt und sich auf einer Zugreise als Gräfin Dönhoff vorgestellt hatte. Nach einer Zeit der Pflege wurde sie in verschiedenen Sanatorien untergebracht. Im Jahr 1940 wurde sie durch die Nationalsozialisten ermordet.

Die Krankheit seiner Frau setzte Roth schwer zu. Roth machte sich selbst Vorwürfe, sein Alkoholkonsum nahm zu. Es kam zu einer Liebesbeziehung mit der Schauspielerin Sibyl Rares. 1929 lernte er Andrea Manga Bell kennen, die Tochter eines Kubaners und einer Deutschen aus Hamburg. Sie arbeitete als Redakteurin bei der Zeitschrift *Gebrauchsgraphik* im Ullstein Verlag und hatte zwei Kinder. Fünf Jahre blieben die beiden zusammen, stets von Geldsorgen geplagt. Wenn Roth einmal Geld hatte, ging er großzügig damit um. Das hielt ihn nicht davon ab, seiner Gefährtin Vorwürfe zu machen. Seine Eifersucht kannte keine Grenzen: Er warf ihr vor, man dürfe sie nicht alleinlassen, weil sie sonst mit jedem Taxifahrer oder Liftboy ins Bett steige. Er verbot ihr das Tanzen, das Tragen von Badeanzügen und den Besuch beim Friseur. Andrea Manga Bell äußerte über ihren Partner: »Eigentlich war Roth häßlich, aber er hat Frauen stark angezogen ... Ich habe nie wieder einen Mann mit so viel sexueller Anziehungskraft gekannt. Er ging langsam wie eine Schnecke, alles war an ihm gebremst, nie merkte man ihm eine spontane Bewegung an, er lauerte, jede Miene war bedacht. Aber er konnte zart sein wie kein anderer, und ich war ganz vernarrt in ihn.« Joseph Roth wiederum wünschte sich, »an dieser Einen gut machen zu können, was ich an vielen gesündigt habe«.

In der Zeit mit Andrea Manga Bell entstanden seine wichtigsten Werke. Der Roman *Hiob*, 1930 veröffentlicht, wurde sein erfolgreichstes Buch. Es erschien bald auch in einer amerikanischen und in einer englischen Ausgabe. 1932 kam der Roman *Radetzkymarsch* heraus. Roth schildert darin am Beispiel der vom Kaiser geadelten Familie Trotta den Glanz und Untergang von Österreich-Habsburg. Das Buch ist in die Weltliteratur eingegangen.

Nach der Machtübernahme Hitlers emigrierte Roth nach Frankreich. Früher als andere ahnte er, was in Deutschland durch die neuen Machthaber bevorstand. Ihm war klar, dass er als Schriftsteller in Deutschland nicht mehr würde arbeiten können. Daraus zog er seine Konsequenzen. Ende Januar 1933 verließ Joseph Roth Berlin und reiste mit dem Morgenzug nach Paris. Bei einem Aufenthalt in Ostende lernte er über Egon Erwin Kisch die Schauspielerin und Schriftstellerin Irmgard Keun (*Das kunstseidene Mädchen*) kennen. Daraufhin trennte er sich von Andrea Manga Bell. Irmgard Keun begleitete ihn auf seinen Reisen, unter anderem nach Lemberg. Anfang 1938 trennte sich Irmgard Keun von ihm und ging mit einem französischen Marineoffizier nach Nizza.

Roths Trunksucht nahm immer schlimmere Formen an. In Gesprächen vertrat er politische Ansichten, die Freunde und Bekannte mit Kopfschütteln zur Kenntnis nahmen. An Stefan Zweig schrieb er: *Was mich persönlich betrifft, sehe ich mich genötigt, zu folge meinen Instinkten und meiner Überzeugung absoluter Monarchist zu werden ... Ich will die Monarchie wieder haben ...*[29] Gelegentlich äußerte er, an der Spitze einer österreichischen Legion, von Frankreich aus, in Österreich einmarschieren zu wollen. Die Rettung Europas, so Roth, könne nur durch die Wiederauferstehung des Hauses Habsburg erfolgen.

Sein Freund, der Schriftsteller Walter Mehring, traf ihn einmal »auf einem Rinnstein sitzend« und tadelte ihn: »Warum trinken Sie so viel? Sie ruinieren sich doch!« Roth antwortete ihm: »Und warum trinken Sie nicht, Mehring? Glauben Sie, dass Sie davonkommen werden? Auch Sie werden zugrunde gehen.«

Entwöhnungskuren halfen nicht. Am 23. Mai 1939 brach Joseph Roth in einem Pariser Café zusammen, nachdem man ihm die Nachricht vom Tod Ernst Tollers übermittelt hatte. Er wurde in ein Hospital gebracht und verstarb dort am 27. Mai 1939.

Mit Joseph Roth ging ein herausragender Autor, der den langen Atem eines Romandichters bewies und gleichzeitig die pointierte Sprache des Feuilletonisten meisterhaft beherrschte. Der Philosoph und Schriftsteller Ludwig Marcuse schrieb über ihn: »Es gibt kaum einen Schriftsteller, welcher dieses beobachtende Denken hat – diese einzigartige Balance zwischen Sinnlichkeit und Reflexion; niedergelegt in Sätzen, die zugleich exakt abbilden, hintergründig erkennen und Melodien zaubern – die zugleich vernunfthell sind und geheimnisdunkel.«

Und Alfred Polgar, der österreichische Kritiker und Autor der Wiener Moderne, adelte seinen Landsmann: »Er schrieb ... ein kristallklares Deutsch, das Kraft und Anmut zu paaren wußte, unfehlbar in Satzbau und Fügung, reich an kleinen stilistischen Zaubereien und Feinheiten, aber auch fähig des weiten Schwungs, der großen Steigerung. Er hatte alles, was den Schriftsteller legitimiert ... Er hatte Leidenschaft, Geist und Mut.«

Meine Lieblingsbücher von Joseph Roth:
• **Radetzkymarsch**
• Die Legende vom heiligen Trinker

Radetzkymarsch erschien 1932 als Vorabdruck in der *Frankfurter Zeitung* und im selben Jahr als Buch im Berliner Verlag Kiepenheuer. Dieser Roman ist der Höhepunkt von Roths literarischem Schaffen. Er schildert den Niedergang der Donaumonarchie und des Landes, das er geliebt hat, in dem er aufwuchs und zu einem rastlosen Weltbürger wurde. Roth erzählt in einfachen und ergreifenden Sätzen, in bildhafter Sprache und mit feinem Humor:

Sobald sich die Kapelle im vorgeschriebenen Rund aufstellt und die zierlichen Füßchen der winzigen Notenpulte in die schwarzen Erdritzen zwischen den großen Pflastersteinen des Platzes eingegraben hatte, stand der Kapellmeister auch schon in der Mitte seiner Musikanten, den schwarzen Taktstock aus Ebenholz mit silbernem Knauf diskret gehoben. Alle Platzkonzerte – sie fanden unter dem Balkon des Herrn Bezirkshauptmann statt – begannen mit dem Radetzkymarsch. Obwohl er den Mitgliedern der Kapelle so geläufig war, dass sie ihn mitten in der Nacht und im Schlaf hätten spielen können, ohne dirigiert zu werden, hielt es der Kapellmeister dennoch für notwendig, jede Note vom Blatt zu lesen. Und als probte er den Radetzkymarsch zum ersten Mal mit seinen Musikanten, hob er jeden Sonntag in militärischer und musikalischer Gewissenhaftigkeit den Kopf, den Stab und den Blick und richtete alle drei gleichzeitig gegen die seiner Befehle jeweils bedürftig scheinenden Segmente des Kreises, in dessen Mitte er stand. Die herben Trommeln wirbelten, die süßen Flöten pfiffen, und die holden Tschinellen schmetterten. Auf den Gesichtern aller Zuhörer ging ein gefälliges und versonnenes Lächeln auf, und in ihren Beinen prickelte das Blut. Die jüngeren Mädchen hielten den Atem an und öffneten die Lippen. Die älteren Männer ließen die Köpfe hängen und gedachten ihrer Manöver. Die ältlichen Frauen saßen im benachbarten Park, und ihre kleinen, grauen Köpfchen zitterten. Und es war Sommer ...[30]

Über den verblichenen Glanz der österreichisch-ungarischen K.-u.-k.-Monarchie ist kein Buch geschrieben worden, das mehr zu Herzen geht als der *Radetzkymarsch*.

Dabei war der Roman eine schwere Geburt. Der Verlag zahlte Joseph Roth Vorschüsse, doch kam es bei der Niederschrift immer wieder zu Verzögerungen. Der Autor rang um jedes Kapitel und jedes Wort. Immer wieder wurde die Arbeit durch seine Alkoholsucht unterbrochen. Einmal ließ Roth betrunken einen Teil des getippten Manuskriptes im Taxi liegen. Er lebte in ständiger Sorge, an seinem Stoff zu scheitern. Als er das Manuskript schließlich beendet hatte, erklärte Roth, der Held des Romans, Leutnant Carl Joseph Trotta von Sipolje, sei er.

Empfehlenswerte Bücher über Joseph Roth:

— Wilhelm von Sternburg: *Joseph Roth. Eine Biographie.*
  Kiepenheuer & Witsch, Köln 2009.

— Helmuth Nürnberger: *Joseph Roth.* Rowohlt Bildmonographie,
  Reinbek 1981 (11. Auflage 2006).

Literatour Joseph Roth:

— Joseph-Roth-Museum, Lviv Oblast, Brody, Ukraine
— Internationale Joseph-Roth-Gesellschaft,
  Neustiftgasse 22/5, 1070 Wien, Österreich

III

ZAUBERER
DER POESIE

11 Else Lasker-Schüler. Prinz Jussuf

*11.2.1869 Wuppertal-Elberfeld
†22.1.1945 Jerusalem

Else Lasker-Schüler, die sich auch »Prinz Jussuf von Theben« nannte, taucht in fast allen Gedichtanthologien des 20. Jahrhunderts mit zwei Gedichten auf: »Mein blaues Klavier« und »Tibetteppich«. Karl Kraus hob den »Tibetteppich« auf eine Stufe mit Goethes Gedichten. Franz Kafka dagegen mochte ihre Lyrik nicht. An seine Freundin und Verlobte Felice Bauer schrieb er:

Ich kann ihre Gedichte nicht leiden, ich fühle bei ihnen nichts als Langeweile über ihre Leere und ihren Widerwillen wegen des künstlichen Aufwandes. Auch ihre Prosa ist mir lästig aus den gleichen Gründen, es arbeitet darin das wahllos zuckende Gehirn einer sich überspannenden Großstädterin. Aber vielleicht irre ich da ja gründlich, es gibt viele, die sie lieben, Werfel z.B. spricht von ihr nur mit Begeisterung. Ja, es geht ihr schlecht, ihr zweiter Mann hat sie verlassen, soviel ich weiß, auch bei uns sammelt man für sie; ich habe 5 Kronen hergeben müssen, ohne das geringste Mitgefühl für sie zu haben; ich weiß den eigentlichen Grund nicht, aber ich stelle mir sie immer nur als eine Säuferin vor, die sich in der Nacht durch die Kaffeehäuser schleppt.[31]

Franz Kafka hat Else Lasker-Schüler im Jahr 1913 zweimal getroffen: zum ersten Mal im Berliner Literaturcafé Josty und dann zwei Wochen später bei einer Lesung vor zahlreichen Bewunderern in Prag. Nach der Lesung streifte sie mit Freunden und Bekannten durch das nächtliche Prag, wo es zu einem Zwischenfall kam, über den die Prager Tageszeitung *Bohemia* berichtete:

Heute um zwölf Uhr nachts erregte ein kurzer Vorfall die Be-
achtung der nächtlichen Passanten. Auf dem Altstädter Ring wur-
de eine abenteuerlich gekleidete Dame von einem Wachmann in
brüsker Weise angefahren, weil sie mit verzückten Mienen und
rhythmischen Schwingungen ihres Leibes unzusammenhängende
Worte gegen das Firmament sang ... Die Dame, die ein schwarzes
Gewand und um den Hals, der von schwarzen, wallenden Locken
umsäumt war, eine Onyx-Kette trug, war Else Lasker-Schüler. Ver-
geblich machten die Begleiter der Dichterin ... den Polizisten dar-
auf aufmerksam, dass es sich um einen exotischen Gast aus Theben
handle, ... der hier ein morgenländisches Gebet verrichte. »Das ist
mir wurscht!«, antwortete der Wachmann, »hier darfs niemand
nicht singen.«[32]

Else Lasker-Schüler wurde am 11. Februar 1869 als sechs-
tes und jüngstes Kind des Privatbankiers Aaron Schüler und
dessen Ehefrau Jeanette in Elberfeld – heute ein Stadtteil von
Wuppertal – geboren. Else galt als das Wunderkind der jüdischen Familie, weil sie bereits im Alter von vier Jahren lesen
und schreiben konnte. Ihre frühe Kindheit war immer wieder
durch Spottverse ihrer Mitschüler getrübt. Trost und Zuflucht
fand sie bei ihren Eltern und in ihrem Glauben. Stundenlang
murmelte sie abends im Bett Gebete und konnte doch nicht
einschlafen.

Im Alter von elf Jahren besuchte Else das Wuppertaler Ly-
ceum West an der Aue, brach die Schule jedoch bald darauf
ab und erhielt Privatunterricht von ihren Eltern und einer Erzieherin. 1883 – Else war damals dreizehn – starb ihr geliebter
Bruder Paul. Als sie einundzwanzig war, starb ihre Mutter, was
sie als »Vertreibung aus dem Paradies« empfand. Sieben Jahre
später starb auch ihr Vater.

Im Alter von fünfundzwanzig heiratete sie den Arzt Berthold Lasker und zog mit ihm nach Berlin. Neun Jahre später,
vier Jahre, nachdem ihr Sohn Paul geboren wurde, ließ sich das
Paar scheiden. Wenige Monate nach der Scheidung heiratete

sie im November 1903 erneut, nun den Schriftsteller Georg Lewin, dem sie den Künstlernamen Herwarth Walden gab. Auch diese Ehe wurde nach einigen Jahren geschieden.

1901 erschien der erste Gedichtband Else Lasker-Schülers unter dem Titel *Styx*. Es folgten weitere Gedichtveröffentlichungen und 1909 das Theaterstück *Die Wupper*, das erst zehn Jahre später uraufgeführt wurde. Mit dem 1911 erschienenen Gedichtband *Meine Wunder* war Lasker-Schüler zur bedeutendsten expressionistischen Lyrikerin in Deutschland aufgestiegen. Ihre Gedichte erschienen in der *Frankfurter Zeitung*, dem *Berliner Tageblatt* und später in der *Neuen Zürcher Zeitung*. Gleichwohl war sie nach der Scheidung von Herwarth Walden auf die Unterstützung von Freunden und Bekannten angewiesen. Dazu gehörte vor allem Karl Kraus in Wien. Sie selbst konnte nicht gut mit Geld umgehen. Dabei gab sie es in erster Linie gar nicht für sich selbst aus, sondern verschenkte es an Freunde und Künstler in ihrem Bekanntenkreis, wenn diese in Not waren:

Ich habe keine Ruhe, immer unstet, kein Zuhaus. Ich wollte, ich wär jemand sein Kind. Und es ging jemand mit mir in alle Spielläden und kaufte mir Schaukelpferde, kleine Bären, Schachteln voll Häuschen und Bäumchen und Schafe und Hühner.[33]

Lasker-Schüler führte ein unstetes Leben in ständig wechselnden Wohnungen. Nach einer Begegnung mit Gottfried Benn entwickelte sich eine intensive Beziehung zwischen ihr und dem siebzehn Jahre jüngeren Schriftsteller und Arzt. Die beiden führten einen regen Briefwechsel und widmeten einander zahlreiche Liebesgedichte.

Nach der Trennung von Walden pflegte sie eine intensive Freundschaft zu dem verheirateten Maler Franz Marc, der zu den führenden Vertretern des Expressionismus gehört. In den phantasievollen Briefen und bemalten Karten, die sie ihm schickte, sah sie sich als den Prinzen »Jussuf von Theben« und Franz Marc als den »Blauen Reiter«. Einige der Briefe gingen in ihren Roman *Der Malik* ein. In den 1920er Jahren zählte sie zu einer Gruppe von mehr als zwanzig expressionistischen Lyrikern, der auch Gottfried Benn, Georg Trakl und Georg Heym angehörten. Sie war die einzige Frau in der Runde.

Unmittelbar vor der Machtergreifung durch die Nazis wurde Else Lasker-Schüler der Kleist-Preis 1932 verliehen, die bedeutendste literarische Auszeichnung der Weimarer Republik. Nach lebensbedrohlichen Angriffen gegen sie ging die jüdische Dichterin im Jahr 1933 nach Zürich ins Exil, sie durfte jedoch in der Schweiz nicht arbeiten. Gleich nach ihrer Ankunft in Zürich war Else Lasker-Schüler von der dortigen Sittenpolizei aufgegriffen worden, nachdem sie, völlig mittellos, sechs Nächte lang in einem Park übernachtet hatte. Nach einem Verhör erfuhr die schweizerische Öffentlichkeit vom Schicksal der deutschen Dichterin. Förderer organisierten ihr zu Ehren die Aufführung von Schauspielen.

Im Jahr 1934 reiste sie auf Einladung eines griechischen Ehepaars zum ersten Mal nach Palästina, dem Land, das für sie als Gläubige das »Heilige Land« war, das »Ursprungsland des Judentums«. Die dort vorherrschende politische Zerrissenheit und die soziale Not einzelner Bevölkerungsgruppen hat sie einige Jahre später in ihrem Buch *Das Hebräerland* beschrieben. Es erschien 1937 in der Schweiz. Zwei weitere Reisen nach Palästina folgten. Bei ihrem dritten Aufenthalt, Anfang April 1939, beschloss sie, dort zu bleiben, da die Schweizer Behörde ihr die Rückkehr verweigerte. Die deutsche Staatsbürgerschaft war ihr im Jahr zuvor entzogen worden.

Else Lasker-Schüler wohnte nun in Jerusalem in wechselnden Hotels. In ihrem Exil litt sie unter dem Verlust ihrer zahlreichen Freunde in Deutschland und den sich mehrenden Berichten über die Verbrechen der Nazis gegen die Juden. Sie war bekannt für ihr extravagantes Auftreten und wurde deswegen belächelt. Als letzten Aufenthaltsort bezog sie ein Zimmer zur Untermiete. Unterstützt wurde sie von der Jewish Agency und dem befreundeten amerikanischen Verleger Salman Schocken.

In Jerusalem setzte sich Else Lasker-Schüler besonders für die Verständigung von Juden und Arabern ein. Kurz vor Ende des Krieges appellierte sie an die alliierten Behörden, ihre Heimatstadt Wuppertal von Bombenangriffen zu verschonen. Als letztes literarisches Werk stellte sie den Gedichtband *Mein blaues Klavier* zusammen, den sie ihren Freunden in Deutschland widmete.

Nach einem Herzanfall starb Else Lasker-Schüler am 22. Januar 1945 in Jerusalem. Sie wurde auf dem Ölberg bestattet. Auf der Beisetzung trug der Rabbiner Kurt Wilhelm den anwesenden sechzig Trauergästen ihr Gedicht »Ich weiß, daß ich bald sterben muss« aus dem Band *Mein blaues Klavier* vor.

Zum zwanzigsten Todestag der Dichterin schrieb der Religionswissenschaftler und Journalist Schalom Ben-Chorin in einer Jerusalemer Zeitung: »Vor zwanzig Jahren schloß die Dichterin ihre brennendschwarzen Augen in der ewigen Stadt Jerusalem zum ewigen Schlaf. Auf dem Ölberg wartet sie, bis am Fuße des Berges im Tale Josaphat die Posaune der Auferstehung ertönt ...«

Meine Lieblingswerke von Else Lasker-Schüler:
• **Mein blaues Klavier**
• Die Wupper (Drama)
• Das Peter Hille-Buch
• Sämtliche Gedichte (Die Bücher der Neunzehn)

Das Gedicht »Mein blaues Klavier« erschien erstmalig im Jahr 1937 in der *Neuen Zürcher Zeitung* und wurde zum Titelgedicht des letzten Gedichtbandes von Else Lasker-Schüler, der 1943 in Palästina in einer Auflage von 330 Exemplaren erschien. »Mein blaues Klavier« erinnert an ein Kinderklavier aus fernen Tagen. In den Versen wird in sinnbildlicher Übertragung poetisch dargestellt, was der jüdischen Dichterin und den jüdischen Menschen durch Nazideutschland angetan wurde:

Ich habe zu Hause ein blaues Klavier / Und kenne doch keine Note. // Es steht im Dunkel der Kellertür, / Seitdem die Welt verrohte. // Es spielten Sternenhände vier – / Die Mondfrau sang im Boote / – Nun tanzen die Ratten im Geklirr. // Zerbrochen ist die Klaviatür ... / Ich beweine die blaue Tote. // Ach liebe Engel öffnet mir / – Ich aß vom bitteren Brote – / Mir lebend schon die Himmelstür – / Auch wider dem Verbote.[34]

Empfehlenswertes Buch über Else Lasker-Schüler:

— Sigrid Bauschinger: *Else Lasker-Schüler. Biographie.*
Göttingen, Wallstein Verlag 2004.

Gedenktafel:

— Gedenktafel auf dem Grundstück des ehemaligen Geburtshauses von Else Lasker-Schüler, Herzogstraße 29, 42103 Wuppertal

12 Rainer Maria Rilke.
Der Frauenversteher

*4.12.1875 Prag
†29.12.1926 Valmont bei Montreux (Schweiz)

Rilkes *Cornet* war das Lieblingsbuch meines Vaters in dessen Jugend und wahrscheinlich das einer ganzen Generation, die aufgrund der demagogischen Talente des Tyrannen und (Ver-)-Führers Adolf Hitler zunächst voller Begeisterung gegen Gott und die ganze Welt in den Krieg gezogen war. Während meiner Buchhändlerlehre fuhr ich einmal wöchentlich mit dem Zug von Marburg zur Berufsschule nach Gießen und kam an dem Schloss Friedelhausen vorbei, wo sich Rainer Maria Rilke mehrfach zu Besuchen bei einer befreundeten Gräfin aufgehalten hatte. In dieser Zeit schenkte mir eine gute Freundin das Bändchen *Worpswede* aus der Insel-Bücherei.

Am 4. Dezember 1875 wurde Rainer Maria Rilke als Sohn des Eisenbahnbeamten Josef Rilke und dessen Ehefrau Sophie in Prag geboren. Man taufte ihn auf den Namen René Karl Wilhelm Johann Josef Maria Rilke. Rilkes Mutter schwärmte für den Adel und träumte von einem gesellschaftlichen Aufstieg, der mit dem Mann an ihrer Seite ein Wunschtraum bleiben musste. Nach einem guten Jahrzehnt wurde die Ehe geschieden. Der Traum, berühmt zu werden, erfüllte sich jedoch für ihren Sohn, der alle Erwartungen der Mutter übertraf.

In seiner Neigung zum Adel kam der Sohn ganz nach der Mutter und suchte immer wieder und mit Erfolg Anschluss an entsprechende gesellschaftliche Kreise. Rilke selbst stellte Ahnenforschungen an und kam zu dem Schluss, ein entfernter Nachfahre eines adeligen Geschlechtes zu sein. Die in dieser Hinsicht unzweifelhaft vorhandene Übereinstimmung mit der

Traumwelt seiner Mutter hinderte ihn nicht daran, im Alter von knapp zwanzig Jahren seine Mutter einer ersten Freundin gegenüber als »vergnügungssüchtiges, erbärmliches Wesen« darzustellen.

Rilkes Mutter las ihrem Sohn jeden Wunsch von den Augen ab. Als kleiner Junge trug er Mädchenkleider. Er wurde von ihr in die katholische Volksschule der Prager Piaristen geschickt, anschließend besuchte er die Militärunterrealschule in St. Pölten. Darauf folgte der Übergang in die Militäroberrealschule, mit dem Ziel, ihn zum Offizier auszubilden. Doch die Kadettenausbildung behagte dem sensiblen Jungen nicht, er empfand sie als eine pädagogische »Vergewaltigung«. Infolge seines schlechten Gesundheitszustandes verließ er die Militärschule, um in Linz die Handelsakademie zu besuchen. Der Versuch, aus Rilke einen Offizier zu machen, war kläglich gescheitert.

Ein Onkel gewährte ihm ein Stipendium, und nach drei weiteren Jahren bestand er am Staatsgymnasium in der Prager Neustadt das Abitur. Rilke begann ein Studium in seiner Heimatstadt. Er belegte die Fächer Philosophie, deutsche Literatur und Kunstgeschichte, wechselte jedoch nach einem Semester zur Rechtswissenschaft. Auch dieses Fach behagte ihm nicht. Er verließ Prag und zog nach München, um dort das Studium fortzusetzen.

Es begann eine Zeit, in der Rilke sich um die Veröffentlichung seiner Gedichte bemühte. Seine Freundin Valerie von David-Rhonfeld unterstützte ihn finanziell bei der Herausgabe des ersten Gedichtbandes *Leben und Lieder*. Es folgten weitere Versuche von eher bescheidener sprachlicher Qualität, mit überladenen Bildern und überschwänglichen Gefühlsäußerungen. Diesen ersten seiner vier Gedichtbände aus der Anfangszeit hat Rilke später aus dem Buchhandel zurückgerufen.

An der Universität besuchte Rilke nur noch gelegentlich einzelne Vorlesungen, stattdessen beschäftigte er sich mit dem Lesen zeitgenössischer Autoren und pflegte Freundschaften, unter anderem zu Detlev von Liliencron. 1877 lernte er die vierzehn Jahre ältere Schriftstellerin Lou Andreas-Salomé kennen, Tochter eines russischen Generals und einer deutschen Mutter, und verliebte sich in sie. Lou Salomé war vor ihrer Heirat mit Friedrich Carl Andreas, einem Professor für westasiatische Sprachen, von Friedrich Nietzsche umworben worden. Mit Professor Andreas führte sie eine Ehe, in der sie zur Bedingung machte, dass der Vollzug ehelicher Sexualität ausgeschlossen sei.

Rilke betete seine ältere Geliebte an, die augenscheinlich für ihn Mutterersatz war. Ihr zuliebe änderte er seinen Vornamen René in Rainer. 1897 nahm er während der Sommermonate eine gemeinsame Wohnung mit ihr in Wolfratshausen / Oberbayern. Als seine Geliebte zurück nach Berlin ging, folgte er ihr. In Schmargendorf wohnte er in unmittelbarer Nähe des Ehepaares Andreas-Salomé.

1899 erschien sein Gedichtband *Mir zur Feier*, der von dem Worpsweder Maler Heinrich Vogeler illustriert wurde. Im gleichen Jahr unternahm Rilke mit Lou und deren Ehemann eine Reise nach Russland. Eine zweite Russlandreise schloss sich im Frühjahr 1900 an, nun ohne den Ehemann. Besucht wurden Kirchen, Galerien und Museen in Moskau und Sankt Petersburg. Dann folgte eine längere Schiffsreise auf der Wolga. Es kam zu einem Treffen mit dem Dichter Leo Tolstoi auf dem Landgut Jasnaja Poljana. Nach der ersten Reise schrieb Rilke, Russland sei »die letzte, heimlichste Stube im Herzen Gottes«. Alles Russische, so Rilke, »sei ihm heilig« und: »Russland hat mich zu dem gemacht, was ich bin ...«

Zwischen dem ersten und zweiten Russlandaufenthalt hielt sich Rilke in der Künstlerkolonie Worpswede auf, wo er auf die Maler Otto Modersohn, Fritz Mackensen, Hans am Ende, Heinrich Vogeler, Fritz Overbeck und die Künstlerinnen Paula Becker und Clara Westhoff traf. Die Frauen traten als »Schwestern« auf und machten Eindruck auf Rilke. Als Paula

Becker sich mit Otto Modersohn verlobte, reiste Rilke kurzfristig ab.

In Berlin ließ er sich regelmäßig sonntags von Paula Becker besuchen. Auch Clara Westhoff reiste mehrfach nach Berlin, und schließlich beschlossen Clara und Rilke zu heiraten. Sie bezogen ein Haus in der Nähe von Worpswede. Im Dezember 1901 wurde die Tochter Ruth geboren. Ein knappes Jahr später gab das Ehepaar die Tochter in die Obhut von Claras Eltern.

Zwischen 1899 und 1902 erschienen drei Bände Prosa. Von der Erstausgabe der Kurzerzählung »Die Weise von Liebe und Tod des Cornets Christoph Rilke« im Jahr 1906 setzte der Axel Juncker Verlag knapp fünfzig Exemplare ab. Sechs Jahre später erschien der Text als Band Nr. 1 in der Insel-Bücherei und wurde ein Bestseller. Bis Ende der 1950er Jahre wurden eine Million Exemplare verkauft.

Rilke führte ein rastloses Leben. Mehrfach reiste er nach Paris. Für acht Monate übernahm er die Aufgabe eines Sekretärs für den Bildhauer Auguste Rodin. Es folgten Reisen nach Italien, Schweden, Capri, Österreich, Nordafrika und Spanien. Dazu kamen Vorlesungen und Vorträge in verschiedenen deutschen Städten, fast immer ohne Ehefrau Clara.

1910 erschienen *Die Aufzeichnungen des Malte Laurids Brigge*, der erste und einzige Roman Rilkes. In der sich anschließenden Zeit reduzierte sich sein dichterisches Schaffen. Er übersetzte literarische Werke aus dem Französischen und beschäftigte sich mit klassischer Literatur. Und er begann die Arbeit an den *Duineser Elegien*, die er zum Teil auf Schloss Duino bei Triest verfasste, das der Fürstenfamilie Thurn und Taxis gehörte. Rilke pflegte seine Beziehungen zu wohlhabenden adeligen Leserinnen und Förderern seines Schaffens. Über Marie von Thurn und Taxis kam er mit der von ihm verehrten Schauspielerin Eleonora Duse in Kontakt.

In der Zeit des Ersten Weltkrieges lebte Rilke in München-Schwabing und begann eine Liebesaffäre mit der Malerin Lou

Albert-Lasard, die bis zu seiner Militäreinberufung Anfang 1916 anhielt. In Wien absolvierte er eine militärische Grundausbildung. Dass Rilke vom Militärdienst alles andere als angetan war, überrascht nicht. Ein Einsatz an der Front blieb ihm erspart. Einflussreiche Freunde ermöglichten, dass er dem K.-u.-k.-Kriegsarchiv überstellt wurde. Nach dem Krieg nahm Rilke die Arbeit an den *Duineser Elegien* wieder auf, gefördert von einer Züricher Mäzenin, Nanny Wunderly-Volkert, die ihn bis zu seinem Tod wirtschaftlich unterstützte. Das tat sie zeitweilig auf Bitten Rilkes auch für dessen Geliebte Baladine Klossowska.

Ständige Ortswechsel prägten auch seine letzten Lebensjahre. Zeitweilig lebte er in Soglio / Tessin, Locarno und Berg am Irchel, bevor er in einem Schlösschen bei Muzot im Kanton Wallis zur Ruhe kam. Durch Vermittlung von Nanny Wunderly wurde ihm das Chateau mietfrei überlassen. Hier stellte er 1922 die *Duineser Elegien* fertig und schrieb den Gedichtzyklus *Sonette an Orpheus*.

Von 1923 an musste Rilke mehrere Sanatoriumsaufenthalte auf sich nehmen. Seine Beschwerden erwiesen sich als eine seltene Erscheinungsform der Leukämie. Am 29. Dezember 1926 starb Rilke in einem Schweizer Sanatorium in der Nähe von Montreux.

Wenige Monate vor seinem Tod hatte er mehrere Briefe an eine italienische Mussolini-Kritikerin geschrieben, in denen er den italienischen Diktator und dessen System des Faschismus verteidigte. Rilke selbst wiederum hatte die Freiheit und Unabhängigkeit in vollen Zügen genießen dürfen: als Liebling der Frauen, als Günstling der Reichen und Arrivierten – und als gefeierter Dichter des Schönen und Erhabenen.

Meine Lieblingswerke von Rainer Maria Rilke:

- Das Stunden-Buch
- Duineser Elegien

Rilke, gefeierter, in den Himmel gehobener Dichter von ganzen Generationen in der ersten Hälfte des 20. Jahrhunderts, der in seinem Leben, zwischen Angehörigen des niedergehenden Adels und den barfüßig, in Leinenkleidern einher wandelnden Protagonisten der Künstlerkolonie Worpswede, stets reisend auf der Suche nach Erfüllung seiner Sehnsüchte war, hat eine überschaubare Anzahl von Gedichten geschrieben, die einzigartig und zeitlos sind, darunter: »Das Karussell«, »Advent«, »Herbst«, »Herbsttag«, »Römische Fontäne« und »Der Panther«.

Den »Panther« schrieb Rilke nach einem Besuch des botanischen Gartens (Jardin des Plantes) in Paris. Das Gedicht erschien erstmals 1903 in der Prager Zeitschrift *Deutsche Arbeit* und dann in der Sammlung *Neue Gedichte*:

Sein Blick ist vom Vorübergehn der Stäbe / so müd geworden, dass er nichts mehr hält. / Ihm ist, als ob es tausend Stäbe gäbe / und hinter tausend Stäben keine Welt. // Der weiche Gang geschmeidig starker Schritte, / der sich im allerkleinsten Kreise dreht, / ist wie ein Tanz von Kraft um eine Mitte, / in der betäubt ein großer Wille steht. // Nur manchmal schiebt der Vorhang der Pupille / sich lautlos auf –. Dann geht ein Bild hinein, / geht durch der Glieder angespannte Stille – / und hört im Herzen auf zu sein.[35]

Empfehlenswerte Bücher über Rainer Maria Rilke:

— Gunter Martens, Annemarie Post-Martens: *Rainer Maria Rilke.* Rowohlt Bildmonographie, Reinbek 2008.

— Heimo Schwilk: *Rilke und die Frauen. Biografie eines Liebenden.* Piper Verlag, München 2015.

Literatour Rainer Maria Rilke:

— Fondation Rilke, Rue de Bourg 30, 3960 Sierre / Schweiz

— Künstlerdorf Worpswede, 27726 Worpswede

13 Joachim Ringelnatz.
Seemann, Kabarettist, Verseschmied

*7.8.1883 Wurzen (Sachsen)
†17.11.1934 Berlin

Oft saß ich während meiner Berliner Zeit mit Freunden auf ein Bier in der Westend-Klause am Steubenplatz in Charlottenburg. Die Westend-Klause war in den 1930er Jahren die Stammkneipe des Dichters Joachim Ringelnatz gewesen. Von dort aus waren es nur wenige hundert Meter bis zum Deutschen Stadion – dem Vorläufer des Olympiastadions am gleichen Ort. Ringelnatz war Mitglied von Hertha BSC und traf sich in der Kneipe regelmäßig mit dem damaligen Kapitän der Herthaner, »Hanne« Sobek, und mit dem Sänger und Schauspieler Hans Albers. Ringelnatz-Verse sind nicht nur literarisch Interessierten vertraut. Einige seiner Gedichte und die literarische Figur des »Kuttel Daddeldu« sind bis heute Volksgut im besten Sinne.

Joachim Ringelnatz kam aus gutbürgerlichem Hause. Er wurde am 7. August 1883 in der kleinen Stadt Wurzen, nahe Leipzig, als Hans Gustav Bötticher geboren. Bereits sein Vater war künstlerisch tätig gewesen. Er verfasste erfolgreiche Kinder- und Gedichtbücher und gab einen Kinderkalender heraus. Darüber hinaus pflegte er rege Kontakte mit den Schriftstellern Emanuel Geibel, Wilhelm Raabe und Gustav Freytag sowie dem Maler Adolph Menzel. Joachim Ringelnatz verehrte den Vater. Er eiferte ihm schon als kleiner Junge nach und begann zu zeichnen und zu schreiben. Die Mutter stellte Kleider für Puppen her.

Joachim war das jüngste von drei Geschwistern. Als er drei Jahre alt war, zog die Familie nach Leipzig. Infolge seiner großen Nase und dem hervorspringenden Kinn wurde der Junge in der Schule häufig von seinen Kameraden verspottet. Das glich er, nach außen gewandt, mit Witz, Häme und allerlei Streiche aus. In der sechsten Klasse des Gymnasiums ließ er sich eine Südseeschönheit auf den Arm tätowieren, die ihm den Verweis von der Schule einbrachte. Er wechselte auf die Realschule, die er erfolgreich mit der Mittleren Reife beendete. Im Abschlusszeugnis bescheinigte man ihm, ein schwieriger Schüler gewesen zu sein.

Nach der Schule heuerte Ringelnatz auf einem Segelschiff als Schiffsjunge an. Auch diese Zeit verlief alles andere als glücklich für den kleinen Mann mit dem sächsischen Akzent und dem großen Zinken im Gesicht. Nach großer Reise wieder in Hamburg angelangt, verdingte er sich auf dem Volksfest Hamburger Dom als Helfer bei einer Schlangenshow und als Arbeitskraft im Seemannsheim, um anschließend erneut als Matrose zur See zu fahren. 1904 absolvierte er einen Freiwilligendienst bei der Kaiserlichen Marine in Kiel. Bemühungen um ein Studium der Handelswissenschaften an der Universität Leipzig schlugen fehl, da er es nicht finanzieren konnte. Stattdessen arbeitete er knapp zwei Jahre als Handelsgehilfe in Leipzig und Frankfurt und übernahm Gelegenheitsarbeiten in Hull / England und Amsterdam. Dort wurde er von der Polizei aufgegriffen und vorübergehend inhaftiert, weil man ihn fälschlicherweise als Betrüger verdächtigte. Wieder in die Freiheit entlassen, wurde er Buchhalter in einem Reisebüro in München. Auch dieser Job war nur von kurzer Dauer, nachdem sich herausstellte, dass es mit Ringelnatz' Behauptung, fünf Sprachen zu sprechen, nicht weit her war.

Von 1909 an trat Ringelnatz in der Münchner Künstlerkneipe Simplicissimus als Kabarettist und Dichter auf. Da die Engagements nur mit Bier und manchmal mit einem geringen Honorar bezahlt wurden, eröffnete er einen Tabakladen, den er nach kurzer Zeit wieder aufgeben musste. So machte er sich im Jahr 1911 auf den Weg nach Riga, lebte dort in einer Hütte am Strand und las, als Frau verkleidet, in Bordellen Prostituierten aus der Hand. Es folgten Beschäftigungen als Privatbibliothekar bei Grafen und Freiherrn, als Fremdenführer auf einer Burg und als Schaufensterdekorateur. Die Veröffentlichung von Gedichtbänden, darunter *Die Schnupftabaksdose*, konnten seine materielle Not kaum lindern.

Bei Ausbruch des Ersten Weltkrieges meldete sich Ringelnatz freiwillig zur Marine. Er brachte es bis zum »Leutnant zur See« und wurde Kommandant eines Minensuchbootes in Cuxhaven. Zwei Jahre nach Kriegsende heiratete Ringelnatz die Lehrerin Leonharda Pieper, die er vertraulich »Muschelkalk« nannte. Mit seiner Frau zog er von München nach Berlin. Nun ging es aufwärts: Ringelnatz betätigte sich mit wachsendem Erfolg als reisender Vortragskünstler. Stets trat er dabei im Matrosenanzug auf. Es folgten Rundfunkauftritte und die Veröffentlichung der Gedichtbände *Kuttel Daddeldu* und *Turngedichte*. Reichtümer erwarb er damit nicht, aber immerhin konnte er nun gemeinsam mit seiner Frau den Lebensunterhalt finanzieren.

Nach der Machtergreifung durch die Nationalsozialisten wurden die meisten seiner Werke verboten. In Hamburg, München und Dresden wurde ihm Auftrittsverbot erteilt. Damit geriet er erneut in materielle Not. Jetzt zeigten sich erste Krankheitserscheinungen: Ringelnatz litt an Tuberkulose. Seinen fünfzigsten Geburtstag konnte er noch im Beisein seiner Freunde Asta Nielsen und Ernst Rowohlt feiern. Danach verschlechterte sich sein gesundheitlicher Zustand.

Am 17. November 1934 starb Joachim Ringelnatz im Alter von einundfünfzig Jahren in seiner Wohnung im Berliner Westend. Er wurde auf dem Waldfriedhof in der Heerstraße unter Abspielen seines Lieblingsliedes »La Paloma« beerdigt.

Unmittelbar nach der Wende bin ich von Leipzig aus einmal in die Geburtsstadt des Dichters gefahren, nach Wurzen in Sachsen. Außer dem vernachlässigt wirkenden Geburtshaus des Dichters gab es damals nicht viel zu sehen vom berühmten Sohn der Stadt. Das Geburtshaus ist heute sorgfältig renoviert. Schon bei der Hinfahrt auf der Autobahn grüßt ein Schild mit der Silhouette des Poeten, eine Stadtgasse, das Ringelnatz-Gässchen, ist nach ihm benannt, zwei Kinderspielplätze tragen seinen Namen und es gibt einen Ringlnatzpfad durch die Stadt mit dreizehn Stationen.

Meine Lieblingswerke von Joachim Ringelnatz:
- Die Schnupftabaksdose
- Turngedichte
- Kuttel Daddeldu

Das Ringelnatz-Gedicht »Gebe dein Bestes« wird gelegentlich in Anthologien nur mit dem zweiten Vers (*Wenn ich tot bin, darfst du gar nicht trauern ...*) abgedruckt. Es ist ein trauriges und dennoch tröstendes Gedicht, das Mut macht – denen, die wir lieben und die wir dereinst hinterlassen werden, und uns selbst:

Der du meine Wege mit mir gehst / Jede Laune meiner Wimper spürst / Meine Schlechtigkeiten duldest und verstehst / Weißt du wohl, wie heiß du mich rührst? // Wenn ich tot bin, darfst du gar nicht trauern / Meine Liebe wird mich überdauern / Und in fremden Kleidern dir begegnen / Und dich segnen. / Lebe, lache gut! / Mache deine Sache gut.[36]

Zu den großen Bewunderern des sächsischen Lyrikers und Humoristen gehörte auch der norddeutsche Dichter, Sprachforscher und Lektor Peter Rühmkorf, dem 2002 der Joachim-Ringelnatz-Preis verliehen wurde. Im Band *Vorletzte Gedichte*, erschienen im Rowohlt Verlag, hat Rühmkorf über Ringelnatz geschrieben: »Hoch sollst du leben, solange ich selbst eben noch lebe, großer kleiner, bis in den letzten Nervenstrich spinnwebfeiner unübersehbarer Mann.«

Empfehlenswertes Buch über Joachim Ringelnatz:

— Hilmar Klute: *War einmal ein Bumerang. Das Leben des Joachim Ringelnatz*. Galiani Verlag, Berlin 2015.

Literatour Joachim Ringelnatz:

— Joachim-Ringelnatz-Museum, Südersteinstraße 44, 27472 Cuxhaven

— Westend-Klause, Reichsstraße 80 B, 14052 Berlin-Charlottenburg

— Geburtshaus in Wurzen, Crostigall 14, 04808 Wurzen

— Ringelnatzpfad in Wurzen

14 Gottfried Benn.
Arzt und Lyriker

*2.5.1886 Mansfeld (Westprignitz)
†7.7.1956 Berlin

Lyrik hat heute einen schweren Stand im deutschen Buchge-
schäft. Wer schreibt heutzutage noch Gedichte? Und vor allem:
Wer soll sie in Buchform kaufen und lesen? Mit Hans Magnus
Enzensberger, Günter Eich, Günter Grass, Sarah Kirsch und
Ror Wolf scheint die große Zeit der deutschen Lyriker zu Ende
gegangen zu sein. Lernen Kinder in der Schule noch Gedich-
te auswendig? Meine Mutter konnte noch als Siebzigjährige
Schillers »Glocke« ohne zu stocken aufsagen.

Zu den wichtigsten Gedichten des 20. Jahrhunderts in deutscher Sprache gehören auch einige von Gottfried Benn. Sämtliche Gedichte Benns sind in einer sehr schönen Ausgabe im
Verlag Klett-Cotta erhältlich. Mein Freund Jörg Lehmann,
langjähriger wissenschaftlicher Direktor am Pädagogischen
Zentrum Berlin, Moderator für Deutsch an Gesamtschulen
und Lesebuchautor, der Gottfried Benn bewundert und verehrt, hat mir diesen Band zu meinem Abschied aus Berlin geschenkt.

Gottfried Benn wurde am 2. Mai 1886 in Mansfeld geboren, einem kleinen Dorf in Brandenburg, das heute der Stadt
Putlitz eingemeindet ist. Sein Vater hatte einige Zeit als Erzieher in den Schlössern des preußischen Adels gewirkt, bevor er die Pfarrstelle in Mansfeld antrat. Die Mutter Gottfried
Benns stammt aus einer Uhrmacherfamilie in der französischen Schweiz und arbeitete vor ihrer Heirat als Gouvernante.
Nach der Geburt des zweitgeborenen Sohnes Gottfried nahm
der Vater eine Pfarrstelle in Sellin, östlich der Oder, an, heute

zu Polen gehörend. Dort wurden den Eltern Gottfried Benns dann noch sechs weitere Kinder geboren.

Der Vater war konservativ und seinem Beruf entsprechend tiefgläubig, andererseits hatte er die sozialdemokratische Zeitung *Vorwärts* abonniert und interessierte sich für die soziale Bewegung des ausgehenden 19. Jahrhunderts. Seine Predigten hielt er frei. Gottfried Benn wuchs mit der Lutherbibel und dem Gesangbuch auf, was ihn nicht daran hinderte, später dem kirchlichen Glauben zu entsagen. Anders als der Vater hielt sich der Arzt und Dichter bei öffentlichen Auftritten stets an die mitgeführte schriftliche Vorlage. Auch im späteren Leben Gottfried Benns kam es immer wieder zu Konflikten zwischen Vater und Sohn, die auch durch die von diesem verehrte fürsorgliche und gefühlsbetonte Mutter nicht geschlichtet werden konnten. Sie war nicht in der Lage, sich gegen ihren dominanten Mann durchzusetzen.

Im Alter von zehn Jahren wurde Gottfried Benn in die Sexta des Friedrichs-Gymnasiums in Frankfurt an der Oder aufgenommen, und dort legte er im Februar 1903 als Siebzehnjähriger die Reifeprüfung ab. Auf Drängen des Vaters nahm er ein Studium der Theologie und Philologie an der Philipps-Universität in Marburg auf. Nebenbei besuchte er Germanistik-Vorlesungen über mittelalterliche Lyrik und begann zu dichten. 1904 schickte Benn mehrere Gedichte an die in Berlin-Lichterfelde erscheinende *Romanzeitung*, die ihm mit dem Urteil »G. B. freundlich in der Gesinnung, schwach im Ausdruck« zurückgesandt wurden. Nach zwei Semestern ging er an die Friedrich-Wilhelms-Universität in Berlin, wo er nach zwei weiteren Semestern Philologie in das Fach Medizin wechselte. Seine weitere Ausbildung erhielt Benn an der Kaiser-Wilhelm-Akademie für das militärärztliche Bildungswesen. Er schloss das Medizinstudium nach zehn Semestern ab.

Nach nur einem Jahr als Unterarzt im Prenzlauer Infanterieregiment schied Benn wegen eines Rückenleidens aus dem

Militärdienst aus und wurde im Februar 1912 mit einer Arbeit über *Diabetes mellitus im Heer* promoviert. Im gleichen Jahr trat er eine Arztstelle als Pathologe und Serologe im Klinikum Westend (Berlin-Charlottenburg) an.

In den Jahren 1912 und 1913 erschienen zwei Gedichtbände im Verlag von A. R. Meyer (in der literarischen Szene als »Munkepunke« bekannt): *Morgue und andere Gedichte* und *Söhne. Neue Gedichte*. Sie lösten einen Skandal aus. Eine solche, hart an der Grenze des Erträglichen liegende Darstellung menschlichen Leidens in Gedichtform hatte es hierzulande noch nicht gegeben. *Morgue* wurde von der Zensur während des Ersten Weltkrieges verboten.

Im Café des Westens kam es zu Begegnungen mit Dichtern des Expressionismus. Benn machte Bekanntschaft mit der Lyrikerin Else Lasker-Schüler. Es begann eine wilde Liaison mit der siebzehn Jahre älteren jüdischen Dichterin, die ihren Niederschlag auch in literarischen Veröffentlichungen fand, jedoch über die Dauer von einem halben Jahr nicht hinausreichte. Wenig später, während eines Sommeraufenthaltes 1913 auf Hiddensee, lernte Benn die acht Jahre ältere und verwitwete Edith Osterloh aus München kennen, die Mutter eines kleinen Sohnes. Im Jahr darauf heirateten die beiden.

Nach Ausbruch des Ersten Weltkrieges wurde Benn eingezogen und als Militärarzt im Belgienfeldzug eingesetzt. Während der Besetzung Belgiens arbeitete er als Arzt in einem Brüsseler Prostituiertenkrankenhaus. Die drei Jahre in Brüssel nutzte Gottfried Benn intensiv für die literarische Arbeit.

Im zweiten Kriegsjahr wurde die Tochter Nele in Dresden-Hellerau geboren, die er erst ein Jahr später zum ersten Mal sehen sollte. Sie blieb das einzige Kind des Ehepaares Benn, wohl auch deshalb, weil Gottfried Benn Kinder in seiner Umgebung nur schwer ertragen konnte. Er hasste Unruhe und Ablenkung, war pedantisch auf Ordnung und einen genau geplanten Ablauf im Alltag bedacht. Benn war und blieb ein Einzelgänger, der intensivere Kontakte mit anderen Menschen scheute, während seine Frau ein sympathisches, Menschen zugewandtes Auftreten hatte. 1917 eröffnete Gottfried Benn eine eigene Praxis als Arzt für Haut- und Geschlechtskrankheiten in Berlin. Die Praxis lief gut im Berlin der sogenannten Goldenen Zwanziger, in denen die Promiskuität weitverbreitet war und damit einhergehend auch die Geschlechtskrankheiten.

Im November 1922 starb Benns Ehefrau Edith nach einer Gallenoperation im Alter von vierundvierzig Jahren. Andreas, der Sohn, den Edith mit in die Ehe gebracht hatte, kam in ein Internat und starb im Alter von achtzehn Jahren an einem Lungenleiden. Die gemeinsame Tochter Nele lebte vorübergehend im Pfarrhaus in Sellin, bevor sie zu einer Freundin in Dänemark gegeben wurde.

Für Gottfried Benn folgten Jahre mit wechselnden Beziehungen zu Frauen. Er übte eine große Anziehungskraft auf Frauen aus, dabei war er alles andere als ein »Beau«. Benn wirkte durch seine Sensibilität, seine Aufnahmebereitschaft, seinen Charme. Er mochte keine gesellschaftlichen Auftritte, lebte zurückgezogen, verabscheute Luxus und teure Lokale. Frauen regten ihn an und förderten seine literarische Kreativität. Körperliche Treue war ihm in seinen Beziehungen weniger wichtig als seelische Übereinstimmung.

Im Jahr 1932 wurde Gottfried Benn zum Mitglied der Preußischen Akademie der Künste, Abteilung Dichtung, berufen. Nach der Machtergreifung durch die Nationalsozialisten bekannte sich Benn öffentlich zur neuen Staatsführung. Er erkannte seinen Irrtum jedoch ein Jahr später, als Hitler im Sommer 1934 die Beteiligten am sogenannten Röhm-Putsch ermorden ließ. Dieses Jahr des Irrtums nahm für zahlreiche Kritiker Benns eine weit größere Bedeutung ein als sein gesamtes literarisches Schaffen, das über jeden Zweifel erhaben ist.

Im April 1935 verließ Benn Berlin und trat als Oberstabsarzt in die Wehrersatzinspektion in Hannover ein. Im selben

Jahr wurde Benn wegen seiner literarischen Veröffentlichungen von der SS-Wochenschrift *Das Schwarze Korps* als »Ferkel«, »Judenjunge«, »warmer Bruder« und »widernatürliches Schwein« denunziert. Der *Völkische Beobachter* übernahm den Artikel. Benn wurde als Versorgungsarzt nach Berlin versetzt und zog sich infolge weiterer Bedrohungen durch die Nationalsozialisten aus dem literarischen Geschehen zurück.

1938 heiratete er ein zweites Mal, Hertha von Wedemeyer, eine Sekretärin, die er in Hannover kennengelernt hatte. Die Reichsschrifttumskammer erteilte ihm Schreibverbot, und 1944 wurde er als Oberstabsarzt nach Landsberg an der Warthe versetzt. Seine Frau Hertha wartete in einem Dorf an der Elbe auf ihn, ohne um seinen genauen Aufenthaltsort zu wissen. Denn Berlin war inzwischen von russischen Truppen eingekesselt, und die Dienststellen, in denen Gottfried Benn eingesetzt wurde, wechselten ständig. Nachdem die Sowjetsoldaten Berlin eingenommen hatten, wurde Benn mehrfach verhört. Aufgrund des Ärztemangels wurde er zur Behandlung von Kranken dringend benötigt. Der Postverkehr war inzwischen vollständig zum Erliegen gekommen. Erst Ende Juli 1945 wurde Gottfried Benn durch einen Boten ein Brief seiner Frau zugestellt, den sie unmittelbar vor ihrem Tod geschrieben hatte. Hertha Benn war am 2. Juli 1945 freiwillig aus dem Leben geschieden, ohne ihren Mann wiedergesehen zu haben. Benn schrieb: *Sie wollte über die Elbe an das andere Ufer, wurde im Stich gelassen und kam nicht mit. Hatte wohl niemanden, der ihr helfen konnte. Sehr mutig und lebensvoll war sie schon lange nicht mehr, vor allem: sie war ohne jede Nachricht von mir, hielt mich wohl für tot oder gefangen, und da tat sie es denn.*[37]

Ein Jahr später ging Gottfried Benn seine dritte Ehe ein. Er heiratete die Zahnärztin Dr. Ilse Kaul. Es wurde eine glückliche Ehe, in der Benn noch einmal zu seiner dichterischen Schaffenskraft zurückfand und wichtige Werke zu Papier brachte, denen große Anerkennung beschieden war: *Statische Gedichte* (1948),

Trunkene Flut (1949), *Fragmente. Neue Gedichte* (1951), *Destil-lationen. Neue Gedichte* (1953), *Aprèslude* (1955). Die Gedichte pflegte er nun in seinen beiden Berliner Stammkneipen auf-zuschreiben, in denen er sich Tag für Tag aufhielt: bei einem Bier und einem »Klaren«, immerzu filterlose Zigaretten Marke Juno rauchend. Im Gedicht »Nur zwei Dinge« (1953) schrieb er: *Ob Rosen, ob Schnee, ob Meere, was alles erblühte, verblich, / es gibt nur zwei Dinge: die Leere und das gezeichnete Ich.*[38]

Am 2. Mai 1956 feierte Benn seinen siebzigsten Geburtstag. Zwei Monate später, am 7. Juli 1956, starb er in Berlin. Er wur-de auf dem Dahlemer Waldfriedhof beerdigt.

Mein Lieblingsbuch von Gottfried Benn:

• **Sämtliche Gedichte**

Das 1936 geschriebene Gedicht »Astern« über die herbstliche Jahreszeit gehört zu den Versen, die Gottfried Benn berühmt gemacht haben. Es schildert den zu Ende gehenden Herbst und malt poetische Bilder, die mit einem Vers über die Herbst-blume Aster ihren Anfang nehmen:

Astern – schwälende Tage, / alte Beschwörung, Bann, / die Göt-ter halten die Waage / eine zögernde Stunde an ...[39]

Zu den schönsten und bekanntesten Gedichten Benns ge-hört auch »Einsamer nie«:

Einsamer nie als im August: / Erfüllungsstunde –, im Gelände / die roten und die goldenen Brände / doch wo ist deiner Gärten Lust? ...[40]

Und nicht zuletzt »Anemone«:

Erschütterer –: Anemone / die Erde ist kalt, ist nichts / da mur-melt deine Krone / ein Wort des Glaubens, des Lichts ...[41]

Empfehlenswerte Bücher über Gottfried Benn:

— Gunnar Decker: *Gottfried Benn. Genie und Barbar. Biographie.*
Aufbau Verlag, Berlin 2006.

— Fritz J. Raddatz: *Gottfried Benn. Leben – Niederer Wahn.*
Eine Biografie. Propyläen Verlag 2001.

Literatour Gottfried Benn:

— Gedenkstätte Gottfried Benn, Stadtturm Eltville,
Rheingauer Str. 60, 65343 Eltville
— Website Gottfried-Benn-Gesellschaft:
www.gottfriedbenn.de

15 Erich Kästner.
Das Muttersöhnchen

* 23.2.1899 Dresden
† 29.7.1974 München

Erich Kästner: ein Dichter für ein ganzes Leben. Seine Werke
haben mich seit meiner Kindheit begleitet. Kästners politisches Engagement vor, während und nach der Nazidiktatur,
sein Eintreten gegen Militär und Krieg haben mich zutiefst
berührt, und sein menschliches Schicksal, auch seine Schwächen, beschäftigten mich immer wieder einmal. Für mich begann meine Verehrung für den Schriftsteller Erich Kästner in
der fünften Klasse, als der begnadete Vorleser und Deutschlehrer Dieter Blume uns Schülern aus *Emil und die Detektive*
vorlas. Alle Kinderbücher Erich Kästners habe ich verschlungen, so wie später nur noch die Romane von Georges Simenon,
Patricia Highsmith, Gabriel García Márquez und Gerhard Henschel.

Selbst übertroffen hat sich der Autor mit seinen unzähligen
anrührenden, ironischen und melancholischen Gedichten, die
wie Heines Lyrik etwas Volksliedhaftes haben und den ganzen
Zauber der Poesie entfalten. Kästners Gedichte wirken nach,
sie treffen ins Herz. Er schreibt mit scheinbar leichter Hand
über das Leben, die Liebe, die Vergänglichkeit. Und er versteht
es, Gefühle, die uns in kleinen und großen Momenten ausma-
chen, in Worte zu fassen. Über vielen Gedichten Kästners liegt
ein nachsichtiges Lächeln, über manchen Versen Trauer und in
anderen, seinen politischen Gedichten, Bitterkeit und berech-
tigter Zorn. Wer einen anderen Menschen für Lyrik begeistern
möchte, der sollte ihm eine Ausgabe der Verse von Erich Kästner schenken.

Erich Kästner wurde mit dunklen Locken und buschigen Augenbrauen am 23. Februar 1899 geboren. Ida und Emil Kästner, die Eltern von Erich Kästner, waren ein Ehepaar, das mehr oder weniger nebeneinanderher lebte, in einer Art Wirtschaftsgemeinschaft. Man wohnte in einer Mietwohnung in der Dresdener Neustadt im dritten Stock. Um das Familienbudget aufzustocken, nähte Mutter Isa Leibbinden in Heimarbeit. Eines der Zimmer in der Wohnung der Familie wurde an Lehrer untervermietet, was Anlass zu Spekulationen über die tatsächliche Vaterschaft des kleinen Erich gibt. Inzwischen gibt es so gut wie keine Zweifel: Zeitzeugen wie Thomas Kästner, der Sohn von Erich Kästner, seine zeitweilige Lebensgefährtin Luiselotte Enderle und andere bestätigten, dass Erich Kästner der Sohn des Familienhausarztes Sanitätsrat Dr. Zimmermann war. Zimmermann, jüdischer Abstammung, emigrierte nach der Machtergreifung Hitlers nach Brasilien.

Der kleine Erich nahm die Hauptrolle im Leben seiner Mutter ein. Er war ihr Ein und Alles, und seine Mutter war es für ihn. Die Beziehung zwischen Familienvater Emil und Erich wiederum blieb ein Leben lang konturlos. Emil spielte im Alltag des Jungen nur eine Nebenrolle. Das von ihm verdiente Geld reichte nicht aus, um das Leben zu führen, das sich seine Frau vorstellte. Die Familie Augustin, aus der die Mutter stammte, war von einem starken Bestreben nach gesellschaftlichem Aufstieg geprägt. Frühere Generationen waren im Bäckerhandwerk tätig gewesen, und Idas Brüder verdienten ihr Geld als Pferdehändler oder Fleischermeister. Ihren späteren Mann hatte Ida Augustin bei einem Kaffeekränzchen kennengelernt. Emil Kästner, als Sattler einst selbstständiger Handwerker, bezog sein Einkommen nach Aufgabe des eigenen Betriebes als Facharbeiter in einer Dresdener Kofferfabrik.

Früh erkannte die Mutter die Begabungen ihres Sohnes und förderte ihn. Mutter und Sohn schliefen gemeinsam in einem Zimmer. Um sich und ihrem Sohn ein besseres Leben zu ermöglichen, sattelte sie beruflich um und erlernte das Friseur-handwerk. Sie eröffnete in der Familienwohnung einen Salon für Tages-, Ball- und Brautfrisuren und bot darüber hinaus Gesichtsmassagen an. Die Untermieter in der Wohnung wurden herangezogen, um den Jungen schon in seiner frühesten Kindheit für das Lesen und Schreiben zu begeistern. Sie wollte den perfekten Sohn, und das wurde Erich dann auch. Zeit seines Lebens blieb er der Mutter verbunden, suchte ihre hohe Erwartungshaltung zu erfüllen und blieb im Grunde unfähig, eine dauerhafte und erfüllte Bindung zu anderen Menschen zu entwickeln.

Erich Kästner war ein lebhaftes Kind. Er las, was ihm in die Finger kam, und unterstützte seine Mutter, wo und wann immer es ging. Sogar als Geldeintreiber für seine Mutter und seine Verwandtschaft betätigte er sich, brachte das Geld, oft in Tausenderbeträgen, zur Bank und war ein vorbildlicher Schüler mit Zeugnissen, die vor Einsen nur so strotzten. Das Lieblingsfach des Sohnes war Turnen, und selbstverständlich hatte er auch da eine Eins. Die Mutter unternahm Wanderungen, Radtouren und kleine Busreisen mit ihrem Erich. Der Vater, der dafür die Rucksäcke genäht hatte, blieb daheim und erhielt Ansichtskarten.

Der junge Erich Kästner hatte vor allem ein Ziel: Er wollte Lehrer werden. Im Alter von vierzehn Jahren wurde er im Internat des Dresdener Lehrerseminars aufgenommen. Die dortigen preußischen Erziehungsmethoden missfielen ihm. So, wie ihn seine Lehrer unterrichteten, spießig und autoritär, wollte er nie werden. Trotzdem war er auch dort stets der Klassenprimus. Im Juli 1917, dem vorletzten Jahr des Ersten Weltkrieges, wurde der Sekundanerschüler eingezogen. Seine Erfahrungen in der Militärausbildung hat er in zeitlosen Gedichten über die Sinnlosigkeit des Kriegshandwerks festgehalten.

Als der Krieg beendet war, begann Erich Kästner mit dem Schreiben. Zunächst engagierte er sich als Mitarbeiter der

Schülerzeitung des König-Georg-Gymnasiums. Es folgten erste Gedichte für eine Theaterzeitung. Nach dem glänzend bestandenen Abitur begann er ein Studium der Germanistik und Theatergeschichte in Leipzig und wechselte dann an die Universität in Rostock. Von dem Ziel, Lehrer zu werden, hatte er inzwischen Abschied genommen.

1919 lernte der einundzwanzigjährige Erich Kästner die drei Jahre jüngere Ilse Julius kennen und verliebte sich in sie. Mutter Ida sah die Verbindung ihres Sohnes kritisch, wohl auch deshalb, weil sie ihre Position als Nummer eins im Leben des Sohnes gefährdet sah. Ilse Julius studierte Chemie, spekulierte mit Devisen, und ihr war daran gelegen, finanziell Boden unter die Füße zu bekommen. Gescheitert ist die Liebe zwischen den beiden vor allem daran, dass Kästner das Gefühl hatte, er werde von Ilse vor allem im Bett geliebt.

Literarischen Niederschlag fand das Ende der Beziehung im Jahr 1926 in dem unsterblichen Gedicht »Sachliche Romanze«. Als die Trennung vollzogen wurde, hatte Kästner bereits eine andere Geliebte mit Namen Karin. Seine Mutter wollte gleich nach Berlin fahren, um die neue Flamme ihres Sohnes kennenzulernen. Es folgte ein reger Briefaustausch zwischen Mutter und Sohn, in dem auch Betrachtungen über Sexuelles ihren Platz hatten. So schrieb Kästner seiner Mutter: *Ich glaube, es gibt keine leidenschaftlichen Mädchen mehr. Sie haben sich alle schon so zugrunde onaniert, dass sie Männer einfach nicht brauchen können ...*[42]

Er scheute auch nicht davor zurück, seiner Mutter über eine Begegnung mit einer Prostituierten zu berichten. Selbst eine Tripper-Erkrankung und die darauffolgende Behandlung, der er sich unterziehen musste, schilderte er ihr ausführlich.

Zeit seines Lebens blieb Kästner unverheiratet. Alle Beziehungen zum weiblichen Geschlecht standen stets unter dem Stern seiner Bindung an die Mutter. Sie war seine engste Vertraute, und er gestand ihr selbstironisch: *Man sollte sich eben*

*doch alles abhacken, was mit Mann zu tun hat. Sonst hört dieser
Schlamassel ja doch nicht auf.*[43]

Mit der Karriere ging es aufwärts. Nachdem Kästner im
Jahr 1923 eine Glosse über die Geldentwertung im *Leipziger
Tageblatt* veröffentlicht hatte, wurde er vom Verlagschef als
Redakteur eingestellt, setzte aber parallel sein Studium fort.
Täglich schrieb er seiner Mutter nach Dresden und sie ihm
zurück nach Leipzig. Regelmäßig schickte er ihr seine Wäsche
und sie ihm die gewaschene Wäsche zurück.

1925 wurde Kästner zum Doktor der Philosophie promoviert,
seine Doktorarbeit widmete sich dem Thema *Die Erwiderungen
auf Friedrichs des Großen Schrift ›De la littérature allemande‹*.
Anschließend brach er zu einer ersten großen Reise mit der
Mutter in die Schweiz und an die oberitalienischen Seen auf.

Kurze Zeit später verursachte Kästner einen Skandal mit der
Veröffentlichung des Gedichtes »Das Abendlied des Kammer-
virtuosen« in der *Plauener Volkszeitung*. Es enthielt zahlreiche
erotische Anspielungen und wurde – veröffentlicht ausgerech-
net am hundertsten Todestag von Ludwig van Beethoven – als
Verulkung des großen Komponisten gelesen. Erich Kästner
wurde von seinem Arbeitgeber entlassen – und der Illustra-
tor des Gedichtes, Erich Ohser, der ein wichtiger Begleiter des
dichterischen Schaffens von Kästner wurde, gleich mit.

Erich Kästner ging nach Berlin, sein Freund Erich Ohser
war schon dort. Kästner wollte den Erfolg. 1926 teilte er seiner
Mutter mit: *Wenn ich 30 Jahr bin, will ich, dass man meinen Namen kennt. Bis 35 will ich anerkannt sein. Bis 40 sogar ein bisschen
berühmt ... Einverstanden?*[44]

1928 veröffentlichte der Leipziger Verleger Carl Weller Kästners ersten Gedichtband *Herz auf Taille*. Unter den neunundvierzig Gedichten des Bandes sind viele, die bis heute zu den
besten Versen gehören, die im 20. Jahrhundert in Deutschland
geschrieben wurden: »Kennst Du das Land, wo die Kanonen
blühn«, »Die Zeit fährt Auto«, »Jahrgang 1899« und andere

mehr. Am 15. Oktober 1929 erschien das erste Kinderbuch von Erich Kästner: *Emil und die Detektive*. Das Buch mit tiefen Einblicken in die Kinderseele wurde ein Welterfolg und gehört heute zu den meistgelesenen Kinder- und Jugendbüchern aller Zeiten.

Gleichzeitig verfasste Kästner weiter Gedichte. Deren Themen waren die uneingeschränkte Ablehnung von Krieg, die Kritik am Spießbürgertum und immer wieder die Liebe. Inzwischen konnte sich Kästner eine eigene Sekretärin leisten, die ein kleines Schreibbüro in Berlin-Friedenau betrieb. Gemeinsam mit Ohser und weiteren Künstlern unternahm er eine Reise in die Sowjetunion und kehrte begeistert zurück. Ihm gefiel, dass dort die Arbeiterschaft das politische Ruder übernommen hatte. Später sollte er seine Meinung revidieren.

Anfang Dezember 1931 wurde die Verfilmung von *Emil und die Detektive* in Berlin uraufgeführt. Einige Monate zuvor war sein Roman *Fabian. Die Geschichte eines Moralisten* in der Deutschen Verlagsanstalt veröffentlicht worden. Nach dessen Erscheinen wurden innerhalb von wenigen Monaten über 30 000 Exemplare abgesetzt. Und auch *Pünktchen und Anton* kam im Jahr 1931 in die Buchläden. Das Buch verkaufte sich wie geschnitten Brot.

Mit Kästners Erfolg wuchs auch die Zahl seiner Gegner aus dem rechtskonservativen Lager. Man warf ihm seine pazifistische Grundhaltung und »Dekadenz« vor. Gemeinsam mit Anna Seghers und Erich Mühsam hatte Kästner sich angesichts des aufkeimenden Nationalsozialismus öffentlich für »die Freiheit des Schrifttums« eingesetzt. Um in Not geratenen Menschen zu helfen, organisierte er eine eigene »Winterhilfe« und verschenkte Geld an Verwandte und Bedürftige, oft zum Missfallen seiner Mutter.

Kurze Zeit später war Erich Kästner ein Schriftsteller, der in Deutschland geächtet war und den niemand mehr drucken wollte. Das herannahende Unheil hatte er kommen sehen. Sein

Bleiben in Deutschland erklärte er nach dem Krieg damit, dass er das Terrorregime als Chronist habe »miterleben« wollen. In Wahrheit harrte er aber auch aus, weil er seine Mutter nicht allein lassen wollte. Angst davor, als »Halbjude« denunziert zu werden, hatte Kästner nicht, obgleich ihn die Reichsstelle zur Förderung deutschen Schrifttums in einem Schreiben an den Nationalsozialisten Lehrerbund im Jahr 1935 als Juden bezeichnete.

Er musste selbst mit ansehen, wie am 10. Mai 1933 seine Bücher auf dem Opernplatz von Joseph Goebbels öffentlich verbrannt wurden: *Ich stand vor der Universität, eingekeilt zwischen Studenten in SA-Uniform, den Blüten der Nation, sah unsere Bücher in die zuckenden Flammen fliegen und hörte die schmalzigen Tiraden des kleinen abgefeimten Lügners.*[45] Im Jahr 1936 wurde die Verbreitung sämtlicher Schriften Erich Kästners im Buchhandel, in Büchereien und Schulen untersagt. Seine Autorenhonorare speisten sich nun nur noch aus den Verkäufen seiner Bücher im Ausland.

Bei der Musterung im Frühjahr 1937 hatte sich Kästner aufgrund seines Gesundheitszustands als »kriegsverwendungsuntauglich« herausgestellt. Zweimal wurde er von der Gestapo verhaftet, verhört und wieder auf freien Fuß gesetzt. Die Schreibgenehmigung für das Ausland blieb ihm erhalten. Schließlich wurde ihm 1942 auf Weisung des Reichspropagandaministers sogar die Erlaubnis erteilt, als Drehbuchautor tätig zu werden. Für sein UFA-Engagement konnte er während der NS-Zeit immerhin 115 000 Reichsmark an Einnahmen verbuchen.

Im Februar 1944 wurde Kästners Berliner Wohnung in der Roscher Str. 16 (Nähe Lehniner Platz / Kurfürstendamm) bei einem Bombenangriff zerstört. Er zog bei der Journalistin Luiselotte Enderle, seiner Lebensgefährtin, in deren Wohnung in der Charlottenburger Sybelstraße ein. Das Ende des Krieges wartete Kästner 1945 im Zillertal ab, wohin er zu vorgeblichen

Dreharbeiten gereist war. Im Januar 1946 bezog er seine erste Wohnung in München. Hans Habe, der emigrierte Wiener Journalist und US-Major, engagierte Kästner als Feuilleton-Chef der *Neuen Zeitung*, die ihren Sitz in München hatte. Luiselotte Enderle wurde seine Stellvertreterin. Kästner erhielt ein stattliches monatliches Einkommen von 2200 Reichsmark plus 300 Mark Spesen.

Im September 1946 konnte er nach langer Zeit zum ersten Mal seine Eltern in Dresden besuchen. Sie holten ihn vom Zug ab, und Kästner war erschüttert, wie alt sie geworden waren. Dresden, seine Heimatstadt, war ein Meer aus Trümmern. Die Eltern wohnten in einer ungeheizten Wohnung und ernährten sich von Brot, Kartoffeln und Kohlrabi, wie so viele Menschen im zerstörten Deutschland.

Kästners Mutter Ida starb am 5. Mai 1947 in Dresden. Ihre Ehe mit Emil Kästner muss eine Tortur für beide Partner gewesen sein. Dennoch kümmerte sich Emil während der Erkrankung seiner Frau aufopferungsvoll um sie und pflegte sie bis zu ihrem Tod. Emil Kästner wurde 91 Jahre alt und starb am Silvestertag 1957, unmittelbar nach der Geburt von Erich Kästners Sohn Thomas.

Die Mutter von Thomas Kästner war Friedhilde Siebert. Sie begegnete Erich Kästner im Jahr 1949 zum ersten Mal, im Alter von dreiundzwanzig Jahren. Luiselotte Enderle, mit der Kästner seit 1944 zusammenlebte, hatte im November 1951 ein Detektivbüro beauftragt, um herauszufinden, wo sich ihr Lebensgefährte an den Abenden und in den Nächten aufhielt. Unter den zahlreichen Verehrerinnen Kästners galt ihr »Friedel« Siebert als diejenige, die ihr ernsthaft »gefährlich« werden konnte. Drei Jahre nach der Geburt seines Sohnes gestand Erich Kästner seiner Luiselotte, dass er Vater geworden war. Nach heftigen Auseinandersetzungen zog Friedel Siebert mit ihrem Sohn 1964 nach Berlin. Erich Kästner verblieb in München, änderte aber sein Testament, das zunächst Luiselotte

Enderle begünstigte, und vererbte sein Vermögen an seinen Sohn Thomas und dessen Mutter.

Sein erfolgreiches literarisches Schaffen setzte sich in den fünfziger Jahren fort. Es erschienen *Das doppelte Lottchen* und *Das fliegende Klassenzimmer*, die Gedichtsammlung *Die dreizehn Monate* und das autobiographische Buch *Als ich ein kleiner Junge war*. Erneut erzielte der Autor Kästner hohe Auflagen und avancierte zu einem der erfolgreichsten Kinder- und Jugendbuchautoren deutscher Sprache.

Im Jahr 1961 erkrankte Kästner an Ischias und zog sich eine Tuberkulose zu. Er suchte ein Sanatorium in Agra am Luganer See auf. Dort erweckte Kästner die Sympathien seiner Ärzte und des Pflegepersonals. So sah man ihm nach, dass er sich nicht an den »Zapfenstreich« hielt und häufig erst gegen Mitternacht wieder im Sanatorium auftauchte. Dann hatte er einige Café- und Barbesuche in Grandhotels hinter sich, wo er bevorzugt Whisky trank und seine Lieblingsmarke Camel filterlos Kette rauchte. Der geliebte Whisky wurde ihm auch im Sanatorium ausgeschenkt, hier als Tarnung im Teeglas.

Seiner Geliebten Friedel und dem gemeinsamen Sohn schickte Kästner zärtliche Briefe nach Berlin, denen immer ein Geldschein beigefügt war. Von 1964 bis 1969 unterhielt er einen Zweitwohnsitz in Berlin, zunächst in Dahlem, anschließend in Hermsdorf. Dort lebte er zeitweilig mit Friedel Siebert und Sohn Thomas Kästner und pendelte zwischen München und Berlin hin und her. Im Sommer 1969 trennte sich Friedel Siebert von Erich Kästner und zog in die Schweiz.

Mit dem Alter zog sich Kästner aus dem Literaturbetrieb zurück. Am 23. Februar 1974 feierte Erich Kästner seinen 75. Geburtstag. Kurz zuvor waren bei ihm Schluckbeschwerden aufgetreten. Nach einem Arztbesuch lautete die Diagnose auf Speiseröhrenkrebs. Am 29. Juli 1974 starb Erich Kästner in einer Münchener Klinik an seiner Krankheit und damit einhergehendem Kreislaufversagen.

Sein ältester, langjähriger Freund, Werner Buhre, schrieb nach Kästners Tod in einem Brief an Margot Schönlank (»Pony«), eine der ehemaligen Geliebten Kästners: »Man sagt mir, er habe seit wenigstens einem Jahr im Stuhl an dem großen Fenster gesessen und hinausgeblickt. Vielleicht hat er sich am Rande von Whisky ernährt, denn gegessen hat er angeblich nicht mehr ... Die Ursache für das alles (die Krankheit ausgenommen) war die von ihm nie bewältigte Gegenwart ...«

Meine Lieblingsbücher von Erich Kästner:
- **Erich Kästner Gedichte** (Ausgabe Büchergilde Gutenberg)
- Herz auf Taille, Gedichte
- Emil und die Detektive
- Pünktchen und Anton
- Das fliegende Klassenzimmer
- Doktor Erich Kästners lyrische Hausapotheke, Gedichte
- Als ich ein kleiner Junge war

Die Zahl der aus meiner Sicht zeitlosen Verse des Dichters Erich Kästner ist schier endlos. Unzählige Kästner-Gedichte haben etwas Volksliedhaftes. Sie sind eingängig, von Stimmungen und einer unverwechselbaren Sprache getragen, für jedermann verständlich und, soweit es sich um politisch ambitionierte Gedichte handelt, in ihrer Aussage eindeutig. Erich Kästner ist stets auf der Seite der Schwachen, der Geschundenen, der Ausgenutzten und in seinen Gedichten über die Liebe immer auf der Seite der Liebenden.

Die »Sachliche Romanze« ziert nahezu jede Gedichtsammlung des 20. Jahrhunderts:

Als sie einander acht Jahre kannten, / und man darf sagen, sie kannten sich gut, / kam ihre Liebe plötzlich abhanden, / wie andern Leuten ein Stock oder Hut ...[46]

In vielen Gedichten Kästners über Liebe, Trennung und Schmerz liegt eine leise Melancholie mit ironischem Unterton.

Seine politischen und gesellschaftskritischen Gedichte hingegen sind schonungslose Anklagen gegen den aufkeimenden Nationalsozialismus und den Krieg.

»Kennst Du das Land, wo die Kanonen blühn« greift den Eingangsvers von Goethes »Mignon« (*Kennst du das Land, wo die Zitronen blühn*) auf. Kästner überträgt ihn auf die politische Situation in der Weimarer Republik:

Kennst Du das Land, wo die Kanonen blühn? / Du kennst es nicht? Du wirst es kennenlernen! / Dort stehn die Prokuristen stolz und kühn / in den Büros, als wären es Kasernen ...[47]

Das Gedicht erschien erstmalig am 29. Oktober 1927 in der pazifistischen Wochenzeitung *Das Tage-Buch* und wurde ein Jahr später in Kästners Gedichtband *Herz auf Taille* aufgenommen. Es ist eine bitter-satirische Abrechnung mit dem Erbe des preußischen Obrigkeitsstaates und der aufkommenden Stimmung des Nazimilitarismus.

Kästners Zeitzeugnisse des gesellschaftlichen, politischen und persönlichen Erlebens sind in einem wundervollen Band der Büchergilde Gutenberg zusammengestellt.

Empfehlenswerte Bücher über Erich Kästner:

— Luiselotte Enderle: *Erich Kästner.* Rowohlt Bildmonographie, Reinbek, 17. Auflage 1998.

— Franz-Josef Görtz, Hans Sarkowicz: *Erich Kästner. Eine Biographie.* Piper Verlag, München 1998.

— Helga Bemmann: *Erich Kästner. Leben und Werk.* Propyläen Verlag, Berlin 1998.

— Klaus Kordon: *Die Zeit ist kaputt – Erich Kästner.* Beltz und Gelberg Verlag, Weinheim 1998.

— Sven Hanuschek: *»Keiner blickt dir hinter das Gesicht«. Das Leben Erich Kästners.* C. Hanser Verlag, München 1999.

Literatour Erich Kästner:

— Gedenktafel am Geburtshaus, Königsbrücker Straße 66,
01099 Dresden

— Königsbrücker Straße 48, 01099 (hier lebte Erich Kästner bis 1911)

— Erich-Kästner-Museum, Antonstraße 1, 01097 Dresden
(ehemalige Villa des Onkels von Erich Kästner,
Franz Augustin; Museum mit Literaturcafé)

— Erich-Kästner-Denkmal am Albert-Platz, 01099 Dresden

— Das Fletchersche Lehrerseminar in der Albertstadt (Marienallee)

16   Günter Eich.
Lyriker der Kahlschlagliteratur

*1. 2. 1907 Lebus (Mark Brandenburg)
†20.12.1972 Salzburg/Österreich

Günter Eich hat ein Gedicht über die Kleinstadt geschrieben,
in der ich zur Schule ging: »Gladenbach«. Darin ist von blauen
und sauren Schlehen die Rede. Das Gedicht zählt gewiss nicht
zu den Höhepunkten deutscher Lyrik. Manche der Verse des
Lyrikers und Hörspielautors aber schon. Kein anderer hat die
Trostlosigkeit des Kriegsendes so authentisch in Verse zu fassen gewusst wie er. In meiner Jugend habe ich durch das Lesen
seiner Gedichte, neben den Kurzgeschichten von Wolfgang
Borchert und den Erzählungen von Heinrich Böll, einen bleibenden Eindruck davon bekommen, was Krieg mit den Menschen macht.

Günter Eich wurde am 1. Februar 1907 in Lebus nördlich von
Frankfurt an der Oder geboren. Sein Vater war Landwirt und
Gutsverwalter, Günter wuchs bei den Großeltern auf. Nach
dem Abitur studierte er Rechtswissenschaften, Sinologie und
orientalische Sprachen in Leipzig, Berlin und Paris. Im Alter
von zwanzig Jahren veröffentlichte er erste Gedichte in einer
von Klaus Mann und Willi Fehse herausgegebenen Lyrik-An-
thologie. 1930 erschien sein erster Lyrikband unter dem Titel
Gedichte, 1932 seine Erzählung »Katharina«, die später als Feld-
postausgabe 32 Auflagen erlebte. Zu dieser Zeit hatte sich Günter Eich auch bereits einen Ruf als Hörspielautor erworben.

Von 1939 bis 1945 nahm Günter Eich als Unteroffizier am
Zweiten Weltkrieg teil und war in den Jahren 1941 und 1942
zeitweilig bei der Zensurstelle für Wehrmachtsbüchereien im
Oberkommando der Wehrmacht tätig. Während der Nazidikta-

tur verfasste er gemeinsam mit weiteren Mitarbeitern mehr als hundert Manuskripte für den Rundfunk. Sein Eintrittsgesuch in die NSDAP war im Jahr 1933 der allgemeinen Mitgliedssperre zum Opfer gefallen; es wurde nie bestätigt.

1944 kam es zum ersten Fronteinsatz Eichs. Gegen Ende des Krieges geriet er in amerikanische Kriegsgefangenschaft. Nach seiner Entlassung zog Günter Eich nach Geisenhausen bei Landshut und begann wieder zu schreiben. Nach der Veröffentlichung des Gedichtbandes *Abgelegene Gehöfte* gehörte Eich zu den frühen Mitgliedern der von Hans Werner Richter gegründeten Gruppe 47. Zeit seines Lebens war Eich mit Hans Werner Richter, Alfred Andersch und Karl Krolow befreundet. Im Haus von Heinrich Böll in Köln-Müngersdorf hat Eich zeitweilig gewohnt. Viele seiner Zeitgenossen und literarischen Wegbegleiter sahen in ihm einen der führenden Köpfe der Gruppe. So erhielt er 1950 den erstmals verliehenen Preis der Gruppe für seine Gedichte. Ein Jahr später wurde er mit dem Literaturpreis der Bayerischen Akademie der Schönen Künste ausgezeichnet und in den PEN-Club aufgenommen. Ab 1960 war er Mitglied der Deutschen Akademie für Sprache und Dichtung.

Eine tragende Rolle im literarischen Geschehen der 1950er Jahre spielte das Hörspiel – Sendungen, die auf allen deutschen Rundfunksendern zum Programm gehörten und sich großer Beliebtheit bei Hörerinnen und Hörern erfreuten, bevor das Fernsehen Einzug in den deutschen Wohnstuben hielt. Eichs Hörspiel *Der Andere und ich* wurde 1952 mit dem renommierten Hörspielpreis der Kriegsblinden ausgezeichnet.

Günter Eich war zweimal verheiratet. Die 1940 mit der Kabarettistin Else Burk geschlossene Ehe wurde 1949 wieder geschieden. Sie litt an einer Morphiumsucht und nahm sich 1951 das Leben. 1953 heiratete Eich die österreichische Schriftstellerin Ilse Aichinger, wie er Mitglied der Gruppe 47. Das Ehepaar nahm seinen Wohnsitz in Breitbrunn am Chiemsee und bekam zwei Kinder, Clemens (geboren 1954) und Mirjam (geboren 1957). In den folgenden Jahren zog die Familie zunächst nach Lenggries in Oberbayern und dann nach Salzburg. Dort starb der große Lyriker der deutschen Nachkriegsliteratur am 20. Dezember 1972 in einem Sanatorium.

Die in der Zeit danach aufkommende Kritik an Eichs Haltung in der Zeit der Nazidiktatur ist nachvollziehbar. Wahr ist aber auch: Wie kein anderer Hörspielautor und Lyriker hat er durch sein literarisches Werk nicht nur ein Vermächtnis des Irrtums, sondern auch eines der Läuterung geliefert.

Das sinkende Interesse des literarischen Publikums an seinen Gedichten und an Lyrik überhaupt hat Eich selbst vorhergesehen. Im Gedicht »Zuversicht« (1966) schrieb er selbstironisch: *In Saloniki weiß ich einen, der mich liest, und in Bad Nauheim. Das sind schon zwei.*[48]

Mein Lieblingsbuch von Günter Eich:

• **Sämtliche Gedichte**

Günter Eich, der große deutsche Lyriker der Nachkriegsliteratur, hat in seinen Gedichten die Trostlosigkeit des Krieges und seiner Folgen und speziell das Leid von Kriegsgefangenen auf nüchterne und ergreifende Weise geschildert. Sein wohl bekanntestes Gedicht trägt den Titel »Camp 16«. Es greift in Anzahl der Verse, Tonfall und Rhythmus das Jahrhundertgedicht »Loreley« von Heinrich Heine auf, obgleich beide Gedichte thematisch nicht weiter voneinander entfernt sein könnten. »Camp 16« schildert die Lage eines Soldaten, der in Kriegsgefangenschaft geraten ist – wie es auch Günter Eich 1945 erging. Das Lager, in dem der Dichter als Gefangener einsaß, befand sich in der Nähe der Stadt Sinzig. Dort mündet die Ahr in den Rhein. Der Soldat schläft in einem Erdloch und baut sich ein Lager aus Pflanzen. Dort lebt und nächtigt er, in trostloser Einsamkeit.

Durch den Stacheldraht schau ich / Grad auf das Fließen des Rheins / Ein Erdloch daneben bau ich / Ein Zelt hab ich keins. // Ich habe auch keine Decke. / Der Mantel blieb in Opladen. / Wenn ich ins Erdloch mich strecke / Finde ich keinen Kameraden ...[49]

Besonderer Aufmerksamkeit wert sind auch die Natur- und Alltagsgedichte, die Günter Eich geschrieben hat, darunter beispielhaft **»Abgelegene Gehöfte«**:

Die Hühner und Enten treten / Den Hof zu grünlichem Schmutz / Die Bauern im Hause beten. / Von den Mauern bröckelt der Putz ...[50]

Und, unvergessen, das Gedicht »Mirjam«, das er über die gemeinsame Tochter aus der Ehe mit Ilse Aichinger schrieb:

Im Pavillon, wo Mirjam war, / vermorscht das Fensterkreuz. / Die Spinne webt ihr graues Haar / und wessen Hand verstreuts? ...[51]

Im Suhrkamp Verlag liegt eine Ausgabe von Günter Eichs *Sämtliche Gedichte* vor, von Jörg Drews beispielhaft ediert und mit einem Kommentar versehen.

Empfehlenswertes Buch über Günter Eich:

— Heinz F. Schafroth: *Günter Eich*. C. H. Beck Verlag, München 1976.

Literatour Günter Eich:

— Nachlass Günter Eich, Deutsches Literaturarchiv Marbach, Schillerhöhe 8–10, 71672 Marbach am Neckar

17 Mascha Kaléko.
Kästners Schwester

*7.6.1907 Chrzanów/Galizien
†21.1.1975 Zürich

Mascha Kaléko ist in den letzten zehn Jahren als Lyrikerin und »Dichterin der Großstadt« wieder in Mode gekommen. Ihre Gedichte über die Liebe zählen zu den schönsten ihrer Zeit und können bis heute von vielen Leserinnen und Lesern nachempfunden werden. Ihre Fähigkeit, Liebe, Sehnsucht, Melancholie, Trauer und Heimatlosigkeit auszudrücken, findet sich in zahlreichen ihrer Verse wieder. Mascha Kalékos Stil reicht bei einigen ihrer Gedichte im volksliedhaften Ton an die Meisterschaft Erich Kästners heran, entbehrt aber dessen breiterem Spektrum an Motiven und seiner Perfektion im Rhythmus. Auch die satirisch-ironische Sichtweise Kästners fehlt in den meisten ihrer Arbeiten. Persönliches Empfinden steht im Vordergrund.

Mascha Kaléko, eigentlich Golda Malka Aufen, wurde am 7. Juni 1907 als uneheliches Kind in Galizien geboren, das damals zu Österreich-Ungarn gehörte. Ihr Vater war ein russischer Kaufmann, ihre Mutter eine Österreicherin. Erst im Jahr 1922 heirateten die Eltern. Mit Beginn des Ersten Weltkrieges siedelte die Familie infolge der unsicheren Lage in Galizien nach Deutschland über. In Frankfurt am Main besuchte Mascha die Volksschule. Aufgrund seiner russischen Staatsbürgerschaft wurde der Vater von den deutschen Behörden interniert. Im Jahr 1916 zog die Familie nach Marburg an der Lahn, zwei Jahre später nach Berlin-Spandau (Grenadierstraße, nahe der Spandauer Altstadt) und dann ins Scheunenviertel (im heutigen Berlin-Mitte gelegen).

Mascha war eine gute Schülerin, doch ihr Vater legte keinen besonderen Wert auf eine akademische Ausbildung seiner Tochter. In der damaligen Zeit war es nicht üblich, begabte Töchter studieren zu lassen. Mascha begann eine Bürolehre im Arbeiterfürsorgeamt der jüdischen Organisationen Deutschlands in der Berliner Auguststraße. Dort arbeitete sie auch nach ihrer Ausbildung als Büroangestellte. In ihrer Freizeit hörte sie Vorlesungen in Psychologie und Philosophie.

Im Alter von einundzwanzig Jahren heiratete sie Saul Aaron Kaléko, einen zehn Jahre älteren Hebräischlehrer, und kam in Kontakt zu literarischen Kreisen, die sich im Berliner Romanischen Café und im Café des Westens trafen. Hier lernte sie Joachim Ringelnatz, Kurt Tucholsky, Erich Kästner und Else Lasker-Schüler kennen. Lebhaft nahm sie an deren Diskussionen teil, stets »kess berlinernd«, sich über die gesellschaftlichen Verhältnisse empörend, und im Redefluss kaum zu stoppen. Erste Gedichte von ihr erschienen in der *Vossischen Zeitung* und im *Berliner Tageblatt*. Auch im Rundfunk und bei literarischen Veranstaltungen wurden ihre Verse vorgetragen und zum Teil in vertonter Form präsentiert.

Mehrere Jahre lebte Mascha Kaléko in der Berliner Bleibtreustraße 10 in der Nähe des Kurfürstendamms: *Hier besuchen mich meine Freunde und die Gestapo. Nachts hört man die Straßenbahnzüge und das Horst-Wessel-Lied aus der Kneipe nebenan.*[52] Am Haus, in dem sich ihre Wohnung befand, ist heute eine Gedenktafel für die Dichterin angebracht.

Ihr Berliner »Sehnsuchtsort« aber war das Dorf Kladow auf der anderen Seite der Havel, weitab vom Berliner Zentrum, im Süden von Spandau gelegen. Hier, wo sie nach eigenem Bekunden ab 1920 »achtzehn Sommer verbrachte«, ist heute ein Weg nach ihr benannt. Der Mascha-Kaléko-Weg führt durch den Wald am Gutspark von Neu-Kladow und endet am Parkeingang. Dort befindet sich heute eine Kindertagesstätte.

Im Januar 1933 erschien *Das lyrische Stenogrammheft* und fand sowohl die Anerkennung von Kritikern als auch reißenden Absatz. Von der Bücherverbrennung der Nationalsozialisten blieb es verschont, weil zu diesem Zeitpunkt nicht bekannt war, dass Mascha Kaléko Jüdin war. Das Publikationsverbot folgte dann kurze Zeit später. Erst 1956 erschien das *Lyrische Stenogrammheft* dann wieder auf dem deutschen Buchmarkt. Kalékos Gedichte fanden nicht nur Anerkennung beim Publikum, sondern auch bei zeitgenössischen Dichtern wie Thomas Mann, Hermann Hesse und Hermann Kesten. Dazwischen lagen die Jahre der Emigration, in der Mascha Kaléko viele Entbehrungen hinnehmen musste.

1936 wurde – noch in Berlin – Mascha Kalékos Sohn Steven geboren. Sein Vater war der polnische Musiker Chemjo Vinaver. Zwei Jahre nach der Geburt des Sohnes wurde die Dichterin von ihrem Ehemann Saul Aaron Kaléko geschieden und heiratete den Vater ihres Kindes. Im September 1938 emigrierte die Familie in die USA. Sie erhielt die US-Staatsbürgerschaft. Mascha Kaléko finanzierte den Lebensunterhalt durch Werbetexte und die Veröffentlichung von Gedichten in einer jüdischen Exilzeitung.

Unter dem Eindruck des Publikumserfolgs ihrer Werke in den 1950er Jahren – neben dem *Lyrischen Stenogrammheft* legte Rowohlt auch die *Verse für Zeitgenossen* neu auf – kehrte Kaléko vorübergehend nach Deutschland zurück. Die Verleihung des Fontane-Preises lehnte sie ab, weil mit dem Schriftsteller Hans-Egon Holthusen ein ehemaliger SS-Offizier in der Jury saß. Weitere literarische Auszeichnungen blieben ihr versagt. Im Gedicht »Das bißchen Ruhm« schrieb sie: *Doch pfeifst du drauf / so wirst du nie / gekrönt von der A-ka-de-mie.*[53]

1960 emigrierte sie erneut, diesmal nach Jerusalem. Dort plagte die Dichterin das Heimweh nach Berlin, sie fühlte sich in ihrer Wahlheimat einsam und kulturell isoliert. Ihr Sohn Steven starb 1968 in New York, fünf Jahre später ihr Mann.

Noch einmal kam Mascha Kaléko nach Berlin, anlässlich eines Jubiläums der Amerika-Gedenkbibliothek. Im Gespräch mit Freunden erklärte sie, dass sie gerne wieder zurück nach Berlin kommen würde. Doch dann wurde bei ihr Magenkrebs diagnostiziert. Aus dem Krankenhaus schrieb sie: *Bin sehr krank – kann kaum noch. Unsere Berlin-Pläne sind jetzt utopisch.*[54]

Mascha Kaléko verstarb am 21. Januar 1975 im Krankenhaus in Zürich.

Empfehlenswerte Werke von Mascha Kaléko:
- **Das lyrische Stenogrammheft**
- Verse in Dur und Moll
- In meinen Träumen läutet es Sturm
- Heute ist morgen schon gestern
- Liebesgedichte

Zu den schönsten Gedichten von Mascha Kaléko gehören: »Großstadtliebe«, »Memento«, »Elegie für Steven«, »Langschläfers Morgenlied«, »Kleines Liebeslied«. Und ihr wohl populärstes, oft zitiertes Gedicht »Alle Mütter«, das mit folgendem Vers beginnt:

Alle Mütter waren einmal klein. / Kinder können das oft gar nicht fassen. / Wenn die Kinderschuhe nicht mehr passen, / fällt es ihnen wohl zuweilen ein. / Große Kinder suchen fremde Gassen, / Mütter bleiben später oft allein ...[55]

Eine vierbändige Gesamtausgabe ihrer Werke, herausgegeben von Jutta Rosenkranz, erschien 2012 bei dtv.

Empfehlenswertes Buch über Mascha Kaléko:
— Jutta Rosenkranz: *Mascha Kaléko*. dtv, München 2007.

Gedenktafel:
— Gedenktafel am Wohnhaus von Mascha Kaléko, Bleibtreustraße 10/11, 10623 Berlin-Charlottenburg

18 Dylan Thomas.
Weltpoet und Trinker aus Wales

*27.10.1914 Swansea/Wales
†9.11.1953 New York

Anlässlich meines Abschieds aus dem Berufsleben im Jahr 2011 schenkte mir ein Geschäftsfreund eine Reise, deren Zielort ich mir selbst aussuchen durfte. Meine Wahl fiel auf die Heimat des Dichters Dylan Thomas. Einmal in meinem Leben wollte ich den Ort sehen, in dem *Unter dem Milchwald* spielt. Ich flog nach London und fuhr mit einem Mietwagen weiter nach Wales. Dort, wo der walisische Poet einst zu Hause war, gibt es in jedem kleineren Ort Pubs aus dem Bilderbuch, nie versiegende Zapfhähne mit unterschiedlichsten Biersorten (kein Wunder, dass der Mann so viel getrunken hat), Musikboxen mit den Hits aus der Steinzeit der Beat Generation, wunderbare und manchmal wunderliche Menschen, die sich meist in ihrer walisischen Sprache verständigen – und überall mein Lieblingsgericht: Fish and Chips.

Das Geburtshaus von Dylan Thomas liegt am Cwmdonkin Drive 5 in Swansea. Dort steht auch ein Denkmal von ihm. Das Elternhaus des Dichters ist heute eine Gedenkstätte, die der amerikanische Präsident Jimmy Carter eingeweiht hat. Eine gute Stunde Autofahrt und man gelangt nach Laugharne, einem kleinen Städtchen an der walisischen Küste, wo Dylan Thomas mit seiner Familie einige Jahre gelebt hat. Es gibt mehrere Pubs im Ort, und das Haus, in dem Dylan Thomas zeitweilig lebte, ist heute ein Hotel mit angeschlossenem Restaurant der gehobenen Preisklasse. Hier habe ich einige Tage und Nächte zugebracht und mir vorgestellt, was diese Mauern und Wände zu erzählen hätten, wenn sie denn einer Sprache mächtig wären. Das Hotel liegt nah am Meer, die Luft ist frisch, und wenn die Sonne einmal scheint, wird sie innerhalb von Minuten von tief ziehenden Wolken verdeckt, die sich über die graugrüne See legen.

Die wichtigsten Plätze, die in Laugharne mit dem Namen seines weltberühmten Dichters verbunden sind, kann man gut zu Fuß erreichen: etwa das Boathouse, in dem Dylan Thomas, hoch über dem Meer sitzend, arbeitete und schrieb. Durch ein Fenster blickt man auf das karge Mobiliar des Häuschens, das dem Poeten als Unterkunft diente. Sein Grab, in einem seitlichen Tal auf einem Hügel unmittelbar vor Laugharne gelegen, ziert ein schlichtes Holzkreuz mit schwarzer Aufschrift. Unweit des Wohnhauses von Dylan Thomas liegt die Ruine von Castle Laugharne, die von William Turner in einem imposanten Gemälde porträtiert wurde.

Dylan Marlais Thomas kam am 27. Oktober 1914 als Sohn des Englischlehrers David John Thomas und der Mutter Florence, geborene Williams, zur Welt. Im Alter von fünfzehn Jahren arbeitete er an der Schülerzeitung seines Gymnasiums mit und wurde schließlich deren Chefredakteur. Ein Jahr später verließ er die Schule ohne Abschluss.

Nicht einmal zwanzig Jahre alt, gewann er für die Gedichte »The force that through the green fuse drives the flower« und »Death shall have no dominion« den ersten Preis der Zeitschrift *Poet's Corner*. 1934 erschien der Band *18 Poems* und ein Jahr später *25 Poems*. Im gleichen Jahr zog er nach London und arbeitete als freier Mitarbeiter für verschiedene Tageszeitungen.

Als Dylan Thomas dreiundzwanzig Jahre alt war, heiratete er Caitlin Macnamara, eine Tänzerin, die er in einem Pub in London kennengelernt hatte. Die auffallendste Gemeinsamkeit beider war deren uneingeschränkte Vorliebe für Kneipenbesuche und Alkohol. Das gemeinsame Leben bestand aus einer Aneinanderreihung von Alkoholexzessen, beiderseitigem Fremdgehen, Trennungen und anschließenden Versöhnungen.

Ruhe fanden sie miteinander nie. Für die drei Kinder des Paares war die Ehe ihrer Eltern zeitweilig die Hölle.

Das Leben des Dylan Thomas war, so will es scheinen, frühzeitig darauf ausgerichtet, es zu genießen und uneingeschränkt alles zu tun, was Spaß machte und unkonventionell war. Dafür hat der Dichter einen hohen Preis bezahlt. Drei Dinge spielten im Leben des jungen Poeten die Hauptrolle: Schreiben, Tabak und Alkohol. Später kamen noch Frauen dazu. Meist trug er einen Rollkragenpullover, darüber einen Regenmantel, in dem sich stets eine Flasche Brandy befand. Ein Adonis war er nicht, von Gestalt klein und schmächtig – er maß gerade mal ein Meter sechzig –, mit einem etwas zu groß geratenen Kopf und lockigem Haupthaar, das er lang trug. Sein Erfolg bei Frauen war dennoch überwältigend.

Wenn Dylan Thomas Geld hatte, ging er großzügig damit um. Hatte er keins, dann verkaufte er die Kleidung seiner Schwester, versetzte einen Plattenspieler oder Silberbesteck und nahm aus einem Pub auch schon mal einen Mantel mit, der ihm nicht gehörte. Bierflaschen in Pubs öffnete er mit den Zähnen, wenn man ihm anschließend den Inhalt überließ. Er beteiligte sich an Wetttrinken, die er stets gewann, und dies alles nur, um seiner Alkoholsucht zu frönen.

Im Jahr 1949 nahm Dylan Thomas an einem kommunistischen Schriftstellerkongress in Prag teil. Ein Jahr später trat er eine dreimonatige Vortragsreise in die USA an, der drei weitere längere Aufenthalte mit Hunderten von Autorenlesungen in den Jahren 1952 und 1953 folgten. Sein exzessives Leben setzte sich dort fort.

Auf seiner vierten und letzten Reise in die USA wohnte er im Chelsea Hotel in New York. Nach Aufenthalten in verschiedenen Bars in der Umgebung des Hotels besuchte er eine Party von Freunden im Central Park und las anschließend eine Stunde lang in der Wohnung eines Freundes, bevor er wieder im Hotel landete und dort bis fünf Uhr morgens weitertrank.

Am nächsten Tag das gleiche Programm: Bars, Lesen und Trinken, bis nachts um zwei. *Ich hatte gerade achtzehn Whiskys. Ich glaube, das ist Rekord,*[56] erklärte der Dichter. Danach brach er zusammen, fiel ins Koma, wurde ins Krankenhaus gebracht und wachte nicht mehr auf.

Seine Frau Caitlin wurde aus London eingeflogen. Als sie ihn in der Klinik aufsuchte, lebte er noch, aber ihr Mann nahm sie nicht mehr wahr. Sichtlich angetrunken, begann sie zu randalieren, beschimpfte die Ärzte und das Pflegepersonal, entfernte ein Kruzifix von der Wand, biss einen Sanitäter, zerriss einer Nonne die Kutte und wurde in eine Zwangsjacke gesteckt.

Dylan Thomas' Leiche wurde mit dem Schiff nach Wales überführt. An Bord war auch Caitlin, die auf einem Feldbett neben dem Sarg schlief, während Matrosen auf dem Sargdeckel Karten spielten. Am 24. November 1953 wurde Dylan Thomas auf dem Friedhof in Laugharne beerdigt.

Nach Dylans frühem Tod zog Caitlin Thomas nach Italien. Es gab diverse Aufenthalte in Nervenkliniken und Selbstmordversuche. Im Alter von neunundvierzig Jahren bekam sie noch einmal ein Kind, dessen Vater ein zwanzig Jahre jüngerer Sizilianer war. Ihrer Tochter Aeronwy (aus der Ehe mit Dylan Thomas) schrieb sie einen Brief, der folgenden Rat enthielt: »Heirate einen Millionär und lasse dich irgendwo nieder. Der Platz einer Frau ist, wie Dylan mir immer wieder vergeblich predigte, am Spülstein und im Bett, und ihr Abwechslungsbedürfnis sollte sich darauf beschränken, zwischen beiden hin und her zu pendeln ...« Elf Jahre später schloss Caitlin sich den Anonymen Alkoholikern an. 1994 starb sie und wurde in Laugharne an der Seite ihres Mannes beigesetzt.

Aber Dylan Thomas lebt: Bob Dylan, der eigentlich Robert Zimmermann heißt, hat sich nach ihm benannt. John Lennon, Paul McCartney und Mick Jagger liebten seine Gedichte: Der Dichter ist auf dem Cover der legendären Beatles-LP *Sgt. Peppers Lonely Hearts Club Band* abgebildet. Und die deutsche

Schriftstellerin Elke Heidenreich hat im Jahr 2011 einen wunderbaren Fotobildband über ihn herausgegeben.

Dabei hat Dylan Thomas so viel gar nicht geschrieben: ein paar hundert Gedichte, deren Inhalte zum Teil nicht einmal für englische Muttersprachler klar verständlich sind, und Hunderte von Liebesbriefen an verschiedene Frauen. Doch finden sich unter seinen Gedichten einige, die zu den anrührendsten Versen gehören, die je in englischer Sprache geschrieben wurden: »Fern Hill«, »Poem in October«, »Do not go gentle into that good night«, »And death shall have no dominion«. Auf seinen zahlreichen Lesungen in England, Schottland, Wales und in den USA hat er sie mit singender Stimme vorgetragen.

Und dann ist da noch sein »Spiel für Stimmen«, *Under Milkwood*, das Dylan Thomas unmittelbar vor seinem Tod in New York schrieb. Es wurde am 24. Januar 1954 von der BBC zum ersten Mal gesendet, die Rolle des Erzählers sprach der Schauspieler Richard Burton. Zigtausende Menschen hörten es und wandten sich anschließend begeistert an den Sender – eine Resonanz, die in heutigen Zeiten undenkbar wäre. Nach der gelungenen Übersetzung von Erich Fried wurde das Hörspiel in einer deutschen Fassung unter dem Titel *Unter dem Milchwald* am 20. September 1954 vom Norddeutschen Rundfunk gesendet.

Elke Heidenreich schrieb über Dylan Thomas: »Er log im Kleinen, hatte immer Schulden, nie Geld, schummelte sich durch, war aber aufrecht und wahrhaftig im Großen, in seiner Arbeit, brannte an beiden Enden, war schlampig und undiszipliniert und streng nur in seiner Dichtung, an der er arbeitete und feilte, bis jeder Klang stimmte.«

Bewundert wurde er für seine Sprachgewalt, für seine außergewöhnlichen Wortschöpfungen und die uneingeschränkte Offenheit, mit der er seinen Mitmenschen begegnete. Seine Dichtungen kommen nicht überlegt und sorgsam abgewogen daher, er fasste seine Gefühle aus dem Augenblick heraus in

Worte, die seiner Sprache einen unverwechselbaren Zauber verliehen.

Die besten Bücher von Dylan Thomas:
- **Ausgewählte Gedichte (in der Übersetzung von Erich Fried)**
- Collected Poems
- Under Milk Wood

Mit dem Auto braucht man eine gute halbe Stunde von Swansea, um in der Nähe der Ortschaft Llangain / Carmarthenshire zum einsam gelegenen Bauernhof Fern Hill zu gelangen. Das Anwesen, durch hohe Metallgitter geschützt, gehörte Dylan Thomas' Onkel Jack und dessen Frau Annie. Man kann es nur von außen besichtigen. Hier verbrachte Dylan Thomas immer wieder seine Ferien. Seine Kindheitserinnerungen hielt er in dem unsterblichen Gedicht »Fern Hill« fest. Es wurde im Oktober 1945 in der Zeitschrift *Horizon Magazine* veröffentlicht.

Wenn der Dichter es selbst vorlas, kam es vor, dass die Verse den einen oder anderen seiner Zuhörer zu Tränen rührten. In einer phantasievollen Verknüpfung von Erlebnissen in der Natur, auf den Feldern rund um den Bauernhof und unter dem Sommerhimmel der walisischen Hügel erinnert Dylan Thomas an glückliche Tage seiner Kindheit. Die Intensität poetischer Bilder und Wortassoziationen ist einzigartig. Vergleichbares lässt sich später allenfalls in einzelnen Songs von Bob Dylan wiederfinden.

Der Lyriker und Shakespeare-Übersetzer Erich Fried hat »Fern Hill« – wie andere von dessen Gedichten auch – kongenial ins Deutsche übersetzt.

Now as I was young and easy under the apple boughs / About the lilting house and happy as the grass was green ...[57] In der Übersetzung von Erich Fried wird daraus: *Als ich noch jung war und leicht unter den Apfelzweigen / Rund um das trällernde Haus, und so glücklich war wie das Gras grün ...*[58]

Empfehlenswerte Bücher über Dylan Thomas:

— Bill Read: *Dylan Thomas*. Aus dem Englischen von Angela Boeckh. Rowohlt Bildmonographie, Reinbek 1989.

— Elke Heidenreich / Thomas Krausz: *Dylan Thomas. Waliser, Dichter, Trinker*. Knesebeck Verlag, München 2011.

Literatour Dylan Thomas:

— Boathouse und zeitweiliges Wohnhaus, Dylan-Thomas-Museum, Grabstätte Dylan Thomas, Laugharne / Wales

— Brown's Hotel, Laugharne / Wales

— Fern Hill, Llangain, Carmarthenshire / Wales

— Geburtshaus und Denkmal, 5 Cwmdonkin Drive, Swansea / Wales

19 Ingeborg Bachmann.
Die Lyrikerin aus Klagenfurt

*25.6.1926 Klagenfurt
†17.10.1973 Rom

Zu der von Hans Werner Richter gegründeten Gruppe 47 gehörten in deren Anfängen nur zwei Frauen: Ilse Aichinger und Ingeborg Bachmann. Erst in den folgenden Jahrzehnten kamen Gisela Elsner, Gabriele Wohmann, Helga M. Novak und Renate Rasp hinzu. Unter den weiblichen Angehörigen der Gruppe 47 nimmt Ingeborg Bachmann eine Ausnahmestellung ein.

Die wohl bedeutendste Lyrikerin deutscher Sprache des 20. Jahrhunderts wurde am 25. Juni 1926 in Klagenfurt geboren. Ihr Vater, Volksschullehrer von Beruf, kam aus dem Gailtal in Kärnten; die Mutter stammte aus Niederösterreich. Obgleich evangelisch getauft, besuchte Ingeborg Bachmann das katholische Gymnasium der Ursulinen in Klagenfurt. Früh in ihrer Jugend widmete sie sich dem Komponieren von Musikstücken und begann zu schreiben.

Nach dem Abitur studierte sie zunächst Philosophie in Innsbruck, dann in Graz. Ihre erste Erzählung »Die Fähre« wurde 1946 in der *Kärntner Illustrierten* veröffentlicht. Das Studium wurde in Wien fortgesetzt, nun mit den Nebenfächern Germanistik und Psychologie. Zusätzlich absolvierte sie ein Praktikum in der Wiener Nervenklinik Steinhof, jener Krankenanstalt, die der legendäre Wiener Sängerpoet Georg Danzer Jahrzehnte später in seinem Lied »Lasst's mi aus« verewigte.

Ingeborg Bachmann promovierte 1950 an der Universität zu Wien mit einer Arbeit über Martin Heidegger (*Die kritische Aufnahme der Existentialphilosophie Martin Heideggers*). Noch während ihres Studiums lernte Bachmann den jüdischen Lyriker Paul Celan kennen. Sie begann eine Beziehung mit ihm, nachdem sie zuvor mit dem Wiener Literaturkritiker Hans Weigel liiert war. Auch die Beziehung mit Celan hielt nicht; er ging nach Paris. *Ich habe ihn mehr geliebt als mein Leben*, bekannte Ingeborg Bachmann. Celan hingegen soll über sein Verhältnis zu Frauen gesagt haben: »Ich nehme Frauen wie Zigaretten.«

In der folgenden Zeit schloss Ingeborg Bachmann Freundschaften mit anderen Autorinnen und Autoren, darunter Ilse Aichinger, Erich Fried, Elias Canetti und Günter Eich. Nachdem sie 1952 erstmals bei der Gruppe 47 gelesen hatte, wurde ihr im folgenden Jahr in Mainz der Preis der Gruppe 47 verliehen. Im gleichen Jahr ging sie nach Italien und wohnte auf Ischia, in Neapel und Rom. Auf Ischia bezog sie eine Wohnung in der Nähe des Komponisten Hans Werner Henze, mit dem sie eine besondere Freundschaft verband. Ihr erster Lyrikband *Die gestundete Zeit* entstand und wurde 1953 veröffentlicht.

Ihr literarisches Engagement zeigte Wirkung; Ingeborg Bachmann war eine beim Publikum gefragte Autorin und darüber hinaus immer wieder im Rundfunk und bei kulturellen Events vertreten. Für den Gedichtband *Anrufung des Großen Bären* erhielt sie den Bremer Literaturpreis, und sie wurde Dramaturgin beim Bayerischen Fernsehen. Im Jahr 1954 zierte Ingeborg Bachmann das Cover des Nachrichtenmagazins *Der Spiegel*. Die Medienwelt feierte Ingeborg Bachmann als »Lyrik-Popstar«. Von Henry Kissinger wurde sie zu einem USA-Aufenthalt eingeladen; gemunkelt wurde, dass es dabei zu einer Liebelei zwischen Kissinger und Bachmann gekommen sei. Das Gerücht wurde genährt vom »Literaturpapst« Marcel Reich-Ranicki.

Mehr und mehr begann sie sich auch politisch zu betätigen und Position zu aktuellen politischen Fragen zu beziehen. Unter anderem engagierte sie sich im Komitee gegen die Atomrüstung, das 1958 von Politikern und Schriftstellern in München ins Leben gerufen wurde, um vor einer Atombewaffnung der Bundeswehr zu warnen.

1960 zog sie mit dem Schweizer Schriftsteller Max Frisch zusammen. Die Liaison des Paares war Gegenstand zahlreicher Spekulationen. Ingeborg Bachmann soll darauf bestanden haben, sich in der Verbindung die gleichen Freiheiten zu gestatten wie ihr Partner. Ihre Kontakte zu anderen Männern führten angeblich bei Frisch zu rasender Eifersucht, obgleich er selbst Beziehungen zu anderen Frauen unterhielt. Zeitweilig unterhielt das Paar getrennte Wohnungen, bevor es zusammen nach Rom zog. Ingeborg Bachmann wollte ihre Eigenständigkeit nicht aufgeben. Zugleich schenkte sie sich selbst Blumen, um Max Frisch eifersüchtig zu machen. Als Max Frisch zu einer Reise in die Vereinigten Staaten aufbrach, flog er allein, entgegen Ingeborg Bachmanns Wunsch, die ihn liebend gern begleitet hätte. Nach zwei Jahren trennte sich das Paar. Die Beziehung, deren Probleme und Ende schlugen sich auch literarisch nieder: in den Romanen *Mein Name sei Gantenbein* (Max Frisch) und *Malina* (Ingeborg Bachmann). Ingeborg Bachmann betrachtete den *Gantenbein*-Roman ihres ehemaligen Partners als Verrat an ihrer Liebesbeziehung.

Anschließend musste sich die Schriftstellerin infolge ihrer Alkoholabhängigkeit mehreren Krankenhausaufenthalten unterziehen. 1964 erhielt sie den renommierten Büchner-Preis. Sie blieb auch politisch weiter aktiv: So trat sie gegen die Verjährungsfrist für Naziverbrechen ein und unterzeichnete eine Erklärung gegen den Vietnamkrieg.

Zeitzeugen aus ihrem unmittelbaren Umfeld berichten, dass Ingeborg Bachmann einen ausschweifenden Lebensstil führte, mit zahlreichen sexuellen Eskapaden, Alkohol- und Tablettensucht. Täglich soll sie hundert Gitanes ohne Filter geraucht haben. Vor dem Einschlafen nahm sie bis zu dreizehn Schlaftabletten. »Sie trank wie eine Bäuerin, saß aber da wie in Chiffonkleidern«, meinte der Schriftsteller Peter Härtling.

In der Nacht vom 25. auf den 26. September des Jahres 1973 erlitt Ingeborg Bachmann in ihrer Wohnung in Rom einen Brandunfall, an dessen Folgen sie einige Wochen später verstarb. Das Unglück wurde durch eine brennende Zigarette ausgelöst.

Empfehlenswerte Werke von Ingeborg Bachmann:

- **Die gestundete Zeit**
- **Anrufung des Großen Bären**
- **Das dreißigste Jahr**

Das Gedicht »Die große Fracht«, 1953 von Ingeborg Bachmann geschrieben, ist in zahlreichen Lyrik-Anthologien enthalten.

Die große Fracht des Sommers ist verladen, / das Sonnenschiff im Hafen liegt bereit, / wenn hinter dir die Möwe stürzt und schreit. / Die große Fracht des Sommers ist verladen. // Das Sonnenschiff im Hafen liegt bereit, / und auf die Lippen der Galionsfiguren / tritt unverhüllt das Lächeln der Lemuren. / Das Sonnenschiff im Hafen liegt bereit. // Wenn hinter dir die Möwe stürzt und schreit, / kommt aus dem Westen der Befehl zu sinken; / doch offnen Augs wirst du im Licht ertrinken, / wenn hinter dir die Möwe stürzt und schreit.[59]

Diese Verse von Ingeborg Bachmann sind vielfach als Elegie über den Tod gedeutet worden. Dabei beziehen sich die Interpreten auf die erwähnten Lemuren und das Stürzen der Möwe und leiten daraus ab, dass das im Hafen bereitliegende »Sonnenschiff« ein »Totenschiff« sei. So weit würde ich in meiner Lesart des Gedichtes nicht gehen wollen. Es geht darin um Vergänglichkeit, um den Sommer in all seiner Pracht und Blüte, der sich dem Ende nähert, allegorisch begleitet von der untergehenden Sonne und einer schreienden Möwe. Kurzum: um die Trauer über etwas Schönes, von dem Abschied genommen wird.

Empfehlenswerte Bücher über Ingeborg Bachmann:

— Hans Höller: *Ingeborg Bachmann*. Rowohlt Bildmonographien, 5. Auflage, Reinbek 2009.

— Ina Hartwig: *Wer war Ingeborg Bachmann? Eine Biographie in Bruchstücken*. S. Fischer Verlag, Frankfurt am Main 2017.

Literatour Ingeborg Bachmann:

— Ingeborg-Bachmann-Denkmal, 9821 Obervellach bei Hermagor / Kärnten

— Elternhaus, Henselstraße 26, 9020 Klagenfurt, Österreich

— Ingeborg-Bachmann-Gymnasium, Ursulinengasse, 9020 Klagenfurt

— Ingeborg-Bachmann-Weg, 9020 Klagenfurt

20 Hans Magnus Enzensberger. Der Intellektuelle

*11.11.1929 Kaufbeuren

Hans Magnus Enzensberger ist eine der legendären literarischen Figuren der deutschen Linken der Nachkriegszeit. 1965 gründete er das im Suhrkamp Verlag erscheinende *Kursbuch*, das als Zeitschrift erschien, gleichwohl aber in Buchform daherkam. Für politisch und kulturell Interessierte meiner Generation gehörte es zur Pflichtlektüre.

Doch nicht nur als Herausgeber des *Kursbuch* machte sich Enzensberger einen Namen. Wenn die jüngere, politisch-literarisch ambitionierte Generation jener Jahre Lyrik las, dann waren es immer auch Gedichte von Hans Magnus Enzensberger. Wortgewaltig, prägnant, provokativ setzte er Akzente und bezog Position, oft zum Unmut des bundesrepublikanischen Establishments. Enzensberger war das Sprachrohr, das literarische Gewissen der jungen, gegen die restaurativen Kräfte der zweiten deutschen Republik antretenden Generation, der auch ich mich zugehörig fühlte.

Der Vater von Hans Magnus Enzensberger war Oberpostdirektor in der Stadt Nürnberg, nachdem er zuvor als Fernmeldeingenieur gearbeitet hatte; die Mutter arbeitete als Erzieherin. Enzensbergers Biograph, der Journalist Jörg Lau, hat die Eltern und deren Familien als »gebildete, staatstragende Leute mit musischen Interessen« beschrieben, »aufgeschlossen für moderne Technik«. Hans Magnus Enzensberger wurde am 11. November 1929 in Kaufbeuren geboren. Neben ihm gehörten drei jüngere Brüder zur Familie, darunter Ulrich Enzensberger, Mitglied der berühmten Berliner Kommune I.

In den letzten Tagen des Krieges wurde Hans Magnus Enzensberger zum Volkssturm eingezogen. Nach Ende des Krieges legte Enzensberger sein Abitur an einer Oberschule in Nördlingen ab und schlug sich als Schwarzmarkthändler und Dolmetscher durch. Ausgestattet mit einem Stipendium der Studienstiftung des deutschen Volkes, studierte er anschließend Literatur und Philosophie in Erlangen, Freiburg, Hamburg und Paris. 1955 wurde er mit einer Arbeit über die Lyrik von Clemens Brentano promoviert und arbeitete mit dem Schriftsteller Alfred Andersch beim Süddeutschen Rundfunk in Stuttgart zusammen.

1957 veröffentlichte Enzensberger seinen ersten Gedichtband, *verteidigung der wölfe*, dem in der literarischen Welt große Aufmerksamkeit beschieden war. Es folgten die Gedichtbände *landessprache* (1960) und *blindenschrift* (1964). Im Jahr 1963 wurde ihm, im Alter von gerade einmal dreiunddreißig Jahren, der Büchner-Preis verliehen – »für seine Lyrik und Essayistik«, wie es in der Begründung hieß, »und die in der einen wie der anderen mit bedeutender Kunst und Kraft verwirklichte Gesellschaftskritik«.

Enzensberger heiratete die Norwegerin Dagrun Averaa und zog mit ihr nach Stranda in Westnorwegen, um dort als freier Schriftsteller zu arbeiten. In Norwegen wurde die Tochter Tanaquil geboren. 1959 zog er in die Nähe von Rom, bevor er als Lektor zum Suhrkamp Verlag nach Frankfurt am Main ging. Diese Tätigkeit gab er nach einem Jahr wieder auf und ließ sich anschließend erneut in Norwegen nieder.

Auf einem Kongress des sowjetischen Schriftstellerverbandes im Jahr 1967 lernte er die Russin Maria »Mascha« Alexandrowna Makarowa kennen. Sie wurde nach der Trennung von Dagrun im Jahr 1967 seine zweite Ehefrau. Im Rahmen eines Fellowship der Wesleyan University des Bundesstaates Connecticut ging er mit Mascha Makarowa 1968 in die USA, verließ das Land aber aufgrund der Außenpolitik der US-Regierung nach drei Monaten unter Protest und ließ sich für ein Jahr in Kuba nieder.

Infolge seines dichterischen und politischen Engagements wurde Enzensberger zu einer Leitfigur für die außerparlamentarische Opposition in der Bundesrepublik, blieb jedoch in kritischer Distanz, als sich einzelne Protagonisten der APO mehr und mehr zu gewalttätigen Aktionen entschlossen. Seine Auseinandersetzung mit den Utopien und Hoffnungen des Sozialismus spiegelt das Versepos *Der Untergang der Titanic* wider, das 1978 erschien. *Auch der Mensch*, heißt es darin, *dem das Wasser bis zum Halse steht, kann seinen Kopf noch benutzen: zum Denken, nicht nur zum Schreien.*[60]

Nicht nur als Autor, auch als Herausgeber wurde Hans Magnus Enzensberger prägend: 1965 rief er zusammen mit Karl Markus Michel im Suhrkamp Verlag das *Kursbuch* ins Leben und war bis 1975 dessen Herausgeber. Im Jahr 1980 gründete er gemeinsam mit Gaston Salvatore die Zeitschrift *TransAtlantik*. Von 1985 bis 2007 gab er mit dem Buchgestalter und Verleger Franz Greno die Buchreihe *Die Andere Bibliothek* heraus. Bei der Zeitschrift *TransAtlantik* lernte er die Redaktionsassistentin Katharina Kaever kennen – und heiratete zum dritten Mal. 1986 wurde die Tochter Theresia geboren.

Hans Magnus Enzensbergers Produktivität erweist sich auch im fortgeschrittenen Alter als ungebrochen. So erschienen neben Gedichtbänden – *Kiosk* (1995), *Leichter als Luft* (1999), *Die Geschichte der Wolken* (2003), *Blauwärts* (2013) und *Wirrwarr* (2020) – auch verschiedene Prosabände, darunter *Hammerstein oder der Eigensinn* (2008), über das Leben von Kurt von Hammerstein, der sich vom konservativen Reichswehrgeneral zum Widerständler gegen die Nazidiktatur entwickelte.

Unter den bedeutenden deutschen Autoren des 20. Jahrhunderts und der Gegenwart gehört Hans Magnus Enzensberger zu den politisch profiliertesten. Die berechtigte Anerkennung, die ihm weit über Deutschland hinaus zuteilwurde, gründet nicht nur auf seiner literarischen Leistung als Lyriker, sondern auch auf seiner Einflussnahme auf das politische Geschehen in Deutschland, Europa und der Welt durch seine Essays.

Hans Magnus Enzensberger lebt heute, zweiundneunzigjährig, in München-Schwabing.

Empfehlenswerte Werke:

- **verteidigung der wölfe**
- **landessprache**
- **blindenschrift**

Zu Zeiten, als Gedichte noch häufiger gelesen wurden, hat Enzensberger in einer Rede über die Entstehung eines Gedichts einmal gesagt, dass das Reden über Poesie noch beliebter sei als die Poesie selbst – und dass ein Text nicht mehr sei als das, was er enthält. Ein Gedicht könne nur aus sich selbst heraus verständlich sein – oder gar nicht. Es bedürfe keiner Erläuterung durch den Poeten selbst, sonst hätte er das Thema von vorneherein verfehlt. Das einzig richtige Verfahren, so Enzensberger, sei die Interpretation von fremder Hand und das Gespräch über das Gedicht.

Enzensberger wollte mit seinen Gedichten in den 1950er und 1960er Jahren aufrütteln und provozieren. Er war der politischste Lyriker seiner Zeit. In seinem Gedicht über die *Bild*-Zeitung ist in collageartiger Form in knapp vierzig Zeilen alles über dieses Boulevardblatt enthalten, was dazu gesagt werden muss. In der »Verteidigung der Wölfe gegen die Lämmer« hält er den Zaudernden und Feigen den Spiegel vor. In »Landessprache« beschreibt er zornig seine Empfindungen über die gesellschaftlichen Zustände in der noch jungen Bundesrepublik, in der *es aufwärts geht, aber nicht vorwärts.* Gedichte wie »Middle Class Blues«, »Gewimmer am Firmament« oder »Ins Lesebuch der Oberstufe« dokumentieren das Nachkriegsdeutschland der 1950er und 1960er Jahre. Enzens bergers Gedichte sind nicht im landläufigen Sinne lyrisch, nie romantisierend, nicht lieblich, nicht optimistisch, sondern immer schonungslos entlarvend.

Das Gedicht »fund im schnee« erschien 1960 in dem Band *landessprache*.

Darin beschwört Enzensberger zunächst Bilder aus der Grimm'schen Märchenwelt: »Das Märchen vom Machandelboom« (*ein blatt ist in den schnee gefallen ...*), »Aschenputtel« (*einen feinen schuh von meiner braut ...*) und »Kannitverstan« aus den Kalendergeschichten von Johann Peter Hebel:

eine feder die hat mein bruder verloren / der rabe / drei tropfen blut hat mein vater vergossen / der räuber / ein blatt ist in den schnee gefallen / vom machandelbaum / einen feinen schuh von meiner braut / einen brief vom herrn kannitverstan / einen stein einen ring einen haufen stroh / wo sie der krieg begraben hat / das ist lang her[61]

Im zweiten Teil des für Enzensberger-Verhältnisse kurzen Gedichtes fordert er auf, Brief und Schuh zu zerreißen. Weil der Krieg die märchenhafte Welt der Kindheit begraben hat?

zerreiß den brief / zerreiß den schuh / schreib mit der feder auf das blatt: / weißer stein / schwarzes stroh / rote spur[62]

Im deutschen Kaiserreich und von 1933 bis 1935, zu Beginn der Nazidiktatur, waren Schwarz-Weiß-Rot die Farben der deutschen Nationalflagge.

In den letzten vier Zeilen greift der Autor noch einmal ein Motiv eines Märchens der Brüder Grimm auf, »Rumpelstilzchen«, und umschreibt damit provozierend die Lossagung, das Vergessen als Verhalten des Individuums:

ach wie gut dass ich nicht weiß / wie meine braut mein land mein haus / wie mein bruder / wie ich heiß.[63]

Empfehlenswertes Buch über Hans Magnus Enzensberger:
— Jörg Lau: *Hans Magnus Enzensberger. Ein öffentliches Leben.*
Fest Verlag, Berlin 1999.

21/ John Lennon und Paul McCartney.
22 Die Liverpooler Song-Poeten

John Lennon	Paul McCartney
* 9.10.1940 Liverpool	*18. 6.1942 Liverpool
† 8.12.1980 New York	

Keine prominente Persönlichkeit, keine politische Gruppierung, keine Fußballmannschaft, keine Glaubensgemeinschaft hat mich in meinen Jugendjahren mehr beeindruckt und beeinflusst als die Beatles. Zu Zeiten der Kultradiosendung *Frankfurter Schlagerbörse* (1957 bis 1970), als jeden Donnerstagabend ab 20 Uhr der Musikmoderator Hans Verres im Hessischen Rundfunk die beliebtesten Schlager vorstellte, dominierten noch deutsche Schlagersänger wie Freddy Quinn, Peter Kraus und Ted Herold. Es folgten zu Beginn der sechziger Jahre Peppino di Capri, Joey Dee, Elvis Presley, Ivo Robic, Rex Gildo, Gitte Hænning, Connie Francis und Chris Montez. Und auf einmal waren die Beatles da.

Meine erste Single der Liverpooler Beatband war »Little Child«. Auf der Rückseite befand sich der Song »Do you want to know a secret«. Im Laufe der Jahre erstand ich jede Platte und später jede CD, die die Beatles herausbrachten, und auch die Songs, die die Mitglieder der Band später als Solisten veröffentlichten. Die meisten Texte ihrer Lieder kann ich bis heute singen, nicht etwa, weil ich sie bewusst auswendig gelernt habe, sondern weil ich sie unzählige Male gehört habe. Jedes Wort, das ich nicht kannte, schlug ich bei Langenscheidt nach: Die Beatles waren die besten Englischlehrer, die man sich vorstellen kann. Nicht alle, aber viele Texte der Beatles sind bis heute allgemeines Kulturgut und gesungene Poesie vom Feinsten.

John Winston Lennon wurde am 9. Oktober 1940 in Liverpool geboren. Seine Mutter Julia war eine lebenslustige Frau, die gerne ausging, tanzte und Banjo spielte. Drei Jahre lang war sie mit dem Seemann Alfred Lennon verheiratet, der über die Weltmeere fuhr und mit Familie nichts im Sinn hatte. Julia Lennon gab ihren kleinen Sohn in die Obhut ihrer Schwester Mary, die als »Tante Mimi« in die Biographie John Lennons einging.

Mimi und ihr Mann George, ein warmherziger und humorvoller Mensch, zogen John auf, als wäre er ihr eigenes Kind. Mimi legte Wert auf gutes Benehmen, und daran hielt sich ihr Neffe. Doch kaum hatte er das Haus verlassen, war John der wildeste unter all seinen Spielgefährten. Das aufrührerische Verhalten legte er auch später nicht ab. Er provozierte gern und machte sich oft über andere Menschen lustig. Trotz seiner Intelligenz und der früh erkennbaren kreativen Begabung hielten ihn die meisten seiner Lehrer für nicht erziehbar.

Im Alter von sechzehn Jahren lernte John Lennon bei einem Kirchenfest Paul McCartney kennen. Er war von den Gitarrenkenntnissen McCartneys angetan und nahm ihn in seine Band The Quarrymen auf. Zwei Jahre später starb Lennons Mutter bei einem Verkehrsunfall, und er begann ein Studium an der Liverpooler Kunstakademie. Nach Band-Engagements in Hamburg und im Liverpooler Cavern Club unterzeichnete er gemeinsam mit Paul McCartney, George Harrison und Ringo Starr (Richard Starkey) einen Plattenvertrag mit dem Manager Brian Epstein.

Im Jahr 1962 heiratete John Lennon die Kunststudentin Cynthia Powell, und im gleichen Jahr wurde die erste Single der Beatles »Love Me Do« veröffentlicht. Was dann folgte, ist Musikgeschichte: Ein Erfolg jagte den nächsten, eine Tournee folgte der anderen. In knapp zehn Jahren wurden dreizehn Studioalben veröffentlicht und fünf Kinofilme gedreht (*A Hard Days Night*, *Help*, *Magical Mistery Tour*, *Yellow Submarine*, *Let It Be*). Unter den Popgruppen mit Number-one-Hits liegen die Beatles bis heute auf der Pole-Position. Die Beatles absolvierten weit über tausend Bühnenauftritte und Konzerte, allein je knapp dreihundert davon im Liverpooler Kellerlokal Cavern und in Hamburger Clubs (Star Club und Kaiserkeller), später dann weltweit vor einem Millionenpublikum. Die Liveauftritte wurden eingestellt, da die Qualität der Musik unter der Ekstase der Fans, deren Schreien und Jubelarien litt und die Songs zum Teil gar nicht mehr gehört werden konnten.

Nach Angaben ihrer Plattenfirma verkauften die Beatles rund eine Milliarde Tonträger. Der letzte Liveauftritt der Band war im Januar 1969 das legendäre Konzert der »Fab Four« auf dem Dach ihrer Firma Apple Records in London. Zunehmend war es auch zu inhaltlichen Auseinandersetzungen zwischen den Bandmitgliedern bei der Aufnahme neuer Songs gekommen. Nachdem Lennon die japanische Konzeptkünstlerin Yoko Ono kennenlernte, bedeutete dies im Jahr 1968 das Ende seiner Ehe mit Cynthia und die Trennung der Beatles. John heiratete Yoko Ono; 1972 zog das Paar nach New York.

Trotz der Auflösung der Gruppe setzten alle vier Musiker aus Liverpool ihre Karrieren als Solokünstler mit großem Erfolg fort. John Lennon gründete die Plastic Ono Band und landete einen Hit nach dem anderen: »Imagine«, »Give Peace a Chance«, »Working Class Hero«, »Instant Karma« und viele mehr. Als Schauspieler wirkte er im Film *How I Won The War* mit. Lennon avancierte zu einem Protagonisten der Friedensbewegung und einem aktiven Kämpfer für eine bessere, tolerantere und friedlichere Welt. Von den US-amerikanischen Behörden wurde Lennon aufgrund seiner politischen Aktivitäten und angeblichen Drogenbesitzes aufgefordert, das Land zu verlassen. Die Behörden konnten ihre Aufforderung jedoch juristisch nicht durchsetzen.

Am 8. Dezember 1980 wurde John Lennon vor seiner Haustür in New York von einem geistig verwirrten Fan erschossen. Er hinterließ zwei Söhne, Julian Lennon aus der ersten Ehe mit Cynthia; Sean Lennon aus der Ehe mit Yoko Ono. Neben seinen Songtexten veröffentlichte Lennon zwei Bücher mit humoristischen Nonsenstexten und Karikaturen: *In His Own Write* und *A Spaniard In The Works*.

Unter den vier Bandmitgliedern der Beatles war Lennon der politisch Engagierteste. Lange Zeit wurde er als intellektueller Kopf der »Fab Four« aus Liverpool gehandelt. Je mehr Zeit ins Land ging, umso deutlicher wurde, dass ihm Paul McCartney als Texter ebenbürtig und als Musiker überlegen war.

James Paul McCartney, Spitzname »Macca«, geboren am 18. Juni 1942, wuchs in einer gut situierten Liverpooler Familie auf. Er war der älteste Sohn des städtischen Angestellten Jim McCartney und dessen Ehefrau Mary, die als Hebamme arbeitete. Der Vater spielte Klavier und Trompete und war in seiner Jugend Mitglied in einer Ragtime-Band.

Pauls Mutter starb, als er vierzehn war. Der Vater heiratete noch einmal, eine um zwanzig Jahre jüngere Witwe, die eine Tochter mit in die Ehe brachte. Nun hatte Paul zwei Geschwister: den Bruder Michael, der sich wie er, nur deutlich weniger erfolgreich, als Beat-Musiker betätigte – immerhin landete er mit der Band The Scaffold und »Lily the Pink« einen Nummer-eins-Hit in den britischen Charts –, und die Stiefschwester Ruth.

Paul McCartney besuchte die Institute High School for Boys in Liverpool. Nachdem er gemeinsam mit den Beatles-Bandmitgliedern nach London umgezogen war, lernte er dort die Schauspielerin und Tochter aus gutem Hause, Jane Asher, kennen, mit der er von 1963 bis 1968 verlobt war. Ihre Ahnen väterlicherseits stammten aus der gleichen Linie wie die von Sarah Ferguson und Camilla Parker-Bowles, die Mutter war Universitätsdozentin für Musik. Davon abgesehen, dass Macca aufgrund der Beatles-Erfolge inzwischen selbst Teil der High Society war, bedeutete die Beziehung zu Jane für Paul den

Aufstieg in eine Welt, die völlig anders aussah als das Middle-Class-Milieu, in dem er aufgewachsen war. Die Beziehung endete jedoch abrupt: Jane hatte Paul mit einer anderen im Bett erwischt. Kein Wunder, Paul McCartney war aufgrund seines Aussehens und seiner Popularität bewundert und begehrt. Wer hätte diesem Mann widerstehen können?

Die Wende im Liebesleben von Paul McCartney trat durch die Fotografin Linda Eastman ein, die in Scarsdale, nördlich von New York City, als Tochter einer großbürgerlichen Familie geboren wurde. Bevor sie Macca kennen- und lieben lernte, hatte sie bereits einige andere Begegnungen mit bekannten Beat-Musikern hinter sich, die zu ihren »Trophäen« gehörten, darunter Mick Jagger und Eric Burdon.

Mit Linda hatte Macca die Frau seiner Träume gefunden. Das Paar heiratete 1969 und arbeitete nun auch musikalisch höchst erfolgreich in der Band The Wings zusammen. Linda brachte ein Kind mit in die Ehe, drei weitere Kinder wurden in der Ehe von Paul und Linda geboren. Im Juni 1975 bezog das Paar mit seinen Kindern ein großes Farmhaus mit entsprechend viel Land in der Nähe des Städtchens Rye in East Sussex. Nach der Ermordung John Lennons ließen die McCartneys das Anwesen durch bauliche Sicherheitsmaßnahmen schützen. Bis zum Todestag von Linda – sie starb am 17. April 1998 in Tucson / Arizona auf der familieneigenen Farm an Brustkrebs – lebten Paul und Linda mit ihrer Familie und vielen Tieren zusammen, ohne sich auch nur einmal für längere Zeit getrennt zu haben. Linda war Paul McCartneys Liebe seines Lebens.

Die zweite Ehe Paul McCartneys mit dem Model Heather Mills, geschlossen im Jahr 2006, hielt nur zwei Jahre. In ihr wurde dem Paar eine Tochter geboren. Am 9. November 2011 heiratete Macca erneut, nun die Unternehmerin Nancy Shevell, deren Vater Inhaber des größten US-Transportunternehmens ist.

Als Songschreiber dürften Lennon und McCartney als das

perfekte Duo der Musikgeschichte in den letzten hundert Jahren eingehen. Der Aktivist und oft zu Provokationen neigende John Lennon war ein verletzlicher, sensibler Mensch, der sein Wesen hinter einer harten Schale zu verdecken suchte. Ein unbändiger Lebenswille, die ihm innewohnende Kreativität und die darauf gründende Sehnsucht nach Anerkennung machten ihn zu einem der größten Künstler seines Fachs im 20. Jahrhundert. In Paul McCartney fand er einen idealen Partner, der ihm vor allem in der Begabung als Songgestalter überlegen war und so im Laufe der Beatles-Historie aus dem Schatten des ursprünglichen »Kopfes« der Gruppe heraustrat. In der letzten Phase des gemeinsamen Schaffens der Beatles war Paul McCartney der »Boss« der Gruppe. Unter der Zuwendung Lennons zu Yoko Ono und seinem zunehmenden politischen Engagement litten die gemeinsamen Aktivitäten der Beatles. Die Trennung war wohl unausweichlich. Lennon war ein begnadeter Songschreiber und ein überaus begabter, kreativer Musiker. McCartney war und ist ein musikalisches Genie.

Meine Lieblingssongs von John Lennon und Paul McCartney: Der wohl bekannteste Song John Lennons ist seine Vorstellung von einer vollkommenen Welt ohne Krieg: »Imagine«, unzählige Male gespielt und angeklickt bei YouTube, eine Hymne der Friedensbewegung und aller, die von einer besseren Welt träumen. »Imagine« ist ein Volkslied, das alle geographischen Grenzen gesprengt hat. Die ersten vier Zeilen von »Imagine« gehören in die Rubrik »Geflügelte Worte«:

Imagine there's no heaven / It's easy if you try / No hell below us / Above us only sky ...[64]

Als Beleg für die außergewöhnliche Sprachbegabung der Songschreiber Lennon/McCartney gilt auch deren gemeinsam geschriebener Text »A Day in the Life«. Der 1967 aufgenommene Song wurde auf der Langspielplatte *Sgt. Peppers Lonely Hearts*

Club Band veröffentlicht. Es ist eine Collage aus Meldungen der *Daily Mail* vom 17. Januar 1967. Die Idee zu diesem Song und die Zusammenstellung der Collage beruhte auf der Initiative Lennons. Die beiden vorletzten Verse des Liedtextes aber soll Paul McCartney beigetragen haben. Die letzte Zeile des Songs »A Day in the Life« lautet: *I'd love to turn you on.*

Auf Deutsch hier die zwei letzten Abschnitte des Textes in meiner Übersetzung:

... wachte auf, fiel aus dem Bett, / zog einen Kamm über meinen Kopf / fand meinen Weg treppab und trank eine Tasse / und hochschauend merkte ich, dass ich spät dran war // Fand meinen Mantel und schnappte meinen Hut / erwischte den Bus auf den letzten Drücker / fand meinen Weg treppauf und rauchte noch eine / und jemand sprach und ich ging in einen Traum über // Ich las die Zeitung heute, oh Junge / Viertausend Löcher in Blackburn, Lancashire / Und obwohl die Löcher ziemlich klein waren / mussten sie sie alle zählen / Jetzt wissen sie, wie viele Löcher es braucht, um die Albert Hall zu füllen / Ich würde euch gerne anknipsen.

»Eleanor Rigby« stammt aus der Feder von Paul McCartney, auch wenn John Lennon später behauptete, den Löwenanteil des Textes gestaltet zu haben (was von McCartney bestritten wurde). Der Song wurde 1966 auf einer Single gemeinsam mit »Yellow Submarine« veröffentlicht und stand vier Wochen auf Platz eins der britischen Single-Charts.

Im 2001 erschienenen Buch der Gedichte und Songs von Paul McCartney ist der Text »Eleanor Rigby« dann auch als sein Werk verzeichnet. Die Geschichte von Eleanor Rigby, die den Reis von den Hochzeiten in der Kirche zusammenfegt, dort stirbt, und zu deren Beerdigung niemand kommt; die Bilder von Pfarrer Mackenzie, dessen Predigt niemand hört, und der spätabends seine Socken flickt – das ist herzergreifend, ohne kitschig-sentimental anzumuten. *All the lonely people, where do they all come from?*[65], fragt McCartney in seinem Text.

**Empfehlenswerte Bücher über John
Lennon und Paul McCartney:**

— Corinne Ulrich: *John Lennon*. dtv Portrait, München 2000.

— Harald Martin: *Paul McCartney*. dtv, aktualisierte Neuausgabe,
  München 2006

— Ian Mac Donald: *The Beatles. Das Song Lexikon*.
  Bärenreiter Verlag, Kassel u. a. 2000.

— Paul McCartney: *Blackbird Singing. Gedichte und Songs 1965–1999*.
  Herausgegeben von Adrian Mitchell. Aus dem Englischen von
  Kristian Lutze und Werner Schmitz. Kiepenheuer & Witsch,
  Köln 2001.

Beatles-Touren:

— Beatles Museum Liverpool, 23 Matthew Street,
  Liverpool L2 6RE, UK

— Magical-Mystery-Bus-Tour, Liverpool
  (ab Royal Albert Dock oder Cavern Club)

— London Beatles Store, 231–233 Baker Street,
  London NW1 6XE, UK

— St. Pauli-Museum (früher Beatlemania Hamburg),
  Nobistor 10, 22767 Hamburg

23 Bob Dylan.
Like a Rolling Stone

*24.5.1941 Duluth/Minnesota

Als Bob Dylan im Jahr 2016 den Nobelpreis für Literatur erhielt, regten sich sofort kritische Stimmen aus dem Kreis der
selbstgefälligen Kritiker, die sich verwundert zeigten, dass
einem Mann ein Preis verliehen wird, der zwar einer der kom-
merziell erfolgreichsten Musiker der Welt war (und ist), aber
nach bisher üblichen Kriterien als klassischer Literat im eigentlichen Sinne nicht in Erscheinung getreten war. Ein Nobelpreis
für Literatur für einen Songwriter und Popstar?

Ja, und noch einmal ja, denn was sonst als Poesie sind ge-
sungene Verse dieses Liedermachers, der die Unvollkommen-
heit und Vollkommenheit der Welt so eindrucksvoll in Worte
und Noten gesetzt hat in: »Make you Feel My Love«, »Thun-
der on the Mountain«, »If You See Her, Say Hello«, »Like a
Rolling Stone«, »Blowin' in the Wind«, »The Times, They Are A-
Changin'«, »Don't Think Twice It's Allright«, »It Ain't Me Babe«,
»Forever Young«, »It's All Over Now Baby Blue«, »All Along the
Watchtower«, »Knockin' on Heaven's Door«, »My Back Pages«,
»Mr. Tambourine Man«, »Hurricane«.

Bob Dylan wurde am 24. Mai 1941 als Robert Allen Zimmer-
man in Duluth/Minnesota geboren, einer Stadt 200 Kilometer nordöstlich von Minneapolis gelegen. Dylans Vater war
Buchhalter bei der Mineralölgesellschaft Standard Oil. Infolge
einer Erkrankung des Vaters zog die Familie nach Hibbing/
Minnesota, der Heimatstadt seiner Mutter. Brüder des Vaters
führten dort ein Elektrogeschäft, und Bob Dylans Mutter arbeitete im Laden als Verkäuferin.

Die Eltern engagierten sich in der jüdischen Gemeinde. Die Sommerferien verbrachte Robert in einem jüdischen Ferienlager in Wisconsin. In Hibbing und Umgebung lebten nur wenige Bürger jüdischen Glaubens, die meisten dort waren katholisch. Der junge Dylan lebte still und zurückgezogen, hielt sich meist zu Hause auf, begann aber früh, sich für Country- und Westernsongs zu interessieren.

Nach der Uraufführung des Films ... *denn sie wissen nicht, was sie tun* wurde Dylan ein begeisterter Verehrer von James Dean. Er las und sammelte alles, was er über sein Idol in die Finger bekam. Tag und Nacht hörte er Radio, bevorzugt die Songs von Little Richard und Carl Perkins. Mit fünfzehn spielte er in einer Band, und es kam zu einem ersten Auftritt in der Hibbing High School. Nach James Dean wurde Elvis Presley sein zweites großes Vorbild. Nun wollte Dylan Rockstar werden. Im Juni 1959 schloss er die Highschool in Hibbing ab, begann im darauffolgenden Herbst an der Universität in Minneapolis zu studieren und hatte dennoch nur ein Ziel: Rock-'n'-Roll-Sänger zu werden, so einer wie Little Richard oder Elvis.

In der Musikszene der Universitätsstadt begann Robert sich für Folkmusik zu interessieren, die ihm eine neue Identität gab: ein Anderssein gegenüber den Angepassten und Spießern. Bald trat er unter neuem Namen als Folksänger auf: Bob Dillon. Daraus entstand aus seiner Verehrung für den walisischen Dichter Dylan Thomas der Künstlername Bob Dylan. Nun entdeckte er die Musik Woody Guthries, schon damals eine Legende in der US-Folkmusik, zudem überzeugter Sozialist und Kämpfer gegen die Ungerechtigkeiten in der amerikanischen Gesellschaft.

Bob Dylan kam zu ersten Soloauftritten in Minneapolis und ging anschließend nach New York. Er verdiente hundert Dollar pro Woche für fünf Auftritte. Im März 1962 erschien seine erste Platte. Kritik und Verkauf ließen zu wünschen übrig. In New York lernte Dylan Suze Rotolo kennen, eine blonde siebzehnjährige Schülerin mit italienischen Vorfahren, die seine erste feste Freundin wurde. Sein politisches Interesse erwachte durch deren Freundeskreis, und Dylan engagierte sich gegen den Rassismus in den Südstaaten. 1963 erschien die LP *The Freewheelin' Bob Dylan* (auf deren Cover er mit seiner Freundin Suze abgebildet ist); und er hatte einen Auftritt beim March on Washington vor mehreren hunderttausend Teilnehmern der Bürgerrechtsbewegung. Diese zweite Platte fand reißenden Absatz: Mehr als eine Million Exemplare wurden verkauft. Ein knappes Jahr später wurde *The Times, They Are A-Changin'* veröffentlicht, mit dem Dylan zum Sprachrohr für eine ganze Generation wurde.

Das Leben Bob Dylans änderte sich. Plötzlich besaß er mehr Geld, als er ausgeben konnte, Frauen, die sich um ihn bemühten, gab es zuhauf – und Situationen, in denen Dylan nicht widerstehen konnte, auch. Als Dylan eine Affäre mit der Sängerin Joan Baez begann, war das Maß für Suze voll: Sie trennte sich von ihm.

Im Dezember 1963 wurde ihm der Tom Paine Award einer liberalen Bürgerrechtsorganisation in New York verliehen. Dazu sollte Dylan eine Dankesrede halten. Zuvor waren Bertrand Russell und James Baldwin Träger des Preises gewesen; es handelte sich also nicht um eine unbedeutende Veranstaltung. 1400 Gäste waren versammelt. Weil er nervös war, trank er vor dem Start seiner Rede mehr, als er vertragen konnte. Als die Rede gehalten werden sollte, hielt sich Dylan sturzbetrunken auf der Toilette auf und musste herbeigeholt werden. Man zerrte ihn zum Pult, und dort redete er mehr oder weniger wirres Zeug, unter anderem über den Kennedy-Attentäter Lee Harvey Oswald, dem er sich angeblich gedanklich verbunden fühle. Der Eklat war perfekt. Den Organisatoren der Veranstaltung gingen Spendengelder in erheblicher Höhe verloren, und Dylan trat nie wieder als Redner bei einer politischen Veranstaltung auf.

Dafür traf er 1964 die Beatles während ihrer Konzerttournee durch die USA. Vor allem John Lennon schätzte die Dylan-Songs, und Dylan selbst bewunderte die Musik und die Texte der Liverpooler. Ausgelöst durch die Musik und die Begegnung mit den Beatles, vollzog Bob Dylan einen Stilwechsel: Nicht mehr Folk- und Protestsongs standen im Mittelpunkt seines Repertoires, sondern Liebeslieder und die Rückbesinnung auf sich selbst. Im Sommer 1965 erschien die erfolgreichste Single seiner gesamten Laufbahn: »Like a Rolling Stone«. So stand Dylan prägend für die neue Stilrichtung des Folkrock, die später vor allem von Bruce Springsteen auf einzigartige Weise verkörpert wurde. Auch die nächste LP *Highway 61 Revisited* wurde ein Welterfolg.

Im November 1965 heiratete Dylan die Schauspielerin Sara Lownds, die auch als Fotomodell unterwegs gewesen war und eine Tochter mit in die Ehe brachte. Sara und Bob legten einen Fonds für ihre Kinder an, damit diese im späteren Leben nicht mehr zu arbeiten brauchten. Die Ehe, in der vier Kinder geboren wurden, hielt zwölf Jahre, sie wurde 1977 geschieden. Der erste Sohn von Bob und Sara Dylan erhielt den Namen Jesse Byron – die Initialen waren mit denen von Dylans Jugendidol James B. Dean identisch.

Dylan wurde zu einem Helden der weltweiten Jugendbewegung, die sich gegen die Welt des Establishments stellte. Um den zunehmenden Trubel um ihn herum ertragen zu können, begann er Drogen und Medikamente zu nehmen, doch er kam nicht zur Ruhe. Nach der Veröffentlichung von *Blonde on Blonde* erlitt Dylan 1966 einen schweren Motorradunfall in der Nähe von Woodstock, bei dem er sich mehrere Nackenwirbel brach. In dessen Folge zog er sich ein halbes Jahr aus der Öffentlichkeit zurück.

Zwischen 1974 und 1977 erschienen die LPs *Planet Waves*, *Blood on the Tracks* und *Desire*. Eine länger andauernde Affäre mit der vierundzwanzigjährigen Ellen Bernstein führte im

Jahr 1977 zur endgültigen Trennung von Sara. Sara erhielt eine Abfindung in Höhe von 36 Millionen US-Dollar.

In der folgenden Zeit entdeckte Bob Dylan den christlichen Glauben für sich, schloss sich einer freien protestantischen Kirchengemeinde an und absolvierte einen dreimonatigen Bibelkurs. Es war eine Abrechnung mit sich selbst und dem bisher geführten Leben. Die Bibel erklärte er nun zu seinem Lieblingsbuch, und die nächste LP *Slow Train Coming* spiegelte den neu gewonnenen Glauben – sehr zum Unwillen früherer jüdischer Freunde und seiner Mutter. Mitte der achtziger Jahre ließ seine intensive Beschäftigung mit dem christlichen Glauben dann deutlich nach. Aber noch immer nahm er für sich in Anspruch, mit der Gitarre gegen das Establishment anzugehen.

Seit dem Ende seiner Ehe schottete Dylan sein Privatleben gegenüber den Medien stärker ab. Erst im Januar 2001 wurde bekannt, dass er von 1986 bis 1992 mit der Afroamerikanerin Carolyn Dennis, einer Gospelsängerin aus seinem Backgroundchor, verheiratet war und auch ein Kind aus der Verbindung hervorging.

Im Frühjahr 1988 nahm er eine Langspielplatte mit The Traveling Wilburys – bestehend aus Roy Orbison, George Harrison, Jeff Lynne, Tom Petty und Bob Dylan – auf, die Platz eins der US-Hitparade belegte. 1998 wurde *Time Out of Minds* mit dem Grammy als bestes Album des Jahres ausgezeichnet.

Seit Beginn des neuen Jahrtausends setzte Dylan seine Tourneen mit einer Vielzahl von Auftritten fort und präsentierte seine Erfolgssongs in völlig neuen, kaum wiedererkennbaren Versionen. Im Gegensatz zu anderen zeitgenössischen Showstars unterhielt er sein Publikum nie mit einer Abfolge früherer Ohrwürmer, sondern forderte es durch immer neue Ansätze und Innovationen ständig heraus. Das führte nicht selten zu heftiger Kritik.

Dennoch häuften sich Preise und Ehrungen: 2004 wurde Bob Dylan die Ehrendoktorwürde der St. Andrews University in Schottland verliehen, im April 2008 der Pulitzer-Sonderpreis und im Jahr 2016 der Nobelpreis für Literatur.

Medienberichten zufolge lebt Bob Dylan gegenwärtig in Malibu bei Los Angeles. Er hat sechs Kinder und zehn Enkel.

Mein Lieblingssong von Bob Dylan:

Der Song »If You See Her, Say Hello« wurde 1975 auf dem Album *Blood on the Tracks* veröffentlicht. Es ist eines der schönsten und traurigsten Liebeslieder Dylans. Es beginnt mit den Zeilen:

If you see her, say hello / She might be in Tangier / She left here last early spring / Is livin' there, I hear // Say for me that I'm all right / Though things get kind of slow / She might think that I've forgotten her / Don't tell her it isn't so ...[66]

In der deutschen Übersetzung von Gisbert Haefs:

Wenn du sie siehst, grüße sie, sie könnte in Tanger sein / das ist die Stadt jenseits des Wassers, nicht allzu fern von hier / Sag ihr, mir geht es gut, auch wenn alles ziemlich zähflüssig ist / sie könnte meinen, ich hätte sie vergessen. Sag ihr nicht, dass das nicht stimmt ...[67]

Empfehlenswerte Bücher zu Bob Dylan:

— Tino Markworth: *Bob Dylan*. Rowohlt Bildmonographie, Reinbek 2011.

— Olaf Benzinger: *Bob Dylan. Seine Musik und sein Leben*. dtv, München 2006.

— Bob Dylan: *Lyrics. 1962–2001. Sämtliche Songtexte*. Deutsch von Gisbert Haefs, Hoffmann und Campe, Hamburg 2004.

Literatour Bob Dylan:

— Geburtshaus Duluth / Minnesota, USA

— Bob Dylan Way, Duluth, USA

— Bob Dylan Walking-Tour Hibbing / Minnesota, USA

— Bob Dylan Center, Tulsa / Oklahoma, USA

IV

DICHTER FÜR
EINE BESSERE
WELT

24 Georg Büchner.
Der hessische Revolutionär

*17.10.1813 Goddelau bei Darmstadt
†19.2.1837 Zürich

Georg Büchner gehört zu Hessen wie Johann Wolfgang von
Goethe zu Frankfurt am Main und die Brüder Grimm nach Ha-
nau. Keiner hat die gesellschaftlichen Verhältnisse zu Beginn
des 19. Jahrhunderts in seiner Heimat so treffsicher und mutig
beschrieben wie er. Dass er im Alter von nur dreiundzwanzig
Jahren starb, ist angesichts seiner literarischen und politischen Bedeutung unfassbar.

Mit den Werken Georg Büchners kam ich während meiner
Buchhändlerlehre von 1966 bis 1969 in Marburg/Lahn in Berührung. Die stark von Studenten geprägte politisch-kulturelle
Szene der Universitätsstadt war in der Hand von SDS (Sozia-
listischer Deutscher Studentenbund), DKP und linken Sozialdemokraten. Man las und diskutierte die Werke von Marx und
Engels; die rote Mini-Mao-Bibel war ein Bestseller, gefolgt von
Erich Fromms *Haben oder Sein*, Che Guevaras *Bolivianischem
Tagebuch*, Wilhelm Reichs *Die Funktion des Orgasmus* und
einem Sammelband erotischer Geschichten mit dem Titel *Sex
in Schweden*. An den Fenstern studentischer Wohnungen und
an der Fassade der Universität hingen Plakate und Banner mit
der Aufschrift »Friede den Hütten, Krieg den Palästen«, und
jedes Nichtmitglied des RCDS (Ring christlich-demokratischer
Studenten) kannte das Werk, dem dieses Zitat entnommen
war, und natürlich auch dessen Autor: Georg Büchner.

Georg Büchner wurde am 17. Oktober 1813 in Goddelau
bei Darmstadt als Sohn eines Amtsarztes geboren. Er wurde
streng erzogen, sein Vater legte großen Wert auf Fleiß und Dis-

ziplin. Dem Elementarunterricht durch seine Mutter, die aus einer hessisch-elsässischen Beamtenfamilie stammte, folgte der Eintritt in eine Privatschule. Die weitere schulische Ausbildung absolvierte er an einem altsprachlichen Darmstädter Gymnasium. Das Ehepaar Büchner hatte sechs Kinder, Georg war das älteste unter ihnen. Sein jüngerer Bruder Ludwig, Arzt und Philosoph, sowie seine Schwester Luise, Frauenrechtlerin und Schriftstellerin, waren bis Ende des 19. Jahrhunderts weitaus bekannter in Deutschland als ihr älterer Bruder. Bruder Wilhelm, Inhaber einer Farbfabrik, war Landtags- und Reichstagsabgeordneter, und Alexander Professor für Literaturgeschichte in Frankreich.

Früh übte sich Georg Büchner im Schreiben und verfasste Gedichte für seine Eltern. In der Schule fiel er durch seine Begabung auf, mehrfach hielt er bei schulischen Anlässen Reden in lateinischer Sprache. Der Mitschüler und spätere Pfarrer Ludwig Wilhelm Lück beschrieb Georg Büchner als »ruhig, gründlich, zurückhaltend, selbstständig und tatkräftig«.

Im Alter von achtzehn Jahren begann Georg Büchner ein Medizinstudium an der Universität Straßburg. Hier wohnte er bei einem entfernten Verwandten, Johann Jakob Jaeglé, der in der französischen Stadt als evangelischer Pfarrer wirkte. Während der Zeit des Vormärz lebten viele deutsche Emigranten in Straßburg, da hier eine größere politische Freiheit herrschte. Büchner beschäftigte sich intensiv mit den Klassenunterschieden zwischen Arm und Reich. Er fühlte sich eingeengt von den politischen Verhältnissen und wollte nicht einem »vermoderten Fürstengeschlecht« dienen und auch nicht Teil eines »kriechenden Staatsdiener-Aristokratismus« werden. Er setzte auf demokratische Bewegungen mit dem Ziel, die gesellschaftlichen Ungerechtigkeiten zu beseitigen. Heimlich verlobte er sich mit der Tochter des Pfarrers, Wilhelmine Jaeglé.

Im Oktober 1833 setzte Georg Büchner sein Studium in Gießen an der Lahn fort. Er litt unter der Trennung von seiner Braut Wilhelmine (»Minna«) und schrieb ihr Briefe voller Sehnsucht und Zärtlichkeit, nicht ohne seine Überlegungen zur politischen Lage und sein Empfinden über das Leben in der damals siebentausend Einwohner zählenden Provinzstadt Gießen zu schildern: *Hier ist kein Berg, wo die Aussicht frei sei, Hügel hinter Hügel und breite Täler, eine hohle Mittelmäßigkeit in Allem; ich kann mich nicht an diese Natur gewöhnen, und die Stadt ist abscheulich ...*[68] An anderer Stelle schreibt er: *Ich finde in der Menschennatur eine entsetzliche Gleichheit, in den menschlichen Verhältnissen eine unabwendbare Gewalt, Allen und Keinem verliehen ... Was ist das, was in uns lügt, mordet, stiehlt?*[69]

In Oberhessen, einer der rückständigsten Regionen in Deutschland, fristeten die arbeitenden Menschen ein jämmerliches Dasein. Bis zu achtzehn Stunden dauerte der Arbeitstag, und das galt auch für Kinder und alte Menschen. Mehrfach kam es zu Aufständen in der Region, die gewaltsam niedergeschlagen wurden, wie etwa im »Blutbad von Södel« (heute ein Ortsteil von Wölfersheim im Wetteraukreis). »Die Polizei durchdringt alle Verhältnisse«, schrieb Wilhelm Grimm. Die Freiheit der Rede wurde unterdrückt. Büchner begann, sich politisch zu betätigen. Er wurde Kopf einer revolutionären Gruppe, die sich für republikanisch-demokratische Ziele einsetzte. Und er verfasste eine revolutionäre Flugschrift, den *Hessischen Landboten*, in der die Situation der Landbevölkerung schonungslos offengelegt und die Beseitigung der herrschenden Verhältnisse gefordert wurde.

Seinen Mitstreitern allerdings war Büchners Forderung nach einer Revolution zu radikal. Die Aktivitäten Büchners und seiner Gruppe wurden durch einen Spitzel der großherzoglichen Regierung ruchbar. Büchner musste sich mehreren Verhören unterziehen. Einer weiteren Verfolgung entging er durch seine Flucht nach Straßburg. Das Großherzogtum Hessen-Darmstadt erließ einen Steckbrief, mit dem Georg Büchner im Land und außer Landes gesucht wurde:

Der hierunter signalisierte Georg Büchner, Student der Medizin aus Darmstadt, hat sich der gerichtlichen Untersuchung seiner indicirten Theilnahme an staatsverräterischen Handlungen durch die Entfernung aus dem Vaterlande entzogen. Man ersucht deshalb die öffentlichen Behörden des In- und Auslandes, denselben im Betretungsfalle festzunehmen und wohlverwahrt an die unterzeichnete Stelle abliefern zu lassen. Darmstadt, den 13. Juni 1835. Der von Großh. Hess. Hofgericht der Provinz Oberhessen bestellte Untersuchungs-Richter Hofgerichtsrath Georgi.

Personal-Beschreibung: Alter: 21 Jahre, Größe 6 Schuh, 9 Zoll neuen Hessischen Maaßes, Haare: blond, Stirne: sehr gewölbt, Augenbrauen: blond, Augen: grau, Nase: stark, Mund: klein, Bart: blond, Kinn: rund, Angesicht: oval, Gesichtsfarbe: frisch, Statur: kräftig, schlank, besondere Kennzeichen: Kurzsichtigkeit.

Im gleichen Jahr schrieb Büchner das Geschichtsdrama *Dantons Tod*, in dem er sich mit den Geschehnissen der Französischen Revolution auseinandersetzte. Zunächst erschien der Text in der Zeitschrift *Phönix*, wenig später wurde er als Buch veröffentlicht. In beiden Fällen wurde der Text von Karl Gutzkow, einem freiheitlich gesinnten Schriftsteller und Dramaturgen, erheblich verändert.

Mit einundzwanzig Jahren war Georg Büchner Buchautor und Übersetzer von zwei Theaterstücken Victor Hugos im französischen Exil. Im Herbst 1835 entstand seine Novelle über das Leben des Dichters Jakob Michael Reinhard Lenz. Ein Jahr später wurde Georg Büchner mit einer Abhandlung über das Nervensystem der Flussbarbe promoviert und arbeitete anschließend als Privatdozent für vergleichende Anatomie an der Universität in Zürich, wo er sich, ebenso wie in Frankreich, als »politisch verfolgter Asylant« aufhielt. Seine erste Vorlesung in Zürich wurde von gerade einmal drei Studenten besucht.

Es folgte die Niederschrift des Theaterstücks *Leonce und Lena* und der Sozialtragödie *Woyzeck*, in der erstmalig in der deutschen Literatur ein sozialer Außenseiter als Hauptperson eines Dramas auftritt. Beide Werke gelten Literaturkritikern bis heute als Vorbild für die sozialkritischen Dramen, die in der deutschen Literatur der folgenden Jahrzehnte erschienen sind. Die Novelle *Lenz* und das Drama *Woyzeck* blieben unvollendet.

Aus seinem Züricher Exil schrieb er noch einmal rührende Briefe an seine Verlobte: *Du kommst bald? ... Ich muss mich bald wieder an Deiner inneren Glückseligkeit stärken und Deiner göttlichen Unbefangenheit und Deinem lieben Leichtsinn und all Deinen bösen Eigenschaften, böses Mädchen ...*[70] Das war am 27. Januar 1837. Kurz vor seinem Tod besuchte Minna ihren Verlobten noch einmal in Zürich. Da war er bereits schwer an Typhus erkrankt.

Im Alter von dreiundzwanzig Jahren verstarb Georg Büchner am 19. Februar 1837 in Zürich und wurde dort auf dem Friedhof Krautgarten beerdigt. Wilhelmine Jaeglé, seine Braut, blieb unverheiratet und starb im Alter von siebzig Jahren.

Es ist kaum fassbar, was Georg Büchner in der kurzen Zeit, die ihm beschieden war, im Beruf und an literarischen Werken geschaffen und hinterlassen hat. Vom Erfolg seiner dichterischen Werke hat der hessische Autor nichts mehr erfahren dürfen. Weder als Dichter noch als Mediziner und auch nicht als Politiker hat Büchner zu Lebzeiten den Grad seiner Wirkung auf die Menschen in seinem Heimatland ermessen und erleben können. Georg Büchner wurde erst Jahrzehnte nach seinem frühen Tod berühmt als modernster Dramatiker des 19. Jahrhunderts in deutscher Sprache. Mit seinen Werken ergriff er Partei für die Geschundenen und Rechtlosen und avancierte damit zu einem Vorbild und Helden nachfolgender sozialkritischer Schriftsteller.

Marcel Reich-Ranicki hat über ihn gesagt: »Mit Büchner beginnt die moderne deutsche Literatur. Er war der Dichter meiner Jugend, und er ist bis heute mein Dichter geblieben, wie außer Goethe und Heine kein anderer deutscher Poet.«

Meine Lieblingsbücher von Georg Büchner:
- **Der Hessische Landbote**
- Lenz

Die Flugschrift **Der Hessische Landbote**, die Georg Büchner während seines Medizinstudiums an der Universität zu Gießen im Jahr 1834 niederschrieb, ist Jahre später als Vorläufer der 1848 von Karl Marx und Friedrich Engels verfassten Streitschrift *Das kommunistische Manifest* bezeichnet worden. *Der Hessische Landbote* beschreibt die Situation der hessischen Landbevölkerung in einfacher, klarer und herausfordernder Sprache und steht unter dem Leitsatz: »Friede den Hütten, Krieg den Palästen«, der 134 Jahre später die Plakate der sogenannten Achtundsechziger zierte – siehe oben.

Das politische Flugblatt, ein Aufruf an die hessische Landbevölkerung zum Kampf gegen die Obrigkeit, umfasst acht Seiten und wurde in der Nacht zum 31. Juli 1834 im Herzogtum Hessen-Darmstadt in 1500 Exemplaren verteilt. Es enthielt den Hinweis an seine Verteiler, die Flugschrift nicht in der eigenen Wohnung aufzubewahren.

Der Text liest sich wie eine Anklageschrift. Es ist ein Bravourstück des politischen Kampfes, aus einem Guss, schnörkellos, klar, mutig und von elementarer Sprachkraft:

Das Leben der Vornehmen ist ein langer Sonntag, sie wohnen in schönen Häusern, sie tragen zierliche Kleider, sie haben feiste Gesichter und reden eine eigene Sprache; das Volk aber liegt vor ihnen wie Dünger auf dem Acker. Der Bauer geht hinter dem Pflug, der Vornehme aber geht hinter ihm und dem Pflug und treibt ihn mit den Ochsen am Pflug, er nimmt ihm das Korn und lässt ihm die Stoppeln. Das Leben des Bauern ist ein langer Werktag; Fremde verzehren seine Äcker vor seinen Augen, sein Leib ist eine Schwiele, sein Schweiß ist das Salz auf dem Tische des Vornehmen ... Die Justiz ist in Deutschland seit Jahrhunderten die Hure der deutschen Fürsten ... Ihr dürft euern Nachbarn verklagen, der euch eine Kar-

toffel stiehlt; aber klagt einmal über den Diebstahl, der von Staats wegen unter dem Namen von Abgabe und Steuern jeden Tag an eurem Eigentum begangen wird, damit eine Legion unnützer Beamten sich von eurem Schweiße mästen: klagt einmal, dass ihr der Willkür einiger Fettwänste überlassen seid und dass diese Willkür Gesetz heißt, klagt, dass ihr die Ackergäule des Staates seid, klagt über eure verlorenen Menschenrechte: Wo sind die Gerichtshöfe, die eure Klage annehmen, wo die Richter, die Recht sprächen?[71]

Empfehlenswertes Buch über Georg Büchner:

— Jan-Christoph Hauschild: *Georg Büchner.*
  Rowohlt Bildmonographie, Reinbek 1985.

Literatour:

— Das Büchnerhaus, Weidstraße 9, 64560 Riedstadt-Goddelau

25 B. Traven.
Der Anonymus

*28.2.1882 Schwiebus
†26.3.1969 Mexiko-Stadt

Für die Büchergilde Gutenberg, bei der ich eineinhalb Jahre als Marketingchef arbeitete, war B. Traven ein Mann der ersten Stunde. Dort erschien 1925 dessen Roman *Der Baumwollpflücker*. B. Traven schickte das Manuskript per Post von Mexiko nach Deutschland, wo ihn zunächst die sozialdemokratische Zeitung *Vorwärts* im Juni und Juli 1925 als Serie veröffentlichte. Auch Travens nächstes Buch, *Das Totenschiff*, wurde von der Büchergilde Gutenberg, der Buchgemeinschaft der deutschen Gewerkschaften, veröffentlicht und avancierte zum Bestseller. Die Bedeutung der Werke Travens liegt darin, dass er es verstand, sozialpolitische Themen in spannende, eingängige Erzählungen zu kleiden, die eine breite Leserschicht erreichten. Traven schrieb über die Not der Benachteiligten und Geknechteten. Seine Werke legen Zeugnis ab von den Geschundenen, den Ausgebeuteten und Verdammten dieser Erde und stehen für den Ruf nach Veränderung der Gesellschaft und den Kampf für soziale Gerechtigkeit.

Der Mann, dessen wahre Identität bis heute nicht hundertprozentig erwiesen ist, hat Literaturwissenschaftler und Journalisten jahrzehntelang in Atem gehalten. Die Tageszeitung *Die Welt* bezeichnete Traven in einem Artikel vom 31. März 1969 als »die geheimnisvollste Gestalt in der Literatur unserer Zeit«. B. Traven selbst war der Ansicht, die Biographie eines schöpferischen Menschen sei ganz und gar unwichtig. Er behauptete, im Mittleren Westen der USA geboren zu sein und dass seine Vorfahren aus Nordskandinavien stammten. Zeitzeugen, die ihn persönlich getroffen haben, berichten hingegen übereinstimmend von einem unüberhörbaren deutschen Akzent. Seine Biographie ist voller Rätsel, und welcher Vorname sich unter dem großen B. verbirgt, bleibt bis heute ein Geheimnis. Zeitweilig wurde gemutmaßt, B. Traven sei der Sohn eines norwegischen Fischers, einige sahen in ihm den Sohn eines amerikanischen Farmers, und andere glaubten, hinter B. Traven verberge sich »ein Bastard von Kaiser Wilhelm II.«.

Die unter dem Pseudonym B. Traven veröffentlichten Bücher wurden in über 30 Millionen Exemplaren verkauft und in vierundzwanzig Sprachen übersetzt. Im Roman *Die Baumwollpflücker* schildert Traven das Leben der Menschen, die in den Plantagen Lateinamerikas ihr kümmerliches Dasein fristeten und gegen ihre Ausbeuter aufbegehrten. Die Authentizität der Schilderungen lässt keinen anderen Schluss zu, als dass sie im Wesentlichen auf eigenen Erfahrungen des Autors beruhen.

Seine Identität aber wollte er nicht preisgeben. B. Traven korrespondierte mit seinem deutschen Verlag in Briefen. Die Antworten aus Deutschland erreichten ihn postlagernd in den Städten Tampico, Mexiko-Stadt und Acapulco. Den Sendungen nach Deutschland fügte er Geschenke bei, die der Verlag bei Lesungen an die Zuhörerschaft verteilen sollte. Er bot der Büchergilde Gutenberg an, zehn Prozent seiner Honorare für Werbung zu verwenden – auch für die Werke anderer Büchergilde-Autoren.

Auf der Suche nach der wahren Identität des B. Traven stießen die Forscher auf den Namen Ret Marut, dessen Spuren sich bis ins Jahr 1907 zurückverfolgen ließen. Marut gab an, in San Francisco geboren zu sein. Den Geburtsort San Francisco aber nannten viele, die ihren tatsächlichen Namen vor der Öffentlichkeit verbergen wollten, da die Geburtsregister jener Jahre dort bei dem großen Erdbeben 1906 durch einen Brand vernichtet wurden. Während des Ersten Weltkriegs lebte Marut in München und gab die anarchistische Zeitschrift *Der Ziegel-*

brenner heraus. Infolge seiner US-amerikanischen Staatsbürgerschaft blieb er von einer Teilnahme am Ersten Weltkrieg verschont. Als im April 1919 in München die Räterepublik ausgerufen worden war, engagierte sich Marut dort als Leiter der Presseabteilung. Er freundete sich mit Erich Mühsam an. Nach dem Sturz der Räterepublik wurde Marut verhaftet. Es gelang ihm aber zu fliehen und so der Verurteilung zu entgehen.

Vor Beginn des Zweiten Weltkrieges wurden die Bücher B. Travens in Deutschland von den Nationalsozialisten verboten. 1948 verfilmte John Huston mit Humphrey Bogart seinen Roman *Der Schatz der Sierra Madre*. Der Film wurde, wie die Bücher des Autors Traven, ein Welterfolg.

Seit den 1950er Jahren wurde unermüdlich nach der wahren Identität des Bestsellerautors geforscht. Traven lebte inzwischen die längste Zeit seines Lebens in Mexiko und hatte – wie später herausgefunden wurde – unter dem Namen Traven Torsvan, als angeblich 1890 in Chicago Geborener, eine Amerikanerin geheiratet. Vom Sommer 1957 bis zum Frühjahr 1969 war Traven nicht einen Tag von seiner Frau Rosa Elena Luján getrennt. Im Anschluss an die Hochzeitsreise nach New Orleans nahm das Paar eine Wohnung in Mexiko-Stadt.

Unter den jüngeren Forschern der Traven-Biographie hat sich vor allem der Mitarbeiter des Düsseldorfer Heinrich-Heine-Instituts, Jan-Christoph Hauschild, einen Namen gemacht. Er kam zu dem Schluss, dass Traven Torsvan mit B. Traven und Ret Marut identisch ist: Als Ret Marut 1925 in London verhaftet wurde und abgeschoben werden sollte, musste er seine wahre Identität preisgeben. Der britische Journalist Will Wyatt hatte bereits in den 1970er Jahren durch alte Schiffsregister und Polizeiakten herausgefunden: Bei Ret Marut handelte es sich um den im Jahr 1882 in Schwiebus (heute Polen) geborenen Otto Feige. Dessen Spuren folgte Jan-Christoph Hauschild und fand in Schwiebus heraus, dass Otto Feige, ein ehemaliger Arbeiter und Gewerkschaftsfunktionär, mit an Sicherheit grenzender Wahrscheinlichkeit der Autor jener zahlreichen mit dem Namen B. Traven verbundenen Werke ist, die zur Weltliteratur wurden.

Als gesichert gilt, dass B. Traven im März 1969 in Mexiko-Stadt verstorben ist. Die Asche seines Leichnams wurde aus einem Flugzeug über mexikanischem Urwaldgebiet verstreut.

Meine Lieblingsbücher von B. Traven:
- **Das Totenschiff**
- Die Baumwollpflücker
- Die Brücke im Dschungel
- Der Schatz der Sierra Madre

Das Totenschiff. Die Geschichte eines amerikanischen Seemanns erschien erstmalig im Jahr 1926 in der Büchergilde Gutenberg. Der aus New Orleans stammende Seemann Gales irrt ohne Identitätsdokument durch Europa und wird von einem Land ins nächste abgeschoben. In Barcelona heuert er auf einem Schiff an, das nach Liverpool gehen soll und dessen Mannschaft aus lauter Seeleuten besteht, die, wie er, ohne Papiere sind:

Auf dem Verdeck standen die Mannschaften, die auf Freiwache waren, und guckten über die Reling auf den Kai, um ja noch mit ihren Augen alles an fester Erde auf die lange Fahrt mitzunehmen, was sie in den letzten Momenten erhaschen konnten. Ich habe verlumpte, abgerissene, verkommene, verdreckte, verlauste, verluderte, verhurte, versoffene, gottvergessene und völlig verkrachte Seeleute genug in meinem Leben und in asiatischen und südamerikanischen Häfen in überreicher Vollkommenheit gesehen, aber solche Mannschaft und noch dazu eine, die nicht von einem Schiffbruch nach tagelangem Herumirren auf eine Küste geworfen wird, sondern die sich auf einem hinausfahrenden Dampfer befindet, je gesehen zu haben, konnte ich mich nicht erinnern ...[72]

Der Dampfer fährt nicht in eine englische Hafenstadt, wie

der Mannschaft vorgegaukelt wurde, vielmehr ist er unterwegs im Mittelmeer und auf dem Atlantik, um Waffenlieferungen an Land zu bringen. Nach einem Landgang in Dakar wechselt Gales mit seinem einzigen Freund auf ein anderes Schiff, das zwar neueren Baujahrs, aber wegen seiner geringen Maschinenleistung nicht rentabel ist. Die Schiffsbesitzer haben bereits mehrfach versucht, das Schiff untergehen zu lassen, um in den Genuss der Versicherungssumme zu kommen. Im dritten Versuch gelingt der Versicherungsbetrug. Das Schiff geht unter. Nur einer überlebt: der Seemann Gales und Ich-Erzähler des Romans.

Empfehlenswerte Bücher über B. Traven:

— Jan-Christoph Hauschild: *Das Phantom. Die fünf Leben des B. Traven*. Edition Tiamat, Berlin 2018.

— Karl Guthke: *B. Traven. Biographie eines Rätsels*. Büchergilde Gutenberg, Frankfurt am Main 1987.

26 Hans Fallada.
Volksschriftsteller, Bürgermeister,
Drogensüchtiger

* 21.7.1893 Greifswald
† 5.2.1947 Berlin

Meine erste literarische Reise in die damalige DDR führte mich Ende der siebziger Jahre nach Carwitz am gleichnamigen See, in der Feldberger Seenlandschaft gelegen. Dort gab es, wie ich im Berliner *Tagesspiegel* gelesen hatte, ein Museum im ehemaligen Wohnhaus des Dichters Hans Fallada. Bis zu diesem Zeitpunkt kannte ich von Fallada nur die beiden Erinnerungsbände *Damals bei uns daheim* und *Heute bei uns zu Haus* sowie *Wer einmal aus dem Blechnapf frisst*. Nach der im öffentlich-rechtlichen Fernsehen gezeigten Verfilmung von *Bauern, Bonzen und Bomben* las ich auch dieses Buch des Erfolgsautors.

Im Dörfchen Carwitz angekommen, musste ich zuerst das Museum und dann dessen Türöffnerin suchen. Sie wohnte in einem Einfamilienhaus ganz in der Nähe. Meiner Begeisterung für den Autor Hans Fallada versetzte die mich begleitende Frau in Kittelschürze gleich einen kräftigen Dämpfer: Der Mann sei im Dorf jedem Rock hinterhergejagt. Sogar auf seine Frau habe er geschossen, die lebe aber noch, wenige Kilometer von hier entfernt, in Feldberg. Dies alles wusste ich bis dahin nicht. Ich war ein wenig geschockt: die Idylle am See, die Natur, das Haus, eine Landschaft wie aus dem Bilderbuch. Und dann das!

Nach Berlin zurückgekehrt, las ich eine Biographie über Fallada und später fast alle weiteren, die im Laufe der Jahre erschienen, dazu noch alle Bücher von Fallada, die ich bisher nicht kannte. Hans Fallada: ein Erzähler, ein Werk, ein Leben, das die Grenzen des literarisch Vorstellbaren sprengt.

Hans Fallada wurde als Rudolf Ditzen am 21. Juli 1893 in der pommerschen Universitätsstadt Greifswald als drittes Kind des Richters Wilhelm Ditzen und dessen Ehefrau Elisabeth geboren. Neben zwei älteren Schwestern und ihm zählte auch ein jüngerer Bruder zur Familie, die aufgrund der beruflichen Tätigkeit des Vaters immer wieder den Wohnort wechseln musste. 1899 zog die Familie nach Berlin, nachdem der Vater zum Kammergerichtsrat berufen wurde. Zehn Jahre später folgte die Beförderung zum Reichsgerichtsrat und damit verbunden ein Ortswechsel nach Leipzig.

Am 19. April 1909, unmittelbar nach dem Umzug der Familie in die sächsische Metropole, erlitt der fünfzehnjährige Rudolf einen schweren Unfall: Mit seinem neuen Fahrrad geriet er unter eine Pferdekutsche. Es kam zu einem langwierigen Krankenhausaufenthalt, währenddessen der Junge zeitweilig mit Morphium behandelt wurde, was zu jener Zeit als Schmerzmittel eingesetzt wurde. Rudolf besuchte nach der Grundschule in Greifswald Gymnasien in Berlin-Schöneberg und Berlin-Wilmersdorf, ab 1911 dann ein Gymnasium in Leipzig. Sein Vater setzte hohe Erwartungen in ihn, die der scheue und oft widerspenstige Junge nicht erfüllen konnte. Vater Wilhelm plante eine Juristenkarriere für seinen Sprössling, doch der sollte schon bald auf ganz andere Art und Weise mit dem Gesetz konfrontiert werden.

Rudolf war ein Außenseiter und stark auf sich selbst konzentriert. Früh interessierte er sich für das andere Geschlecht. Den Eltern eines von ihm verehrten Mädchens schickte er Briefe, in denen er ihnen die Liebschaft mit ihrer Tochter gestand. Um ihren Sohn Rudolf auf den richtigen Weg zu bringen, schickten ihn die Eltern auf Internate in Sachsen und Thüringen.

In Rudolstadt/Thüringen besuchte Rudolf gemeinsam mit seinem Freund Hanns Dietrich von Necker, den er schon aus Leipziger Schulzeiten kannte, das Gymnasium Fridericianum.

Mit Hanns Dietrich tauschte er sich regelmäßig in Gesprächen und Briefen aus. So kam es zu dem folgenreichen Entschluss, einen Doppelselbstmord durch ein Duell auszuführen. Am 17. Oktober 1911 trafen sich die beiden Jugendlichen auf dem Rudolstädter Uhuberg zum Duell. Nach Eröffnung des Feuers verstarb von Necker; Rudolf Ditzen überlebte schwer verletzt. Er wurde angeklagt und in eine psychiatrische Klinik eingewiesen. Schließlich wurde die Anklage gegen ihn wegen Unzurechnungsfähigkeit fallen gelassen. Rudolf Ditzen verließ die Schule ohne Abschluss.

Bereits zu diesem Zeitpunkt war Rudolf Ditzen alkohol- und morphinsüchtig, zudem in hohem Maße nikotinabhängig. Auf nüchternen Magen pflegte er vier Glas Kognak zu trinken. Er meldete sich als Kriegsfreiwilliger im Ersten Weltkrieg, doch wurde er wegen Untauglichkeit abgelehnt. Die Jahre von 1917 bis 1919 verbrachte er weitgehend in Entzugsanstalten und Sanatorien.

In dieser Zeit begann er zu schreiben. Seinen ersten beiden literarischen Veröffentlichungen im Rowohlt Verlag war jedoch kein Erfolg beschieden. Von dem im Februar 1920 erschienenen Roman *Der junge Goedeschal* waren nach zwei Jahren ganze 1283 Exemplare abgesetzt, und das folgende Buch *Anton und Gerda* blieb ebenfalls weitgehend unbeachtet. Nach einer Lehre in der Landwirtschaft arbeitete Rudolf Ditzen als Gutseleve in landwirtschaftlichen Betrieben in Mecklenburg und Pommern. In einem seiner meist rasch wechselnden Aufenthalts- und Beschäftigungsorte erregte er Aufsehen, weil er sich in einer Gaststätte als Verfasser eines Fachbuches über Bienen ausgegeben hatte. Der Schwindel fiel auf, und Rudolf Ditzen wechselte erneut seinen Aufenthaltsort.

Anschließend arbeitete er als wissenschaftliche Hilfskraft an der Landwirtschaftskammer Stettin, als Angestellter einer Kartoffelanbaugesellschaft und zeitweilig als Gutsverwalter. Um seine unterschiedlichen Süchte finanzieren zu können, beging er Unterschlagungen. 1923 wurde er zu einer dreimonatigen Haftstrafe verurteilt. 1926 folgte eine zweieinhalbjährige Gefängnisstrafe wegen Betrugs.

Nach seiner Entlassung aus dem Gefängnis zog Rudolf Ditzen im Herbst 1928 nach Hamburg-Eilbek und wohnte als Untermieter bei der Familie Issel. Dort lernte er die Tochter der Familie, Anna, kennen, die er im April 1929 heiratete. Nach der Hochzeit lebte das Paar zunächst getrennt. Anna, von Fallada liebevoll »Suse« genannt, blieb in Hamburg, Rudolf zog nach Neumünster, wo er als Anzeigenschreiber und Reporter für die dortige Lokalzeitung arbeitete, und gleichzeitig beim Fremdenverkehrsverband der Gemeinde angestellt war. Er engagierte sich bei den Guttemplern, einer Organisation, die sich dem Kampf gegen Drogensucht widmete, und trat der SPD bei.

Nach der Geburt des ersten Sohnes Ulrich im Jahr 1930 stellten sich erste schriftstellerische Erfolge ein. Rudolf Ditzen hatte sich inzwischen ein Pseudonym zugelegt. Nach dem Helden Hans im Grimm'schen Märchen »Hans im Glück«, wählte er den Vornamen, und der Zuname »Fallada« war einem weiteren Märchen der Brüder Grimm geschuldet, »Die Gänsemagd«. Darin heißt es über ein Pferd, dem der Kopf abgeschlagen wurde: »Oh Falada, da du hangest …«

Falladas Roman *Bauern, Bonzen und Bomben* über Kleinstadtintrigen und lokalpolitische Auseinandersetzungen in der Weimarer Republik weist (wie viele andere seiner Werke) autobiographische Züge auf. Verleger Ernst Rowohlt erkannte das außerordentliche Talent seines Autors, verschaffte ihm eine Halbtagsstelle in seinem Verlag und forderte ihn auf, mit seiner Familie in die Nähe von Berlin zu ziehen, wo damals der Verlagssitz war. Die Falladas folgten dem Ruf Rowohlts.

1932 erschien der Roman *Kleiner Mann – was nun?*, der vom sozialen Abstieg eines Angestellten in der Weimarer Republik handelt. Darin ging Anna Issel als »Lämmchen« in die Literatur ein. Das Buch bedeutete für den Schriftsteller Hans Fallada den Durchbruch. Bis heute ist es in fünfundvierzig Auflagen und zwanzig Auslandsausgaben erschienen. Von seinen Autorenhonoraren kaufte sich Fallada 1933 ein Haus und ein großes Grundstück im Dorf Carwitz am Carwitzer See, in der Nähe der Stadt Feldberg. Im selben Jahr wurden die Zwillingstöchter Lore und Edith geboren. Letztere starb gleich nach der Geburt. Im Jahr 1940 kam der Sohn Achim zur Welt.

Unmittelbar nach der Machtergreifung Hitlers wurde Fallada von einem Nachbarn bei der SA denunziert, weil er sich in einem Gespräch mit dem Schriftsteller Ernst von Salomon despektierlich über die Nazis geäußert hatte. Erneut wurde er kurzzeitig in Haft genommen, kam aber wieder frei. Die ablehnende Haltung Falladas gegenüber dem NS-Regime lässt sich anhand seiner Werke nachweisen, obgleich er, um Sanktionierungen aus dem Wege zu gehen, phasenweise den Anschein von Anpassung erweckte. Reichspropagandaminister Goebbels zollte einzelnen Veröffentlichungen Falladas Anerkennung. Als Bückling vor den Nazis und deren Ideologie wurde der 1938 erschienene Roman *Der eiserne Gustav* interpretiert.

Es folgte eine intensive Schaffensperiode, die von zahlreichen skurrilen Gewohnheiten des Autors gekennzeichnet war. Hans Fallada stand nach dem Klingeln des Weckers in aller Frühe auf. Über den Tagesablauf in Carwitz schrieb er:

Pünktlich um sieben Uhr fünfzehn wird in diesem Hause der Kaffee getrunken ... Pünktlich um sieben Uhr fünfundvierzig muss ich wieder an meiner Arbeit sitzen ... Im Gegensatz zu mir bleibt Suse abends gerne länger auf, findet dafür aber morgens nicht leicht aus dem Bett. Und da schon eine Überschreitung von zwei Minuten meine beste Laune in eine sehr üble verwandeln kann, so entsteht hieraus mancher Ärger ... Entweder man ist pünktlich, oder man ist es nicht. Sieben Uhr fünfzehn ist pünktlich, sieben Uhr sechzehn die Hölle.[73]

Nun trug der Schriftsteller einen Bürstenhaarschnitt und kleidete sich in einer Knickerbocker-Hose. Einmal wöchentlich,

sonntags, wurden alle Familienmitglieder und die Hausange-
stellte auf einer Kartoffelwaage gewogen und die Gewichtsan-
gaben in einem Notizheft festgehalten. Alle Einnahmen und
Ausgaben der Familie wurden akribisch notiert. Zur Ausstat-
tung des Haushaltes gehörte ein elektrischer Kühlschrank
(amerikanisches Modell) und ein Ventilator.

Für seine schriftstellerische Arbeit setzte sich Hans Fallada
täglich ein Pensum, das nicht unterschritten wurde. Er schrieb
bis zur Erschöpfung, und dies zunächst mit der Hand. Wenn
er mit einem Roman oder einer Erzählung fertig war, tippte
er das Handgeschriebene in die Schreibmaschine. An manchen
Tagen arbeitete er bis zu sechzehn Stunden, trank kannen-
weise Kaffee und rauchte dabei bis zu hundertzwanzig Zigaretten, Marke Schwarzer Krauser, selbst gedreht.

In Carwitz schrieb Fallada *Wer einmal aus dem Blechnapf
frisst*, eine Aufarbeitung seines Gefängnisaufenthaltes in Neumünster, *Wir hatten mal ein Kind*, *Altes Herz geht auf die Reise*
und *Wolf unter Wölfen*. Nach Beendigung eines Manuskriptes
setzte sich Fallada regelmäßig ab, um tagelang in Berlin auf
Kneipentour zu gehen.

Nicht nur darunter litt die Ehe, sondern auch unter dem
Dorfgeschwätz in Carwitz, das über die Marotten Falladas die
Runde machte. Am 5. Juli 1944 wurde die Ehe geschieden. Im
Streit gab der betrunkene Fallada am 28. August 1944 mit einer
Pistole einen Schuss auf Anna ab. Die Patrone landete in einem
Möbelstück. Anschließend wurde er des versuchten Totschlags
angeklagt und in die Heilanstaltsabteilung eines Neustrelitzer
Gefängnisses eingewiesen. Hier verfasste er den Roman *Der
Trinker*.

In jenem Sommer 1944 hatte Fallada die junge Witwe Ursula
Losch kennengelernt. Die Textilverkäuferin, achtundzwanzig
Jahre jünger als er, wohnte in Feldberg und hatte ein beträcht-
liches Vermögen von ihrem Mann, einem Seifenfabrikanten,
geerbt. Ursula Losch war, wie Hans Fallada, drogensüchtig. Sie

hing wie Fallada an der Morphiumspritze, und er war obendrein noch alkoholabhängig. Im Februar 1945 wurde geheiratet.

Nach einer kurzzeitigen Tätigkeit als Schafhirte hatten die russischen Besatzungsbehörden Fallada als Bürgermeister von Feldberg eingesetzt. Da er aufgrund seines körperlichen und seelischen Zustandes nicht in der Lage war, seinen Aufgaben gerecht zu werden, wurde er kurz darauf seines Amtes enthoben. Mit seiner zweiten Ehefrau zog Fallada nach Berlin. Das Paar spritzte sich nun täglich Morphium. Zeitweilig beschaffte Ursula Losch das Geld für die Drogen durch Prostitution. In einem Brief bat sie den Arzt und Schriftsteller Gottfried Benn um Hilfe. Dem Autor Johannes Becher schuldete sie 3000 Mark, die sie für Drogen ausgegeben hatte.

Hans Fallada wurde erneut in Kliniken eingewiesen – in Berlin-Westend, Niederschönhausen und in die Nervenklinik der Charité. In der Charité schrieb er innerhalb von vier Wochen den Roman *Jeder stirbt für sich allein*.

Im Alter von dreiundfünfzig Jahren verstarb Hans Fallada am 5. Februar 1947 im Hilfskrankenhaus Niederschönhausen an den Folgen seiner Morphinsucht. *Jeder stirbt für sich allein* erschien kurz nach seinem Tod in einer gekürzten und bearbeiteten Fassung und wurde mehrfach neu aufgelegt. Im Jahr 2009 wurde das Buch auf der Basis der ursprünglichen Fassung neu ins Englische übersetzt. Es wurde ein Riesenerfolg in den USA und ein Weltbestseller.

Meine Lieblingsbücher von Hans Fallada:

- **Bauern, Bonzen und Bomben**
- Kleiner Mann – was nun?
- Damals bei uns daheim
- Wolf unter Wölfen
- Jeder stirbt für sich allein

Hans Fallada schrieb den Roman **Bauern, Bonzen und Bomben** im Jahr 1931, nachdem er Leiter der Rezensionsabteilung im Rowohlt Verlag in Berlin geworden war. Darin zeichnet er den Aufstand der Landvolkbewegung in der schleswig-holsteinischen Stadt Neumünster nach, verlegt den Schauplatz allerdings in den fiktiven Ort Altholm.

Fallada schildert den Kampf der Bauern und einfachen Leute, die Widerstand gegen Zwangspfändungen und Enteignungen leisten. Im Mittelpunkt des Geschehens stehen der deutschnationale Redakteur Stuff und der sozialdemokratische Bürgermeister Gareis sowie das Schicksal des Anzeigenwerbers und Hilfsredakteurs Tredup:

Tredup zieht die Schiebetür zum Redaktionszimmer mit einem Ruck auf, geht durch und drückt sie sachte wieder zu. Der lange Geschäftsführer Wenk hockt in einem Sessel und pult an den Nägeln. Redakteur Stuff schmiert irgendeinen Mist.

Tredup feuert seine Mappe in ein Schrankfach, hängt Hut und Mantel beim Ofen auf und setzt sich an seinen Schreibtisch. Er zieht gleichgültig, als fühle er nicht die fragenden Blicke, einen Kartothekkasten hervor und beginnt Karten zu sortieren. Wenk hält mit Nagelschneiden inne, betrachtet sorgend die Klinge im Licht der Sonne, wischt sie an seinem Bürolüsterjackett ab, klappt das Messer zu und sieht Tredup an. Stuff schreibt weiter ...[74]

Im weiteren Verlauf dieser Szene gerät Tredup mit dem Geschäftsführer Wenk aneinander. Wenk, den ebenfalls anwesenden Redakteur Stuff ins Gespräch einbeziehend, stellt lakonisch fest, dass Tredup wieder mal keine Anzeigen beigebracht habe. Tredup wehrt sich wortgewaltig, er könne den Leuten die Inserate nicht aus der Nase ziehen oder sie notzüchtigen, in dreißig Geschäften sei er gewesen. Der Kartothekkasten fliegt zu Boden, und im Verlauf der Auseinandersetzung beschimpft Tredup den Redakteur Stuff als »Schreibknecht«.

Hans Fallada arbeitete ab 1928 selbst zeitweilig als Anzeigenverkäufer für den *Generalanzeiger für Neumünster* und wurde bald auch als Lokalredakteur eingesetzt. Insofern gründet der Roman auf eigenen Erfahrungen und Erlebnissen. Mit *Bauern, Bonzen und Bomben* gelang Fallada der literarische Durchbruch. Das Buch wurde 1973 von Egon Monk verfilmt.

Empfehlenswerte Bücher über Hans Fallada:

— Jürgen Manthey: *Hans Fallada*. Rowohlt Bildmonographie, 12. Auflage, Reinbek 2002.

— Jenny Williams: *Mehr Leben als eins – Hans Fallada – Biographie*. Aus dem Englischen von Hans Christian Oeser. Aufbau Verlag, Berlin 2002.

— Peter Walther: *Hans Fallada. Die Biographie*. Aufbau Verlag, Berlin 2017.

Literatour Hans Fallada:

— Hans-Fallada-Haus, Zum Bohnenwerder, 17258 Feldberg, Ortsteil Carwitz

— Hans-Fallada-Gesellschaft, ebenda

— Gedenkstein in Carwitz (Oberdorf)

27 Vilhelm Moberg.
Der Epiker aus Schweden

* 20. 8.1898 Moshultamåla / Schweden

† 8. 8.1973 Grisslehamn / Schweden

Schwedische Autorinnen und Autoren, deren Werke weltweit gelesen werden, gibt es nicht wenige: August Strindberg, Selma Lagerlöf, Astrid Lindgren, Lars Gustafsson, Henning Mankell, Per Wahlöö, Maj Sjöwall. Vilhelm Moberg hingegen blieb mit seinem literarischen Werk außerhalb Schwedens lange Zeit ein Außenseiter. Dabei waren seine *Auswanderer*-Romane bereits in den 1950er Jahren auf Deutsch im Hildesheimer Claassen Verlag erschienen, ohne jedoch größere Aufmerksamkeit zu erregen.

Zu den zahlreichen Verdiensten der Büchergilde Gutenberg gehört, dass sie die Verbreitung der Werke von Vilhelm Moberg förderte. Wie im Falle des bedeutenden schwedischen Autors Moberg hat die Büchergilde Gutenberg als Buchgemeinschaft und Verlag immer wieder sozial engagierte Autoren in ihr Programm aufgenommen, ihnen eine Stimme verliehen und zum Durchbruch verholfen. Dazu gehörten auch B. Traven, Ivo Andrić, Oskar Maria Graf und Michael Mathias Prechtl. Die Büchergilde Gutenberg gilt seit ihrer Gründung im Jahr 1924 als Heimstatt für Buchkunst und herausragendes Buchhandwerk. Bis zum Jahr 1998 gehörte sie zur Gewerkschaftsholding BGAG, seither wird sie als Verlagsgenossenschaft geführt. Durch meine Tätigkeit für die Büchergilde Gutenberg wurde ich auf Moberg aufmerksam. Seine *Auswanderer*-Romane stellen ein Werk aus einem Guss dar. Wer den ersten Band gelesen hat, wird sich den folgenden Bänden nicht entziehen können. Das ist große Literatur, authentisch, klar und berührend.

Vilhelm Moberg wurde am 20. August 1898 in der südschwedischen Provinz Småland geboren. Moberg wuchs mit sechs Geschwistern auf. Seine Eltern betrieben eine kleine Landwirtschaft. Bereits als Elfjähriger musste er in einer Glashütte arbeiten und sich als Waldarbeiter betätigen. Früh kam er in Berührung mit sozialistischen Bewegungen, die sein Streben nach Gerechtigkeit und den Wunsch auf Gleichbehandlung aller Menschen förderten. Im jugendlichen Alter wurde er Mitglied einer sozialdemokratischen Gruppierung, die gegen die Monarchie, gegen Unterdrückung und Korruption kämpfte.

Schon als kleiner Junge begann Vilhelm Moberg mit dem Schreiben. Über Bildungseinrichtungen der schwedischen Arbeiterbewegung erwarb er sich die erforderlichen Kenntnisse, um als Journalist für mehrere Lokalzeitungen arbeiten zu können. 1923 heiratete er seine Ehefrau Margareta. Das Ehepaar hatte sechs Kinder. Mit dem 1927 erschienenen Roman *Raskens*, einer Schilderung der Lebensverhältnisse seines Großvaters als Soldat und dessen Familie, wurde er in Schweden als Schriftsteller bekannt. In weiteren Romanen beschäftigte Moberg sich mit dem Existenzkampf der bäuerlichen Bevölkerung seines Heimatlandes, die oft neben der Landwirtschaft einer industriellen Beschäftigung nachgehen musste, um überleben zu können.

Nachdem sein Roman *Rid i natt!* (*Reit heut nacht!*) erschien – er schildert den Widerstand der småländischen Landwirte gegen einen deutschen Gutsbesitzer im 17. Jahrhundert – und Moberg zum Widerstand gegen den Nationalsozialismus aufrief, wurden seine Bücher im Deutschen Reich verboten. Vilhelm Moberg wandte sich nicht nur gegen die Nazis, er zeigte sich stets auch kritisch gegenüber anderen Formen totalitärer Herrschaft.

Das tragende Thema seines gesamten literarischen Schaffens aber blieb das Schicksal der Not leidenden Menschen in seiner schwedischen Heimat. In der zweiten Hälfte des 19. Jahrhunderts wanderte ein Viertel der schwedischen Bevölkerung infolge der kargen Lebensverhältnisse in die Vereinigten Staaten von Amerika aus. Auch Moberg selbst trug sich mit dem Gedanken auszuwandern, setzte seine Überlegungen jedoch nicht in die Tat um, weil er darum wusste, wie schwer die Existenzsicherung in einem fremden Land sein konnte und wie groß die Sehnsucht nach der Heimat.

Um den vierbändigen Romanzyklus über die schwedischen Auswanderer zu schreiben, hielt Moberg sich längere Zeit mit seiner Familie zu Recherchen in den USA auf. In Carmel/Kalifornien schrieb er die ersten beiden Bände des Werkes, das ihn in der Folge europaweit bekannt machte. Der *Auswanderer*-Zyklus wurde in zahlreiche Sprachen übersetzt. Mehrere seiner Werke wurden verfilmt. Vilhelm Moberg ist der realistische Erzähler der Nöte und Schicksale der Klasse der schwedischen Arbeiter und armen Bauern, der er entstammte.

1968 wurde unter seiner Beteiligung in Växjö das »Haus der Auswanderer« gegründet, das die schwedische Auswanderung im 19. Jahrhundert dokumentiert. Moberg hinterließ dem Museum und Archiv seine umfangreiche Materialsammlung.

In seinen letzten Lebensjahren litt Vilhelm Moberg an Depressionen. Er starb am 8. August 1973 durch Selbstmord: Moberg ertränkte sich in einem hinter seinem Wohnhaus liegenden See.

Meine Lieblingsbücher von Vilhelm Moberg:
- Die Auswanderer
- In der neuen Welt
- Die Siedler
- Der letzte Brief nach Schweden

Der vierbändige Zyklus **Der Roman von den Auswanderern** gehört zu den wichtigsten Werken der skandinavischen Literatur im 20. Jahrhundert. Er gibt ein umfassendes und realistisches

Bild der materiellen Not schwedischer Menschen, die ihr Glück und Auskommen in den Vereinigten Staaten von Amerika suchten.

Der erste Band beginnt mit der Situation der schwedischen Landbevölkerung, die sich gegen die Willkür des schwedischen Obrigkeitsstaates auflehnt. Eine Gruppe von Menschen aus der Provinz Småland wandert nach Amerika aus. Die folgenden Bände schildern die Ankunft in New York, die Landnahme der Aussiedler in Minnesota, das Leben der Auswanderer in der neuen Heimat und wie sie unter schwierigsten Bedingungen das Land und sich selbst veränderten:

Im September wurde das Wetter kühler und frischer. Die Luft war nicht mehr so schwül, man konnte leichter atmen, und es war ein besseres Arbeitswetter. Doch die Umschläge waren heftig und erfolgten plötzlich. Jedes Wetter kam, ohne sich anzukündigen: Bevor man sich's versehen hatte, zog das Gewitter herauf und donnerte und erschütterte die Erde. Die Blitze brannten in den Augen, und der Regen schlug einem wie Peitschenschnüre ins Gesicht oder goß vom Himmel wie aus Fässern herab – in ganz kurzer Zeit waren alle Löcher und Vertiefungen des Bodens mit Wasser gefüllt, während der Bach über seine Ufer trat und der See die Ufer hinanstieg ...[75]

In der schwedischen Literatur gibt es kein vergleichbares Epos über das Schicksal von Auswanderern. In ihrer Detailgenauigkeit und erzählerischen Brillanz sind die vier Romane Vilhelm Mobergs über den Verlust von Heimat, über Entfremdung, Lebenskampf, Glück und Unglück unübertroffen.

Literatour Vilhelm Moberg:

— Utvandrarnas Hus (Haus der Auswanderer),
  Södra Järnvägsgatan 2, 35229 Växjö, Schweden

— Utvandrarleden, Weg der Auswanderer (Fuß- oder
  Radwanderung), Freilichtmuseum Ljuder und
  Auswandererdenkmal, Småland, Schweden

28 Ödön von Horváth. Der Schonungslose

* 9.12.1901 Fiume / Königreich Ungarn
† 1.6.1938 Paris

Ödön von Horváth: Auf diesen Schriftsteller wurde ich aufmerksam, als ich im Feuilleton einer Zeitung einen Artikel über seinen frühen tragischen Tod gelesen hatte. Dann las ich seinen Roman *Jugend ohne Gott* und später auch seine Theaterstücke. Fast alle seine Dramen kommen im Gewand eines Volksstückes daher, mit direkter und offener Sprache der einfachen Menschen. Immer aber kommt dahinter der wahre Charakter kleinbürgerlicher Verhaltens- und Lebeweisen zum Vorschein; Rohheit, Brutalität, Gehässigkeit, Verlogenheit, Habgier: Vorboten des aufkommenden Faschismus.

Ödön (Edmund Josef) von Horváth wurde am 9. Dezember 1901 in Fiume (heute Rijeka / Kroatien) als Sohn eines Diplomaten geboren. Ein Jahr nach seiner Geburt zog die Familie nach Belgrad, fünf Jahre später ging es nach Budapest. Hier erlernte Ödön von Horváth die ungarische Sprache. Er wurde im Erzbischöflichen Internat in Budapest unterrichtet, bevor sein Vater nach München beordert wurde, wo Ödön ab 1914 das Wilhelms-Gymnasium besuchte. Weitere Stationen der Familie waren Preßburg und erneut Budapest. Das Abitur machte von Horváth schließlich in Wien, um anschließend das Studium der Germanistik in München aufzunehmen.

Dort schrieb er Kurzgeschichten für den *Simplicissimus* und die Zeitschrift *Jugend*. Sein *Buch der Tänze* erschien 1922 im Münchner Schahin Verlag in einer Auflage von knapp 1000 Exemplaren. Das Buch, eine literarisch-lyrische Pantomime, war auf Anregung des Komponisten Siegfried Kallenberg entstanden. Eine Lesung in München, so Ödön von Horváth, habe vernichtende Kritiken geerntet. Die lyrische Pantomime enthielt blumenreiche Sätze wie: *Tief ... im dunkelgrün kühlen Schoße der mächtigen Meere träumt die einsame Perle ...* Oder: *Das Teehausmädchen, doch Bajadere lächelt. Und er reißt sie an sich und beißt in sie ...*[76] Im Februar 1926 wurde *Das Buch der Tänze* im Stadttheater Osnabrück szenisch aufgeführt. Danach kaufte Horváth die noch bestehende Auflage auf und vernichtete sie. Auch aus öffentlichen Bibliotheken ließ er die Bände entfernen und bat Freunde, die im Besitz des Buches waren, die Exemplare an ihn zurückzugeben. Das Werk muss ihm höchst peinlich gewesen sein.

Nach dem Umzug zu seinen Eltern nach Murnau intensivierte er seine schriftstellerische Arbeit. Es entstanden mehrere Stücke: *Revolte auf Cote 3018*, *Zur schönen Aussicht*, *Die Bergbahn* (eine Neufassung von *Revolte auf Cote 3018*) und *Sladek oder Die schwarze Armee*. Im Januar 1929 wurde *Die Bergbahn* in Berlin uraufgeführt und ein Riesenerfolg. Daraufhin wurde dem achtundzwanzigjährigen Horváth vom Berliner Ullstein Verlag ein Vertrag angeboten mit einem Fixum von monatlich 300 Mark, das nach zwei Jahren auf 500 Mark erhöht wurde. 1930 erschien der Roman *Der ewige Spießer*, 1931 die *Geschichten aus dem Wiener Wald*, sein wohl bekanntestes Theaterstück. Im selben Jahr wurde Horváth mit dem Kleist-Preis ausgezeichnet. Auch die Uraufführung der *Geschichten aus dem Wiener Wald* in Berlin wurde von Publikum und Kritikern begeistert aufgenommen.

1933, das Jahr der Machtergreifung durch die Nationalsozialisten, warf einen großen Schatten auf die Karriere des populär gewordenen Autors. Sein neues Stück *Glaube Liebe Hoffnung* durfte nicht gespielt werden. Das Haus der Eltern in Murnau wurde von der SA durchsucht. Ödön von Horváth ging nach Österreich, da er in Deutschland polizeilich als »unerwünschte Person« geführt wurde.

Um die ungarische Staatsbürgerschaft beibehalten zu können, reiste er weiter nach Budapest. Dort heiratete er im Dezember 1933 die deutsch-ungarische Sängerin Maria Elsner. Die Ehe wurde aber nach nicht einmal einem Jahr wieder geschieden. Unmittelbar vor der Heirat hatte Ödön von Horváth seine langjährige Geliebte Hertha Pauli über seine Entscheidung informiert. Diese unternahm daraufhin einen Suizidversuch. Die kurze Dauer der Ehe mit Maria Elsner erklärt sich daraus, dass Maria ihrem Gatten in der Neujahrsnacht mitteilte, sie habe ihn nur geheiratet, um die ungarische Staatsbürgerschaft zu bekommen. Ödön von Horváth soll bestürzt und wütend darauf reagiert haben.

Aufführungen der Stücke *Hin und her* in Zürich und *Mit dem Kopf durch die Wand* in Wien fanden nicht den erhofften Zuspruch in Theaterkreisen. Nach einem Umzug in die Nähe von Salzburg schrieb Horváth weitere Dramen. Im Herbst 1937 erschien sein Roman *Jugend ohne Gott* in einem Amsterdamer Verlag. Das Buch wurde zum Bestseller und in mehrere Sprachen übersetzt.

Nachdem Hitlers Wehrmacht in Österreich einmarschierte und dessen »Anschluss« an das Dritte Reich erfolgte, musste Ödön von Horváth wie viele seiner Freunde das Land verlassen. Er ging zunächst nach Budapest und besuchte von dort aus seine Geburtsstadt Fiume und Paris. In Paris wollte er mit dem Regisseur Robert Siodmak Gespräche über die Verfilmung von *Jugend ohne Gott* führen.

In der französischen Metropole wurde Ödön von Horváth am 1. Juni 1938 im Alter von siebenunddreißig Jahren auf der Avenue des Champs-Élysées in Höhe der Avenue de Marigny vom herabstürzenden Ast einer Kastanie am Hinterkopf getroffen, nachdem er kurz zuvor noch mit einer Freundin auf seinem Zimmer geraucht und getrunken hatte. Man brachte ihn in die Klinik Paul Marmotton, wo sein Tod festgestellt wurde. Zwei Tage danach schrieb Joseph Roth in der *Pariser*

Tageszeitung: »Ödön von Horváth, einer der besten österreichischen Schriftsteller, deutschsprachiger Ungar von Geburt, ist vorgestern in Paris das Opfer eines jener Unfälle geworden, die wir als sinnlos zu bezeichnen pflegen, weil uns das Unerklärliche sinnlos erscheint.« Sechs Tage später wurde er im Beisein mehrerer Exilautoren auf dem Friedhof Saint-Ouen beigesetzt.

Richtig berühmt wurde Ödön von Horváth erst nach seinem Tod. Viele Geschichten und Geschichtchen über ihn gerieten in Umlauf: dass er von den Frauen gemocht wurde und in jedem Ort eine Geliebte hatte, dass er »überaus triebhaft gewesen sei« und alle seine Geliebten »unschön und reizlos« gewesen seien. Er selbst war Beschreibungen von Zeitgenossen zufolge ein etwas zu dick geratener, groß gewachsener Mann mit schönen braunen Augen. Theateraufführungen mochte er nicht, stattdessen besuchte er lieber Sportveranstaltungen, Rummelplätze und Vergnügungsparks und hielt sich gerne in biederen Kneipen auf.

Auch um seinen Tod ranken sich Legenden. Mal ist die Rede von einem umgestürzten Baum, mal von einem abgebrochenen Ast. Einige wollten wissen, dass das Unglück in einem Gewitter passierte, andere behaupteten, eine Bö sei plötzlich in den Baum gefahren. Es gab Gerüchte, dass man in seiner Manteltasche einen Stapel Aktfotos gefunden habe und dass sich in seiner Hosentasche eine Zigarettenschachtel befand, auf die er ein letztes Gedicht niedergeschrieben habe. Die Beerdigung in Paris fand in einer abgelegenen Ecke des Friedhofes statt, an der ein Güterzug nach dem anderen vorbeirauschte, sodass man die Redner am Grab nicht verstehen konnte.

Wenige Tage vor seinem Tod hatte Ödön von Horváth gesagt: *Warum musste ich eigentlich weg von zu Hause? Wofür bin ich denn eingetreten? Ich habe nie politisiert. Ich trat ein für das Recht der Kreatur.*[77]

Meine Lieblingsbücher von Ödön von Horváth:

- Geschichten aus dem Wiener Wald
- **Jugend ohne Gott**

Jugend ohne Gott ist der dritte Roman Ödön von Horváths. Er erschien 1937 und wurde im folgenden Jahr in acht weitere Sprachen übersetzt. In *Jugend ohne Gott* unternimmt ein junger Lehrer mit seinen Schülern eine Klassenfahrt in ein Zeltlager. Am Beispiel des Konfliktes zwischen drei Jugendlichen zeigt das Buch die Verrohung der gesellschaftlichen Moral in der Vorkriegszeit unter dem Einfluss der Naziideologie auf. Es geht um Anpassung des Individuums in einer gleichgeschalteten Gesellschaft, um die Suche nach Wahrheit und Aufrichtigkeit in einer Diktatur und um das Bemühen des Lehrers, sich in dieser Welt der Unmenschlichkeit zu behaupten:

Ich setze mich an den Tisch, entkorke eine rote Tinte, mach mir dabei die Finger tintig und ärgere mich darüber. Man sollte endlich mal eine Tinte erfinden, mit der man sich unmöglich tintig machen kann! Nein, zufrieden bin ich wahrlich nicht. Denk nicht so dumm, herrsch ich mich an. Du hast doch eine sichere Stellung mit Pensionsberechtigung und das ist in der heutigen Zeit, wo niemand weiß, ob sich morgen die Erde noch drehen wird, allerhand! Wie viele würden sich sämtliche Finger ablecken, wenn sie an deiner Stelle wären? Wie gering ist doch der Prozentsatz der Lehramtskandidaten, die wirklich Lehrer werden können! Danke Gott, dass du zum Unterrichtskörper eines städtischen Gymnasiums gehörst und dass du also ohne wirtschaftliche Sorgen alt und blöd werden darfst ...[78]

Das Buch wurde 1938 in die Liste des »schädlichen und unerwünschten Schrifttums« der Hitler-Diktatur aufgenommen. Dem im Jahr 2017 gedrehten Film *Jugend ohne Gott* (Drehbuch: Alex Buresch / Matthias Pacht, Regie: Alain Gsponer) diente es als Vorlage.

Empfehlenswerte Bücher über Ödön von Horváth:

— Dieter Hildebrandt: *Ödön von Horváth*. Rowohlt Bildmonographie, 7. Auflage, Reinbek 1993.

— Kurt Bartsch: *Ödön von Horváth*. J. B. Metzler Verlag, Stuttgart 2000.

Literatour Ödön von Horváth:

— Ödön-von-Horváth-Gesellschaft, Postfach 1444, 82418 Murnau

— Dauerausstellung Ödön von Horváth im Schloßmuseum Murnau, Schloßhof 2–5, 82418 Murnau am Staffelsee

Maj Sjöwall   Per Wahlöö
*25. 9.1935 Stockholm   * 5. 8.1926 Församling Tölö /
†29. 4.2020 Landskrona   Kungsbacka †22. 6.1975 Malmö

Sjöwall / Wahlöö: Das war in den 1970er Jahren ein Synonym für spannungsgeladene Politthriller mit gesellschaftskritischem Hintergrund. Freizeitlektüre für die sogenannten Achtundsechziger – und nicht nur für die. Die Krimis von Sjöwall / Wahlöö zu lesen, das war Pflicht unter den jungen Linken und denen, die das gerne sein wollten. Sie erschienen als rororo-Taschenbücher, waren für Schüler und Studenten somit für einen überschaubaren Betrag erhältlich, und im Buchhandel verkauften sie sich wie geschnitten Brot.

Sjöwall / Wahlöö habe ich gelesen, lange bevor ich Patricia Highsmith und Georges Simenon für mich entdeckte. Die Kriminal-Buchserie der beiden Schweden ist ein Beispiel dafür, wie unterhaltende Literatur Meinungsbilder prägen kann, Eindrücke gesellschaftlicher Verhältnisse vermittelt, die eigene Sicht verändert und bereichert.

Durch das schwedische Autorenpaar lernte man ein anderes Schweden kennen, ein Land, das so gar nicht der Idylle der Kinderbücher von Astrid Lindgren oder den Vorstellungen eines von Sozialdemokraten geführten Paradieses zwischen Schären und Siedlungen mit moosbedeckten Dächern in Mittsommernächten entsprach. Sjöwall / Wahlöö: Das war harte Kost im kriminellen Alltag, in dem der privat leidgeprüfte Kommissar Martin Beck seine Dienstpflichten erfüllte und rund um die Uhr Verbrecher jagte.

Per Wahlöö und Maj Sjöwall waren überzeugte Marxisten. Im schwedischen Sozialstaat sahen sie eine gemilderte Form des Kapitalismus, in dem die Regierenden die Interessen der Wirtschaft besorgten und versuchten, ihrem Handeln den Anschein sozialer Gerechtigkeit zu verleihen. Ihrer politischen Sichtweise verliehen sie in ihren Romanen Ausdruck und erreichten damit gesellschaftliche Schichten, die sich ansonsten nur oberflächlich für das politische Geschehen in ihrem Land interessierten.

Die Täter in den Sjöwall/Wahlöö-Romanen sind zugleich auch Opfer einer kranken Gesellschaft, in der es an Toleranz, menschlichem Miteinander und sozialem Engagement fehlt. Kommissar Martin Beck, der Held der zehnbändigen schwedischen Krimiserie, ist ein vielseitig interessierter Zeitgenosse, dem sein Beruf alles ist. Mit psychologischem Gespür geht er auf Verbrecherjagd. Und doch scheint er aufgrund seines Familienlebens in sich gebrochen, dem Alkohol zugeneigt und fehlbar. Martin Beck wurde durch Sjöwall/Wahlöö zu einer literarischen Figur, die Pate für zahlreiche spätere Kriminalkommissar-Helden anderer Autoren stand, darunter Henning Mankells Wallander.

Maj Sjöwall und Per Wahlöö schrieben ihre Krimis meist nachts, wenn ihre Kinder schliefen, an einem gemeinsamen Tisch einander gegenübersitzend. Sie waren die ersten nicht englischsprachigen Autoren, die mit dem Edgar Award for the Best Novel ausgezeichnet wurden. Die nach Edgar Allan Poe benannte Auszeichnung ist der bedeutendste Preis für Kriminalromane in den USA.

Per Wahlöö, geboren am 5. August 1926 in Tölö (Gemeinde Kungsbacka), studierte Geschichte und arbeitete nach dem Studium als Polizeireporter und Journalist. Sein Elternhaus war antinazistisch geprägt. Aufgrund der rechtskonservativen Haltung einiger seiner Lehrer wechselte er in eine Privatschule. Nach dem Studium absolvierte er ein Praktikum bei der Tageszeitung *Sydsvenskan*, um anschließend als Reporter für die *Kvällsposten* zu arbeiten. Anfang der fünfziger Jahre ging er nach Spanien, wurde aber 1956 aufgrund seiner politischen Einstellung durch die Behörden des Franco-Regimes ausgewiesen. Nach Schweden zurückgekehrt, arbeitete er als Gerichtsreporter und Übersetzer. Seine ersten Bücher als Alleinautor verkauften sich schlecht. Im Jahr 1961 lernte er Maj Sjöwall kennen, und sie begannen gemeinsam zu schreiben. Das Paar bekam zwei Kinder. Wahlöö starb am 22. Juni 1975 nach einer Krebserkrankung in Malmö im Alter von achtundvierzig Jahren, unmittelbar nachdem der zehnte Band des Krimi-Zyklus über den Kommissar Martin Beck beendet war.

Maj Sjöwall, neun Jahre jünger als ihr Partner Per, wurde am 25. September 1935 in Stockholm geboren. Sie arbeitete für mehrere schwedische Zeitungen, nachdem sie Grafik und Journalismus studiert hatte. Nach dem Tod Per Wahlöös reduzierte sie ihre eigene literarische Tätigkeit, weil sie den Medienrummel verabscheute. Sie arbeitete fortan vor allem als Lektorin und Übersetzerin. Nach einer längeren Erkrankung verstarb Maj Sjöwall am 29. April 2020, fünfundvierzig Jahre nach ihrem Mann.

Die Romane von Maj Sjöwall und Per Wahlöö, in vierzig Sprachen übersetzt und zu ihrer Zeit mit Literaturpreisen überhäuft, scheinen inzwischen in Vergessenheit geraten zu sein. Mit ihren Werken aber haben Sjöwall / Wahlöö den Weg des Kriminalromans vom puren Thriller zum sozialkritischen Gesellschaftsbild entscheidend beeinflusst. Mehrere Bände des Martin-Beck-Zyklus wurden verfilmt. In Deutschland wurden sie durch die Fernsehserie *Kommissar Beck* einem Millionenpublikum bekannt.

Die besten Bücher von Maj Sjöwall und Per Wahlöö:
- **Die Tote im Götakanal**
- Der Mann, der sich in Luft auflöste
- Endstation für Neun
- Das Ekel aus Säffle

Die Tote im Götakanal ist der erste Band der zehnbändigen Krimiserie mit Kommissar Martin Beck. Er erschien im Jahr 1965 in Schweden und drei Jahre später in deutscher Übersetzung in der Bundesrepublik sowie 1981 in der DDR. Sjöwall/Wahlöö waren die Wegbereiter sozialkritischer Krimis im deutschsprachigen Buchmarkt und Vorbild zahlreicher nachfolgender Autorinnen und Autoren, die nur selten die Klasse des schwedischen Autorenpaars erreichten. Sjöwahl und Wahlöö schrieben ihre Kapitel unabhängig voneinander und glichen das Geschriebene dann miteinander ab. Ähnlich ist die Vorgehensweise der französischen Krimiautoren Boileau/Narcejac, die sich in den 1970er Jahren ebenfalls als Autoren des psychologischen Kriminalromans einen Namen machten.

Die Tote im Götakanal beginnt mit dem Auffinden einer Frauenleiche beim Ausbaggern eines Schleusenbeckens am Götakanal:

Die Leiche wurde am 8. Juli kurz nach 15 Uhr geborgen. Sie war ziemlich intakt und konnte noch nicht allzu lange im Wasser gelegen haben – ein günstiger Zufall, der eigentlich alle Ermittlungsarbeit der Polizei hätte fördern müssen. Im Grunde war es ein Zufall, dass man die Leiche überhaupt fand. Unten vor der Schleusentreppe in Borenshult ist eine Mole, die die Einfahrt gegen die See bei östlichen Winden schützt. Als im Frühjahr der Verkehr auf dem Kanal aufgenommen wurde, zeigte es sich, dass die Zufahrt wieder einmal zu verschlicken begonnen hatte. Die Schiffe hatten Schwierigkeiten beim Manövrieren, und ihre Schrauben rissen gelbgraue Modderwolken aus dem Schlamm des Kanalbetts. Es musste etwas geschehen ...[79]

Es stellt sich heraus, dass die Frau eine amerikanische Touristin war. Und Kommissar Martin Beck macht sich auf die Suche nach dem Mörder.

Filmtipp:
— Fernsehfilmreihe *Kommissar Beck*

31 Isabel Allende.
Die Frauenrechtlerin

*2.8.1942 Lima/Peru

Im März 2021 berichtete Julia Bähr, Redakteurin der *Frankfurter Allgemeinen Zeitung*, dass ein chilenischer Autorenkollege über Isabel Allende öffentlich geäußert habe, sie sei »keine Schriftstellerin, sondern eine Schreibtante«. Er habe bisher kein Buch von ihr gelesen und werde das auch weiterhin nicht tun. Isabel Allende entgegnete lapidar: »Ohne Lärm ist Feminismus nicht zu haben.«

Das Urteil ihres männlichen Kollegen ist ebenso chauvinistisch wie falsch. Die Bücher von Isabel Allende wurden weltweit über 67 Millionen Mal verkauft und in 27 Sprachen übersetzt. Sie sind nicht nur wegen ihrer Parteinahme für die Rechte der Frauen lesenswert, sondern auch deshalb, weil sich die Autorin in ihrem Werk für Gerechtigkeit, Gleichheit und gegen Not, Armut und Gewalt einsetzt. Aber zuallererst ist Isabel Allende eine begnadete Geschichtenerzählerin. Ihre Bücher zeugen von Vitalität und Lust am Leben. Allende gehört zu den wichtigsten Stimmen Lateinamerikas.

Isabel Allende wurde am 2. August 1942 in der peruanischen Hauptstadt Lima geboren. Ihr Vater war ein chilenischer Diplomat und Cousin des chilenischen Staatspräsidenten Salvador Allende, der bei dem von den US-Amerikanern unterstützten Putsch von General Pinochet 1973 getötet wurde. Nach der Trennung von ihrem Mann heiratete die Mutter Isabel Allendes ein zweites Mal und erneut einen Diplomaten. Einen Teil ihrer Kindheit verbrachte Isabel bei ihrer Mutter und ihrem Großvater in Santiago de Chile. Den wechselnden beruflichen

Stationen ihres Stiefvaters folgend, besuchte Isabel Allende Schulen in La Paz / Bolivien und in Beirut / Libanon.

1962 heiratete Isabel Allende den Bauingenieur Miguel Frías. Sie arbeitete als Fernsehjournalistin und moderierte Fernsehsendungen, in denen es um die weltweite Bekämpfung des Hungers ging. 1963 wurde ihre Tochter Paula geboren, drei Jahre später der Sohn Nicolas. Allende gründete in Chile eine feministische Frauenzeitschrift (*Paula*), wurde Herausgeberin einer Zeitschrift für Kinder, schrieb regelmäßig für ein Filmmagazin und bemalte ihr Auto mit Blumen.

Nach dem Militärputsch durch Augusto Pinochet verließ sie im Jahr 1973 mit ihrer Familie das Land. Sie ging für dreizehn Jahre nach Venezuela, schrieb für eine Zeitung in Caracas und arbeitete als Lehrerin an einer Schule. Im Jahr 1982 erschien ihr Roman *Das Geisterhaus*, der zwei Jahre danach auch ins Deutsche übersetzt wurde. Mit diesem Buch gelang ihr ein Welterfolg.

1987 trennte sich Isabel Allende von ihrem Ehemann Miguel. Ein Jahr danach heiratete sie in San Francisco den amerikanischen Rechtsanwalt und Schriftsteller Willie C. Gordon. Die beiden hatten sich auf einer Lesereise an der amerikanischen Westküste kennengelernt. Im Jahr 2003 nahm Allende die US-Staatsbürgerschaft an. In ihrem neuen Domizil in Kalifornien schrieb sie sechs Tage in der Woche. Allendes zweiter Ehemann brachte drei Kinder mit in die Ehe. Die Kinder hatten Drogenprobleme, zwei von ihnen starben an einer Überdosis. Willie C. Gordon litt nach dem Tod der beiden Kinder an Depressionen. Nach siebenundzwanzig Jahren wurde die Ehe geschieden. Isabel Allende erklärte dazu: *Viele Jahre war ich sehr verliebt. Und dann endete diese Ehe und auch das Leben, das wir geführt hatten … Das Leben meines Hundes endete mit meiner Ehe. Mein Mann und ich, wir beweinten unseren Hund, wir konnten aber nicht um uns weinen.*[80]

Nach der erneuten Scheidung 2015 wagte Isabel Allende

einen Neuanfang. Sie lebt heute mit ihrem Lebensgefährten, dem Rechtsanwalt Roger Crukas, nördlich von San Francisco, in San Rafael / Kalifornien.

Allendes leibliche Tochter Paula verstarb im Alter von achtundzwanzig Jahren an einer Stoffwechselkrankheit. Die Frau ihres Sohnes verliebte sich in die Frau ihres Stiefsohnes, und Isabel Allende machte sich auf die Suche nach einer »Ersatz-Schwiegertochter« als Mutter für ihre Enkelkinder. Um die gefundene Kandidatin zu testen, unternahm sie mit ihr eine Reise in den Dschungel und stellte sie anschließend ihrem Sohn vor. Das Experiment gelang: eine Geschichte, wie sie das Leben in der Familie von Isabel Allende schrieb und so wohl nicht einmal in den Büchern einer Rosamunde Pilcher vorkommt.

Allendes literarisches Schaffen konzentriert sich vor allem auf die gesellschaftlichen Auswirkungen der Pinochet-Diktatur in ihrem Geburtsland vor dem Hintergrund des Lebens und der Schicksale ihrer Familie. Das zentrale Thema ihrer Bücher ist das Streben nach Freiheit und Gerechtigkeit. Jedes neue Buch beginnt sie an einem 8. Januar, dem Datum, an dem sie mit der Arbeit am Roman *Das Geisterhaus* begann.

Nach Erscheinen des weltweit gefeierten Romans *Das Geisterhaus* wurden einzelne nachfolgende Werke von Kritikern als gehobene Groschenromanliteratur geschmäht, was den Verkaufserfolgen ihrer Bücher jedoch keinerlei Abbruch tat. Derartige Schmähungen sind bei erfolgreichen Autoren nichts Außergewöhnliches. Nicht jedes Buch kann jedem Kritiker gefallen. Nicht alles, was lesenswert ist, muss den höheren Ansprüchen selbstgefälliger literarischer Scharfrichter genügen. Dass andere, gewichtige Stimmen Isabel Allende zu den führenden Autoren des magischen Realismus zählen, kommt nicht von ungefähr: Sie hat der Geschichte ihres Landes, dem Schicksal ihres Kontinents und dessen Menschen weltweit eine Aufmerksamkeit beschert, die ihresgleichen sucht.

Zuletzt hat sich Isabel Allende mehr denn je als Feministin bezeichnet:

Das Ende des Patriarchats werde ich nicht mehr erleben. Wir leben in einer Gesellschaft, die nach männlichen Werten ausgerichtet ist: Alles dreht sich um Hierarchien, um Macht, Gier, Autorität, um Sieger und Verlierer. Das müssen wir ändern. Und wie? Wir sind es, die Jungen erziehen.[81]

Empfehlenswerte Werke:
- **Das Geisterhaus**
- Von Liebe und Schatten
- Eva Luna
- Paula
- Was wir Frauen wollen

Der erste Roman Isabel Allendes **Das Geisterhaus** erschien 1982. Er erzählt die Geschichte einer Familie aus der Oberschicht in Lateinamerika vom Beginn des 20. Jahrhunderts bis zur Errichtung der Militärdiktatur durch General Pinochet im Jahr 1973, ohne dass das Land, in dem der Roman spielt, ausdrücklich genannt wird. Die Handlung trägt autobiographische Züge.

Das Geisterhaus zählt zu den wichtigsten Romanen des magischen Realismus und beginnt mit Kindheitserlebnissen der Titelheldin Clara del Valle, die übersinnliche Fähigkeiten besitzt und Gegenstände durch pures Ansehen in Bewegung setzen kann. Sie heiratet Esteban Trueba, einen aus einfachen Verhältnissen stammenden Mann, der es bis zum Großgrundbesitzer gebracht hat und seine Angestellten wie Leibeigene behandelt.

Die Sprachkraft Isabel Allendes zeigt sich, Satz für Satz, in sämtlichen Kapiteln der Familiensaga. Über den Aufbruch Estebans zu neuen Ufern schreibt sie:

An der Haltestelle San Lucas stieg er aus. Es war ein elender

Ort. Keine Menschenseele war zu dieser Stunde auf dem Bretter-
bahnsteig unter dem verwitterten, von Ameisen zerfressenen Dach
zu sehen. Aber von hier aus konnte man durch den feinen Dunst,
der nach dem nächtlichen Regen aus der feuchten Erde aufstieg,
das ganze Tal überblicken. Die fernen Berge verloren sich in den
Wolken eines verhangenen Himmels, nur die beschneite Spitze des
Vulkans war deutlich sichtbar gegen die Landschaft abgehoben und
von einer schwachen Wintersonne beschienen ... [82]

Das Geisterhaus ist ein beeindruckendes und spannendes
Buch über Macht, Liebe und Leidenschaft vor dem Hintergrund der gesellschaftlichen Entwicklungen Chiles vor und
nach der durch die US-Regierung unterstützten Pinochet-Diktatur. Es stand neunundzwanzig Wochen auf Platz eins der
Spiegel-Bestsellerliste. 1993 wurde es von Bille August mit
Meryl Streep in der Hauptrolle verfilmt.

Empfehlenswertes Buch über Isabel Allende:

— Martina Mauritz: *Isabel Allende.* Suhrkamp BasisBiographie,
  Frankfurt am Main 2005.

Literatour:

— Isabel Allende Foundation, 116 Caledonian Street,
  Sausalito, Kalifornien 94965, USA

32 Herta Müller.
Berichte aus dem schwäbischen Banat

*17.8.1953 Niţchidorf (Rumänien)

Ich erinnere mich noch ganz genau: Herta Müller war am 14. Juni 1987 im Theater am Turm in Frankfurt am Main zu Gast. Sie las aus ihrem Prosaband *Niederungen*, der 1984 im Rotbuch Verlag erschienen war. Die Lesung war gut besucht. Mein Freund und Kollege Fritz Hübner aus dem Verlag Moritz Diesterweg, dessen Frau aus Rumänien stammte, hatte mich dazu eingeladen. Eine junge, schüchtern wirkende Frau entwarf in eindrucksvollen, kurzen Sätzen düstere Bilder aus einer anderen Welt, und dies in einer Sprache, die klar, einfach, sparsam und unverstellt war. Das war eine Lesung, die man nicht vergisst. Auf die Idee, dass Herta Müller einmal den Nobelpreis für Literatur erhalten würde, wäre im Jahr 1987 allerdings wohl niemand im Publikum gekommen. Im Jahr ihrer Lesung in Frankfurt am Main verließ Herta Müller ihre Heimat Rumänien und zog nach Deutschland.

Ich kaufte das schmale Bändchen und danach auch alle anderen noch folgenden Werke der Autorin. Aus meiner Sicht hat Herta Müller die Meisterschaft ihres Erzählbandes *Niederungen* jedoch nie wieder erreicht.

Herta Müller wurde am 17. August 1953 in Niţchidorf (auch Nitzkydorf) im Westen Rumäniens geboren. Ihren Großvater, der Bauer und ein wohlhabender Kaufmann war, hatten die rumänischen Machthaber enteignet. Herta Müllers Vater wurde, wie alle deutschstämmigen Männer des Banats, 1943 zur Wehrmacht eingezogen und war Mitglied der Waffen-SS. Nach Ende des Krieges arbeitete er als Lkw-Fahrer. 1945 wurde ihre Mutter im Alter von siebzehn Jahren in die Sowjetunion verschleppt und musste in der Ukraine Zwangsarbeit leisten. Herta Müller wuchs als Einzelkind auf.

Von 1960 bis 1968 besuchte Herta Müller die Deutsche Schule in Nițchidorf und das deutschsprachige Nikolaus-Lenau-Lyzeum in Timișoara (Temeswar). Zurückblickend äußerte sie: *Leute, die Bücher aus dem Westen lasen, waren wie eine Insel im Land.*[83]

Schon als Schülerin engagierte sie sich in der Temeswarer Schriftstellerbewegung. Anschließend studierte sie Germanistik und Rumänistik an der Universität in Timișoara. Dem Studium folgte eine Anstellung als Übersetzerin in einer Maschinenfabrik. Der rumänische Geheimdienst Securitate versuchte vergeblich, sie für Spitzeldienste anzuwerben. Zeitweilig arbeitete sie als Lehrerin am Nikolaus-Lenau-Lyzeum und in einem Kindergarten. Catarina Müller, die Mutter der Nobelpreisträgerin, die später ihrer Tochter nach Berlin folgte und dort zeitweilig als Putzfrau arbeitete, berichtete der Berliner Zeitung *B.Z.* in einem Gespräch über die damalige Zeit: »Sie trug nur Schwarz und hat immer viel geraucht. Darüber haben wir uns gestritten, schließlich ist ihr Vater mit 52 an Lungenkrebs gestorben. Sie wollte immer nur schreiben ... Ich wollte, dass sie bis zum Abschluss des Studiums keinen Freund hat. Einmal bin ich ihr nachgelaufen, habe sie mit einem jungen Mann erwischt und ihr eine geknallt.«

Der Erzählungsband *Niederungen* erschien erstmalig 1982 in einer zensierten Fassung und wurde mit einem Literaturpreis der kommunistischen Jugend sowie dem Debütpreis des rumänischen Schriftstellerverbandes ausgezeichnet. In Teilen der Landsmannschaft der Banater Schwaben wurden die *Niederungen* als »Nestbeschmutzung« geschmäht. Herta Müller wurde von ihren eigenen Landsleuten beschimpft und in anonymen Briefen bedroht. Der geschilderte Niedergang dörflichen Lebens im deutschsprachigen Banat, die schonungslose

Offenlegung intimer familiärer Geschehnisse, die Aneinanderreihung kindlicher Eindrücke, Ängste und Alltagserlebnisse – all dies führte zu Widerspruch und heftiger Ablehnung derjenigen, für die Herta Müller ihre Geschichten geschrieben hatte. Zugleich war sie im Alltag damit konfrontiert, die für sie kaum erträglichen Verhältnisse der rumänischen Diktatur zu bewältigen.

Ab 1984 folgten mehrere Deutschlandbesuche der Autorin. Nach dem vom rumänischen Staat auferlegten Publikationsverbot im Jahr 1987 und wiederholten Repressionen durch die Machthaber kam es zur Ausreise nach Westberlin, gemeinsam mit ihrem damaligen Ehemann, dem Schriftsteller Richard Wagner, von dem sie sich 1990 trennte. Nach der Ankunft in Deutschland wurde sie vom Bundesnachrichtendienst und vom Verfassungsschutz ins Verhör genommen. Im gleichen Jahr lernte sie ihren jetzigen Mann, den Drehbuchautor Harry Merkle, kennen.

Über die letzten Jahre in Rumänien äußerte sich Herta Müller 2010 in einem Interview mit der ARD: *Also, ich war gewöhnt, in Angst zu leben. Es gab das ständige Eindringen in die Wohnung, wenn man nicht zu Hause war, es gab Hausdurchsuchungen, Beschattung auf der Straße ... in jedem Raum waren Abhörwanzen, also wir waren ja gar nicht privat. Das haben wir damals nicht gewusst.*[84]

1989 erschien die Erzählcollage *Reisende auf einem Bein* und 1992 *Der Fuchs war damals schon der Jäger*, ihr erster Roman. Es folgten die Romane *Herztier* (1994) und *Atemschaukel* (2009). In den Jahren 1998 bis 2005 übernahm sie Gastprofessuren und Dozententätigkeiten in Kassel, Tübingen und Berlin. 2009 wurde Herta Müller der Nobelpreis für Literatur verliehen. Im Gegensatz zu ihren Prosawerken werden die von Herta Müller verfassten Collagen aus Worten und Bildern (darunter *Die blassen Herren mit den Mokkatassen*, 2005) von einzelnen Literaturkritikern und Teilen ihrer Leserschaft eher nicht zu den

Glanzlichtern des dichterischen Schaffens der Autorin gezählt. In akribischer Kleinarbeit setzt sie Texte und Bilder aus Postkarten, die sie mit der Schere ausschneidet, neu zusammen und verleiht ihnen so Gewicht und neue Bedeutung.

In ihren Texten setzt sich Herta Müller immer wieder mit dem Machtmissbrauch von Diktatoren auseinander, die den Menschen ihre Individualität und ihre Würde nehmen. Das war und ist ihr Leitthema. Zum Tod des rumänischen Diktators Nicolae Ceaușescu durch Hinrichtung im Dezember 1989 äußerte sie dreißig Jahre später in einem Interview mit dem Deutschlandfunk: *Ich hatte einen unglaublichen Weinkrampf. Eigentlich hatte ich es mir gewünscht. Andererseits wusste ich, ich bin gegen die Todesstrafe. Und das muss man dann mal im Kopf zusammen aushalten.*[85]

Auch wandte sie sich stets vehement gegen den russischen Präsidenten Wladimir Putin. *Er beleidigt meinen Verstand,* erklärte sie 2015 nach der Annexion der Krim durch Russland. *Er beleidigt jeden Tag unser aller Verstand, und zwar mit der immer gleichen Dreistigkeit. Er wurde schon hundertmal beim Lügen erwischt, er wird nach jeder Lüge entlarvt, und er lügt trotzdem weiter. Er tritt mir damit zu nahe.*[86] Eine Kritik, die sich im Lichte des russischen Überfalls auf die Ukraine im Februar 2022 als hellsichtig erwies, ohne hier auf Vorgeschichte und Hintergründe dieses Krieges näher eingehen zu wollen.

Herta Müller lebt heute in Berlin-Friedenau. Über sich selbst sagt die Schriftstellerin: *Ich wusste immer, was ich nicht will … Man muss immer wissen, was man nicht will, was man nicht werden will, was man nicht tut, was sich nicht gehört …*[87]

Empfehlenswerte Werke von Herta Müller:

- **Niederungen**
- Barfüßiger Februar
- Drückender Tango

Der Prosaband **Niederungen**, erstmalig 1982 in einer zensierten Fassung in Bukarest erschienen, erregte unmittelbar nach seiner Veröffentlichung höchste Aufmerksamkeit, zunächst in der Leserschaft im deutschsprachigen Teil Rumäniens und rasch danach auch in Deutschland. 1984 folgte eine überarbeitete Fassung im Berliner Rotbuch Verlag. Die Veröffentlichung des Textes »Das schwäbische Bad« aus den *Niederungen* in der deutschsprachigen *Neuen Banater Zeitung* im Mai 1981 hatte zu wütenden Reaktionen ihrer Landsleute geführt, die sich auch in den in Westdeutschland erscheinenden Publikationen der Landsmannschaften der Donauschwaben und der ehemaligen Banater Bevölkerung (*Banater Post, Der Donauschwabe*) niederschlugen. Man warf ihr vor, das Ansehen der »Auslandsdeutschen« zu beschädigen, und ging sogar so weit, sie der Kooperation mit dem Ceauşescu-Regime zu verdächtigen. »Das schwäbische Bad« selbst gibt dies kaum her, wie der folgende Auszug veranschaulicht:

Es ist Samstag. Der Badeofen hat einen glühenden Bauch. Das Lüftungsfenster ist fest geschlossen. In der vergangenen Woche hat der zweijährige Arni wegen der kalten Luft den Schnupfen gehabt. Die Mutter wäscht dem kleinen Arni den Rücken mit einem verwaschenen Höschen. Der kleine Arni schlägt um sich. Die Mutter hebt den kleinen Arni aus der Badewanne. Das arme Kind, sagt der Großvater. So kleine Kinder soll man nicht baden, sagt die Großmutter. Die Mutter steigt in die Badewanne. Das Wasser ist noch heiß. Die Seife schäumt. Die Mutter reibt graue Nudeln von ihrem Hals. Die Nudeln der Mutter schwimmen auf der Wasseroberfläche. Die Wanne hat einen gelben Rand. Die Mutter steigt aus der Badewanne. Das Wasser ist noch heiß, ruft die Mutter dem Vater zu. Der Vater steigt in die Badewanne. Das Wasser ist warm. Die Seife schäumt. Der Vater reibt graue Nudeln von seiner Brust. Die Nudeln des Vaters schwimmen mit den Nudeln der Mutter auf der Wasseroberfläche. Die Wanne hat einen braunen Rand. Das Wasser ist noch heiß, ruft der Vater der Großmutter zu. Die Groß mutter steigt in die Badewanne. Das Wasser ist lauwarm. Die Seife schäumt. Die Großmutter reibt graue Nudeln von ihren Schultern. Die Nudeln der Großmutter schwimmen mit den Nudeln der Mutter und des Vaters auf der Wasseroberfläche. Die Wanne hat einen schwarzen Rand. Die Großmutter steigt aus der Badewanne. Das Wasser ist noch heiß, ruft die Großmutter dem Großvater zu. Der Großvater steigt in die Badewanne. Das Wasser ist eiskalt. Die Seife schäumt. Der Großvater reibt graue Nudeln von seinen Ellbogen. Die Nudeln des Großvaters schwimmen mit den Nudeln der Mutter, des Vaters und der Großmutter auf der Wasseroberfläche. Die Großmutter öffnet die Badezimmertür. Die Großmutter schaut in die Badewanne. Die Großmutter sieht den Großvater nicht. Das schwarze Badewasser schwappt über den schwarzen Rand der Badewanne. Der Großvater muß in der Badewanne sein, denkt die Großmutter. Die Großmutter schließt hinter sich die Badezimmertür. Der Großvater läßt das Badewasser aus der Badewanne rinnen. Die Nudeln der Mutter, des Vaters, der Großmutter und des Großvaters kreisen über dem Abfluß.

Die schwäbische Familie sitzt frisch gebadet vor dem Bildschirm. Die schwäbische Familie wartet frisch gebadet auf den Samstagabendfernsehfilm.[88]

Man kann diesen Text auch als eine Beschreibung und Momentaufnahme aus dem Familienleben der fünfziger Jahre interpretieren, die genauso gut in die ländliche Welt des deutschen Alltags jener Zeit passen würde. Auch hier war es damals noch üblich, dass in deutschen Haushalten auf dem Lande am Samstag die Familienmitglieder nacheinander ins Badewasser stiegen.

Niederungen bietet in der realistischen Schilderung der Lebenswelt des Banat ganz andere Anlässe zur Diskussion. Die atmosphärische Dichte, der unverwechselbare Stil der Autorin ist ein Glanzlicht deutscher Sprache: das Beste, was Herta Müller geschrieben hat.

Empfehlenswerte Literatur über Herta Müller:

— Norbert Otto Eke (Hrsg.): *Die erfundene Wahrnehmung.*
Annäherung an Herta Müller. Igel Verlag, Paderborn 1991.

V

KLASSIKER DER MODERNE

33 Marcel Pagnol.
Der Poet der Provence

* 28.2.1895 Aubagne/Provence
† 18.4.1974 Paris

Große Literatur ist oft mit den Landschaften und Örtlichkeiten verbunden, in denen ein Autor gelebt hat. Sehnsuchtsorte entstehen für Leserinnen und Leser häufig dort, wo es Schreibenden gelingt, Erinnerungen an die eigene Kindheit, an Jugend und Erwachsenenleben glaubwürdig zu vermitteln. Marcel Pagnol ist der Dichter der Provence. In seinen Büchern hat er die Landschaft und die Menschen dieser sonnenverwöhnten Provinz im Süden Frankreichs auf so einzigartige Weise beschrieben, dass seine wichtigsten Werke bis heute zur Weltliteratur zählen. Seine Geschichten legen Zeugnis ab von seiner Liebe zu den Menschen und zur Natur seiner Heimat. Die Provence ist ein Vorhof des Paradieses, und Marcel Pagnol besaß den Schlüssel dazu.

Marcel Pagnol wurde am 28. Februar 1895 in dem knapp 50 000 Einwohner zählenden Städtchen Aubagne geboren, das östlich von Marseille liegt. Sein Vater war Grundschullehrer, die Mutter Schneiderin. Jahr für Jahr verbrachte die Familie ihre Sommerferien in La Treille, damals ein Dorf mit ein paar hundert Einwohnern, heute ein Stadtteil von Marseille. Marcel Pagnol hatte drei jüngere Geschwister. Nach der Geburt des Bruders René – Marcel war damals vierzehn Jahre alt – starb seine Mutter an einer Lungenkrankheit.

Marcel Pagnol studierte, nachdem er das Gymnasium besucht hatte, an der Universität in Aix-en-Provence Literaturwissenschaften. Wenige Monate nach seiner Einberufung zum französischen Militär wurde er wegen »schwächlicher Konstitution« vom Kriegsdienst befreit. Er beabsichtigte, Englischlehrer zu werden, und übte diesen Beruf in den zwanziger Jahren auch zeitweilig an einem Gymnasium aus. In diese Zeit fielen seine ersten schriftstellerischen Versuche. Er reichte ein achtzigseitiges Prosastück bei einem Verlag ein. Im sich anschließenden Gespräch mit einem Verlagslektor wurde ihm mitgeteilt: »Monsieur, das ist ein Theaterstück!« Pagnol fragte: »Warum?« Der Lektor antwortete: »Sie haben keine Prosa, sondern nur Dialoge in Ihrem Text. Sie müssen Theaterstücke schreiben.« Später schrieb Pagnol über diese Begegnung: »Diesem Mann verdanke ich alles.«

Nach ersten Erfolgen als Bühnenautor und Dramaturg konzentrierte er sich ganz auf seine Tätigkeit als freier Schriftsteller. 1928 wurde seine Komödie *Topaze* im Pariser Theater Variétés uraufgeführt und in der Folge allein in Paris achthundertmal gespielt. 1929 erschien mit *Marius* der erste Teil der Marseiller Trilogie (*Marius*, *Fanny*, *César*). *Marius*, uraufgeführt im März 1929 im Théatre de Paris, wurde vom Publikum und den Medien in Frankreich begeistert aufgenommen: Es traf mitten ins Herz. Drei Jahre später erwarb die amerikanische Filmgesellschaft Paramount die Filmrechte an *Marius*, und Pagnol, inzwischen reich und berühmt über die Grenzen des Landes hinaus, konnte im Jahr 1933 ein eigenes Filmstudio gründen. Pagnol bediente nunmehr fast alle Formen des medialen Geschehens: Er schrieb Dramen, Romane, fungierte als Dramaturg auf der Bühne und als Filmregisseur.

Über die Liebe muss Marcel Pagnol oft nachgedacht haben. *Wenn ein Mann über eine Frau nachzudenken beginnt, hat sie ihn schon halb gewonnen,*[89] erklärte er. Im Jahr 1916, im Alter von einundzwanzig, hatte er Simone Collin geheiratet. Das Paar trennte sich sieben Jahre später; die Ehe wurde jedoch erst 1941 geschieden. Der erfolgreiche Autor und Filmemacher blies in der Zeit zwischen Trennung und Scheidung allerdings nicht Trübsal: Im Jahr 1923 lernte er die neunzehnjährige Schauspielerin Orane Demazis kennen, die in mehreren Filmen Pagnols Rollen übernahm. Zehn Jahre später, 1933, gebar sie ihm den Sohn Jean-Pierre. Bereits drei Jahre zuvor war Jacques, der erste Sohn Marcel Pagnols, geboren worden. Seine Mutter war die achtzehnjährige Engländerin Kitty Murphy, die als Tänzerin in Paris arbeitete und zu der Pagnol zeitweilig eine Beziehung unterhielt. 1936 kam die Tochter Francine zur Welt; ihre Mutter war Yvonne Pouperon, eine Sekretärin. 1938 lernte Pagnol die Schauspielerin Jacqueline Andrée Bouvier kennen, die er 1945 heiratete und mit der er bis zu seinem Tod verbunden blieb. Dem Paar wurden zwei Kinder, Frédéric (1946) und Estelle (1951), geboren; das jüngste Kind starb im Alter von drei Jahren.

Inzwischen war der Autor zum Präsidenten der Société des Auteurs et Compositeurs Dramatiques und zum Mitglied der Académie française berufen worden. Sein Film *La Femme du Boulanger* war 1940 als bester fremdsprachiger Film mit dem New York Film Critics Circle Award ausgezeichnet worden. Nach der Besetzung Frankreichs durch die Deutschen verkaufte er sein Filmstudio und drehte einen wohlwollenden Dokumentarfilm über das Vichy-Regime.

Erst im Alter von sechzig Jahren, nunmehr ein stattlicher, kräftiger Mann mit markanten Gesichtszügen, begann der erfolgreiche Bühnenautor und Filmemacher, die Erinnerungen an seine Kindheit und Heimat in der Provence aufzuschreiben, die ihn auch als Romancier berühmt machen sollten. Seine wichtigsten Werke (*Marius, Fanny, César, Das Wasser der Hügel, Der Ruhm meines Vaters, Das Schloss meiner Mutter, Marcel, Marcel und Isabelle*) wurden in zahlreiche Sprachen übersetzt und mehrfach verfilmt. Nebenberuflich war Marcel Pagnol auch als Honorarkonsul für Portugal und Monaco tätig.

Am 18. April 1974 starb Marcel an einer Krebserkrankung in Paris. Er wurde in La Treille beigesetzt, einem Stadtteil von Marseille, in dem er schon als Schüler seine Ferien verbracht hatte und wo auch der größte Teil seiner Familie die letzte Ruhestätte fand.

Meine Lieblingsbücher von Marcel Pagnol:
- **Eine Kindheit in der Provence**
- Marcel
- Marcel und Isabelle
- Die Wasser der Hügel

Eine Kindheit in der Provence enthält die beiden Teile *Marcel* (1957) und *Marcel und Isabelle* (1959): Jugenderinnerungen des Schriftstellers Marcel Pagnol an eine paradiesische Zeit im warmen Sonnenlicht der Provence, die zur Weltliteratur wurden.

Den ersten Teil seiner Erinnerungen beginnt Marcel Pagnol mit einer Beschreibung des 715 Meter hohen Felsmassivs des Garlaban:

Ich bin in der Stadt Aubagne geboren, unter dem von Ziegen gekrönten Garlaban, zur letzten Zeit der Ziegenhirten. Der Garlaban ist ein riesiger Turm aus blauen Felsen, der sich am Rand von Plan de l'Aigle erhebt, dieser unermesslichen, felsigen Hochebene, die das grüne Huveaune-Tal beherrscht ...[90]

Und damit führt uns Marcel Pagnol in den Zaubergarten einer Landschaft, die niemand, der sie je gesehen hat, wieder vergessen kann. Gemeinsam mit seinem Freund Lili durchstreift der Erzähler die Lavendelfelder und Hügel der sonnendurchfluteten südfranzösischen Landschaft und lernt mit dem Mädchen Isabelle seine erste Liebe kennen. Über seine Kindheit und das Schreiben darüber hat Marcel Pagnol gesagt: *Meine Kindheit zieht mich an, weil es meine Kindheit war. Ich glaube, es war vor allem eine beständige Welt. Man war sich des nächsten Tages sicher. Alles dauerte an, die Lage war stabil, die Verhältnisse blieben so wie sie waren.*[91]

Empfehlenswerte Bücher über Marcel Pagnol:

— Raymond Castans: *Das Licht der Provence. Leben und Werk des Marcel Pagnol.* Aus dem Französischen von Konrad Dietzfelbinger. Langen Müller Verlag, München 1990.

Literatour Marcel Pagnol:

— Maison Natale de Marcel Pagnol (Geburtshaus), 16 Cour Bárthélémy, 13400 Aubagne, Frankreich

— Le Petit Monde de Marcel Pagnol, 4 Cour de Clastres, 13400 Aubagne, Frankreich

— Circuit Marcel Pagnol, La Treille, Rundwanderweg

34 Bertolt Brecht.
Marxist und Lyriker von Weltrang

*10.2.1898 Augsburg
†14.8.1956 Berlin

Es gab Zeiten, in denen das Monogramm B. B. nicht für Brigitte Bardot, sondern für Bertolt Brecht stand. Mit der 68er-Bewegung entfaltete die Brecht-Verehrung auch in Westdeutschland ihre Blüte, und Bertolt Brechts Theaterstücke wurden landauf, landab auf die Bühne gebracht. Das würde dem nicht uneitlen Dichter aus Augsburg, der seine letzte Wahlheimat in der DDR fand, gefallen haben, wenn er da noch gelebt hätte. Kritiker aus dem konservativen Lager der Feuilletonisten wussten zu berichten, dass Brechts Arbeiterkluft maßgeschneidert sei, dass er eine Nickelbrille aus Titan trage und mit einer großen Limousine der Marke Steyr unterwegs sei.

Unbestritten in der Literaturwissenschaft sind die Verdienste Bertolt Brechts um die Entwicklung des modernen epischen Theaters, in dem Aufführungen zu Parabeln und Lehrstücken über gesellschaftliche Zustände werden, die zur Veränderung aufrufen. Grundlage seines Votums für die Beseitigung sozialer Missstände war seine marxistische Überzeugung. Stets sympathisierte Brecht mit den revolutionären Zielen der Kommunisten, Mitglied der Kommunistischen Partei Deutschlands war er jedoch nie.

Ich gestehe: Der Aufführung eines Brecht-Stückes bin ich lebenslang erfolgreich aus dem Weg gegangen. Ob ich etwas versäumt habe, weiß ich nicht. Aber einige seiner Gedichte gehören zum Besten, was ich in dieser literarischen Gattung gelesen habe.

Dem Autor Lion Feuchtwanger galt Bertolt Brecht als der

»größte Sprachschöpfer des 20. Jahrhunderts« in Deutschland. Feuchtwanger war es auch, der Brechts Talent in frühen Jahren erkannte. Zeitlebens blieben beide befreundet.

Bertolt Brecht wurde als Berthold Eugen Friedrich Brecht am 10. Februar 1898 in Augsburg geboren. Sein Vater Berthold Brecht war Direktor einer Papierfabrik; die Mutter stammte ebenso wie der Vater aus begütertem Hause. Über sein Elternhaus und seine Sozialisation schrieb Brecht: *Ich bin aufgewachsen als Sohn wohlhabender Leute. Meine Eltern haben mir einen Kragen umgebunden und mich erzogen in den Gewohnheiten des Bedientwerdens und unterrichtet in der Kunst des Befehlens. Aber als ich erwachsen war und um mich sah, gefielen mir die Leute meiner Klasse nicht, nicht das Befehlen und nicht das Bedientwerden. Und ich verließ meine Klasse und gesellte mich zu den geringen Leuten.*[92]

Nach dem Besuch der Volksschule ging Brecht ans Städtische Realgymnasium seiner Geburtsstadt. Früh wurden von ihm erste Gedichte und Kurzgeschichten in den *Augsburger Neuesten Nachrichten* veröffentlicht. Wegen eines Aufsatzes, in dem er sich gegen das unsinnige Sterben im Krieg wandte, wurde ihm im zweiten Kriegsjahr (1915) mit Schulentlassung gedroht. 1917 schloss er die Schulausbildung mit dem Abitur ab und begann Medizin in München zu studieren. Er musste das Studium jedoch wegen Heranziehung zum Militärdienst unterbrechen. Im Oktober 1918, kurz vor Ende des Krieges, kam er kurzzeitig als Sanitäter in ein Augsburger Reservelazarett.

An Selbstbewusstsein fehlte es ihm nicht. *Es kann keinen Gott geben*, schrieb der Neunzehnjährige in einem Brief an einen Freund, *weil ich es sonst nicht aushielte, kein Gott zu sein.*[93] In München und Berlin lernte Brecht bald namhafte zeitgenössische Autoren und Theaterpersönlichkeiten kennen. Dazu gehörten Lion Feuchtwanger, Johannes R. Becher, Trude Hesterberg und Karl Valentin. Erste Stücke (*Trommeln in der Nacht*, *Im Dickicht der Städte*) entstanden und wurden auf Bühnen aufgeführt, als Brecht gerade einmal die zwanzig überschritten hatte.

Nach dem Tod der Mutter 1920 siedelte Brecht nach München über und bezog eine gemeinsame Wohnung mit der Opernsängerin Marianne Zoff, die er zwei Jahre später, 1922, heiratete. Vorausgegangen war der Ehe eine längere Auseinandersetzung Brechts mit dem bisherigen Liebhaber seiner späteren Frau, die dazu führte, dass der Vorgänger Brechts die Sängerin am Augsburger Stadttheater verprügelte. Ein Jahr nach der Heirat mit Marianne Zoff wurde die Tochter Hanne Marianne geboren. Parallel zur Beziehung mit Marianne Zoff unterhielt Brecht eine Liebschaft zu Paula Banholzer, die 1919 von ihm schwanger geworden war. Den Sohn Frank brachte sie diskret im Allgäu zur Welt, wohin ihr Vater sie geschickt hatte, um öffentliches Aufsehen zu vermeiden. Das Kind wurde bei einem Distriktwegemacher in Pflege gegeben.

Im Sommer 1923 lernte Brecht Helene Weigel kennen, die vier Monate später von ihm schwanger wurde. Im November 1924 wurde der gemeinsame Sohn Stefan geboren.

Nach der Uraufführung von *Trommeln in der Nacht* in den Münchner Kammerspielen begannen sich die Verlage für den jungen Autor zu interessieren. Früh vertrat Brecht die Auffassung, dass Literatur sich mit den sozialen Widersprüchen der Gesellschaft zu befassen habe. Erhabene, elitäre Ergüsse im Stil Stefan Georges verachtete er. Neben seinen schriftstellerischen Arbeiten beschäftigte er sich nun intensiver mit dem Marxismus. Kurzzeitig übernahm Brecht die Aufgabe des Dramaturgen an den Münchner Kammerspielen. 1924 ging er nach Berlin und war dort gemeinsam mit Carl Zuckmayer als Dramaturg für Max Reinhardts Deutsches Theater tätig.

Noch-Ehefrau Marianne lernte den zehn Jahre jüngeren Schauspieler Theo Lingen kennen, den sie nach der Scheidung von Brecht (1927) im November 1928 heiratete und der sich nun auch um die Erziehung von Tochter Hanne kümmerte –

sehr zum Missfallen von Brecht. Brecht stellte die Unterhaltszahlungen für seine Tochter ein. Im gleichen Jahr, in dem Marianne Theo Lingen heiratete, ehelichte Brecht die Schauspielerin Helene Weigel.

An der Berliner Volksbühne wurde Brechts Stück *Mann ist Mann* mit Heinrich George in der Rolle des Galy Gay gespielt; Ende August 1928 wurde die Uraufführung der *Dreigroschenoper*, mit der Musik von Kurt Weill, im Theater am Schiffbauerdamm in Berlin zum sensationellen Erfolg. Es folgten die Opern *Aufstieg und Fall der Stadt Mahagonny*, ebenfalls in Zusammenarbeit mit Kurt Weill, und *Der Jasager. Der Neinsager*, das Theaterstück *Die heilige Johanna der Schlachthöfe, Geschichten vom Herrn Keuner* und zahlreiche andere Werke.

Im Zuge der Machtergreifung durch die Nationalsozialisten Ende Januar 1933 wurden Aufführungen Brecht'scher Stücke in Deutschland unterbrochen, abgesagt und verboten. Am Tag nach dem Reichstagsbrand verließ Brecht mit seiner Familie Deutschland und floh über Prag und Wien zunächst nach Zürich. Im Mai 1933 wurden auch Brechts Bücher öffentlich durch die Nationalsozialisten verbrannt.

Brecht bezog ein Haus in Svendborg/Dänemark, 1935 wurde er von den Nazis ausgebürgert. Auch während des Exils pflegte Brecht neben seiner Ehe Liebesbeziehungen zu weiteren Frauen, zu der Schriftstellerin Margarete Steffin (die mit ihm und Helene Weigel nach Dänemark zog) und zu Ruth Berlau, ebenfalls Schriftstellerin und Schauspielerin. Der gemeinsame Sohn von Ruth Berlau und Brecht, Michel Berlau, starb 1944 kurz nach seiner Geburt in New York.

Brechts Stücke kamen nun auf zahlreichen europäischen und internationalen Bühnen zur Aufführung, und er arbeitete redaktionell an den in Moskau erscheinenden Zeitschriften *Internationale Literatur* und *Das Wort* mit. Es folgten längere Reisen nach Paris, Kopenhagen, Schweden, London und ein mehrmonatiger Aufenthalt in Finnland. Nach dem Einmarsch der Deutschen in Finnland flüchtete Brecht mit seiner Familie über Moskau mit dem Sibirien-Express nach Wladiwostok. Von Wladiwostok aus führte ihn der Weg im Jahr 1941 in die USA.

Brecht schwebte vor, in den Vereinigten Staaten als Bühnenautor zu arbeiten. Doch der überzeugte Kommunist Bertolt Brecht kam im kalifornischen Exil nur schwer zurecht. *Das war die entsetzliche Idylle dieser Landschaft*, schrieb er, *würde man dort drei Tage das Wasser abstellen, dann würden die Schakale wieder auftauchen und der Sand der Wüste.*[94] An anderer Stelle ließ er verlauten, dass er sich in Hollywood *wie Lenin im Prater oder auf dem Oktoberfest*[95] fühle. Im Oktober 1947 geriet Brecht im kalifornischen Exil ins Visier der Kommunistenjäger der McCarthy-Ära. Er wurde vom Komitee für unamerikanische Umtriebe vorgeladen und verhört. Brecht wurde vorgeworfen, revolutionäre Gedichte und Stücke geschrieben zu haben und in Kontakt mit kommunistischen Parteien zu stehen. Im Verhör stellte er sich dumm, ging auf gestellte Fragen nur oberflächlich ein und gab seine Antworten in einem bühnenreifen Pidgin-Englisch. Unmittelbar nach dem Verhör verließ er die Vereinigten Staaten, um einer Verhaftung zuvorzukommen, und kehrte nach Europa zurück.

In Zürich wartete er auf eine Einreisegenehmigung nach Deutschland, die ihm von den Alliierten nicht gewährt wurde. Mit einem tschechischen Pass gelang ihm schließlich die Einreise nach Ostberlin. 1949 gründete er dort gemeinsam mit seiner Frau Helene Weigel das Berliner Ensemble. Bereits im Januar desselben Jahres war am Deutschen Theater *Mutter Courage und ihre Kinder* mit Helene Weigel in der Rolle der Mutter Courage aufgeführt worden. Im November folgte die Aufführung des Stückes *Herr Puntila und sein Knecht Matti* durch das Berliner Ensemble. Brecht leitete die Aufführung als Erster Spielleiter. 1951 wurde er mit dem Nationalpreis der DDR ausgezeichnet.

Als Josef Stalin im März 1953 starb, widmete ihm Brecht einen Nachruf, in dem er schrieb: *Den Unterdrückten von fünf Erdteilen, die sich schon befreit haben, und allen, die für den Weltfrieden kämpfen, muss der Herzschlag gestockt haben, als sie hörten »Stalin ist tot«.*[96] Wenige Monate später, am 17. Juni 1953, kam es zum spontanen Arbeiteraufstand in der DDR, der von den Machthabern niedergeschlagen wurde. Es gab Tote und Verletzte. Wie zahlreiche andere Intellektuelle der DDR befürwortete Brecht zunächst das Vorgehen der SED-Machthaber gegen die streikenden Demonstranten. Er wollte für sich nicht ausschließen, dass der Aufstand durch faschistische Kräfte des Westens beeinflusst sein könnte. An die Parteispitze schrieb er: *Die große Aussprache mit den Massen über das Tempo des sozialistischen Aufbaus wird zu einer Sichtung und Sicherung der sozialistischen Errungenschaften führen. Es ist mir ein Bedürfnis, Ihnen in diesem Augenblick meine Verbundenheit mit der Sozialistischen Einheitspartei Deutschlands auszusprechen.*[97] Diesen Abschnitt seines Briefes veröffentlichte die Parteizeitung *Neues Deutschland*, unterschlug dabei jedoch, dass Brecht in seinem Schreiben die Partei auch zu einer kritischen Aufarbeitung der Ursachen der Unzufriedenheit der Arbeiter aufgefordert hatte. Sein ambivalentes, taktierendes Verhalten revidierte Brecht mit der Veröffentlichung seines Gedichtzyklus *Buckower Elegien*. Im Gedicht »Die Lösung« schrieb er als Antwort auf die Einschätzung eines Funktionärs, die Arbeiter hätten das Vertrauen der Regierung verscherzt: *Wäre es da nicht doch einfacher, die Regierung löste das Volk auf und wählte ein anderes?*[98]

Seinen marxistischen Überzeugungen ist Brecht stets treu geblieben, unerschütterlich im Glauben an Gleichheit und Gerechtigkeit und auch daran, dass eine »Erziehungsdiktatur« ein legitimes Mittel sei, um die Menschheit in eine bessere Zukunft zu führen. Damit wurde Brecht zu einem literarischen Idol der linken Bewegung, weit über Deutschlands Grenzen hinaus. Die jüngere Geschichte hat ihn und seine politisch ambitionierten Lehrstücke in Teilen widerlegt. Und dennoch gilt, dass Brecht aufgrund seiner Sprachkraft und seiner unverwechselbaren Art des Schreibens ein deutscher Dichter von Weltrang ist – und dies vor allem als Lyriker.

Am 10. August 1956 starb Bertolt Brecht an den Folgen eines Herzleidens. Er wurde auf dem Dorotheenstädtischen Friedhof in Berlin-Mitte beerdigt.

Empfehlenswerte Werke von Bertolt Brecht:

- **Gedichte**
- Hauspostille
- Geschichten von Herrn Keuner
- Kalendergeschichten

Bertolt Brecht hat dreißig Stücke und rund 2500 Gedichte, Balladen und Lieder geschrieben. Zu den unvergänglichen Gedichten seines Schaffens zähle ich »Die Ballade vom Wasserrad«, »Legende von der Entstehung des Buches Taoteking auf dem Weg des Laotse in die Emigration«, »Die Liebenden«, »Das Lied von der Moldau«, »Die Ballade von der Hanna Cash«, »Von der Freundlichkeit der Welt« und »Erinnerung an die Marie A.«.

»Erinnerung an die Marie A.« schrieb Bertolt Brecht am 21. Februar 1920 auf einer Zugfahrt für seine erste Liebe Marie Rose Amann. Er war ihr in einer Eisdiele begegnet. Danach holte Brecht sie täglich von der Schule ab. Nach dem ersten Kuss, so Marie Rose Amann, habe sie Angst gehabt, schwanger zu sein. Deshalb überließ sie den Verehrer ihrer Freundin Paula Banholzer, die dann tatsächlich von Brecht schwanger wurde.

»Erinnerung an die Marie A.« ist eines der schönsten Liebesgedichte in deutscher Sprache, leicht, wehmütig, ironisch, scheinbar spielerisch und in Versmaß und Reim vollkommen. Bild an Bild wird aneinandergereiht, und mit der am Himmel dahinschwebenden weißen Wolke, die plötzlich nicht mehr da ist, gelingt Bertolt Brecht eine Allegorie für die Vergänglichkeit der Liebe, die einzigartig ist und von großer poetischer Eleganz:

An jenem Tag im blauen Mond September / Still unter einem jungen Pflaumenbaum / Da hielt ich sie, die stille bleiche Liebe / In meinem Arm wie einen holden Traum. // Und über uns im schönen Sommerhimmel / War eine Wolke, die ich lange sah / Sie war sehr weiß und ungeheuer oben / Und als ich aufsah, war sie nimmer da. // Seit jenem Tag sind viele, viele Monde / Geschwommen still hinunter und vorbei / Die Pflaumenbäume sind wohl abgehauen / Und fragst du mich, was mit der Liebe sei? // So sag ich dir: Ich kann mich nicht erinnern. / Und doch, gewiss, ich weiß schon, was du meinst / Doch ihr Gesicht, das weiß ich wirklich nimmer / Ich weiß nur mehr: Ich küsste es dereinst. // Und auch den Kuss, ich hätt' ihn längst vergessen / Wenn nicht die Wolke da gewesen wär / Die weiß ich noch und werd ich immer wissen / Sie war sehr weiß und kam von oben her. // Die Pflaumenbäume blühn vielleicht noch immer / Und jene Frau hat jetzt vielleicht das siebte Kind / Doch jene Wolke blühte nur Minuten // Und als ich aufsah, schwand sie schon im Wind.[99]

Empfehlenswerte Bücher über Bertolt Brecht:

— Marianne Kesting: *Bertolt Brecht*. Rowohlt Bildmonographie, Reinbek 2003.

— Stephen Parker: *Bertolt Brecht. Eine Biografie.* Aus dem Englischen von Ulrich Fries und Irmgard Müller. Suhrkamp Verlag, Berlin 2018.

— Jan Knopf: *Bertolt Brecht*. Suhrkamp Verlag, Frankfurt am Main 2006.

Literatour Bertolt Brecht:

— Brechthaus, Auf dem Rain 7, 86152 Augsburg

— Brecht-Weigel-Museum, Chausseestraße 125, 10115 Berlin

— Brecht-Weigel-Haus, Bertolt-Brecht-Straße 30, 15377 Buckow (Märkische Schweiz)

35 Ernest Hemingway.
Der Macho

*21.7.1899 Oak Park/Illinois (USA)
†2.7.1961 Ketchum/Idaho (USA)

In der Schulbücherei der Freiherr-vom-Stein-Schule in Gladenbach/Hessen, in der ich in den Pausen und Freistunden in meiner Schulzeit aushalf, lag im Jahr 1966 gestapelt das rororo-Taschenbuch *Der alte Mann und das Meer* von Ernest Hemingway aus: Standardlektüre für die höheren Klassen. Es zeigte auf dem Cover, wenn ich mich recht erinnere, einen bärtigen Fischer, einen schwarzhaarigen Jungen, die Sonne und ein Fischerboot, auf blauem Grund und in ein schmales, ebenfalls blaues Textilband eingebunden. Ich lieh mir ein Exemplar aus und las es an einem einzigen Wochenende von der ersten bis zur letzten Zeile. Und danach alles andere, was mir von Hemingway in die Finger geriet.

Jahre später als Erwachsener habe ich mich bei Urlaubsaufenthalten an der Adria auf Spurensuche nach Hemingway begeben. Er liebte Venedig, die legendäre Harry's Bar, die Lagune, die Städtchen Caorle und San Gaetano: Schauplätze seiner Romane *Über den Fluss und in die Wälder* und *In einem andern Land*. Dort, in Venetien, war Hemingway während des Ersten Weltkrieges als Ambulanzfahrer beim Roten Kreuz eingesetzt. Seinen Dienst versah er meist mit dem Fahrrad, und er trug stets eine Waffe, obgleich ihm dies als Dienstleistender des Roten Kreuzes nicht gestattet war. Bei einer seiner Versorgungsfahrten in der Nähe von Fossalta/Piave, auf denen er Proviant für die italienischen Soldaten an die Front bringen sollte, schlug neben ihm eine Mörsergranate der österreichischen Truppen ein. Ein Kugelsplitter erwischte ihn am rechten Bein. Der Soldat, den er versorgen wollte, starb. Einige der Ortschaften und Plätze, an denen sich Hemingway damals aufhielt, lassen sich für literarisch Interessierte ohne größere Umstände aufsuchen. Ernest Hemingway ist in den Jahren 1948, 1950 und 1954 noch einmal an seine Sehnsuchtsorte zurückgekehrt, um hier Urlaub zu machen.

Ernest Hemingway, geboren am 21. Juli 1899 in Oak Park, einem Vorort Chicagos, war ein Kerl wie aus dem Bilderbuch: ein Abenteurer, Kriegsreporter, Großwildjäger und Frauenheld. Er war Lokalreporter in Toronto/Kanada, Polizeireporter in Chicago und Korrespondent des *Toronto Star* in Paris. Er reiste nach Österreich, Deutschland, Spanien, Italien, China, Kenia, Tansania, auf die Bahamas, segelte mit seinem Fischerboot *Pilar* durch die Karibik und lebte einundzwanzig Jahre auf Kuba. In Uganda überlebte er zwei Flugzeugabstürze.

Und er liebte die Frauen: Im Krankenhaus in Mailand, wo er während des Ersten Weltkrieges seine Kriegsverletzung auskurierte, lernte er die amerikanische Krankenschwester Agnes von Kurowsky kennen. Sie verließ ihn bald wieder wegen eines italienischen Offiziers. Aus dieser Begegnung entstand der Roman *In einem andern Land* (1929). Acht Jahre vor Erscheinen dieses Buches hatte er Hadley Richardson kennengelernt und geheiratet. Nach sechs Jahren Ehe ließ er sich scheiden und nahm Pauline Pfeiffer, Modejournalistin und Mannequin, zur Frau. Mit Pauline lebte er ab 1928 in Key West in Florida. Auf Pauline Pfeiffer folgte Ehefrau Nummer drei, die Journalistin Martha Gellhorn. Mit ihr zog er auf ein Landgut in der Nähe von Havanna. Martha Gellhorn wiederum wurde von Mary Welsh abgelöst: Mit Mary lebte Hemingway weitere fünfzehn Jahre (1945–1960) auf Kuba.

Die Familie, in die Ernest Miller Hemingway hineingeboren wurde, war wohlhabend. Der Großvater väterlicherseits hatte ein Vermögen als Immobilienhändler in Chicago gemacht. Hemingways Vater arbeitete als Landarzt. Die Mutter stammte aus einer berühmten Komponistenfamilie und trat als Opernsängerin auf. Das Leben in Oak Park war britisch geprägt, und der männliche Teil der Familie Hemingway sympathisierte mit der »Grand Old Party«, den Republikanern. Vater Clarence Hemingway nahm seinen Sohn mit zum Fischen und zum Jagen; er war das große Vorbild von Ernest, ihn verehrte und liebte er über alles. Als Ernest neunundzwanzig Jahre alt war, nahm sich Vater Clarence das Leben. Dafür machte der Sohn den Lebensstil der Mutter verantwortlich. Sie gab das Geld mit vollen Händen aus, im Großen wie im Kleinen: Schon vor der Heirat hatte sie eine schier endlose Zahl von Kleidern, Hüten und sage und schreibe sechsunddreißig Paar Handschuhe zusammengekauft, und beim Bau der zukünftigen Familienvilla, die von der Mutter geplant wurde, ließ sie es an nichts fehlen. Ernest Hemingways Mutter dominierte ihren Mann, der nicht energisch genug war, um sich zu wehren.

Den Sohn Ernest kleidete die Mutter genauso ein wie seine zwei Jahre ältere Schwester Marcelline: gerade so, als sei er ein Zwillingskind. Ernest sollte zu einer Art Schwester seiner Schwester werden. Auf einem Foto, das den Zweijährigen zeigt, trägt er ein Kleid und einen großen weißen Hut mit Sommerblumen.

Nach Abschluss der High School wurde Ernest Reporter bei der Zeitung *Kansas Star* in Kansas City. Schon damals war er von dem Gedanken beseelt, Schriftsteller zu werden. Vom Vermögen, das seine erste Ehefrau Hadley in die 1921 geschlossene Ehe einbrachte, leistete sich das Paar einen längeren Aufenthalt in Paris. 1923 erschien Hemingways erste Kurzgeschichtensammlung *In Our Time* (*In unserer Zeit*), in der fünfzehn Geschichten enthalten sind, darunter das Meisterwerk »Das Ende von Etwas«. Hemingways Vater wollte diesen »Schmutz« nicht lesen und schickte das ihm zugesandte Exemplar zurück. Doch ein paar Monate vor seinem Selbstmord besuchte Vater Clarence seinen inzwischen berühmt gewordenen Sohn noch einmal und sprach sich mit ihm aus. Als 1929 *In einem andern Land* erschien, zählte Hemingway bereits zu den wichtigsten Schriftstellern seiner Zeit.

Auch der zweiten, ebenfalls vermögenden Ehefrau Pauline gelang es nicht, ihren Mann an Familie und Heim zu binden. Ständig war er unterwegs, brach zu Großwildjagden und lang andauernden Angeltouren auf hoher See auf. So entstanden mit *Die grünen Hügel Afrikas* und »Schnee auf dem Kilimandscharo« zwei weitere seiner Meisterwerke. 1939 schrieb er *Wem die Stunde schlägt*, einen Roman über den Spanischen Bürgerkrieg, von dem er als Reporter für die North American Newspaper Alliance berichtete. Auch den Zweiten Weltkrieg erlebte er als Berichterstatter mit: 1944 nahm er an der Ardennenoffensive teil, wurde Zeuge der Befreiung von Paris durch die Alliierten und der schweren Kämpfe in der Eifel.

Wenn Ernest Hemingway einmal zu Hause war, unternahm er mit seinen drei Söhnen Gregory, John und Patrick Jagdausflüge. Mit Duldung des Vaters durften sie schon im frühesten Jugendalter Alkohol trinken. Als Hemingway fünfzig Jahre alt war, stellten sich erste gesundheitliche Probleme ein. Doch weigerte er sich standhaft, seinen Alkoholkonsum (Rum und Whisky) zu reduzieren. Der größte Erfolg seiner literarischen Laufbahn stand da noch bevor: *Der alte Mann und das Meer*, für den er 1953 den Pulitzer-Preis erhielt, wurde sensationell aufgenommen. Der Roman wurde von Medien, Kritikern und Lesern als Jahrhundertwerk gefeiert. Zwei Jahre nach der Veröffentlichung wurde Ernest Hemingway im Jahr 1954 der Nobelpreis für Literatur verliehen.

Im Jahr 1960 ließ sich Hemingway zusammen mit seiner Frau Mary in Ketchum, einem Ort am Rande der Rocky Mountains, nieder. Er litt unter Depressionen und musste wegen seines sich ständig verschlechternden Gesundheitszustandes immer wieder Kliniken aufsuchen und endlose Therapien über sich ergehen lassen.

Unmittelbar nachdem er aus dem Krankenhaus entlassen worden war, erschoss sich Hemingway am 2. Juli 1961 auf seinem Anwesen in Ketchum. Dort auf dem Friedhof befindet sich auch sein Grab.

Meine Lieblingsbücher von Ernest Hemingway:
- **Die Nick Adams Stories**
- Der alte Mann und das Meer
- Der Sieger geht leer aus
- Wem die Stunde schlägt

Inhaltlich geht es bei Hemingway fast immer um Herausforderungen oder Extremsituationen in der Welt der Männer: Krieg, Stierkampf, Fischfang, Großwildjagd – und um Frauen und die Liebe.

Die Kurzgeschichte »Das Ende von Etwas« erschien in englischer Sprache 1925 in der Anthologie *In unserer Zeit*. Sie beginnt mit einer Schilderung des Niedergangs einer Sägemühle in der Bauholz-Stadt Hortons Bay:

Früher einmal war Hortons Bay eine Bauholz-Stadt gewesen. Niemand, der dort wohnte, war außerhalb des Hörbereichs der großen Sägemühle am See. Dann, eines Tages, gab es keine Baumstämme mehr, um Bauholz zu machen. Die Holzschoner kamen in die Bucht und wurden mit dem Schnittholz des Sägewerks, das auf dem Hof gestapelt stand, beladen. Alle Stapel Bauholz wurden weggebracht. Aus der großen Mühle nahm man alle transportablen Maschinen fort und ließ sie von den Leuten, die bisher in der Mühle gearbeitet hatten, auf einen der Schoner laden. Der Schoner entfernte sich aus der Bucht hinaus dem offenen See zu ...[100]

In weiterer Verlauf der Geschichte lenkt Hemingway sein Augenmerk auf die zu Ende gehende Liebesbeziehung zwischen den Jugendlichen Nick und Marjorie. Die beiden unternehmen einen Angelausflug mit Picknick zum Seeufer bei Hortons Bay, doch haben sie einander nicht mehr viel zu sagen. Am Ufer machen sie ein Feuer. Marjorie ist zunächst noch vergnügt, bis ihr Nick deutlich macht, dass es Zeit ist, sich zu trennen:

Nick sah weiter auf den Mond, der über die Berge heraufkam. »*Es ist nicht mehr schön.*«

Er hatte Angst, Marjorie anzusehen. Dann sah er sie an. Sie saß da und wandte ihm den Rücken zu. Er sah ihren Rücken an. »*Es ist nicht mehr schön. Überhaupt nichts mehr.*« *Sie sagte nichts. Er fuhr fort:* »*Weißt du, mir ist, als ob in mir alles zum Teufel gegangen ist. Ich weiß nicht, Marge. Ich weiß nicht, was ich sagen soll.*« *Er blickte weiter auf ihren Rücken.* »*Ist Liebe denn nicht schön?*«, *sagte Marjorie.* »*Nein*«, *sagte Nick. Marjorie stand auf. Nick saß da, die Hände in den Kopf gestützt.* »*Ich nehme das Boot*«, *rief Marjorie ihm zu.* »*Du kannst um die Landspitze rum zu Fuß zurückgehen.*«[101]

Stimmung und Dialoge der Story sind typisch für den einzigartigen Stil, in dem Hemingway schrieb und der einer ganzen Schriftstellergeneration zum Vorbild wurde: lakonisch, nüchtern und dennoch gefühlvoll.

Empfehlenswerte Bücher über Ernest Hemingway:

— Kenneth S. Lynn: *Hemingway. Eine Biographie.*
  Aus dem Amerikanischen von Werner Schmitz.
  Rowohlt Verlag, Reinbek 1991.

— Carlos Baker: *Hemingway. Die Geschichte eines abenteuerlichen Lebens.* Aus dem Amerikanischen von Christian Herburg.
  Praeger Verlag, Wien 1971.

Literatour Hemingway:

— Hemingway-Haus, Museum, 907 Whitehead St.,
  Key West, FL 33040, Florida / USA

— Harry's Bar, Calle Vallaresso 1323, 30124 Venedig, Italien

— The Gritti Palace, Campo Santa Maria Del Giglio 2467,
  30124 Venedig, Italien

36 Jerome D. Salinger.
Der Eigenbrötler

*1.1.1919 New York
†27.1.2010 Cornish/New Hampshire

Der Schriftsteller Georges Simenon hat Hunderte von Romanen geschrieben und wurde weltberühmt. Der Schriftsteller Jerome David Salinger hat neben einigen Erzählungen nur einen einzigen »großen« Roman geschrieben – und wurde genauso berühmt wie Simenon. *Der Fänger im Roggen* wurde 1951 in den USA in einer Taschenbuchausgabe veröffentlicht, die dort in den nächsten zehn Jahren dreieinhalb Millionen Mal verkauft wurde. Die Weltauflage betrug im gleichen Zeitraum zehn Millionen, und noch immer werden weltweit pro Jahr eine Viertelmillion Exemplare abgesetzt.

Als ich so alt war wie Holden Caulfield, der Held des *Fänger im Roggen*, trug ich die Haare lang, so wie meine Vorbilder, die Beatles. Ich war mindestens so schlecht in der Schule wie der Held in Salingers Buch und fühlte mich genauso allein. Und ich las den *Fänger im Roggen* nicht nur einmal, sondern mehrfach hintereinander, weil ich mich zu 100 Prozent mit Holden Caulfield identifizierte. Gerne wäre auch ich ein »Fänger im Roggen« gewesen, aber in meiner Heimat im hessischen Hinterland gab es keine Klippen, wo man Kinder vor dem Sturz in die Tiefe retten konnte.

Ein ganzes Schuljahr lang trug ich das Buch in meiner Tasche mit mir herum. Es wurde eines meiner Lieblingsbücher, wenn nicht gar das Buch meines Lebens.

Die Vorfahren Salingers väterlicherseits waren aus Litauen in die Vereinigten Staaten zugewandert. Großvater Salinger wirkte in Louisville/Kentucky als Rabbi, er finanzierte so sein

Medizinstudium und ließ sich später als Internist in Chicago nieder. Ob die Großeltern mütterlicherseits von Jerome D. Salinger aus Irland oder Deutschland stammten, ist bis heute nicht abschließend geklärt. Der Geburtsname von Salingers Mutter lautete Maria Jillich. Zur Welt kam sie in Atlantic/ Iowa, einer Kleinstadt im Mittleren Westen der USA. Kennengelernt hatten sich die Eltern auf einem Jahrmarkt, zu einer Zeit, als Salingers Vater noch ein Kino in Chicago betrieb, das er jedoch infolge mangelnder Rentabilität bald aufgeben musste. Daraufhin übernahm Solomon Salinger den Job des Geschäftsführers in einer New Yorker Käsefabrik.

Nach der Heirat änderte Maria ihren Vornamen in Miriam. Erst nachdem Jerome D. Salinger im Alter von dreizehn Jahren die Bar Mizwa erhielt, erfuhr er, dass seine Mutter nicht im jüdischen Glauben aufgewachsen war. Das Ehepaar Salinger gab dem am 1. Januar 1919 geborenen Sohn den Namen Jerome David, gerufen aber wurde das zweite Kind der Familie »Sonny«. Die acht Jahre ältere Schwester trug den Namen Doris. In der Erziehung der Kinder dominierte Mutter Miriam. Ihren Sohn verhätschelte sie. Wenn es zu Hause Streit gab, lief der kleine Sonny einfach davon.

Sonny besuchte die private McBurney School in Manhattan und erzählte gerne Geschichten. Dieses Talent hatte er vom Vater geerbt. Als er jedoch äußerte, Schriftsteller werden zu wollen, fand dies nicht den Beifall des Vaters. Jahr für Jahr durfte der Junge im Sommer ein Ferienlager (Camp Wigwam) besuchen, das im fernen Bundesstaat Maine lag. Die McBurney School befand sich in der Verwaltung der YMCA (Young Men's Christian Association), und Salinger trat im Alter von dreizehn Jahren der Christlichen Vereinigung Junger Männer bei. Er begann, für eine Schülerzeitung zu schreiben, und spielte in der Theatergruppe. Seine schulischen Leistungen ließen aber bald nach, vor allem in Algebra, Geometrie, Deutsch und Latein. So musste er zum Schuljahr 1934 die Schule verlassen. Im Abgangszeugnis der McBurney School wurde ihm bescheinigt, aufgrund der Pubertät »unaufmerksam und wirr im Kopf« zu sein. Nun wollte Sonny die Schauspielschule besuchen. Doch zu seinem Entsetzen schickten ihn die Eltern auf die Militärakademie Valley Forge in Wayne / Pennsylvania.

In der Militärakademie stand neben den üblichen Unterrichtsfächern auch Unterricht an der Waffe und Marschieren auf dem Stundenplan. Seinen Spitznamen Sonny legte er ab und ließ sich stattdessen »Jerry« nennen. Er kam recht gut zurecht, verbesserte seine Noten und schloss Freundschaften. Für die Akademiezeitschrift schrieb er regelmäßig Beiträge.

Nach zwei Jahren beendete Salinger die Schulzeit an der Akademie mit Erfolg und begann ein Magisterstudium an der New York University, das er nach zwei Semestern wieder abbrach. Anschließend trat er eine längere Reise nach Europa an. Er arbeitete im Schlachthaus einer polnischen Fleischfabrik und lernte in Wien bei einer Gastfamilie ein Mädchen kennen, in das er sich so sehr verliebte, dass er Jahre später noch einmal nach Österreich fuhr, um sie wiederzusehen. Das Unterfangen scheiterte aber, weil er das Mädchen nicht wiederfand. Im Jahr 1947 schrieb er eine Erzählung über diese Begegnung: »A Girl I Knew«. Folgt man dem Inhalt, kam die Familie, bei der er mehrere Jahre gelebt hatte, und das Mädchen, mit dem ihn seine erste Liebe verband, in einem Konzentrationslager um.

In die USA zurückgekehrt, nahm er das Studium wieder auf, zunächst für nur ein Semester am Ursinus College und dann, 1939, an der Columbia University in New York. Nachdem seine erste Kurzgeschichte »The Young Folks« veröffentlicht wurde, stand es für ihn außer Frage: Er wollte Schriftsteller werden. Im Alter von einundzwanzig Jahren verließ er die Columbia University ohne Abschluss.

Im Sommer 1941 traf er die sechzehnjährige Tochter des amerikanischen Dramatikers Eugene O'Neill: Oona O'Neill. Sie war eine strahlende Schönheit, aber nicht von bahnbrechen-

243

der Intellektualität. Es war Salingers erste tiefergehende Liebe zu einer Frau. Sie dauerte nur wenige Monate an, aber sie beschäftigte ihn noch jahrelang innerlich. Oona verließ ihn für Charlie Chaplin, der später ihr Ehemann wurde und mit dem sie acht Kinder bekam.

Salinger schrieb nun eine Kurzgeschichte nach der anderen, die in unterschiedlichen Zeitschriften und Zeitungen veröffentlicht wurden. Im April 1942 wurde er zum Militärdienst einberufen, und ab Januar 1944 nahm er an Feldzügen in Frankreich und England teil. In England war er als Offizier im Nachrichtendienst des CIC (Counter Intelligence Corps) für das Abhören und die Störung feindlicher Sender zuständig. Im Juni 1944 war er bei der Landung in der Normandie dabei und nahm im weiteren Verlauf des Krieges an der Befreiung von Konzentrationslagern in Süddeutschland teil: in Dachau und in Außenstellen und Internierungslagern des KZ Dachau, in Aalen, Ellwangen, Horgau und zwei weiteren Lagern in der Nähe von Augsburg am Westufer des Lech. Nach Kriegsende wurde er als Zivilist bei der Entnazifizierung in der Nähe von Nürnberg eingesetzt und gemeinsam mit anderen CIC-Agenten für sechs Monate einer entsprechenden Aufklärungsabteilung in Weißenburg / Mittelfranken zugeteilt.

Nachdem er die in Frankfurt am Main geborene Augenärztin Sylvia Welter in einem Nürnberger Lazarett kennengelernt hatte, zog das Paar in ein Haus in der südlich von Nürnberg gelegenen Stadt Gunzenhausen und heiratete dort. Die Ehe dauerte nur ein knappes Jahr. Nachdem Sylvia mit in die USA gegangen war und sich dort Konflikte mit Salingers Mutter Miriam und in der Folge auch mit ihrem Mann ergeben hatten, trennte sich das Paar. Sylvia kehrte nach Deutschland zurück, die Ehe wurde annulliert.

Im Jahr 1950 lernte Salinger Claire Douglas, die Tochter eines britischen Kunstkritikers, kennen. Die neunzehnjährige Psychologiestudentin wurde seine Lebensgefährtin. Im Juli

1951 war *Der Fänger im Roggen* fertiggestellt, dessen Titel dem Gedicht von Robert Burns »Comin' Through the Rye« entlehnt ist. Der Roman erschien am 16. Juli 1951 zeitgleich in den USA und Kanada.

Das Paar kaufte ein Haus in Cornish (New England) und bekam zwei Kinder: Margaret (1955) und Matthew (1960). In der Ehe kam es alsbald zu Problemen, nachdem Salinger sich der Ramakrishna-Sekte und deren Lebensauffassung zuwandte, die Sex als menschliche Schwäche interpretierte und nur als Mittel zur Fortpflanzung sah. Salinger sehnte sich nach einem Leben in Abgeschiedenheit und konzentrierte sich auf das Schreiben. Es entstanden die Novellen *Franny und Zooey*, *Hebt den Dachbalken hoch, Zimmerleute* und *Seymour, eine Einführung*. Als Scheidungsgrund führte Claire die »Gleichgültigkeit und Kommunikationslosigkeit« ihres Ehemannes an.

Nach der Scheidung von Claire hatte Salinger eine zehnmonatige Affäre mit der Studentin Joyce Maynard, die vierunddreißig Jahre jünger war als er. Über ihre Begegnung mit Salinger schrieb sie ein viel beachtetes Buch. Schließlich heiratete der nun sehr zurückgezogen lebende Schöpfer des *Fänger im Roggen* Ende der 1980er Jahre noch ein weiteres Mal: die Krankenschwester Colleen O'Neill (nicht verwandt mit Oona O'Neill).

Am 27. Januar 2010 verstarb der einundneunzigjährige Jerome D. Salinger nach kurzer Krankheit in Cornish/New Hampshire. Eine Trauerfeier hatte er sich aus Respekt vor seinem Privatleben strikt verbeten.

Mein Lieblingsbuch:
- **Der Fänger im Roggen**

Der Fänger im Roggen erschien 1951 in englischer Sprache und wurde auf der Basis einer um zahlreiche anstößige Stellen »bereinigten« englischen Ausgabe von der Schweizerin Irene

Muehlon ins Deutsche übersetzt, die 1954 im Diana Verlag veröffentlicht wurde. 1962 erschien der Roman in der bearbeiteten deutschen Übersetzung von Heinrich Böll und dessen Frau Annemarie beim Verlag Kiepenheuer & Witsch. Vierzig Jahre später kam es zu einer erneuten Übertragung ins Deutsche, die Eike Schönfeld durchführte. Die geschätzte Auflage weltweit dürfte inzwischen bei mehr als 100 Millionen Exemplaren liegen. Eine Verfilmung des Stoffes wurde von Salinger konsequent abgelehnt.

In der amerikanisch-englischen Originalausgabe enthält der Roman 255-mal das Wort »goddam« und 44-mal das Wort »fuck«. Bis 1982 war *The Catcher in the Rye* das am häufigsten zensierte Buch in den Schulen und Bibliotheken der Vereinigten Staaten.

Der Fänger im Roggen ist die Geschichte des heranwachsenden Jugendlichen Holden Caulfield, der in seinem Internat, in der Schule, mit den Eltern und mit der bürgerlichen Außenwelt nicht klarkommt und den einzigen Halt in seiner Schwester Phoebe findet. Das Phänomen des Buches liegt darin, dass es zwar bereits um 1950 geschrieben wurde, aber so zeitlos ist, dass es genauso gut zehn, zwanzig oder fünfzig Jahre später hätte geschrieben werden können. *Der Fänger im Roggen* ist ein Buch für junge Menschen jeder Generation und auch für solche, die einfach nur im Herzen jung geblieben sind. Es ist ein Buch für die Unangepassten, die Aufbegehrenden und die Suchenden, kurzum: Weltliteratur.

Woher nun rührt der etwas seltsam anmutende Titel des Romans? Darüber geben der Ich-Erzähler Holden Caulfield und dessen Schwester im Buch Auskunft:

»Dad bringt dich um. Er bringt dich um!« sagte sie. Ich hörte ihr aber nicht zu. Ich dachte an etwas ganz anderes – etwas Verrücktes. »Weißt du, was ich gerne sein möchte?« fragte ich. »Weißt du, was ich sein möchte? Ich meine, wenn ich die Wahl hätte?«

»Was? Fluch nicht so.«

»Kennst du das Lied, ›wenn einer einen andern fängt, der durch den Roggen läuft‹? Ich wäre gern –«

»Es heißt, ›Wenn einer einen andern trifft, der durch den Roggen läuft‹!« sagte Phoebe. »Das ist ein Gedicht von Robert Burns.«

»Das weiß ich auch, dass es ein Gedicht von Robert Burns ist.«

Sie hatte aber ganz recht. »Es heißt ›Wenn einer einen andern trifft, der durch den Roggen läuft‹.

»Ich dachte, es hieße, ›wenn einer einen andern fängt‹«, sagte ich. »Aber jedenfalls stelle ich mir immer kleine Kinder vor, die in einem Roggenfeld ein Spiel machen. Tausende von kleinen Kindern, und keiner wäre in der Nähe – kein Erwachsener, meine ich – außer mir. Und ich würde am Rande einer verrückten Klippe stehen. Ich müsste alle festhalten, die über die Klippe hinauslaufen wollen – ich meine, wenn sie nicht achtgeben, wohin sie rennen, müsste ich vorspringen und sie fangen. Das wäre alles, was ich den ganzen Tag tun würde. Ich wäre einfach der Fänger im Roggen ...«[102]

Empfehlenswerte Bücher über Jerome D. Salinger:

— Kenneth Slawenski: *Das verborgene Leben des J. D. Salinger.*
Aus dem Amerikanischen von Yamin von Rauch.
Verlag Rogner & Bernhard, Berlin 2012.

— David Shields, Shane Salerno: *Salinger. Ein Leben.*
Aus dem Amerikanischen von Yamin von Rauch.
Droemer Verlag, München 2015.

37 John Steinbeck.
Logbücher des Lebens

* 27. 2. 1902 Salinas / Kalifornien
† 20. 12. 1968 New York

Auf meiner ersten Reise durch den Westen der USA wollte ich auch das »Steinbeck Country« kennenlernen: Salinas, den Schauplatz von *Jenseits von Eden*, die Cannery Row (die »Straße der Ölsardinen«) in Monterey und das »Tal des Himmels«. Monterey wird im Sommer von Touristen überflutet. Das John-Steinbeck-Museum in Salinas aber ist allein schon eine Reise wert. Dort lässt sich sogar der Campingwagen des Dichters besichtigen, mit dem Steinbeck und sein Königspudel Charley durch die Staaten unterwegs waren.

Ich habe alle Plätze und Orte besucht, die ich sehen wollte: sogar die Straßenkreuzung, an der James Dean, Hauptdarsteller in *Jenseits von Eden*, im Jahr 1955 tödlich verunglückte. Es ist einfach nur eine Kreuzung der US-Bundesstraßen 41 und 46, nichts sonst, und ein Ort der Erinnerung an einen großartigen Schauspieler.

Wer einmal in Kalifornien war, der möchte immer wieder dorthin. Wenn das nicht oder nicht mehr geht, kommt man mit John Steinbecks Büchern nahe an das Sehnsuchtsland heran.

Der Großvater des Dichters John Steinbeck väterlicherseits kam aus Heiligenhaus bei Düsseldorf. Er wanderte zunächst nach Palästina aus und zog von dort weiter in das Heimatland seiner Ehefrau, die Vereinigten Staaten von Amerika. John Steinbecks Mutter entstammte einer irischen Familie und war von Beruf Lehrerin. Sie heiratete John Ernst Steinbeck, der, nach dem Bankrott eines eigenen Geschäftes, als Buchhalter und Finanzbeamter arbeitete.

Die Familie, in der die Mutter das Sagen gehabt haben soll, lebte in Salinas, das unweit von Monterey im Landesinneren Kaliforniens liegt. Dort wurde John Steinbeck am 27. Februar 1902 geboren. Der Junge erhielt die gleichen Vornamen wie sein Vater: John Ernst. Er wuchs zusammen mit drei Schwestern auf. Die Steinbecks besaßen ein Ferienhaus in Pacific Grove, zu dem sie regelmäßig Ausflüge unternahmen und wo sich John später auch für längere Zeit aufhielt. Die gesamte Region um Salinas, Monterey, Pacific Grove, Carmel und bis hinunter nach Big Sur wird heute in Kalifornien als Steinbeck Country bezeichnet.

Nach der High School studierte Steinbeck Natur- und Geisteswissenschaften an der Stanford University. Ihm sagte der Universitätsbetrieb nicht zu, gelegentlich kam es zu Abstechern nach San Francisco, bei denen reichlich getrunken wurde. Steinbeck schrieb erste Kurzgeschichten, die in einer Stanforder Literaturzeitschrift erschienen. Im Alter von dreiundzwanzig Jahren brach er das Studium ab und arbeitete in New York als Bauarbeiter und Reporter. Von dort kehrte er nach Kalifornien zurück und übernahm einen Job als Hausmeister in einem Anwesen am Lake Tahoe. Es folgten kurze Tätigkeiten als Handlanger, Erntehelfer und Sprengarbeiter in San Francisco und Umgebung. Steinbeck gefiel sich in der Rolle des starken Mannes: Er trank viel, zog in der freien Zeit mit Hunden durch die Natur und übte sich im Gebrauch von Schusswaffen.

Am Lake Tahoe lernte er Carol Henning kennen, die beim *San Francisco Chronicle* arbeitete. Am Tag ihrer Hochzeit tranken sie gemeinsam mit Freunden ein Fass Bier. Das Paar zog zunächst nach Los Angeles, später lebten die beiden im Ferienhaus von Johns Eltern in Pacific Grove. Carol versorgte ihren Mann, tippte seine Manuskripte und litt unter den nächtlichen Streifzügen ihres Mannes. Schwierigkeiten entstanden, als sie eine Affäre mit einem Freund der Familie einging, die allerdings nach kurzer Zeit beendet wurde. Das Vertrauen in sie war für John Steinbeck allerdings dahin. Beide begannen, sich für die soziale Frage der kalifornischen Einwanderer zu interessieren, und Carol arbeitete in einer entsprechenden Hilfsorganisation als Sekretärin. Sozialisten im eigentlichen Sinne waren die beiden jedoch zu keiner Zeit, auch wenn sie sich stets für die Belange sozial Schwächerer einsetzten.

Im Jahr 1929 war Steinbecks Erstling *Eine Handvoll Gold* erschienen. Der Roman wurde kein Erfolg, aber Steinbeck nahm sich nun vor, jedes Jahr ein Buch zu schreiben. Nacheinander erschienen *Das Tal des Himmels* (1932), *Der fremde Gott* (1933) und *Tortilla Flat* (1935), *Stürmische Ernte* (1936), *Von Mäusen und Menschen* (1937), *Der rote Pony* (1938) und *Früchte des Zorns* (1939). Immer stärker gerieten die sozialen Auseinandersetzungen infolge der Zuwanderung und des Elends der Wanderarbeiter in den USA in den Mittelpunkt der Handlung seiner Erzählungen und Romane.

Hatten ihn die Eltern zu Beginn seiner schriftstellerischen Arbeiten noch unterstützen müssen, erreichte er nun nach und nach finanzielle Unabhängigkeit. *Früchte des Zorns* wurde 1940 mit dem Pulitzer-Preis ausgezeichnet. Der Roman erzählt das Schicksal der Familie Joad, die ihre Farm in Oklahoma aufgibt, um in einem klapprigen Lkw als Migranten nach Kalifornien zu ziehen. Woody Guthrie und Bruce Springsteen haben die Story in Popsongs verarbeitet (Springsteen in »The Ghost of Tom Joad«).

Während der Dreharbeiten zur Verfilmung von *Früchte des Zorns* in Hollywood lernte John Steinbeck die Sängerin Gwyn Conger kennen. Mit ihr zog er nach der Trennung von Carol nach New York, und 1943 heirateten die beiden. Im gleichen Jahr reiste er als Kriegsberichterstatter nach Algerien, Tunesien, Italien und London. Nach der Geburt des Sohnes Thom (Thomas) kehrte Steinbeck nach Monterey zurück. 1945 entstand *Die Straße der Ölsardinen*, eine Hommage auf seinen besten Freund, den Meeresbiologen Ed Ricketts aus Monterey.

Etwa zeitgleich erstand Steinbeck zwei Häuser in New York, in die er mit seiner Familie zog. 1946 wurde der zweite Sohn John geboren. In der Ehe begann es zu kriseln, da Gwyn sich vernachlässigt fühlte. Gemeinsam machten sich die beiden auf die Reise durch Skandinavien und Frankreich, zu seiner Russlandreise im Jahr darauf brach John Steinbeck allein auf.

Das Jahr 1948 wurde vom Unfalltod seines Freundes Ed Ricketts überschattet. Am Abend der Rückkehr von der Beerdigung seines Weggefährten eröffnete ihm Ehefrau Gwyn, sich scheiden lassen zu wollen. Sie blieb mit den Kindern in New York, und ihr Mann zog sich zurück in das alte Ferienhaus der Familie in Pacific Grove.

Nach der Scheidung von Gwyn lernte Steinbeck die Bühnenmanagerin Elaine Scott kennen. Steinbeck zog mit ihr und deren Tochter nach New York, und 1950 heirateten die beiden. Unter dem Arbeitstitel *Salinas Valley* arbeitete er nun intensiv an einem neuen Roman, von dem er sagte, er habe sich ein Leben lang auf dieses Buch vorbereitet. 1952 erschien das Werk unter dem Titel *East of Eden* (*Jenseits von Eden*). Es wurde ein Welterfolg und von Regisseur Elia Kazan mit James Dean und Julie Harris in den Hauptrollen verfilmt.

Als John Steinbeck *East of Eden* vollendet hatte, unternahm er gemeinsam mit Ehefrau Elaine mehrere längere Europareisen. Zunehmend litt er unter gesundheitlichen Beschwerden: Er sah nicht mehr gut und hatte Herzprobleme. 1954 kam es zu einem Schwächeanfall, womöglich als Folge eines leichten Schlaganfalls. Die Sommermonate in den USA verbrachte er in einem Ferienhaus auf Long Island. Die Bekanntschaft mit dem US-Präsidenten Lyndon B. Johnson brachte ihn in seiner näheren Umgebung und bei linken Literaturkritikern in den Verdacht, ein Anhänger des Mannes zu sein, der maßgeblich für den Vietnamkrieg verantwortlich zeichnete.

Nach der Rückkehr von einer weiteren Reise nach England verschlechterte sich der Gesundheitszustand Steinbecks erneut. Im Herbst 1959 fand ihn seine Frau bewusstlos im Bett. Wochenlang blieben sein Sprachvermögen und seine Motorik gestört. Trotz seiner angeschlagenen Gesundheit entschloss sich John Steinbeck im Alter von einundsechzig Jahren, einen Campingwagen zu kaufen und gemeinsam mit seinem alten Pudel Charley durch Amerika zu reisen. Der Trip dauerte elf Wochen, in denen Herr und Hund vierunddreißig Bundesstaaten besuchten – festgehalten in dem 1962 erschienenen Band *Die Reise mit Charley*. Im selben Jahr wurde John Steinbeck der Nobelpreis für Literatur verliehen.

Es folgten noch weitere Reisen: Mit Elaine und seinen beiden Söhnen besuchte er England, Irland, Frankreich und Norditalien. Auf Vorschlag von Präsident Kennedy schloss sich eine gemeinsame Reise mit Frau Elaine durch Russland an, die vom sowjetischen Schriftstellerverband begleitet wurde. Bei einem anschließenden Aufenthalt in Deutschland traf er die Schriftstellerkollegen Günter Grass und Uwe Johnson.

An der weitverbreiteten Kritik des Vietnamkrieges beteiligte sich John Steinbeck nicht. Seine letzte große Reise führte ihn 1966 nach Vietnam, von wo aus er Reportagen in sein Heimatland sandte, die über den Kriegsalltag der US-Soldaten berichteten, die Hintergründe des Krieges jedoch unkommentiert ließen.

Die letzten Wochen seines Lebens verbrachte John Steinbeck in Sag Harbor auf Long Island und in New York. Am 20. Dezember 1968 starb er dort, im Beisein seiner Frau Elaine, an Herzversagen. Er wurde in Salinas / Kalifornien, seiner Geburtsstadt, beigesetzt. Hier steht das »Steinbeck House« – das Haus, in dem John Steinbeck aufwuchs. Heute ist es ein Museum mit angeschlossenem Restaurant.

Mein Lieblingsbücher von John Steinbeck:
- **Das Tal des Himmels**
- Der fremde Gott

- Früchte des Zorns
- Jenseits von Eden
- Logbuch des Lebens
- Die Reise mit Charley

Das Tal des Himmels verknüpft zwölf Geschichten miteinander, die erstmalig im Jahr 1932 erschienen und in denen das Leben von Obstfarmern und ihren Familien in einem Tal, das zwischen Salinas und Monterey an der heutigen Route 68 in Kalifornien liegt, geschildert wird. Der Protagonist Richard findet hier den Flecken Erde, an dem er sich niederlassen will:

Am Abend eines strahlend schönen Tages fuhr er in seinem Zweispänner auf die Anhöhe der kleinen Hügel, welche das »Tal des Himmels« umrahmen. Er brachte die beiden Füchse zum Stehen und sah in das grüne Tal hinunter. Und augenblicklich wusste Richard, dass er gefunden hatte, was er suchte. Auf seinen Fahrten durch das Land war er auf manchen schönen Flecken Erde gestoßen, aber hier zum erstenmal wusste er, ohne sich zu besinnen, dass er nicht mehr weitersuchen musste ...[103]

Auf meinen Autofahrten durch das Steinbeck Country habe ich einen ganzen Tag lang nach dem Tal des Himmels und diesem Platz gesucht. Ich habe ihn nicht gefunden, dafür aber hundert andere Plätze, die genauso zauberhaft waren.

Lesetipps zu John Steinbeck:

— Annette Pehnt: *John Steinbeck*. dtv, München 1998.

Literatour John Steinbeck:

— National Steinbeck Center, Museum und Haus,
  1 Main Street, Salinas, CA 93901, USA

— John Steinbeck House & Restaurant, 32 Central Avenue,
  Salinas, CA 93901, USA

— Cannery Row (die »Straße der Ölsardinen«),
  Monterey, Kalifornien, USA

38 Tschingis Aitmatow.
Der Kirgise

*12.12.1928 Scheker (Talas-Tal) Kirgisistan
†10.6.2008 Nürnberg

Mit den Büchern Aitmatows tauchen wir in eine andere Welt
ein, in das Leben der Hirtennomaden, die mit ihren Zelten
und Tieren von Weidegrund zu Weidegrund ziehen. Aitmatow
führt uns in das ferne Land Kirgisien, das es in der von ihm
beschriebenen Form wahrscheinlich nicht mehr gibt. Doch die
Seele der Menschen seiner Heimat hat Aitmatow seinen Leserinnen und Lesern unauslöschlich ins Gedächtnis gebrannt.

Tschingis Torekulowitsch Aitmatow wurde am 12. Dezember 1928 in Scheker im kirgisischen Talas-Tal geboren. Die Sied-
lung liegt im unmittelbaren Grenzgebiet zu Kasachstan, rund
zweihundert Kilometer von Taschkent entfernt. In der Nähe
seines Geburtsortes liegt der See Issyk-Kul. Die Hochebene ist
von den bis zu siebentausend Meter hohen Gebirgszügen des
Tianshan umgeben.

Aitmatows Vater war Hirte, Verwaltungsbeamter und zweiter Sekretär im Zentralkomitee der Kommunistischen Partei
Kirgisiens, seine Mutter Schauspielerin an einem Theater. Mit
seiner Familie und den dazugehörigen Pferden und Schafen
zog er in seiner Kindheit über die hoch gelegenen Ebenen seiner Heimat von Weidefläche zu Weidefläche. Der Vater und
dessen Brüder wurden 1937 von den stalinistischen Machthabern verhaftet und gemeinsam mit weiteren 137 kirgisischen
Parteifunktionären ein Jahr später wegen »nationalistischer
Aktivitäten« hingerichtet.

Tschingis Aitmatow wurde im Alter von vierzehn Jahren
als Gehilfe beim Dorfsowjet eingestellt und betätigte sich als

Steuereintreiber, Postbote, Lagerarbeiter und Maschinist. Zu seinen Aufgaben gehörte es, den Familien im Dorf die Todesnachricht der im Krieg gefallenen Männer zu überbringen. In einer in Scheker von den Sowjets eingerichteten Schule erwarb Aitmatow neben seiner Arbeit die Qualifikation für ein Studium. An der kasachischen Universität in Dschambul begann er im Alter von achtzehn Veterinärmedizin zu studieren, nebenbei arbeitete er als Viehzüchter in einer Kolchose.

Mit Übersetzungen kirgisischer Texte ins Russische begann seine literarische Tätigkeit. Von 1956 bis 1958 studierte Aitmatow in Moskau am Maxim-Gorki-Literaturinstitut. Er wurde Mitglied im sowjetischen Schriftstellerverband und arbeitete bis 1965 als Journalist für die *Prawda*.

1958 erschien Aitmatows Novelle *Dshamilja*. Die »schönste Liebesgeschichte der Welt« (so Louis Aragon) wurde erstmals in der sowjetischen Literaturzeitschrift *Nowy Mir* veröffentlicht, 1960 erschien sie in deutscher Übersetzung. *Dshamilja* war Aitmatows Abschlussarbeit am Maxim-Gorki-Literaturinstitut. Es folgten zahlreiche weitere Veröffentlichungen, die das traditionelle Leben des einstigen Nomadenvolkes der Kirgisen in und mit der Natur und den kulturellen Umbruch durch die einsetzende Kolchoswirtschaft schildern.

Für seine literarischen Arbeiten wurde Aitmatow mit Preisen überhäuft: Er erhielt den Leninpreis (1963), dreimal den Staatspreis der Sowjetunion (1968, 1977, 1983) und wurde zum »Nationalschriftsteller Kirgisistans« und »Held der Sowjetunion« (1978) ausgerufen. Wie seinen Vater berief man Tschingis Aitmatow zum Mitglied des ZK der Kommunistischen Partei Kirgisistans und nahm ihn als Abgeordneten im Obersten Sowjet in Moskau auf. Es folgten weitere Berufungen in literarische und politische Gremien und die Übernahme der Chefredaktion der Zeitschrift *Inostrannaja literatura*. Unter Gorbatschow war Aitmatow in seiner Heimat Kirgisien in einer Kommission für Weideplätze und Wasserstände zuständig.

Zwölf Jahre lang stand er dem kirgisischen Schriftstellerverband vor, beriet Michail Gorbatschow und wurde zum Botschafter der UdSSR in Luxemburg berufen. Ab März 2008 arbeitete er als Botschafter für Kirgisistan in Frankreich, Belgien, in den Niederlanden und in Luxemburg. Aitmatows politisches Wirken zielte auf Völkerverständigung, Gerechtigkeit und den Schutz der Natur und Umwelt. In einer Rede an der Akademie der Diözese Rottenburg-Stuttgart anlässlich der Verleihung des Alexander-Men-Preises an ihn (1998) sagte Aitmatow: *Die Menschheit hat keine umfassendere Aufgabe als die, eine Kultur der Friedensliebe als Gegensatz zum Gewalt- und Kriegskult hervorzubringen.*[104]

Sein literarisches Schaffen als Mittler zwischen östlichen und westlichen Kulturen stellt eine unvergleichliche Lebensleistung dar. Vielen seiner Leserinnen und Leser gilt er als »Prophet der Ökologie«. Die Werke Aitmatows wurden in 150 Sprachen übersetzt.

Tschingis Aitmatow verstarb am 10. Juni 2008 im Alter von neunundsiebzig Jahren in einer Nürnberger Klinik an den Folgen einer Lungenentzündung. Bei seinem Staatsbegräbnis in der kirgisischen Heimat fanden sich auf einem Versammlungsplatz über 20 000 Trauergäste ein.

In Bischkek, der Hauptstadt von Kirgisistan, wird das Erbe der Vergangenheit gepflegt. In einem Eichenpark stehen zahlreiche Skulpturen: Neben Marx, Engels, Lenin und Manas, dem Helden des kirgisischen Nationalepos, befindet sich vor dem Landwirtschaftsministerium auch eine Statue des großen Dichters Tschingis Aitmatow. Die Zeitung *Die Welt* schrieb über Aitmatow: »Er war der Beschwörer des einfachen Lebens im Einklang mit der Natur.«

Meine Lieblingsbücher von Tschingis Aitmatow:
- **Dshamilja**
- Kindheit in Kirgisien

- Der erste Lehrer
- Der Schneeleopard

Dshamilja ist Tschingis Aitmatows erstes literarisches Werk. Der fünfzehnjährige Junge Said erzählt darin die Liebesgeschichte einer Frau, in die er selbst verliebt ist:

Ich lief zum Fluss, wusch mich und rannte zu den Pferden. Der nasse, kalte Klee peitschte meine bloßen Beine, meine schrundbedeckten Fußsohlen brannten wie Feuer, aber ich merkte es kaum, ich war glücklich. Im Laufen betrachtete ich alles, was um mich war. Die Sonne kam hinter den Bergen hervor, und eine Sonnenblume, die dicht am Wassergraben wuchs, reckte sich ihr entgegen. Weißköpfiger Knöterich schlang sich gierig um die Sonnenblume, aber sie ergab sich nicht: mit ihren gelben Zungen nahm sie ihm die Morgenstrahlen weg und tränkte ihren prallgefüllten Samenkorb damit. Da war die Überfahrt über den Wassergraben, von Räderspuren zerfurcht, in denen sich Wasser sammelt. Und dort war die fliederfarbene Insel von duftenden, bis zum Gürtel reichenden Pfefferminzstauden. Ich laufe über die Heimaterde, und über meinem Kopf huschen die Schwalben hin und her. Ach, wenn ich nur Farben hätte, um das alles zu malen: die Morgensonne und die weißblauen Berge, den tauglänzenden Klee und die wilde Sonnenblume am Wassergraben ... [105]

Schauplatz der Novelle ist das Kukureu-Tal in der nordöstlichen Region Kirgisiens im Sommer 1943. Das Buch erschien 1958, war Pflichtlektüre in den Oberschulen der DDR und wurde zum Weltbestseller.

Empfehlenswerte Literatur zu Tschingis Aitmatow:

— Irmtraud Gutschke: *Menschheitsfragen, Märchen, Mythen. Zum Schaffen Tschingis Aitmatows.* Mitteldeutscher Verlag, Halle 1986.

Literatour Tschingis Aitmatow:

— Gedenkstätte Ata-Bejit, zwanzig Kilometer südlich der kirgisischen Hauptstadt Bischkek; hier wurde Tschingis Aitmatow am 14. Juni 2008 neben seinem Vater, der von den sowjetischen Machthabern im Jahr 1938 hingerichtet wurde, in einem weißen Marmorgrab beigesetzt.

— Tschingis-Aitmatow-Museum in Bischkek (Kirgisistan)

— Tschingis-Aitmatow-Museum in Scheker (Kirgisistan)

VI

NEUE DEUTSCHE
KLASSIKER

39 Alfred Andersch.
Demokratischer Sozialist und
Mitbegründer der Gruppe 47

* 4. 2. 1914 München

† 21. 2. 1980 Berzona / Schweiz

Auf einer Autofahrt zwischen Hannover und Hameln hörte ich in den 1990er Jahren im Radio eine Sendung des NDR-Kulturprogramms. Ein Mann las aus einer Erzählung vor, die ich nicht kannte und die mich in ihren Bann schlug. Es stellte sich heraus, dass der Autor Alfred Andersch war, die Erzählung trug den Titel *Die Kirschen der Freiheit.* Von Andersch hatte ich bis dahin nichts gelesen, ich wusste nur, dass er ein Weggefährte von Hans Werner Richter und Mitbegründer der Gruppe 47 war. Ein paar Tage später kaufte ich mir das Buch. Neben *Die Rote* und *Der Vater eines Mörders* ist es das Buch des Autors, das mich am meisten beeindruckt hat.

Alfred Andersch gehört zu den renommiertesten Vertretern der deutschen Nachkriegsliteratur. Neben seinen Romanen, Hörspielen und Erzählungen war er ein Repräsentant des »anderen Deutschland«, einer, der sich früh gegen den Nationalsozialismus entschied und seine Haltung konsequent in der politischen Debatte der restaurativen bundesrepublikanischen Gesellschaft der ersten drei Nachkriegsjahrzehnte vertrat. Im Jahr 1979, ein Jahr vor seinem Tod, schrieb er verbittert an den Historiker Golo Mann: *Wir leben in einem komplizierten Land, wo einer, obwohl, trotzdem oder gar weil er ein Nazi war, Politik machen, ein Amt bekleiden kann; wo man den Widerstand, den die Kommunisten den Nazis geleistet haben, totschweigt.*[106]

Alfred Andersch, geboren am 4. Februar 1914 in München, stammt aus einem gutbürgerlichen Elternhaus. Sein Vater, Offizier im Ersten Weltkrieg, Tierarzt und erfolgreicher Kaufmann, starb, als Alfred Andersch fünfzehn Jahre alt war. Das von ihm bis zur Untertertia besuchte Wittelsbacher-Gymnasium in München musste er wegen schlechter Zensuren verlassen. Schulleiter war der Vater Heinrich Himmlers. In seiner viel beachteten Erzählung *Der Vater eines Mörders*, die im Jahr von Anderschs Tod (1980) erschien, lieferte der Schriftsteller ein Porträt seines ehemaligen Schuldirektors, das jedem, der es gelesen hat, für immer in Erinnerung bleiben wird.

Von 1928 bis 1931 absolvierte Alfred Andersch eine kaufmännische Lehre im Münchener Wega-Verlag. Im zweiten Lehrjahr wurde er Mitglied der KPD und Leiter des Kommunistischen Jugendverbandes der KPD in Südbayern. Nach der Machtübernahme der Nationalsozialisten wurde er am 8. März 1933 verhaftet und für mehrere Wochen im KZ Dachau interniert. Nach seiner Entlassung stand er unter Beobachtung der Gestapo. Anfang Oktober 1933 wurde er erneut verhaftet, in Schutzhaft genommen und verhört, dann jedoch wieder freigelassen. Anschließend arbeitete er als Buchhändler in der Lehmann'schen Verlagsbuchhandlung in München.

Mit seiner Freundin Angelika Albert unternahm er 1934 eine erste Reise nach Italien. Das Paar heiratete 1935. Stephan Reinhardt schreibt dazu in seiner Andersch-Biographie: »Um Angelika, die Halbjüdin war, zu schützen ... heiratete Andersch sie am 15. Mai.« Angelika und Alfred Andersch zogen nach Hamburg, da Andersch dort auf Vermittlung seines Schwagers eine Anstellung als Werbeleiter in einer Fotopapierfabrik gefunden hatte. 1938 kam die Tochter Susanne zur Welt.

1940 wurde Andersch zur Wehrmacht eingezogen, zunächst am Westwall als Bausoldat, anschließend in verschiedenen Regionen des besetzten Frankreichs. Während eines Fronturlaubs lernte er die verheiratete Malerin Gisela Groneuer, geborene Dichgans, im holsteinischen Ostseebad Dahme kennen und begann eine Liebesbeziehung mit ihr. Im Frühjahr 1941 wurde Alfred Andersch zufällig auf einen Erlass Hitlers aufmerksam, der verfügte, dass ehemalige KZ-Insassen mit sofortiger Wirkung aus der Wehrmacht zu entlassen seien. Mit dieser Verfügung meldete er sich bei seinem Kompaniechef und wurde mit dem Vermerk »arbeitsverwendungsfähig« aus der Wehrmacht entlassen. Andersch nahm seine Arbeit als Werbeleiter wieder auf.

Zwei Jahre später trennte er sich von seiner Frau Angelika; die Scheidung erfolgte im Jahr 1943. Angelika Andersch litt unter der Trennung von ihrem Mann, der sie und die gemeinsame Tochter Susanne, die er sehr liebte, häufig in Hamburg besuchte. Alfred Andersch hingegen bedrückte es, sich von seiner Frau Angelika zu einem Zeitpunkt getrennt zu haben, als Hitler sein verbrecherisches Werk, die »Endlösung der Judenfrage«, in den Vernichtungslagern vollziehen ließ. Zu einem späteren Zeitpunkt sah sich Andersch dem Vorwurf ausgesetzt, seine Frau Angelika, deren jüdische Mutter ins Konzentrationslager Theresienstadt deportiert wurde und dort 1944 zu Tode kam, im Stich gelassen zu haben. Ende September 1990 schrieb der *Spiegel*: »Im entscheidenden Moment war Andersch seine persönliche Entwicklung wichtiger als die Sorge um das weitere Schicksal seiner Frau und seiner Schwiegermutter ...«

1943 wurde Alfred Andersch erneut zum Kriegsdienst in Dänemark und Italien herangezogen. Am 6. Juni 1944 desertierte er und wurde per Schiff in ein amerikanisches Kriegsgefangenenlager gebracht, aus dem er Ende 1945 entlassen wurde.

Nach Kriegsende arbeitete Andersch zunächst als Assistent des Schriftstellers Erich Kästner bei der *Neuen Zeitung* in München. Andersch strebte jedoch an, eine eigenständige Publikation herauszugeben. Zusammen mit Hans Werner Richter, der aus Bansin auf der Insel Usedom stammte und den er im Kriegsgefangenenlager kennengelernt hatte, gründete er die literarische Zeitschrift *Der Ruf*, die 1947 von der amerikanischen Besatzungsmacht verboten wurde – und danach die Gruppe 47. Im April 1950 heirateten Alfred Andersch und

Gisela Groneuer; im gleichen Jahr kam die Tochter Annette zur Welt.

Alfred Andersch wurde zu einer der wichtigsten Stimmen im Literaturbetrieb der jungen Bundesrepublik. Neben seiner schriftstellerischen Tätigkeit arbeitete er für den Rundfunk, zunächst ab 1948 in Frankfurt und in den Jahren 1955 bis 1958 in Stuttgart. Dort war er verantwortlich für die Sendung *Radio-Essay*. Sein Assistent war Hans Magnus Enzensberger.

Als wichtigstes Werk Alfred Andersch gilt der 1957 erschienene Roman *Sansibar oder der letzte Grund*, der sich mit den Auswirkungen des nationalsozialistischen Terrors auf Menschen in unterschiedlichen Lebenssituationen der Verfolgung auseinandersetzt. Das Buch wurde – anders als *Die Kirschen der Freiheit* – von der Literaturkritik allgemein wohlwollend aufgenommen und Lektüre in der Oberstufe deutscher Schulen.

Der dritte Roman von Alfred Andersch, *Die Rote*, erschien 1960. Im Mittelpunkt des Buches steht die dreißigjährige Dolmetscherin Franziska, die sich zwischen zwei Männern entscheiden muss – vor der Kulisse der Stadt Venedig. Das Buch wurde 1962 von Helmut Käutner verfilmt.

Nach Wohnsitzen in der Eifel und in Hamburg zog die Familie 1958 ins Tessin und lebte in Berzona im Valle Onsernone. In seiner Nähe wohnte der Schriftsteller Max Frisch; es kam zu häufigen Begegnungen und einem regen Gedankenaustausch. Auf Menschen in seinem näheren Umfeld wirkte Andersch oft unnahbar und förmlich. Frisch über Andersch: »Wenn man beim Boccia sagt, er sei an der Reihe, so hat man das Gefühl von Zumutung, er nimmt zwar die Kugel, aber ein ernstes Gespräch wäre ihm lieber.«

1972 erhielt Andersch die Schweizer Staatsbürgerschaft. Immer wieder beteiligte er sich an politischen Diskussionen in seinem Heimatland. So übte er heftige Kritik am 1972 verabschiedeten »Radikalenerlass«, mit dem die Beschäftigung angeblicher Verfassungsfeinde im öffentlichen Dienst verhindert werden sollte.

Alfred Andersch starb am 21. Februar 1980 in Berzona. Er hinterließ ein erzählerisches Werk, das zweifellos zu den wichtigsten Beiträgen deutscher Autoren in der Literatur der zweiten Hälfte des 20. Jahrhunderts gehört.

Auf YouTube ist eine dreiteilige Dokumentation über den Schriftsteller Alfred Andersch abrufbar, die ihn und seine Frau umfassend porträtiert. Andersch sagt dort, dass er »bei der Gartenarbeit immer ans Schreiben denke«. Und: *Ich verdiene mein Geld, indem ich täglich zwei bis drei Seiten mit Bleistift auf Kanzleibögen schreibe ... es gibt in Deutschland kein halbes Dutzend literarischer Schriftsteller, die reich sind.*[107]

Lesenswerteste Werke:
- **Die Kirschen der Freiheit**
- Die Rote
- Der Vater eines Mörders

Die Kirschen der Freiheit erzählt die Geschichte eines deutschen Wehrmachtssoldaten, der – wie der Autor selbst – im zu Ende gehenden Krieg an der italienischen Front desertiert. In der Literaturkritik wurde das Buch nach seinem Erscheinen im Jahre 1952 heftig diskutiert. Die *Neue Zürcher Zeitung* bezeichnete es als »eines der wichtigsten und ehrlichsten Bücher der deutschen Nachkriegsliteratur«. Der *Spiegel* schrieb: »Wenn es überhaupt noch so etwas wie literarisches Leben in Deutschland gibt, dann muss Anderschs Buch Furore machen ...« Eine Textprobe aus dem letzten Kapitel des Buches, als der deutsche Soldat die Flinte buchstäblich ins Korn wirft, unterstreicht die erzählerische Meisterschaft des Autors Alfred Andersch:

Aber fern im Osten standen die Berge des Apennin, hoch und edel im wildnishaften Glanz, und einsam wuchs weit noch vor ihnen, umlagert vom Heer der Höhen und Hügel, sonnentriefend und den Wind wie eine Fahne entfaltend, der Soracte, ritterlich und vulkanisch und tot, erhaben tot in der Melancholie dieses wilden, gestorbenen Landes, das wie jede Wildnis am Ende der Welt lag, am Ende des Lebens, und dort, wo unser Stern tot unter dem riesigen, leeren Himmel des Nichts hängt. Am Spätnachmittag geriet ich an den Rand eines mächtigen Weizenfeldes, das sanft in ein Tal hinabfloss. Hinter den Bäumen am anderen Talrand konnte ich Häuser sehen, und ich vernahm das Geräusch rollender Panzer, ein helleres, gleichmäßigeres Geräusch, als ich es von den deutschen Panzern kannte. Ich hörte das klirrende Gejohl der Raupenketten. Die Töne klangen fern in der rötlichen Neigung des westlichen Lichts. Darauf tat ich etwas kolossal Pathetisches – aber ich tat's –, indem ich meinen Karabiner nahm und unter die hohe Flut des Getreides warf. Ich löste die Patronentaschen und das Seitengewehr vom Koppel und ergriff den Stahlhelm und warf alles dem Karabiner nach. Dann ging ich durch das Feld weiter. Unten geriet ich noch einmal in die Macchia. Ich schlug mich durch, das dichte Dornengestrüpp zerkratzte mein Gesicht; es war ein schweres Stück Arbeit. Keuchend stieg ich nach oben.

In der Mulde des jenseitigen Talhangs fand ich einen wilden Kirschbaum, an die die reifen Früchte glasig und hellrot hingen. Das Gras rings um den Baum war sanft und abendlich grün. Ich griff nach einem Zweig und begann von den Kirschen zu pflücken. Die Mulde war wie ein Zimmer; das Rollen der Panzer klang nur gedämpft herein. Sie sollen warten, dachte ich. Ich habe Zeit. Mir gehört die Zeit, solange ich diese Kirschen esse. Ich taufte meine Kirschen: ciliege diserte, die verlassenen Kirschen, die Deserteurs-Kirschen, die wilden Wüstenkirschen meiner Freiheit. Ich aß ein paar Hände voll. Sie schmeckten frisch und herb.[108]

**Empfehlenswerte Bücher
über Alfred Andersch:**

— Stefan Reinhardt: *Alfred Andersch. Eine Biographie.*
Diogenes Verlag, Zürich 1996.

— Bernd Jendricke: *Alfred Andersch*, Rowohlts
Bildmonographien, Reinbek 1988.
— Erhard Schütz: *Alfred Andersch*. Beck Autorenbücher,
München 1980.

Gedenkstätte:

— Grabstätte auf dem Friedhof in Berzona / Tessin, Schweiz

40 Heinrich Böll.
Der grüne Heinrich

*21.12.1917 Köln
†16.7.1985 Langenbroich/Eifel

Vor Eintritt der Pubertät wollte ich Pfarrer werden. Deshalb wählte ich in der Schule als zweite Fremdsprache Latein. Mit dem Auswendiglernen Hunderter grammatischer Formen hatte ich Probleme, dazu fehlten mir Zeit und Interesse, und dann lernte ich meine erste Freundin kennen. Außerdem wurde mir klar, dass ich an Sonntagen lieber auf dem Fußballplatz stand als auf der Kanzel. In der Schule wurde ich immer schlechter, nicht nur in Latein, sondern auch in Mathematik und Chemie. In der Biedenkopfer Buchhandlung Max Stephani kaufte ich mir von dem Geld, das ich während eines Sommerferienjobs in einem Sägewerk verdient hatte, das Buch *Ansichten eines Clowns* von Heinrich Böll. Die Geschichte des Clowns Hans Schnier, dessen Liebe zu seiner Freundin Marie an deren streng katholischem Glauben scheitert, bewegte mich zutiefst. Denn wie der Clown in Bölls Roman hatte auch ich gerade meine erste Liebe verloren. Die *Ansichten eines Clowns* läuteten meinen ersten, schmerzlichen Abschied vom Christentum ein. Pfarrer werden wollte ich nun nicht mehr. Über Bölls *Ansichten eines Clowns* kam ich zu *Warum ich kein Christ bin* von Bertrand Russell, und danach las ich *Das Elend des Christentums* von Joachim Kahl und die kirchenkritischen Aufsätze von Karlheinz Deschner.

Heinrich Böll gehört zu Köln wie der Dom, Willy Millowitsch, Wolfgang Overath und BAP. Dort, in der Kölner Südstadt, wurde er am 21. Dezember 1917 als achtes Kind eines selbstständigen Schreinermeisters geboren. Er wuchs in einem streng

katholischen Milieu auf. Im Elternhaus wurde gelesen und vor-
gelesen. *Robinson Crusoe* von Daniel Defoe war das Lieblingsbuch des Sohnes Heinrich. Zu seinen Eltern entwickelte er
ein enges Verhältnis. Die Familie stand über allem, und der
christliche Glaube, der im Familienverbund praktiziert wurde,
machte ihn resistent gegen das, was sich in seiner unmittelbaren Umwelt durch die Machtübernahme der NSDAP abspielte.
Trotz seiner Verankerung in den Ritualen verbrachte Heinrich
Böll viele Tage seiner Kindheit und Jugend in den Straßen
der Arbeiterviertel, bei den »Roten«. Früh entwickelte er ein
Bestreben nach Gleichheit und Gerechtigkeit. Als der Hand-
werksbetrieb des Vaters bankrottging, musste die Familie in
eine Mietwohnung ziehen. Der Vater war zwar immer noch Besitzer eines Mietshauses, das jedoch unter Zwangsverwaltung
stand.

In die Hitlerjugend trat Heinrich Böll nie ein. Er ging auf
die katholische Volksschule Raderthal und wechselte anschließend auf das humanistische Kaiser-Wilhelm-Gymnasium. In
der Unterprima blieb er sitzen und musste die Klasse wiederholen. Seine Lieblingsfächer waren Mathematik, Latein und
Geschichte, das Abiturzeugnis weist in den Fächern Deutsch
und Religion nur ein »Genügend« aus.

Gelesen hat Heinrich Böll schon als Kind, neben Defoe, Karl
May und Jack London auch Charles Dickens und die »Kalen-
dergeschichten« von Johann Peter Hebel. Später folgten Dos-
tojewski, Tolstoi und Balzac. Zudem setzte er sich intensiv mit
Autoren auseinander, die sich um eine Neuorientierung des
Katholizismus bemühten, darunter Georges Bernanos. Die
Institution Kirche nahm er als notwendiges Übel bei der Aus-
übung seiner christlichen Lebensgrundsätze wahr.

Nach dem Abitur begann er eine Buchhändlerlehre, die er
bald wieder abbrach. Er wurde zum Reichsarbeitsdienst eingezogen und begann anschließend das Studium der Germanistik
und der klassischen Philologie. Im gleichen Jahr, 1939, wurde

er in die Wehrmacht einberufen. Er nahm bis zum Kriegsende 1945 am Zweiten Weltkrieg teil. Den Krieg, so Böll sinngemäß, habe er als Entheroisierung alles Männlichen erlebt. Alles Soldatische blieb ihm fremd: *Ein Soldat, der anfängt zu denken, ist schon fast keiner mehr.*[109] Seine radikale Absage an den Krieg formulierte er so: *Der Krieg wird niemals zu Ende sein, solange noch eine Wunde blutet, die er geschlagen hat.*[110]

Mehrere Jahre seiner Dienstzeit war Böll als Dolmetscher für Englisch und Französisch eingesetzt. Während des Krieges heiratete er die aus Pilsen stammende Annemarie Cech, eine Freundin seiner Schwester. Das Paar hatte vier Söhne.

Nach Ende des Krieges widmete Böll sich dem Schreiben. *Schreiben wollte ich immer, versuchte es schon früh, fand aber die Worte erst später,*[111] bekannte er 1959. Nebenbei übernahm er Gelegenheitsjobs, gab Nachhilfestunden für Schüler und Studenten in Latein, Mathematik und Deutsch; seine Frau verdiente als Lehrerin und Übersetzerin den wesentlichen Teil des Lebensunterhalts der Familie. Als Übersetzerin des Welterfolgsromans *Der Fänger im Roggen* von Jerome D. Salinger sowie der Werke von Brendan Behan, George Bernard Shaw und Saul Bellow wurde Annemarie Böll in literarischen Kreisen bekannt. Heinrich Böll schrieb Kurzgeschichten und Erzählungen und unterstützte seine Frau bei den Übersetzungsarbeiten.

1949 erschien Heinrich Bölls erstes Buch, *Der Zug war pünktlich*, das auch in Frankreich publiziert wurde. Im Mai 1951 nahm er zum ersten Mal an einer Tagung der Gruppe 47 teil und wurde für die von ihm vorgetragene Erzählung »Die schwarzen Schafe« mit dem Preis der Gruppe 47 ausgezeichnet. Das Preisgeld betrug 1000 DM.

Böll erhielt anschließend einen Autorenvertrag beim Kölner Verlag Kiepenheuer & Witsch. Nun folgte ein Buch nach dem anderen, und fast ausnahmslos fanden seine Romane und Erzählungen Zuspruch beim Lesepublikum und Anerkennung in den Feuilletons: *Wo warst du, Adam?, Und sagte kein einziges*

Wort, Haus ohne Hüter, Irisches Tagebuch, Dr. Murkes gesammeltes Schweigen, Billard um halb zehn, Das Brot der frühen Jahre, Ansichten eines Clowns, Ende einer Dienstfahrt.

Oft zog sich Heinrich Böll in das auf seinem Grundstück befindliche Gartenhaus zum Schreiben zurück, in dem er an Heimspieltagen des 1. FC Köln den Lärm aus dem nahe gelegenen Müngersdorfer Stadion mit stoischer Gelassenheit über sich ergehen ließ. Die Nachbarschaft zum 1. FC Köln wusste Böll dennoch zu nutzen: Der Vorstand des Vereins nahm im Auftrag Heinrich Bölls anlässlich des FC-Gastspiels gegen Spartak Moskau, das in Tiflis stattfand, in geheimer Mission Kleidung, Bücher und Medikamente für Bölls Freund Andrej Sacharow mit. Schwerer zu ertragen als die Nähe zu den Fußballern des 1. FC Köln waren für ihn die Rasenmäher der Nachbarn: *Es ist der Traum vom englischen Rasen, der so unerfüllbar bleibt wie der von einer Demokratie nach Schweizer Vorbild.*[112]

Ebenso engagiert, wie er sich gegen Krieg, Gewalt und Intoleranz aussprach, bezog Böll in seinen publizistischen Arbeiten und in öffentlichen Äußerungen Position gegen die totalitären Machthaber in der Sowjetunion und setzte sich für die Schriftsteller Alexander Solschenizyn, Andrej Sacharow und Lew Kopelew ein. Solschenizyn nahm er nach dessen Ausweisung aus der Sowjetunion in seinem Haus auf.

Ein Jahr nach der Veröffentlichung seines von Kritikern als bedeutendstes Werk bezeichnetes Buch *Gruppenbild mit Dame* erhielt Heinrich Böll im Jahr 1972 den Nobelpreis für Literatur. Schon früh im Zuge seiner schriftstellerischen Produktivität setzte Gegenwind aus dem restaurativen Lager des Literaturbetriebes ein. Seine Erzählung *Nicht nur zur Weihnachtszeit*, in der Tante Milla nicht nur an Weihnachten, sondern jeden Tag unterm Christbaum sitzt, wurde von christlich-konservativen Kritikern als lieb- und verantwortungslos geschmäht. In den 1970er Jahren rückte die *Bild*-Zeitung ihn vergleichend in die Nähe von Joseph Goebbels und Karl-Eduard von Schnitzler.

Böll trat nun immer mehr politisch aktiv in Erscheinung. Er sympathisierte mit der APO, protestierte gegen den Springer-Konzern und den Vietnamkrieg und unterstützte die Wählerinitiative für Willy Brandt. Die Veröffentlichung des Romans *Die verlorene Ehre der Katharina Blum* 1974 führte zu einer regelrechten Hetzkampagne gegen ihn. Ein im *Spiegel* veröffentlichter Essay unter der Überschrift »Will Ulrike freies Geleit?« – dessen Titel vom *Spiegel* ohne Rücksprache mit ihm geändert worden war und der zu dem Eindruck führte, Böll sei mit Ulrike Meinhof in besonderer Weise vertraut gewesen – wurde von politischen Gegnern als Nähe zur Baader-Meinhof-Gruppe interpretiert. Das jedoch entsprach mitnichten dem tatsächlichen Inhalt des Artikels.

1976 äußerte Boll die Ansicht, dass »der Katholizismus nicht regenerierbar« sei, und trat aus der katholischen Kirche aus. 1983 beteiligte er sich an der Sitzblockade der Friedensbewegung gegen die NATO-Nachrüstung in Mutlangen, gemeinsam mit Petra Kelly, Dietmar Schönherr, Oskar Lafontaine, Erhard Eppler und Tausenden anderer Demonstranten.

Aufgrund seines starken Nikotinkonsums musste sich Böll mehrfach Gefäßoperationen unterziehen. Am 16. Juli 1985 starb er nach einer Operation im Zusammenhang mit seiner Gefäßerkrankung in seinem Haus in Langenbroich in der Voreifel. Er wurde von einem befreundeten Priester nach katholischem Ritus beerdigt.

Heinrich Böll war in der Nachkriegsära der wirkungsvollste Protagonist eines anderen und besseren Deutschland. Er war mutig, glaubwürdig und klar in seinen Aussagen. Böll engagierte sich gegen den Krieg, nahm großen Einfluss auf die Friedensbewegung und setzte sich zeit seines Lebens für eine bessere Welt ein, die christliche und humane Werte beim Wort nahm. Seine Bücher erreichten bis zur Jahrtausendwende unzählige Auflagen und wurden in zahlreiche Sprachen übersetzt. In der DDR war Heinrich Böll der meistgelesene Autor aus

Westdeutschland. Zwischen 1956 und 1990 erschienen dort vierzig Ausgaben seiner Werke.

Das hat sich geändert. Die Werke Bölls werden gegenwärtig nur noch selten im Buchhandel nachgefragt. Die Verkäufe seiner Bücher sind überschaubar. Das ist allenfalls dadurch erklärbar, dass seine Romane situative gesellschaftliche Zustände thematisieren, deren Bedeutung in ihrem unmittelbaren zeitlichen Kontext zu erfassen ist. Die Welt des Clowns Hans Schnier in *Ansichten eines Clowns* bildet die Scheinmoral der 1950er und 1960er Jahre realistisch ab, doch der Kern, die dem Roman innewohnenden Gesellschaftskritik, mag in heutiger Zeit nicht mehr ohne weiteres nachvollziehbar sein. Vergleichbares lässt sich über *Die verlorene Ehre der Katharina Blum* sagen, ein Buch, das exemplarisch für den Einfluss einer Boulevardzeitung auf das politische Geschehen der damaligen Zeit steht.

Zeitlos hingegen sind andere eindrucksvolle Erzählungen und Romane, die Heinrich Böll veröffentlicht hat: seine Kurzgeschichten, die Reisebeschreibung *Irisches Tagebuch* oder *Gruppenbild mit Dame*. Das Alterswerk *Frauen vor Flußlandschaft* allerdings gehört eher nicht zu den Meisterleistungen Bölls.

Trotz des in den letzten beiden Jahrzehnten deutlich nachlassenden Interesses am Böll'schen Erzählwerk gehört der Nobelpreisträger zu den wichtigsten deutschsprachigen Autoren des 20. Jahrhunderts. Auch auf seinem literarischen Vermächtnis, seinem Gerechtigkeitssinn und christlichen Humanismus gründet die politische und gesellschaftliche Haltung weiter Teile der ihm nachfolgenden Generationen in Deutschland, die sich für Toleranz und Demokratie einsetzen. Im September 1986 wurde die den Grünen/Bündnis 90 nahestehende Heinrich-Böll-Stiftung gegründet. Der Platz zwischen dem Kölner Dom, dem Museum Ludwig und der Philharmonie trägt heute seinen Namen.

Zu seinem engeren Freundeskreis gehörten auch die Schriftsteller Paul Celan und Günter Grass. Marcel Reich-Ranicki hat in einem Brief an Ingeborg Bachmann über Heinrich Böll geschrieben: »Er war ein großer Schriftsteller, aber er war noch mehr als das. Er war ein Moralist, ein Humanist, ein aufrichtiger, gütiger, ungeheuer glaubwürdiger Mensch ...«

Meine Lieblingsbücher von Heinrich Böll:
- **Irisches Tagebuch**
- Der Zug war pünktlich
- Das Brot der frühen Jahre
- Ansichten eines Clowns
- Die verlorene Ehre der Katharina Blum

Das *Irische Tagebuch* erschien 1957 im Verlag Kiepenheuer & Witsch. Einzelne Texte waren bereits zuvor in der *Frankfurter Allgemeinen Zeitung* erschienen. Das Buch war der erste Band, der als Taschenbuch bei dtv herauskam, und ist seit Erscheinen ununterbrochen lieferbar. Das *Irische Tagebuch* ist ein Fest des Lebens und eine Liebeserklärung an die Iren und ihr Land, das Böll eine zweite Heimat war.

Bereits bei der Anreise auf dem Schiff von Liverpool nach Dublin bleibt kein Auge und keine Kehle trocken:

Eine Tasse Tee so um Mitternacht, wenn man fröstelnd im Westwind steht, während der Dampfer sich langsam in die offene See schiebt – dann einen Whiskey oben in der Bar ... Nonnen duckten sich im Vorraum der Bar wie großes Geflügel für die Nacht zurecht ... einem jungen Mann, der mit einem Säugling auf dem Arm an der Bartheke stand, wurde eben das fünfte Glas Bier verweigert, auch seiner Frau, die mit einem zweijährigen Mädchen neben ihm stand, nahm der Kellner das Glas ab, ohne es neu zu füllen; langsam leerte sich die Bar, schon war das kehlige Keltisch verstummt, die Köpfe der Nonnen nickten leise im Schlaf ...[113]

So fängt dieses wunderbare Büchlein an, und so geht es

munter in einem fort, von Dublin über Athlone nach Westport und Mayo, über Limerick und nach Sligo, an Bahnhöfen, Kirchen, Katen, Seen und Mooren vorbei. Zigaretten sind immer dabei, und in den Pubs und an den Bars werden Whiskey und Bier getrunken. Es wimmelt von liebenswerten und halb verrückten Iren, von Postfräuleins, Bahnhofsvorstehern, Priestern, Betrunkenen. Kartenspielern, Betenden, Dorfpolizisten, Dorfwirten und Rothaarigen.

Der Taxifahrer, der den Reisenden am Ende des Buches zum Bahnhof fährt, sagt: »*Dieser Tag, war das nicht ein Prachtbürschchen?*« Und Böll schreibt: *Ich stimmte ihm zu; während ich ihn bezahlte, blickte ich nach oben, die schwarze Front eines Hauses hinauf: eben stellte eine junge Frau einen orangefarbenen Milchtopf auf die Fensterbank hinaus. Sie lächelte mir zu, und ich lächelte zurück.*[114]

Empfehlenswerte Bücher über Heinrich Böll:

— Klaus Schröter: *Heinrich Böll.* Rowohlt Bildmonographie, Reinbek 1987.

— Viktor Böll, Markus Schäfer, Jochen Schubert: *Heinrich Böll.* dtv portrait, München 2002.

— Heinrich Vormweg: *Der andere Deutsche. Heinrich Böll. Eine Biographie.* Kiepenheuer & Witsch, Köln 2002.

Literatour Heinrich Böll:

— Heinrich-Böll-Museum, Maternusstraße 32, 50678 Köln (Südstadt)

— Heinrich-Böll-Haus Langenbroich, Heinrich-Böll-Straße 21–11, 52372 Kreuzau, Nordeifel

41 Siegfried Lenz.
Der gute Mensch aus Masuren

*17.3.1926 Lyck/Ostpreußen
†7.10.2014 Hamburg

Über die *Deutschstunde* habe ich im Jahr 1969 meine Abschlussarbeit als Buchhändlerlehrling an der Kaufmännischen Berufsschule in Gießen geschrieben. Das war ein Buch, das den Zeitgeist widerspiegelte, wie ich ihn an der Universitätsstadt Marburg erlebte, wo ich meine Ausbildung absolvierte. Es war die Zeit der Abrechnung mit der Kriegsgeneration und allem, was uns verachtenswert und überkommen schien: »Unter den Talaren – Muff von 1000 Jahren.«

Dabei war Siegfried Lenz kein Mann des Aufruhrs. Er war ein aufrechter Schriftsteller der leisen Töne und ein Vertreter des »besseren« Deutschland. So trat er auf, bescheiden und bestimmt in seiner Haltung. Lenz war nicht Mitglied der SPD, der Partei, der ich im Alter von sechzehn Jahren beigetreten war und aus der ich zwölf Jahre später wieder austrat, weil man Juso-»Bürgerschreck« Klaus-Uwe Benneter aus der Partei ausgeschlossen hatte. Siegfried Lenz sympathisierte mit »meiner« Partei und unterstützte die Kanzlerwahl von Willy Brandt. Unter allen deutschen Schriftstellern der damaligen Zeit mochte ich ihn und seine Bücher am meisten.

Siegfried Lenz wurde am 17. März 1926 in Lyck, im östlichen Teil von Masuren gelegen, als Sohn von Otto und Luise Lenz geboren. Der Vater war Zollbeamter, die Eltern trennten sich Anfang der 1930er Jahre. Die Mutter zog mit ihrer Tochter nach Braunsberg ans Frische Haff, und Siegfried Lenz verbrachte die nächsten Jahre bei seiner Großmutter in Lyck. Die fromme Großmutter weckte sein Interesse für das Bücherlesen und war eine gute Geschichtenerzählerin. Das Haus lag direkt am Ufer des Lycksees, Siegfried verbrachte die Zeit nach der Schule meist schwimmend oder angelnd am See.

Bevor Siegfried Lenz zu schreiben begann, war er begeisterter Leser und Sammler von Groschenromanen jeglicher Art, die er mit Schulfreunden tauschte. Im Alter von etwa zehn Jahren schloss er sich den »Pimpfen«, der Jugend-Erweckungsbewegung der Nationalsozialisten, an. Ganz in der Nähe seines Heimatortes lag das Führerhauptquartier Wolfsschanze.

Im Alter von dreizehn Jahren wechselte der Musterschüler von der örtlichen Volksschule auf eine Förderschule, in der Volksschüler an das Gymnasium herangeführt wurden – nicht in Masuren, sondern im weit entfernten schleswig-holsteinischen Rabelsund (nahe Kappeln) an der Schlei. Siegfried Lenz erwies sich auch hier als guter Schüler, bestand die Prüfungen und ging anschließend zurück nach Ostpreußen. Inzwischen war aus dem Pimpf ein Hitlerjunge geworden. Im Gymnasium in Samter (heute Szamotuły) traf er auf Lehrer, die ihn förderten. Insbesondere sein Deutschlehrer Adolf Paul erkannte sein Schreibtalent und hatte großen Einfluss auf den Werdegang seines Zöglings.

Doch nicht nur im Schreiben zeigte der junge Lenz auffälliges Talent. Auch in der Leichtathletik, besonders im Speerwerfen, leistete er Überdurchschnittliches. Er spielte in der Handballmannschaft und war ein guter Schwimmer und Kunstspringer. Seine erste Liebe war, wie er im Rückblick gestand, eine »zähe, busenlose und intelligente BDM-Anführerin«. Ehrlich und zugleich humorvoll war Siegfried Lenz eh und je.

Nach dem vorgezogenen Abitur im Alter von siebzehn Jahren meldete sich Siegfried Lenz zunächst als Reservist zur Marine. Die Grundausbildung absolvierte er 1944 in Stralsund; an der Marinekriegsschule in Schleswig wurde er am 20. April 1945, Führers Geburtstag, zum Fähnrich zur See befördert. Wenige Tage später, unmittelbar vor Kriegsende, desertierte er in Dänemark und geriet kurzzeitig in englische Kriegsgefangenschaft.

Im Jahr 1946 begann er an der Universität Hamburg Philosophie, Anglistik und Literaturwissenschaft zu studieren. Von Mai 1946 bis April 1949 wohnte Siegfried Lenz im holsteinischen Ort Bargteheide, nahe Hamburg, in einer Dachkammer. In Bargteheide betätigte er sich auch wieder sportlich, als Außenläufer in einer Handballmannschaft. Nach der Lektüre des Buches *Walden* von Henry David Thoreau baute er sich eine Waldhütte. Das Verhältnis zu seinen Vermietern war eng; Lenz wurde Pate des Enkels der Familie. Im Vorgarten des Anwesens in Bargteheide (Tremsbütteler Weg 7) befindet sich seit 2016 eine Gedenktafel, die an Lenz erinnert.

Bereits im April 1945 hatte er in der von der britischen Besatzungsmacht gegründeten Tageszeitung *Die Welt* ein Gedicht veröffentlicht. Unter Leitung der Journalisten Willy Haas und Ben Witter arbeitete Lenz ab Ende 1948 als Volontär der *Welt*. Dort lernte er die Redaktionssekretärin Lieselotte Lindau kennen. Die beiden heirateten ein Jahr später.

Vormittags schrieb Lenz, an den Nachmittagen ging er in die Redaktion oder betätigte sich als Rundfunkjournalist beim NWDR (Nordwestdeutscher Rundfunk), und an den Abenden besuchte er Universitätsseminare. Sein erster Roman *Es waren Habichte in der Luft* wurde 1950 in der *Welt* vorabgedruckt. Der Verlag Hoffmann und Campe, inzwischen von Kurt Ganske geführt, druckte das Buch. Es erschien zu Ostern 1951 in einer Auflage von 3000 Exemplaren. Innerhalb kurzer Zeit wurden 1300 Bücher verkauft.

Als seine Frau Lieselotte bei der *Welt* entlassen wurde, zeigte Lenz sich solidarisch und kündigte auch. Er entschied sich, mit Unterstützung des Verlegers Kurt Ganske, zukünftig als freier Schriftsteller zu arbeiten. Nach Veröffentlichung eines weiteren Romans, der kaum Beachtung beim Lesepublikum fand, erschien 1955 der Erzählband *So zärtlich war Suleyken* – eine

Liebeserklärung an seine masurische Heimat. Er wurde ein großer Erfolg. Zwei Jahre später folgte der Roman *Der Mann im Strom*.

Aufgrund der regelmäßig fließenden Autorenhonorare konnte sich das Ehepaar Lenz neben der Wohnung in Hamburg ein kleines Ferienhaus für den Preis von 10 000 DM auf der dänischen Halbinsel Als (Alsen) in Sydal nahe Sonderburg kaufen. Von nun an verbrachten Siegfried und Lieselotte Lenz Frühling und Sommer in Dänemark. Dort schrieb der Autor seinen Roman *Brot und Spiele* und weitere seiner Werke, darunter auch den Roman *Deutschstunde*. Jahr für Jahr nahm er an den Tagungen der Gruppe 47 teil.

1963 kaufte das Ehepaar Lenz ein Haus in Hamburg-Othmarschen. Es begann eine Zeit, in der sich Siegfried Lenz politisch für die Belange der SPD einsetzte. Er wandte sich öffentlich gegen die atomare Bewaffnung der Bundeswehr, gegen die restaurativen Kräfte in Führungspositionen von Wirtschaft und Politik und setzte sich für den Hoffnungsträger der Sozialdemokraten, Willy Brandt, ein.

Im November 1965 las Siegfried Lenz vor der am Berliner Wannsee tagenden Gruppe 47 erstmalig aus der *Deutschstunde* und erntete dafür die Anerkennung seiner Schriftstellerkollegen. Mit diesem Roman, der wie kein anderes deutsches Nachkriegswerk die Irrungen und Wirrungen aktueller deutscher Geschichte aufzeigt, hat Siegfried Lenz seine herausragende Begabung als realistischer Autor unter Beweis gestellt. Lenz erzählt in der *Deutschstunde* die Geschichte des Siggi Jepsen, der auf einer Insel in der Elbe im Jugendarrest sitzt. Dessen Vater hat als Polizeiposten einer nordfriesischen Ortschaft das Malverbot der Nazis für den Künstler Max Ludwig Nansen durchsetzen müssen, was Siggi Jepsen als kleiner Junge miterlebt hat. Hinter der Figur Max Ludwig Nansen stand unverkennbar der expressionistische Maler Emil Nolde.

Als das Buch im Herbst 1968 bei Hoffmann und Campe

erschien, avancierte es innerhalb weniger Tage zum Bestseller. Die Startauflage betrug 200 000 Exemplare. In der *Spiegel*-Bestsellerliste des Jahres 1968 rangierte es auf Platz eins. In den nächsten zwanzig Jahren wurde die *Deutschstunde* rund zwei Millionen Mal verkauft und in vierundzwanzig Sprachen übersetzt. In den USA und auch in der Sowjetunion wurde das Buch ein großer Erfolg. *Deutschstunde* war das Buch von Siegfried Lenz, das ihn in eine Reihe mit den zeitgenössischen deutschen Groß-Autoren Günter Grass und Heinrich Böll stellte.

Mit den folgenden Romanen *Das Vorbild* (1973) und *Heimatmuseum* (1978) landete Lenz erneut Bestseller. Lenz schrieb nun Buch um Buch, er schrieb, wie andere Leute im Büro oder auf der Schicht ihrer Arbeit nachgingen: nach dem frühen Aufstehen und anschließendem Frühstück bis zur Mittagspause um 13.00 Uhr und dann weiter von 15.30 bis 18.00 Uhr.

Seit 1967 war Lenz Mitglied des PEN-Zentrums Deutschland; er übernahm eine Gastprofessur an der Universität Düsseldorf und wurde Ehrenmitglied der Freien Akademie der Künste. Befreundet war Siegfried Lenz viele Jahre mit dem späteren Bundeskanzler Helmut Schmidt. Er zählte zu den wenigen langjährigen Freunden des Hamburger Politikers. Auch die Ehefrauen waren in die Freundschaft einbezogen. »Er steht mir sehr nahe«, so Lenz über Schmidt. Eine enge Freundschaft verband Siegfried Lenz auch mit dem Literaturkritiker Marcel Reich-Ranicki.

Das Ehepaar Lenz lebte auch in den Zeiten, als die Buchhonorare reichlich flossen, eher bescheiden. Eine Sitzgarnitur im Hamburger Wohnhaus wurde erst nach mehreren Jahrzehnten ausgetauscht, viele Jahre besaß das Ehepaar weder einen Fernsehapparat noch ein Rundfunkgerät. Das Arbeitszimmer des Dichters war karg eingerichtet: Tisch, Stuhl, ein Stapel Papier. Die Buchmanuskripte wurden von Ehefrau Lieselotte in die Maschine getippt; später übernahm dies eine Schreibkraft bei Hoffmann und Campe. Jahrelang fuhr Lenz einen betagten BMW, in dem er selten schneller als 120 Stundenkilometer unterwegs war.

Lieselotte und Siegfried Lenz unternahmen fast alles gemeinsam: Sie schrieb nicht nur seine Manuskripte ab, sondern war darüber hinaus seine Vertraute in allen Fragen des schriftstellerischen Schaffensprozesses. Gemeinsam und nacheinander lasen sie die gleichen Bücher, um sich darüber austauschen zu können. Lieselotte Lenz war zudem eine begabte Malerin und Zeichnerin.

Erich Maletzke, sein Biograph, schreibt, dass Lenz neben seiner Ehe ein Leben lang eine »Zweitehe« geführt habe, und zwar mit seinem Verleger Kurt Ganske, und, als dieser verstarb, mit dessen Sohn Thomas Ganske. Zum siebzigsten Geburtstag »schenkte« Thomas Ganske seinem Autor und Freund eine zwanzigbändige Gesamtausgabe. Alle Bücher von Siegfried Lenz sind im Verlag Hoffmann und Campe erschienen. Das will etwas heißen: Eine derartige Treue zwischen Autor und Verleger ist in der deutschen Verlagslandschaft außergewöhnlich. Ihrem wichtigsten Autor lasen Vater und Sohn Ganske jeden Wunsch von den Lippen ab. Der Autor dankte es ihnen. Zur Einweihung des neuen HoCa-Verlagsgebäudes hielt Lenz eine Rede über den »idealen Verlag«. Kurzum: Siegfried Lenz war ein Mitglied der Ganske-Familie, und dies, obwohl man, politische Überzeugungen betreffend, alles andere als auf einer Wellenlänge lag.

Mit zunehmendem Alter litt der Schriftsteller an Rücken- und Kopfschmerzen. Immer seltener nahm er private Treffen wahr. Lieselotte, die mit Lenz siebenundfünfzig Jahre verheiratet war, verstarb im Februar 2006, nachdem sie im Herbst des vorausgegangenen Jahres einen Schlaganfall erlitten hatte. Vier Jahre später heiratete Lenz im Alter von vierundachtzig Jahren ein zweites Mal: die gebürtige Dänin Ulla Reimer, eine langjährige Freundin der Familie Lenz.

Siegfried Lenz starb am 7. Oktober 2014. Er wurde an der Seite seiner ersten Ehefrau Lieselotte auf dem Hamburger Friedhof Groß-Flottbek beigesetzt.

In der Zeit von 1953 bis 2011 erhielt Lenz dreiunddreißig Auszeichnungen und Ehrungen, darunter unzählige Literaturpreise im Namen deutscher Dichter, die Ehrendoktorwürde und die Ehrensenatorwürde der Universität Hamburg, den Titel Ehrenbürger von Hamburg, Ehrenbürger von Schleswig-Holstein, die Ehrenbürgerwürde seiner Geburtsstadt Elk (Lyck) in Polen, den Friedenspreis des Deutschen Buchhandels und mehrere Ehrenprofessuren. Im Juni 2014 wurde die Siegfried Lenz Stiftung ins Leben gerufen, die alle zwei Jahre den Siegfried Lenz Preis verleiht, der mit 50 000 Euro dotiert ist.

Zweiundzwanzig seiner literarischen Werke wurden verfilmt. Die verkaufte Auflage der Bücher von Siegfried Lenz wurde zum Zeitpunkt seines Todes auf 30 Millionen Exemplare geschätzt. Seine Bücher wurden in dreißig Sprachen übersetzt.

Meine Lieblingsbücher von Siegfried Lenz:

- Deutschstunde
- **So zärtlich war Suleyken**
- Das Vorbild
- Heimatmuseum
- Arnes Nachlaß
- So war das mit dem Zirkus
- Der Geist der Mirabelle

Das 1955 erschienene Buch *So zärtlich war Suleyken* enthält zwanzig masurische Geschichten, in denen der Erzähler sich in den Dialogen der Wortwahl und Sprechweise der Menschen Masurens bedient. Es ist eine einzigartige Liebeserklärung an seine ostpreußische Heimat, ein Reigen sonderbarer Begebenheiten mit Protagonisten masurischer Mentalität, mal derb, mal sentimental, tragikomisch und von uneingeschränkter Leichtigkeit des Seins:

Joseph Waldemar Gritzan, ein großer, schweigsamer Holzfäller, wurde heimgesucht von der Liebe. Und zwar hatte er nicht bloß so ein mageres Pfeilchen im Rücken, sondern, gleichsam seiner Branche angemessen, eine ausgewachsene Rundaxt. Empfangen hatte er diese Axt in dem Augenblick, als er Katharina Knack, ein ausnehmend gesundes, rosiges Mädchen, beim Spülen der Wäsche zu Gesicht bekam. Sie hatte auf ihren ansehnlichen Knien am Flüßchen gelegen, den Körper gebeugt, ein paar Härchen im roten Gesicht, während ihre beträchtlichen Arme herrlich mit der Wäsche hantierten. In diesem Augenblick, wie gesagt, ging Joseph Gritzan vorbei, und ehe er sich's versah, hatte er auch schon die Wunde im Rücken.

Demgemäß ging er nicht in den Wald, sondern fand sich, etwa um fünf Uhr morgens, beim Pfarrer von Suleyken ein, trommelte den Mann Gottes aus seinem Bett und sagte: »Mir ist es«, sagte er, »Herr Pastor in den Sinn gekommen zu heiraten. Deshalb möchte ich bitten um einen Taufschein.« Der Pastor, aus mildem Traum geschreckt, besah sich den Joseph Gritzan ziemlich ungnädig und sagte: »Mein Sohn, wenn dich die Liebe schon nicht schlafen läßt, dann nimm zumindest Rücksicht auf andere Menschen. Komm später wieder, nach dem Frühstück: Aber wenn du Zeit hast, kannst du mir ein bißchen den Garten umgraben. Der Spaten steht im Stall.« Der Holzfäller sah einmal rasch zum Stall hinüber und sprach: »Wenn der Garten umgegraben ist, darf ich dann bitten um den Taufschein?« »Es wird alles genehmigt wie eh und je«, sagte der Pfarrer und empfahl sich. Joseph Gritzan, beglückt über solche Auskunft, begann dergestalt den Spaten zu gebrauchen, daß der Garten schon nach kurzer Zeit umgegraben war. Dann zog er, nach Rücksprache mit dem Pfarrer, den Schweinen Drahtringe durch die Nasen, melkte eine Kuh, erntete zwei Johannisbeerbüsche ab, schlachtete eine Gans und hackte einen Berg Brennholz. Als er sich gerade daranmachte, den Schuppen auszubessern, rief der Pfarrer ihn zu sich, füllte den Taufschein aus und übergab ihn mit sanften Mahnungen Joseph Waldemar Gritzen. Na, der faltete das Dokument mit umständlicher Sorgfalt zusammen, wickelte es in eine Seite des Masuren-Kalenders und verwahrte es irgendwo in der weitläufigen Gegend seiner Brust. Bedankte sich natürlich, wie man erwartet hat, und machte sich auf zur Stelle am Flüßchen, wo die liebliche Axt Amors ihn getroffen hatte.

Katharina Knack, sie wußte noch nichts von seinem Zustand, und ebensowenig wußte sie, was alles er bereits in die heimlichen Wege geleitet hatte. Sie kniete singend am Flüßchen, walkte und knetete die Wäsche und erlaubte sich in kurzen Pausen, ihr gesundes Gesicht zu betrachten, was im Flüßchen möglich war.

Joseph umfing die rosige Gestalt – mit den Blicken, versteht sich –, rang ziemlich nach Luft, schluckte und würgte ein Weilchen, und nachdem er sich ausgeschluckt hatte, ging er an die Klattkä, das ist ein Steg, heran. Er hatte sich heftig und lang überlegt, welche Worte er sprechen sollte, und als er jetzt neben ihr stand, sprach er so: »Rutsch zur Seite.«[115]

Empfehlenswerte Bücher zu Siegfried Lenz:

— Siegfried Lenz: *Selbstversetzung. Über Schreiben und Lesen.* Hoffmann und Campe, Hamburg 2006.

— Hanjo Kesting: *Begegnungen mit Siegfried Lenz. Essays, Gespräche, Erinnerungen.* Wallstein Verlag, Göttingen 2016.

— Erich Maletzke: *Siegfried Lenz. Eine biographische Annäherung.* zu Klampen Verlag, Springe 2006.

Literatour Siegfried Lenz:

— Siegfried Lenz Stiftung, Mittelweg 117, 20149 Hamburg

Mögliche Schauplätze literarischer Werke von Siegfried Lenz:

Der Germanist Wolfgang Eichler hat sich auf die Suche nach den Originalschauplätzen einiger literarischer Werke von Siegfried Lenz gemacht und ist vielfach fündig geworden: *Der Geist der Mirabelle – Geschichten aus Bollerup*: Dollerup bei Westerholz / Dollerupholz an der Flensburger Förde; *Schweigeminute*: Maasholm bei Kappeln; *Die Auflehnung*: Süderwallstrup = Süderbrarup, Barlund = Böklund, Balnis = Arnis.

Näheres bei Wolfgang Eichler: *Siegfried Lenz: »Weltliteratur ist Heimatliteratur«?* Shaker Verlag, Düren 2007.

42 Günter Grass.
Der mit der Blechtrommel

*16.10.1927 Danzig
†13.4.2015 Lübeck

Günter Grass war für mich der Blechtrommler des literarischen Deutschland: selbstbewusst, laut, manchmal frech oder gar aufrührerisch, in gewisser Weise genial und gelegentlich auch fehlbar im Auftritt. Sein Eintreten für die »Es-Pe-De« gefiel mir. Während einer Gewerkschaftsveranstaltung nach der Wende in den neuen Bundesländern, an der ich als Marketingleiter der Büchergilde Gutenberg teilnahm, bin ich ihm einmal begegnet. Ich hätte mich nicht getraut, ihn anzusprechen. Er interessierte sich für die Neuerscheinungen der Buchgemeinschaft und gab mir lächelnd den gut gemeinten Rat: »Macht mal ein paar Bücher, die sich besser verkaufen lassen, und haltet das Geld zusammen.«

Sein Familienleben gestaltete sich bunt. Ein Freund von Günter Grass berichtet, dass der Mann aus Danzig im fortgerückten Alter bei Familienfeiern die einzelnen Nachkommen nicht mehr auseinanderhalten konnte. Den Nobelpreis hat er sich verdient, auch wenn nicht alles, was er zu Papier brachte, unbedingt gelesen werden muss. *Die Blechtrommel* aber ist ein Jahrhundertwerk und *Katz und Maus* ein Lesestück, das seinesgleichen sucht.

Günter Grass wurde am 16. Oktober 1927 in Danzig-Langfuhr geboren. Die Eltern besaßen in dem Vorort von Danzig ein eigenes Lebensmittelgeschäft. In der Zweizimmerwohnung hinter dem Kolonialwarengeschäft wuchs Günter Grass auf. Seine drei Jahre jüngere Schwester Waltraud und er schliefen im Wohnzimmer. Der Vater Wilhelm Grass, protestantischen

Glaubens, hatte zuvor eine Lehre als Bürokaufmann absolviert und war danach als Vertreter für Papierwaren tätig. Die Mutter Helene, katholischer Konfession, kam aus einer kaschubischen Familie und erlernte den Beruf einer Verkäuferin bei Kaiser's Kaffee, bevor sie das Kolonialwarengeschäft ihrer Mutter übernahm.

Der Vater kümmerte sich um den Wareneinkauf und die Schaufensterdekoration des Geschäftes, die Mutter führte den Laden; für Kochen und Haushalt war ebenfalls der Ehemann zuständig. Günter Grass wurde katholisch getauft, in seiner Kindheit war er Messdiener. Früh begann er zu lesen, alles was ihm in die Finger geriet. Da Helene Grass Mitglied eines Buchclubs war, war für ständigen Nachschub gesorgt. Er besuchte die Volksschule und wurde Mitglied der Hitlerjugend.

Sein Berufswunsch aber stand fest: »Ginterchen« wollte Künstler werden. Im Alter von dreizehn Jahren schrieb er einen Roman mit dem Titel *Die Kaschuben*. Leider waren am Ende des ersten Kapitels alle Helden tot. Er beteiligte sich mit dem Fragment an einem Wettbewerb, aber die erhoffte Auszeichnung mit einem Preis blieb aus.

Während ein Cousin der Mutter sich 1939 den angreifenden Wehrmachtstruppen entgegenstellte – er beteiligte sich in seiner Eigenschaft als polnischer Beamter an der Verteidigung des polnischen Postamtes in Danzig gegen die Angreifer und wurde daraufhin standrechtlich erschossen –, war der Vater von Günter Grass bereits 1936 in die NSDAP eingetreten.

Die Eltern schickten beide Kinder auf das Gymnasium. Günter war vor allem in den Fächern gut, für die er sich interessierte: Deutsch, Geschichte und Kunst. Gutes Betragen war nicht unbedingt seine Stärke. Deshalb wechselte er gleich zweimal die Oberschule.

Als er im Alter von sechzehn Jahren zum Arbeitsdienst eingezogen und als Luftwaffenhelfer eingesetzt wurde, war die Schulzeit für ihn beendet. Einen Monat vor seinem siebzehnten Geburtstag erhielt er seine Einberufung zur Wehrmacht. Im Kriegseinsatz an der Ostfront wurde er mit Streifschüssen an Bein, Hand und Schulter verwundet. Nach einem Lazarettaufenthalt im tschechischen Marienbad geriet er am 8. Mai 1945 in amerikanische Kriegsgefangenschaft und wurde anschließend bis April 1946 im Kriegsgefangenenlager in Bad Aibling interniert. In Verhören mit den amerikanischen Behörden gab der Achtzehnjährige seine Zugehörigkeit zur Waffen-SS an, ohne dass dies weitergehende Folgen für ihn hatte. In den Nachkriegswirren irrte Günter Grass durch Westdeutschland, von Köln über das Saarland nach Göttingen, und landete schließlich auf der Suche nach Arbeit im Dorf Groß-Gießen nahe Hildesheim. Dort übernahm er für neun Monate eine Hilfsarbeiterfunktion im Bergbau beim Abbau von Steinsalz. Mit Hilfe des Suchdienstes des Deutschen Roten Kreuzes fand er seine Eltern wieder, die vor den Russen geflüchtet und im rheinischen Braunkohlerevier bei einem Bauern in der Futterküche untergebracht waren.

Von Niederaußem, dem Standort seiner Eltern, lief er dreißig Kilometer zu Fuß nach Düsseldorf und bewarb sich an der dortigen Kunstakademie um eine Praktikumsstelle als Steinmetz. Unterkunft nahm er in einem Caritas-Wohnheim in Düsseldorf-Rath. Für den Stundenlohn von einer Mark fertigte er Grabsteine und besserte Hausfassaden aus. 1948 schrieb er sich an der Kunstakademie Düsseldorf in den Fächern Grafik und Bildhauerei ein, gefördert durch ein Knappschaftsstipendium. Dort lernte er das Zeichnen und die Herstellung von Holzschnitten unter Anleitung seines Lehrers Otto Pankok.

An den Abenden spielte er gemeinsam mit Freunden in einer Jazzband im Lokal Zum Csikos in der Düsseldorfer Altstadt. Grass bediente das Waschbrett. Nebenbei verdiente er sich ein Zubrot durch Schaufensterdekorationen und die Gestaltung von Karnevalswagen. Häufig besuchte er seine Schwester Waltraud, die in Düsseldorf als Krankenschwester arbeitete. In den fünfziger Jahren trat Günter Grass als »Reklamemann« in der Werbung für den Berliner Lebensmittelfilialisten Bolle auf Werbeplakaten in Erscheinung. Ob und wie sich das auf den Bolle-Umsatz auswirkte, blieb unbekannt.

Per Anhalter reiste er nach Frankreich und Italien und lernte eine Tochter aus großbürgerlichem Hause kennen: die Schweizer Tänzerin Anna Schwarz. Das Paar heiratete 1954. Aus der Ehe gingen vier Kinder hervor: 1957 wurden die Zwillinge Franz und Raoul geboren. 1961 folgten die Tochter Laura und 1965 der Sohn Bruno. Ein Jahr vor der Heirat war der junge Künstler von Düsseldorf nach Berlin gezogen, um sich künstlerisch weiterzuentwickeln. Bei einem Lyrikwettbewerb des Süddeutschen Rundfunks bekam er den dritten Preis. Auf Empfehlung eines Jurymitgliedes wurde der Moderator der Gruppe 47, Hans Werner Richter, auf ihn aufmerksam. So kam es zu einer Einladung des angehenden Künstlers, der sich auch als Schriftsteller betätigte: Günter Grass nahm 1956 an der Frühjahrstagung der Gruppe 47 in Berlin teil. Ein Jahr danach kam es zur ersten Buchveröffentlichung im Luchterhand Verlag, *Die Vorzüge der Windhühner*, mit Gedichten und Zeichnungen. Das Buch verkaufte sich schleppend.

1956 zog das Ehepaar Grass von Berlin nach Paris. Zeitweilig hielten sich Günter und Anna Grass auch in Wettingen/ Schweiz bei Verwandten auf. Dort und in Paris schrieb Günter Grass *Die Blechtrommel*. In Berlin wurde sein Stück *Hochwasser* aufgeführt, in Köln das Stück *Onkel, Onkel*.

Günter Grass war in nahezu allen künstlerischen Disziplinen unterwegs: Er schrieb Theaterstücke, Gedichte, Essays, las in Rundfunksendungen, zeichnete und arbeitete an Plastiken. Unterstützt hat ihn in der Organisation und Vermarktung seines vielschichtigen künstlerischen Schaffens vor allem der Schriftsteller und Professor der Berliner Technischen Universität Walter Höllerer. Auf dessen Vermittlung hin konnte Grass im Juni 1958 zum ersten Mal, seit er seine Heimatstadt verlassen hatte, nach Danzig fahren, wo er seine kaschubischen Verwandten besuchte.

Anfang November 1958 las Günter Grass bei der Tagung der Gruppe 47 aus dem Manuskript der *Blechtrommel* und erhielt dafür das Preisgeld in Höhe von 5000 Mark. Um das Manuskript bemühten sich mehrere renommierte Verlage in Westdeutschland, doch Luchterhand behielt die Oberhand. 1959 wurde *Die Blechtrommel* auf der Frankfurter Buchmesse präsentiert. Die Verkaufszahlen übertrafen sämtliche Erwartungen. Während Schriftstellerkollegen und Kritiker in Deutschland und den Nachbarländern das Werk wegen seiner Sprachgewalt und rücksichtslosen Darstellung gesellschaftlicher Tabus feierten, ergossen sich die Konservativen und Vertreter der Kirchen in üblen Beschimpfungen. Sie konstatierten »deftige Nacktheit, grandiose Unverschämtheit«, »Kirchenschändung« und »allerübelste Pornographie«. Günter Grass war von einem Tag auf den anderen berühmt geworden.

Die Familie zog um, in eine Viereinhalb-Zimmer-Wohnung in Berlin-Schmargendorf. Über Hans Werner Richter und die Gruppe 47 lernte Günter Grass den damaligen Regierenden Bürgermeister der Stadt Berlin, Willy Brandt, kennen. Grass bewunderte Brandt vor allem dafür, dass er den Mut aufgebracht hatte, im Alter von neunzehn Jahren Nazideutschland zu verlassen und aus dem Exil heraus gegen die Hitlerdiktatur zu agitieren. Wie viele Menschen seiner Generation nahm Grass Partei für den aufstrebenden Sozialdemokraten, der von seinem politischen Gegner Konrad Adenauer als »unehelich« diffamiert und in Teilen der westdeutschen Bevölkerung wegen seines Exils in Norwegen als »Vaterlandsverräter« geschmäht wurde. Die Freundschaft mit Willy Brandt währte ein Leben lang.

1961 erschien die Novelle *Katz und Maus*, die ergreifende Geschichte einer Gruppe von Danziger Schülern in den Kriegsjahren des Zweiten Weltkrieges. Die Erstauflage betrug 30 000

Exemplare und fand, wie schon *Die Blechtrommel*, reißenden Absatz. In *Katz und Maus* berichtet der Ich-Erzähler Pilenz in einer Rückschau von seinem Klassenkameraden und Gegenspieler Joachim Mahlke, der auf der Suche nach Liebe und Anerkennung ist und den sein übergroßer Adamsapfel zum Außenseiter macht. Seinen Makel, auf den Pilenz heimtückisch eine Katze ansetzt, sucht Mahlke zu verdecken, versuchshalber auch mit einem Ritterkreuzorden. Aufgrund einer Masturbationsszene wurde das Buch vom hessischen Ministerium für Arbeit, Volkswohlfahrt und Gesundheitswesen in die Liste jugendgefährdender Schriften aufgenommen. Der rechtsgerichtete österreichische Publizist Kurt Ziesel zeigte Grass wegen der »Verbreitung unzüchtiger Schriften« an. Das befeuerte den Verkaufserfolg umso mehr, auch wenn die hessische Behörde ihren Beschluss nach einigen Monaten wieder zurücknahm. Walter Jens, der große deutsche Publizist und Literaturhistoriker, hatte 1962 in einem Gutachten für die Bundesprüfstelle für jugendgefährdende Schriften zu *Katz und Maus* geschrieben: »Ich halte die Figur des großen Mahlke für eine der ergreifendsten und glaubhaftesten Jungen-Gestalten der modernen Dichtung ...« In der Verfilmung des Buches 1966 übernahmen Lars und Peter Brandt, die Söhne Willy Brandts, die Rolle des Mahlke in unterschiedlichen Altersphasen.

1963 veröffentlichte der Luchterhand Verlag den Roman *Hundejahre*. Damit bestätigte Grass seinen Ruf als deutscher Schriftsteller von Weltgeltung. Schon einen Monat vor der Veröffentlichung lagen 25 000 Vorbestellungen des Buchhandels vor. Die inzwischen fünfköpfige Familie bezog zum Kaufpreis von 60 000 Mark in der Niedstraße in Berlin-Friedenau ein eigenes Haus, das zum Treffpunkt zahlreicher Intellektueller wurde und in dem der Autor der *Blechtrommel* seine Gäste bewirtete. In der Niedstraße wurde gut gegessen, viel getrunken, musiziert und getanzt. 1965 erhielt Günter Grass den Büchner-Preis.

Wenn Grass nicht schrieb, war er in Sachen Wahlkampf-hilfe für Willy Brandt und die SPD unterwegs. Gerne trat er in CDU-Hochburgen auf. In der vorwiegend von Katholiken bewohnten Stadt Cloppenburg wurde er mit Eiern beworfen. Immer waren die Auftritte glänzend besucht, obgleich Grass Eintritt erhob. Die Erlöse aus seinen Wahlkampfveranstaltungen spendete der Autor für Bundeswehrbibliotheken und an Ersatzdienstorganisationen.

Der ersehnte Regierungswechsel blieb vorerst aus. Trotzdem setzte Grass sein Engagement für die SPD uneingeschränkt fort. 1969 gründete er die Sozialdemokratische Wählerinitiative. Sie trug dazu bei, dass zum ersten Mal in der Geschichte der Bundesrepublik Deutschland eine Regierungskoalition von SPD und FDP möglich und Willy Brandt Bundeskanzler wurde.

In der Ehe des Autors kriselte es, auch deshalb, weil Grass nur noch selten in Friedenau anwesend war und seine Frau Anna sich allein um die Erziehung der Kinder kümmern musste. Zudem hatte sie eine Liebesbeziehung zu Vladimir Kafka, dem Übersetzer der Grass'schen Werke ins Tschechische, aufgenommen. Günter Grass sah sich, wie Michael Jürgs in seinem Buch *Bürger Grass* berichtet, dazu veranlasst, im Haus in der Niedstraße eine Trennwand ziehen zu lassen, die seinen Wohnbereich von dem seiner Ehefrau separierte. Schließlich ging das Paar 1972 auseinander. Die formale Scheidung wurde 1978 vollzogen.

Nach der Trennung zog Grass mit seiner neuen Lebensge-fährtin, der Architektin Veronika Schröter, und deren beiden Töchtern nach Wewelsfleth, einem kleinen Ort nahe Itzehoe in Schleswig-Holstein. 1974 wurde Helene Grass, die gemeinsame Tochter von Günter Grass und Veronika Schröter, in Hamburg geboren. Ihren Vornamen erhielt sie nach dem Namen von Grass' Mutter.

Das Leben mit der neuen Lebensgefährtin verlief ebenfalls nicht ohne Reibereien. Günter Grass war nach wie vor häufig unterwegs und nun auch noch ständig zwischen Berlin und Wewelsfleth pendelnd. Im Sommer 1976 trennte man sich, und Grass ging wieder nach Berlin. Ein Jahr später erschien der Roman *Der Butt*.

1979 heiratete Grass ein zweites Mal: Ute Grunert, eine Lehrerin und Organistin. Im gleichen Jahr wurde die Tochter Nele geboren. 1985 bezog das Ehepaar Grass ein Haus in Behlendorf nahe Mölln. Ein Jahr später erschien der Roman *Die Rättin*. Es folgten die Erzählung *Unkenrufe* (1992) und der Roman *Ein weites Feld* (1995), begleitet von zahlreichen Reisen, Vorträgen und Ehrungen, mit denen Grass geradezu überhäuft wurde. 1999 wurde Günter Grass der Nobelpreis für Literatur verliehen.

Im Jahr 2006 gab Günter Grass bekannt, dass er als Siebzehnjähriger Mitglied der Waffen-SS gewesen sei, was zu aufgeregten Reaktionen in den öffentlichen Medien führte, da Grass stets als überzeugter Pazifist und moralisches Gewissen seiner Generation aufgetreten war. Gewiss hätte es einem Menschen seiner Bedeutung besser zu Gesicht gestanden, wenn er dies vor der literarischen Öffentlichkeit zu einem deutlich früheren Zeitpunkt eingestanden hätte. Seine Meisterschaft als Erzähler und Zeichner, und auch sein Auftreten als Verfechter von Menschenrechten und sein unermüdlicher Einsatz für Gerechtigkeit, bleiben von der Verfehlung des jugendlichen Günter Grass unberührt.

Am 13. April 2015 verstarb Günter Grass in einem Lübecker Krankenhaus nach einer Infektion. Er hinterließ seine Ehefrau Ute und die Kinder Franz, Raoul, Laura, Bruno, Helene und Nele sowie achtzehn Enkelkinder.

Der Mann, dem Uwe Johnson einst humorvoll bescheinigt hatte, wie ein brasilianischer Kaffeehändler oder ein spanischer Viehhändler auszusehen, und vom dem Marcel Reich-Ranicki sagte, er sehe nicht aus wie ein Schriftsteller, sondern wie ein bulgarischer Partisan, gehört unzweifelhaft zu den wichtigsten Autoren deutscher Sprache seiner Zeit und darüber hinaus.

Was Bestand hat vom Dichter Günter Grass, ist in der Pressemitteilung der Schwedischen Akademie zur Verleihung des Nobelpreises im Jahr 1999 festgehalten: »Durch seine Macht über die deutsche Syntax und seine Bereitschaft, ihre labyrinthischen Feinheiten zu nutzen, erinnert er an Thomas Mann. Sein schriftstellerisches Werk ist ein Dialog mit dem großen Erbe deutscher Bildung, der mit sehr strenger Liebe geführt wird.«

Meine Lieblingswerke von Günter Grass:

- **Die Blechtrommel**
- **Katz und Maus**
- Hundejahre
- Der Butt
- Das Treffen in Telgte

Der Roman **Die Blechtrommel** gehört zu den wichtigsten Werken der Weltliteratur im 20. Jahrhundert. Er schildert die Geschichte des kleinwüchsigen Oskar Mazerath und dessen kaschubischer Familie vor dem Hintergrund der Stadt Danzig und deren Umgebung. In der *Blechtrommel* offenbart Günter Grass sein erzählerisches Talent und sein kreatives Sprachvermögen auf eine so vollkommene, unverwechselbare Weise, dass man lange suchen muss, um einen Roman vergleichbarer Qualität in deutscher Sprache zu finden. Grass gelingen Momentaufnahmen der agierenden Personen und situative Schilderungen, die in ihrer Intensität und Bildhaftigkeit unübertroffen sind. Beispielhaft dafür steht die berühmt gewordene Szene, in der Oskar Matzeraths Großmutter mütterlicherseits, Anna Bronski, auf dem Kartoffelacker sitzt:

Nun war es aber ein Montagnachmittag, an dem meine Großmutter hinter dem Kartoffelfeuer saß. Der Sonntagsrock kam ihr montags eins näher, während ihr jenes Stück, das es sonntags hautwarm gehabt hatte, montags recht montäglich trüb oberhalb von

den Hüften floß. Sie pfiff, ohne ein Lied zu meinen, und scharrte
mit dem Haselstock die erste gare Kartoffel aus der Asche. Weit ge-
nug schob sie die Bulve neben den schwelenden Krautberg, damit
der Wind sie streifte und abkühlte. Ein spitzer Ast spießte dann die
angekohlte und krustig geplatzte Knolle, hielt diese vor ihren Mund,
der nicht mehr pfiff, sondern zwischen windtrocknen, gesprunge-
nen Lippen Asche und Erde von der Pelle blies.

Beim Blasen schloß meine Großmutter die Augen. Als sie meinte,
genug geblasen zu haben, öffnete sie die Augen nacheinander, biß
mit Durchblick gewährenden, sonst fehlerlosen Schneidezähnen zu,
gab das Gebiß sogleich wieder frei, hielt die halbe, noch zu heiße
Kartoffel mehlig und dampfend in offener Mundhöhle und starrte
mit gerundetem Blick über geblähten, Rauch und Oktoberluft an-
saugenden Naslöchern den Acker entlang bis zum nahen Horizont
mit den einteilenden Telegrafenstangen und dem knappen oberen
Drittel des Ziegeleischornsteins. Es bewegte sich etwas zwischen
den Telegrafenstangen ...[116]

Die Großmutter gewährt dem auf der Flucht befindlichen
Brandstifter Joseph Koljaiczek Schutz vor der Polizei unter ihrem weiten Rock, wobei die Mutter des kleinen Oskar, Agnes,
gezeugt wird. Die sich wie selbstverständlich aneinanderrei-
henden Episoden der *Blechtrommel* fügen sich zu einem phan-
tastischen Bilderbogen, der ein einzigartiges Zeugnis für eine
Epoche deutschen, polnischen und kaschubischen Zusammenlebens darstellt. Mit der *Blechtrommel* ist es Günter Grass
gelungen, dem magischen Realismus lateinamerikanischer
Schriftsteller wie Gabriel García Márquez, Isabel Allende, Alejo
Carpentier, Mario Vargas Llosa und Miguel Ángel Asturias ein
in Inhalt, schöpferischer Sprachkraft und Aussage ebenbür-
tiges Werk gegenüberzustellen. Der Roman wurde 1978 unter
der Regie von Volker Schlöndorff mit David Bennent in der
Hauptrolle verfilmt. Der Streifen wurde als bester fremdsprachiger Film mit einem Oscar ausgezeichnet und erhielt bei den
Filmfestspielen in Cannes die Goldene Palme.

Empfehlenswerte Bücher über Günter Grass:

— Michael Jürgs: *Bürger Grass. Eine deutsche Biografie.* C. Bertelsmann Verlag, aktualisierte Neuausgabe, München 2015.

— Claudia Mayer-Iswandy: *Günter Grass.* dtv Portrait, München 2002.

— Heinrich Vormweg: *Günter Grass.* Rowohlt Bildmonographie, Reinbek 2002.

— Margarethe Amelung: *Fünf Grass'sche Jahreszeiten.* Langen Müller Verlag, München 2007.

Literatour Günter Grass:

— »Tour de Grass« (Wandern und Radfahren auf den Spuren von Günter Grass von Lübeck bis Mölln, 46 Kilometer): www.grass-haus.de/tour-de-grass

— Günter-Grass-Haus, Glockengießerstraße 21, 23552 Lübeck

— Geburtshaus Günter Grass und Oskar-Matzerath-Bronzefigur (auf einer Parkbank) im Danziger Stadtteil Wrzeszcz (früher Langfuhr)

— Medienarchiv Günter Grass Stiftung Bremen (audiovisuelles Werk von Günter Grass), Stephanikirchenweide 8, 28217 Bremen

— Deutsches Literaturarchiv Marbach (Sammlung der Rezeptionszeugnisse, Handschriften von Günter Grass, Ausgaben seiner Werke, Sammlung der Sekundärliteratur), Schillerhöhe 8–10, 71672 Marbach am Neckar

— Literaturarchiv Sulzbach-Rosenberg (erste Fassung der *Blechtrommel*, Korrespondenz der Jahre 1956–1959), Rosenberger Str. 9, 92237 Sulzbach-Rosenberg

43 Walter Kempowski. Der Nonkonformist

*29.4.1929 Rostock
†5.10.2007 Rotenburg/Wümme

Lange Zeit habe ich Walter Kempowski für einen »Sozialisten-fresser« gehalten. Seine häufig zur Schau gestellte Sympathie für die neoliberalen Kräfte in der FDP war mir auch nicht ganz geheuer. Allerdings gab es gute – biographische – Gründe, warum Kempowski sich schreibend so positionierte. Später kam ein Artikel im *Spiegel* dazu, in dem ironisch über das etwas merkwürdige Gebaren des Walter Kempowski im Umgang mit jungen Frauen anlässlich von ihm veranstalteten Seminaren berichtet wurde. Nach dem ersten Buch, das ich von Kempowski las, änderte sich mein Bild vom Schriftsteller. Und dann wurde mir zum Geburtstag *Das Echolot* geschenkt: ein Jahrhundertwerk!

Walter Kempowski wurde am 29. April 1929 in Rostock geboren. Sein Vater war Reeder und Schiffsmakler, die Mutter stammte aus einer Hamburger Kaufmannsfamilie. Nach dem Besuch der Grundschule wechselte er zum Realgymnasium. Im Alter von fünfzehn Jahren trat er in die Hitlerjugend ein und wurde im letzten Kriegsjahr als Luftwaffenhelfer eingesetzt. Gegen Ende des Krieges fiel sein Vater.

Walter Kempowski begann eine kaufmännische Lehre in einer Rostocker Druckerei, die er anschließend beim Hamburger Rowohlt Verlag fortsetzen wollte. Da dies wegen einer fehlenden Arbeitserlaubnis in Hamburg nicht möglich war, nahm er eine Stelle in einem PX-Store der US-Armee in Wiesbaden an. In dieser Zeit lieferte er Informationen an den US-Nachrichtendienst CIC (Counter Intelligence Corps).

Während eines Besuches bei seiner Mutter in Rostock wurde er im Jahr 1948 von der sowjetischen Geheimpolizei NKWD verhaftet. Sein Bruder Robert, der die Geschäftsführung der Reederei nach dem Tod des Vaters übernahm, hatte Unterlagen über die Demontageaktivitäten der sowjetischen Besatzer gesammelt, und Walter wollte diese an den US-Geheimdienst weiterleiten. Die gegen ihn erhobene Anklage lautete auf »Wirtschaftsspionage«. Die Brüder Kempowski wurden zu je fünfundzwanzig Jahren Arbeitslager verurteilt, die Mutter zu zehn Jahren Zwangsarbeit.

Walter Kempowski wurde in das Zuchthaus in Bautzen eingewiesen und verbrachte dort zunächst mehrere Wochen in Einzelhaft. Hierüber entstand sein erstes Buch *Im Block. Ein Haftbericht*. Es bildet die Grundlage für seinen späteren autobiographischen Roman *Ein Kapitel für sich*.

1956 wurde Walter Kempowski nach acht Jahren vorzeitig aus der Haft entlassen. In Göttingen holte er das Abitur nach und begann Pädagogik zu studieren. 1960 heiratete er die Pfarrerstochter Hildegard Janssen, die er in Göttingen in der Tanzstunde kennengelernt hatte, und nach Abschluss des Studiums arbeiteten beide als Lehrer. Das Ehepaar bekam zwei Kinder, Karl-Friedrich und Renate. Hildegard Kempowski erzählte über ihren Gatten: »Er konnte es nicht gut ab, wenn man nicht die gleiche Meinung hatte wie er ... Es kam vor, dass er erschreckend aus der Haut fuhr, aber hinterher hat ihm das immer leidgetan.« Als Grundschullehrer entwickelte Kempowski eigenständige Methoden des Lesens und Schreibens für Erstklässler auf der Basis erzählter und niedergeschriebener Erlebnisse seiner Schülerinnen und Schüler.

Ein erstes von ihm eingereichtes Manuskript wurde vom damaligen Cheflektor des Rowohlt Verlages, Fritz J. Raddatz, aufgrund eines eingeholten Gutachtens abgelehnt. Nachdem Kempowski das Manuskript umgearbeitet hatte, erschien es 1969 unter dem Titel *Im Block*. Das Buch wurde von den Kritikern gelobt, verkaufte sich aber nicht gut: nur etwa 1000 Exemplare wurden abgesetzt. In den siebziger Jahren erschienen die Romane *Tadellöser & Wolff* (1975) und *Ein Kapitel für sich* (1979), die Kempowski bekannt und populär machten. Einige der von Kempowski zu Papier gebrachten Sätze in diesen Romanen sind nach wie vor in aller Munde: *Kinder, wie isses schön.* Oder: *Gut dem Dinge.* Und vor allem: *Uns geht's ja noch gold.* 1980 quittierte er den Schuldienst, um sich ganz auf seine Tätigkeit als Schriftsteller zu konzentrieren.

Am Literaturbetrieb, an Kollegentreffen, Tagungen der Gruppe 47 und vergleichbaren Institutionen und Gremien nahm er allenfalls am Rande teil. Kempowski blieb ein Einzelgänger im bundesdeutschen Literaturbusiness – auch deshalb, weil er sich in der menschlich-politischen Sicht der gesellschaftlichen Entwicklung der Bundesrepublik von vielen seiner Zeitgenossen unterschied. Sozialdemokratischen oder gar sozialistischen Ideen blieb er stets abgeneigt. Kempowski mit seiner Biographie – als Inhaftierter im DDR-Knast und als Bericht erstattender Protagonist des Konservativ-Bürgerlichen – passte nicht so recht zu der Aufbruchsbewegung der Antiautoritären.

Er pflegte seinen eigenen Stil, nicht nur beim Schreiben, sondern auch in der Art zu leben. Regelmäßig führte er in seinem Haus in Nartum Veranstaltungen, bevorzugt für junge Buchhändlerinnen und weibliche Literaturinteressierte, durch, deren Abläufe Niederschlag in seinen – zum Teil veröffentlichten – Tagebüchern fanden und die zu ironischen Kommentaren im Feuilletonteil einschlägiger Printmedien führten. Edo Reents, Journalist bei der *Frankfurter Allgemeinen Zeitung*, schrieb 2011 über den Roman *Hundstage* und dessen Hauptfigur des Alexander Sowtschick – mit deutlichem Bezug zum Verfasser des Buches: »Sowtschick, auf dem illiteraten Land als kuriose Existenz bestaunt wie sein komfortables Haus, in das er sich halb zu Studienzwecken, halb aus erotischer Reizbarkeit, junge Mädchen holt, während seine Frau Urlaub in Frankreich macht, ist ein sehr verspäteter Bildungsbürger, dessen Einsamkeit sich geistigem Rang und einer cholerischen Neigung verdankt; ein sympathischer, harmloser Lüstling voller Ressentiment, Sadismus, Humor und Humanität, der verzweifelt Anschluss an die Jugend sucht, während er gleichzeitig seinen Ruhm verwaltet und ironisch schon an sein Nachleben denkt ...«

Der 1962 geborene Schriftsteller Gerhard Henschel, damals ständiger Mitarbeiter der Satirezeitschrift *Titanic*, beschäftigte sich seit Beginn der achtziger Jahre mit dem von ihm wegen seines hintergründigen Humors geschätzten Autor Kempowski. Er zählt zu jenen, die den so oft Geschmähten vom Ruch befreiten, ein Vertreter des Altvorderen zu sein, ohne dessen teilweise merkwürdiges Gebaren gegenüber anderen Menschen, seine zur Schau getragene Arroganz und Dünkelhaftigkeit unter den Teppich zu kehren. Von jüngeren Schriftstellern wie Benjamin von Stuckrad-Barre, Karen Duve und Tanja Dückers wird er heute geschätzt und verehrt.

Hildegard Kempowski erinnerte sich Benjamin Stuckrad-Barre gegenüber 2008 humorvoll an die Eigenarten und Marotten ihres Mannes: Er sei kein Freund spontaner Besuche gewesen, doch wenn jemand geklingelt habe und es nicht gerade während der ihm heiligen Mittagszeit gewesen sei, habe ihr Mann die Besucher durch das ganze Haus geführt. Zu an den Wänden hängenden Bildern habe er frei erfundene Geschichten erzählt. Eines der Zimmer habe er stets als das »Bridge-Zimmer« bezeichnet, in dem seine Frau immer Bridge spiele. Dabei, so Hildegard Kempowski, hätte sie nie eine Bridgekarte in der Hand gehabt.

Anfang der 1980er Jahre begann Kempowski, Erlebnisberichte aus der Vorkriegs- und Kriegszeit zu sammeln. Dazu hatte er in der Wochenzeitung *Die Zeit* eine Anzeige aufgegeben. Die eingehenden Berichte, Tagebuchaufzeichnungen, Briefwechsel und Fotografien verwahrte er in einem Archiv, das er in seinem Wohnhaus in Nartum einrichtete.

In dem Monumentalwerk *Echolot* hat Walter Kempowski die Zeitzeugnisse collageartig zusammengefasst und ein Werk geschaffen, das die düstere Tragik und das Leid der Menschen im Weltkrieg umfassend und eindrucksvoll belegt. Eine vergleichbare Dokumentation über diese Zeit gibt es nicht: Mit *Echolot* hat sich Walter Kempowski, ungeachtet aller Kritik und Angriffe des Literatur- und Medienbetriebs, einen Platz im Olymp der deutschen Literatur gesichert. Seine Themen waren die Mechanismen und Auswirkungen totalitärer Gewalt und der damit verbundenen Ideologien. 1994 erhielt Kempowski den Literaturpreis der Konrad-Adenauer-Stiftung und die Ehrenbürgerschaft seiner Heimatstadt Rostock, 1996 das Bundesverdienstkreuz und 2005 den Thomas-Mann-Preis.

Der Tag des Untergangs der DDR war für ihn ein Triumph: *Die Linken hier sind baff, ihre schöne DDR, ihre bessere Welt, ihr Arbeiterparadies!*,[117] kommentierte er ironisch. 2003 wurde Walter Kempowski zum Honorarprofessor für Neuere Literatur- und Kulturgeschichte ernannt. Den Tag der Verleihung bezeichnete Kempowski als den Höhepunkt seines Lebens.

Im Jahr 2006 erkrankte Kempowski an Darmkrebs. Ende Januar 2007 gab ihm der Arzt noch drei Monate; auch seine Leber war inzwischen von Krebs befallen. Das letzte Buch, das Kempowski las, war eine Biographie über den Schriftsteller Georges Simenon. Walter Kempowski starb am 5. Oktober 2007 im Alter von achtundsiebzig Jahren in einem Krankenhaus in Rotenburg/Wümme. *Das Einzige, was mich am Tod wirklich traurig macht*, schrieb Kempowski in einem Artikel kurz vor seinem Lebensende, *ist, dass man als Toter keine Musik mehr hören kann.*[118]

Im Haus Kreienhoop, seinem Wohnort in Nartum, befindet sich heute die Kempowski-Stiftung. Bereits 2005 hatte der Autor sein Biographien-Archiv, das Hunderttausende Fotos und Millionen Blatt Papier umfasst, der Akademie der Künste in Berlin übergeben.

Empfehlenswerte Werke von Walter Kempowski:

- **Im Block. Ein Haftbericht**
- **Das Echolot**
- Aus großer Zeit
- Schöne Aussicht
- Tadellöser & Wolff
- Uns geht's ja noch gold

Das Buch *Im Block* erschien im März 1969 im Rowohlt Verlag und berichtet über den Zuchthausaufenthalt von Walter Kempowski in Bautzen. 1987 wurde es, bearbeitet und ergänzt mit Zeichnungen des Autors, im Knaus Verlag neu aufgelegt. Von 1948 bis 1956 saß Walter Kempowski als Häftling im Zuchthaus in Bautzen ein. Als er entlassen wurde, wog Kempowski 45 Kilogramm.

Knapp zehn Sätze braucht Kempowski, um die Willkür der DDR-Staatsmacht, sein Ausgeliefertsein und die Hilflosigkeit seiner zurückbleibenden Mutter im Angesicht seiner Verhaftung zu beschreiben. Die Sätze sind kurz und klar:

Im Morgengrauen holten sie mich aus dem Bett. Zwei trugen Lederjacken. Da hast du was zu melden, wenn du wieder rüberkommst, dachte ich. Einer nahm aus dem Wäscheschrank Briefe und Tagebücher. Ein anderer strich über die Tapete. Zwei Pullover zog ich mir über, meinen Ring konnte ich unbemerkt in die Nachttischschublade abstreifen.

Sie legten mir keine Handschellen an. Beim Hinuntergehen fasste einer mit zwei Fingern meinen Ellbogen. Oben stand meine Mutter mit aufgelöstem Haar. Auf der Straße Doppelposten mit Gewehr. Im Fenster des Hausmeisters bewegte sich die Gardine; im Schaufenster der Drogerie Fotos vom Strand ...[119]

Empfehlenswerte Bücher über Walter Kempowski:

— Dirk Hempel: *Walter Kempowski. Eine bürgerliche Biographie.* btb, München 2004.

— Gerhard Henschel: *Da mal nachhaken. Näheres über Walter Kempowski.* dtv, München 2009.

Literatour Walter Kempowski:

— Kempowski Stiftung Kreienhoop, Zum Röhrberg 24, 27404 Gyhum

— Kempowski Archiv Rostock, Klosterhof Haus 3, 18055 Rostock

— Walter-Kempowski-Archiv, Akademie der Künste, Robert-Koch-Platz 10, 10115 Berlin

— Wandertagebuch von Gerhard Henschel / Gerhard Kromschröder: *Landvermessung. Durch die Lüneburger Heide von Arno Schmidt zu Walter Kempowski.* Edition Temmen, 2016.

VII

MEINE LIEBLINGS-ERZÄHLER DER GEGENWART

44 Uwe Timm.
Der Achtundsechziger

* 30.3.1940 Hamburg

Uwe Timms Roman *Heißer Sommer* ist eine der wenigen authentischen Darstellungen aus den Anfängen der Studentenbewegung. Das Buch erntete in der Bundesrepublik enorme Aufmerksamkeit und Anerkennung. Timms wichtigste Bücher sind wohl die autobiographisch geprägten Romane *Am Beispiel meines Bruders* und *Der Freund und der Fremde*. Daneben stehen mit *Morenga* und *Die Entdeckung der Currywurst* zwei weitere Werke, die zu den herausragenden Büchern der deutschen Literatur der letzten fünfzig Jahre zählen. Unter den zeitgenössischen deutschen Schriftstellerinnen und Schriftstellern von internationalem Rang gehört der Hamburger Uwe Timm zu denjenigen, die das Bild der bundesrepublikanischen Gesellschaft in den letzten Jahrzehnten des 20. Jahrhunderts am eindrucksvollsten wiedergegeben haben und dessen Bücher bleiben werden. In seinem 2020 erschienenen Buch über Utopie und Literatur (*Der Verrückte in den Dünen*) schreibt Timm: *Der Kampf gegen Schmerz, zumal gegen den vom Menschen zugefügten, gegen die Folter, ebenso wie der Kampf gegen den unnötigen Tod wegen fehlender medizinischer Versorgung oder gar wegen Kriegen ist die existentielle Utopie. Aus ihr ließe sich eine Moral ableiten, die auf das Jenseits und die Religion verzichten kann.*[120]

Uwe Timm wurde im zweiten Kriegsjahr – am 30. März 1940 – als drittes Kind von Hans und Anna Timm in Hamburg geboren. Sein Vater Hans Timm war mit einer Spielzeugfabrik bankrottgegangen und in den Vorkriegsjahren als Tierpräparator tätig. Bei Kriegsbeginn meldete er sich freiwillig zur

Luftwaffe. Mutter Anna war die Tochter eines selbstständigen Hutmachers.

Sohn Uwe war der Nachzügler in der Familie. In seiner achtzehn Jahre älteren Schwester Hanne Lore sah er viele Jahre lang eine Art Tante. An seinen älteren Bruder Karl-Heinz, der sechzehn Jahre vor ihm geboren wurde, Mitglied der SS-Totenkopfdivision war und 1943 in einem Lazarett in der Ukraine starb, kann Uwe Timm sich kaum erinnern. Sechzig Jahre später schrieb er mit *Am Beispiel meines Bruders* eine Erzählung, die wie keine andere exemplarisch die Verwicklung und Schuld der Elterngeneration in der Nazi- und Kriegszeit aufarbeitet.

Im gleichen Jahr, in dem sein Bruder als Freiwilliger sein Leben in einem sinnlosen Krieg lassen musste, verließ Uwe Timm im Alter von drei Jahren mit seiner Mutter das brennende Hamburg, in dem 40 000 Menschen in Bombenhagel und Feuersturm umkommen sollten. Mutter und Sohn kamen bei Verwandten der Familie im fränkischen Coburg unter. Ab und zu kam der Vater im Fronturlaub zu Besuch nach Coburg und brachte seinem Sohn bei, wie man die Hacken zusammenschlägt.

Nach Kriegsende kehrten Mutter und Sohn nach Hamburg zurück. Jetzt musste der Sechsjährige lernen, nicht bei jeder Begegnung mit »Heil Hitler« zu grüßen. Der Vater eröffnete nach seiner Rückkehr aus englischer Kriegsgefangenschaft ein Pelzgeschäft in Hamburg. Bald konnte er sich wieder ein Auto kaufen und sogar einen Chauffeur leisten. Den Chauffeur nannte Uwe »Massa«; die Bezeichnung hatte er einem seiner zahlreichen Groschenhefte und Bücher über die Kolonialzeit entnommen.

Uwe Timm wurde streng erzogen, sein Vater legte Wert auf die preußischen Tugenden Ordnung, Disziplin und Fleiß. In der Schule tat er sich schwer, doch im Aufsatzschreiben und Geschichtenerzählen zeigte er großes Talent. Für den Vater stand fest, dass sein jüngster Sohn einmal das väterliche Geschäft übernehmen würde. Lieber als in der Schule hielt der Junge sich aber am Elbufer auf, um dort mit seinen Freunden die Phantasien aus den gelesenen Abenteuergeschichten auszuleben. Gern trieb er sich am Hafen herum und streunte durch die Straßen von St. Pauli, wo seine Tante wohnte und man in die geheimnisvolle Halbwelt der Prostituierten, ihrer Zuhälter, der unzähligen Bars und Stripteaselokale eintauchen konnte.

Nach dem Besuch der achtjährigen Volksschule machte Uwe Timm eine Kürschnerlehre in einer großen Hamburger Pelzfirma. Dort lernte er den Kürschnermeister Walter Krause kennen, der das Interesse des Lehrjungen Timm für Literatur und Politik erkannte und dieses förderte. Den Abschluss der Lehre im Jahr 1958 bestand er als Lehrlingsbester seiner Zunft in Hamburg und wurde zweiter Bundessieger im Wettbewerb der Kürschner-Innung.

Als der Vater im gleichen Jahr an einem Herzinfarkt verstarb, übernahm Uwe Timm das hochverschuldete Geschäft des Vaters. Innerhalb kurzer Zeit gelang es dem Sohn, das Geschäft wieder rentabel zu machen. Anschließend bewarb er sich am Braunschweig-Kolleg, um dort das Abitur nachzuholen. Dort schloss er Bekanntschaft mit dem gelernten Dekorateur und Mitschüler Benno Ohnesorg, der sein enger Freund und der erste Leser seiner literarischen Versuche wurde. Auch der eher christlich orientierte Benno Ohnesorg schrieb Gedichte. Die beiden Freunde tauschten sich über Literatur aus. Zu den von ihnen bevorzugten Autoren gehörte vor allem Albert Camus.

Kurze Zeit später lernte Timm im Januar 1962 die in Marburg studierende Jutta Kosjek kennen, die seine Freundin wurde. Nach dem bestandenen Abitur im März 1963 ging er mit ihr nach München, um dort Germanistik und Philosophie zu studieren – und nicht wie ursprünglich geplant gemeinsam mit Benno Ohnesorg nach Berlin. Im Mai 1964 kam die Tochter Katharina zur Welt.

Am 2. Juni 1967 wurde Benno Ohnesorg von dem Berliner Polizisten Karl-Heinz Kurras am Rande einer Demonstration gegen den Schah von Persien erschossen. Vor allem aufgrund dieses schrecklichen Ereignisses wuchsen sich die Studentenproteste zu einer Rebellion aus. Achtunddreißig Jahre später schrieb Uwe Timm die Erzählung *Der Freund und der Fremde*: ein erschütterndes Zeitdokument zur Auseinandersetzung zwischen Establishment und Jugend in der restaurativen Phase der Bundesrepublik.

In München finanzierte Uwe Timm sein Studium durch Zuwendungen des Honnefer Modells, einer staatlichen Studienförderung und Vorläufer des BAföG. Er schloss sich dem Sozialistischen Deutschen Studentenbund (SDS) an. In den Jahren 1966 und 1967 hielt er sich in Frankreich auf und arbeitete an seiner Dissertation über Albert Camus und das Problem der Absurdität, die er 1971 abschloss.

Anfang 1969 hatte Timm in einer Bibliothek der Universität München die Deutsch-Argentinierin Dagmar Ploetz kennengelernt. Sie wurden ein Paar und nahmen eine gemeinsame Wohnung in München-Pasing. Im November 1969 heirateten sie. Sie arbeiteten auch zusammen in der Redaktion der *Literarischen Hefte*, die unter anderem Texte von Hans Magnus Enzensberger, Ludwig Harig, Martin Walser und Friedrich C. Delius veröffentlichte.

1971 erschien Uwe Timms erstes Buch *Widersprüche*, ein Gedichtband. Gemeinsam mit anderen Autoren gründete Uwe Timm in München die Autoren Edition im Verlag C. Bertelsmann. 1973 trat Timm in die DKP ein, und ein Jahr später erschien sein Roman *Heißer Sommer*. Als 1975 Sohn Tobias geboren wurde, gab Dagmar Ploetz ihre Stelle als Lektorin bei Bertelsmann auf. Das Ehepaar bekam zwei weitere Kinder, Bettina und Johanna, und Uwe Timm schrieb für jedes seiner Kinder ein Kinderbuch. Dagmar Ploetz arbeitete später als Journalistin und Übersetzerin. Unter anderem schrieb sie zwei

Biographien über Gabriel García Márquez und übersetzte dessen Werke sowie die von Isabel Allende ins Deutsche.

Im 1978 erschienenen Roman *Morenga* beschrieb Uwe Timm den Aufstand der Herero und Nama gegen die deutschen Kolonialisten im damaligen Deutsch-Südwestafrika. Der Verkaufserfolg von *Heißer Sommer* stellte sich beim zweiten Roman Timms nicht ein. Mit *Kerbels Flucht* folgte 1980 der dritte Roman. Im Herbst 1981 zog der Autor mit seiner Frau und den Kindern für zwei Jahre nach Rom. Zuvor war er nach Streitereien über den Weg des Sozialismus in der DDR aus der DKP ausgetreten. 1983 zog die Familie nach Deutschland zurück und ließ sich in Herrsching am Ammersee nieder. Timms Interesse für fremde Kulturen führte ihn auf Erkundungsreisen nach Namibia, Paraguay, in den Tschad und auf die Osterinseln.

Bei Kiepenheuer & Witsch erschienen nun die weiteren Romane von Uwe Timm, darunter *Der Mann auf dem Hochrad* (1984), *Der Schlangenbaum* (1986), *Die Entdeckung der Currywurst* (1993), *Am Beispiel meines Bruders* (2003), *Der Freund und der Fremde* (2005) und *Vogelweide* (2013). Seine Bücher wurden in zwölf Sprachen übersetzt. Und auch als Kinderbuchautor (*Rennschwein Rudi Rüssel*) war Timm außerordentlich erfolgreich. Er wurde mit namhaften Literaturpreisen ausgezeichnet und von verschiedenen Universitäten und Institutionen für sein literarisches Werk geehrt. Sogar als Drehbuchautor machte Uwe Timm sich einen Namen. Die *Bubi-Scholz-Story*, die Lebensgeschichte des populären Berliner Boxers, wurde 1998 von der ARD ausgestrahlt.

Heute lebt Uwe Timm mit seiner Frau Dagmar in München und Berlin.

In einem Interview mit dem Deutschlandfunk aus Anlass seines achtzigsten Geburtstages im März 2020 äußerte sich der Schriftsteller zu Sterben und Tod, Themen, mit denen er sich in seinen Werken immer wieder beschäftigte. Timm erzählte seinem Interviewer Tobias Wenzel, dass er häufig in München den Friedhof Bogenhausen besuche: *Die Anlage, die Blumen – das sieht fast so aus wie die Bundesgartenschau ... Und hier ist das Grab von Erich Kästner. Und man muss sich dieses Grab ansehen! Das wuchert gerade so, als ob er sich in Blumen verwandelt hätte ... Die Toten sind nicht so tot, wie wir glauben. Die Toten begleiten uns in der Erinnerung, im Bewusstsein und in den Gefühlen.*[121]

Meine Lieblingsbücher von Uwe Timm:

- **Am Beispiel meines Bruders**
- Heißer Sommer
- Morenga
- Der Freund und der Fremde

Das Buch **Am Beispiel meines Bruders** ist die Geschichte des um sechzehn Jahre älteren Bruders von Uwe Timm, der sich im jugendlichen Alter zur Waffen-SS gemeldet hatte und an der Ostfront fiel. Uwe Timm verknüpft Tagebuchnotizen des Bruders mit der Familien- und Zeitgeschichte. Er geht der Frage nach, warum sich der ältere Bruder freiwillig zur SS meldete, welche Prägungen durch das Elternhaus vorgegeben waren und inwieweit die Erziehung und die Werte des damaligen gesellschaftlichen Umfeldes das Leben eines jungen Menschen beeinflussen können. Timm erzählt präzise und nüchtern, ohne anzuklagen. *Am Beispiel meines Bruders* ist »ein schönes, kluges und trauriges Buch, das einen nicht loslässt«: So steht es im Klappentext des Verlages. Das Buch erschien 2003 bei Kiepenheuer & Witsch.

Die Charakterisierung des Vaters steht für viele vergleichbare Familienkonstellationen einer Zeit, in der autoritär erzogene Familienoberhäupter den Bedürfnissen und Erwartungen ihrer Kinder nicht gerecht werden konnten:

Der Versuch, sich erinnernd der Momente großer Nähe zu vergewissern, sich dabei auch vorschneller Benennungen zu erwehren, gelingt nur, wenn ich mir Situationen vor Augen halte, in denen wir, er und ich allein, etwas gemeinsam unternommen haben. Sein Erzählen bringt ihn mir nahe, seine Stimme, eine ruhige mittel-tiefe Stimme. Er erzählte mir abends Geschichten, die er sich aus-dachte. Die Geschichte von Dickback, dem Hamster, der so neugie-rig war und auf einem Brett zu einer Flußinsel kam. Das waren Kindergeschichten, das war die Zeit unmittelbar nach dem Krieg. Fotos, auf denen wir beide zu sehen sind, die ihn mit dem Bruder zeigen, er hat den Jungen vor sich auf dem Motorrad, neben sich im Auto, im Wohnzimmer auf dem Schoß. Damals war der Vater Ende Zwanzig gewesen. Ich kann mich nicht entsinnen, mit ihm je Fußball gespielt zu haben, überhaupt jemals mit ihm und Freunden zusammen etwas gespielt zu haben. Er war schon an die Fünfzig und hatte nie Zeit. Die Zeit des Wiederaufbaus. Er hatte das Ge-schäft, und er traf Freunde und ehemalige Kameraden. Das war die Erwachsenenwelt.

Ein Wort, das mich durch meine Kindheit begleitet hat – so, wie es auch den Bruder begleitet haben wird –: Reiß dich zusam-men ...[122]

Uwe Timm geht dem Schicksal seines Bruders auf den Grund, indem er das Beziehungsgefüge der Familie untersucht und of-fenlegt. Es ist ein ehrliches und zu Herzen gehendes Buch, das beispielhaft erklärt, wie es zu den verhängnisvollen Entwick-lungen in der jüngeren deutschen Geschichte kommen konnte.

Empfehlenswerte Literatur über Uwe Timm:

— Martin Hielscher: *Uwe Timm.* dtv Portrait, München 2007.

— Helge Malchow (Hrsg.): *Der schöne Überfluss. Texte zu Leben und Werk von Uwe Timm.* Kiepenheuer & Witsch, Köln 2005.

— Uwe Timm Autorenwebsite dtv: www.uwe-timm.com

45 Friedrich C. Delius.
Der Sechsundsechziger

*13. 2.1943 Rom
†30. 5. 2022 Berlin

Für sein Buch *Der Tag, an dem ich Weltmeister wurde* hätte man Friedrich C. Delius zum Ehrenspielführer der DFB-National-elf ernennen sollen. Ich kenne kein Fußballbuch in deutscher Sprache, das mich so sehr ergriffen hat wie diese Erzählung, in der es um den Sieg der deutschen Nationalmannschaft im End-spiel der Weltmeisterschaft 1954 in Bern gegen Ungarn geht, und darum, wie ein Junge diesen Tag in der osthessischen Pro-vinz erlebt.

Friedrich Christian Delius wurde am 13. Februar 1943 in Rom geboren. Dort war sein Vater während der Kriegsjahre Pfarrer einer evangelischen Gemeinde. Ein Jahr nach seiner Geburt zog die Familie in das bei Bad Hersfeld gelegene Dorf Wehrda, wo der Vater eine Pfarrstelle übernommen hatte. Hier verbrachte Friedrich C. Delius bis 1958 seine Kindheit.

Delius' Vater war im Krieg Sanitätssoldat gewesen und Mit-glied der Bekennenden Kirche. Seinen Sohn Friedrich Chris-tian, der als Kind stotterte, erzog er streng. Als Friedrich siebzehn war, starb sein Vater. In einem Interview nach dem Verhältnis zu seinem Vater befragt, erklärte Friedrich C. De-lius 2016: *Stellen Sie sich vor, der Vater ist für Sie der Stellvertreter Gottes auf Erden und verfügt über die Allmacht des Wortes. Diese Autorität hat so ein Gewicht, da gibt es keinen Widerspruch. Das hat mich regelrecht stumm gemacht ... Diese väterliche Dominanz und der Zwang, als Pfarrerskind für die anderen im Dorf Vorbild sein zu müssen, ließen mir wenig Freiräume. Einer war der Fuß-ballplatz ...*[123]

Eines der Lieblingsbücher von Delius in der Kindheit war das von dem Fußballreporter Sammy Drechsel geschriebene Jugendbuch *Elf Freunde müßt ihr sein*. Viele Stunden verbrachte der Pfarrerssohn auf dem Fußballplatz. Dort fühlte er sich daheim und als Gleicher unter Gleichen. Daneben arbeitete er an der Schülerzeitung mit und schrieb Artikel für die *Waldeckische Allgemeine*. Als Zehnjähriger nach seinem Berufswunsch befragt, antwortete er, Dichter werden zu wollen.

An der Alten Landesschule in Korbach legte er 1963 das Abitur ab und arbeitete anschließend zeitweilig als Assistent im Lektorat des Frankfurter S. Fischer Verlags. Im Jahr 1965 erschien sein erster Gedichtband, *Kerbholz*. Von 1963 bis 1970 studierte er Germanistik an der Freien Universität und der Technischen Universität in Berlin. Bis zu Beginn der siebziger Jahre spielte Delius gemeinsam mit Rudi Dutschke, Otto Schily und Wolfgang Neuss in einer Neuköllner Freizeitmannschaft Fußball. Schily und Delius traten als Verteidiger an.

Delius promovierte 1971 bei Walter Höllerer zum Doktor der Philosophie. Eine Zeit lang arbeitete er als Lektor, zunächst im Verlag Klaus Wagenbach (1970–1973) und anschließend im Rotbuch Verlag (1973–1978). Nach einem einjährigen Studienaufenthalt in London schloss er sich in Deutschland der Studentenbewegung an. Zurückblickend auf die damalige Zeit, hat Delius in einem Interview mit der Tageszeitung *Die Welt* 2001 geäußert: *Ich sage oft, ich bin kein 68er, ich bin ein 66er. Auf diesem Niveau friedlicher Demonstrationen bin ich stehengeblieben ... Für mich prägend war der Rausch der Offenheit in diesen Jahren, die Erweiterung des Horizonts bis in die fernsten Ecken der Dritten Welt, politisch, musikalisch, literarisch. 1968 ging das schon zu Ende. Da begann die doktrinäre Verengung, die hat mich abgestoßen.*[124] Und in einem anderen Interview 2017 mit der *tageszeitung*: *Als Meinhof schrieb, »natürlich kann geschossen werden ...«, war mir klar: Damit will ich nichts zu tun haben.*[125]

1972 veröffentlichte er eine satirische »Festschrift« über den

Siemens-Konzern unter dem Titel *Unsere Siemens-Welt*, in der er in einer frei gestalteten Festrede die Zustände des globalen Kapitalismus aus der Sicht eines getarnten und pensionierten EU-Beamten offenlegt. Nach dem Erscheinen kam es zu einem von der Siemens AG angestrengten Prozess, der drei Jahre andauerte und den Rotbuch Verlag in seiner wirtschaftlichen Existenz bedrohte. Am Ende verlor Siemens das Verfahren, auch wenn zahlreiche Stellen des Buches schwarz eingefärbt und damit unleserlich gemacht wurden.

Sieben Jahre später, 1979, vollzog sich ein ähnliches Schauspiel: Der Kaufhausinhaber und Steuerjongleur Helmut Horten fühlte sich von Delius in einer Gedichtzeile der »Moritat auf Helmut Hortens Angst und Ende« verunglimpft und forderte eine Unterlassungserklärung des Autors. Bei Zuwiderhandlung drohten Delius 500 000 DM Strafe. Auch in diesem Fall verlor der Kläger vor Gericht: Der Bundesgerichtshof wies die Klage Hortens 1982 ab.

In seinen politisch ambitionierten Arbeiten agierte Delius stets als unbestechlicher Analytiker und Aufklärer, bezog Position gegen Ungerechtigkeiten, immer an den Realitäten gesellschaftlicher Zustände und deren Widersprüchen orientiert, die er schonungslos aufdeckte: *Es gibt für mich nichts Spannenderes als unsere Gegenwart, und ich versuche möglichst viel davon mit meinen bescheidenen Mitteln zu erfassen.*[126]

1978 heiratete F. C. Delius die Psychologin und Linguistin Gisela Klann. Im selben Jahr gab Delius seine Arbeit als Lektor im Rotbuch Verlag auf, um sich ganz auf seine Tätigkeit als Schriftsteller zu konzentrieren. 1979 und 1983 wurden die gemeinsamen Töchter Mara und Charlotte geboren. Gisela Klann-Delius übernahm später eine Professur für Linguistik an der FU Berlin. Zeitweilig wohnte er nun mit seiner Familie in Beek (nahe Nimwegen) in den Niederlanden sowie in Bielefeld und in Berlin.

1998 wurde Delius Mitglied der Deutschen Akademie für

Sprache und Dichtung. Im Jahr darauf musste er sich einer Tumoroperation an der Niere unterziehen. Ein Jahr später erfolgte die Scheidung von Gisela Klann-Delius. 2003 heiratete er die Leiterin der Casa di Goethe Ursula Bongaerts. Nach zwölf Jahren Aufenthalt in Rom von 1991 bis 2013 kehrte er mit seiner Frau zurück nach Berlin.

Als Anerkennung für sein literarisches und wissenschaftliches Wirken reihte sich Auszeichnung an Auszeichnung: darunter der Fontane-Preis und im Jahr 2011 der Büchner-Preis. Delius' Bücher wurden in neunzehn Sprachen übersetzt. Sein literarisches Werk gehört zu den umfassendsten unter den Autorinnen und Autoren seiner Zeit in Deutschland. Delius legt darin Zeugnis ab von der Geschichte seines Heimatlandes Deutschland, der Zerrissenheit des Volkes in beiden deutschen Staaten infolge der Hitlerdiktatur und den Menschen, die darin und danach lebten. In *Die Flatterzunge* beschreibt Delius, einer tatsächlichen Begebenheit folgend, das Schicksal eines deutschen Musikers, der auf einer Gastspielreise nach Israel in einer Hotelbar in Tel Aviv einen Getränkebeleg mit »Adolf Hitler« abzeichnete. Die Erzählung *Bildnis der Mutter als junge Frau* greift die eigene Familiengeschichte auf. Sie schildert das Leben seiner Mutter 1943 in Rom, kurz vor der Geburt des Autors. Ihr Mann, Delius' Vater, ist im Zweiten Weltkrieg an die afrikanische Front versetzt worden. Das Buch mit seiner mäandernden Syntax weist nur einen einzigen Punkt als Satzzeichen auf. Er befindet sich auf der letzten Seite: ... *und sie nahm sich vor, noch heute einen Brief zu schreiben und möglichst viel von dem, was sie auf ihrem Weg beobachtet und unter dem Himmelsdach der Musik empfunden hatte, im Herzen zu bewahren und dem fernen Geliebten in Afrika zu erzählen und zu berichten, möglichst noch heute, nach dem Abendbrot, in einem langen, langen Brief.*[127]

Was Delius schrieb, ist immer klar und direkt, engagiert, kritisch, bewegend und aufrichtig. *Ich war stets resistent gegen*

Utopien, erklärte er. *Schon die Utopie des Himmelreichs war mir eine zu viel. Ich habe mich doch nicht vom Kirchenlied emanzipiert, um politische Gesinnungslieder zu singen.*[128]

Friedrich C. Delius starb im Alter von neunundsiebzig Jahren am 30. Mai 2022 in Berlin.

Meine Lieblingsbücher von Friedrich C. Delius:
- **Der Sonntag, an dem ich Weltmeister wurde**
- Mogadischu Fensterplatz
- Die Birnen von Ribbeck

Der Sonntag, an dem ich Weltmeister wurde, dieses schönste und zu Herzen gehende Buch über den Gewinn der Fußballweltmeisterschaft durch die deutsche Nationalmannschaft gegen die ungarische Wunderelf im Jahr 1954, erschien 1994 im Rowohlt Verlag. Es erzählt die Geschichte eines kleinen hessischen Jungen im Dorf Wehrda, zwischen Hünfeld und Bad Hersfeld gelegen, der den Sieg der deutschen Nationalelf als seinen eigenen Triumph erfährt. Es ist eine Geschichte über den Jungen, der Friedrich C. Delius einmal war:

So stand ich drei, vier, fünf Minuten auf dem Platz, bereit, die ganze Welt zu umarmen, meine Freude zu zeigen und zu teilen, bereit, mich in jede Richtung zu wenden außer zurück zum Haus, aus dem ich gelaufen war, jede Richtung, aus der ein Mensch näherkommend mich und meine Gefühle begreifen könnte, und endlich taumelten aus Sennings Gastwirtschaft drei Männer auf die Straße, in denen ich trotz der Sonntagsanzüge drei Spieler des FC Wehrda erkannte, und liefen, Kuhfladen und Schlaglöchern ausweichend, an der Post vorbei, auf den Kirchplatz zu, wie ich es gewünscht hatte, mir entgegen, und nach ihnen tauchten, bald aus der einen, bald aus der anderen Richtung die Freunde Herwig, Horst, Gerhard, Helmut und Wolfgang auf, und als wir uns, wie blöde geworden, Wortbrocken wie »Weltmeister!« und »Deutschland!« und »Dreizuzwei!« zuriefen, mit dem Geschrei die Spatzen

aufscheuchten, und von der ungewohnten Wucht der Worte mit-
gerissen, aus den genormten Sonntagsbewegungen kippten und
lachten und johlten, war ich, ohne es zu begreifen, der glücklichste
von allen, glücklicher als Werner Liebrich oder Fritz Walter.[129]

Alles, was die Faszination des Fußballs ausmacht, ob man
ihn nun selbst gespielt hat oder nur als Zuschauer – oder wie
im Fall des vorliegenden Romans mit Hilfe des legendären
Reporters Herbert Zimmermann – erlebt, ist in diesem wunderbaren Buch festgehalten. Und nicht nur das: *Der Sonntag,*
an dem ich Weltmeister wurde ist zugleich die Geschichte eines
kleinen Jungen, der als stotternder Sohn eines Pfarrers in
der engen, autoritären Welt nach dem Ende des Zweiten Weltkrieges aufwächst und in der Identifikation mit den »Helden
von Bern« zu Selbstbewusstsein findet.

Empfehlenswerte Literatur zu Friedrich C. Delius:

— Irmela von der Lühe (Hrsg.): *Friedrich Christian Delius.*
  edition text + kritik, München 2013.

— Karin Graf / Annegret Schmidjell: *Friedrich Christian Delius.*
  Iudicium Verlag, München 1990.

— Friedrich Christian Delius: *Als die Bücher noch geholfen haben.*
  Rowohlt Berlin Verlag, Berlin 2020.

46 Peter Kurzeck.
Bewahrer der verlorenen Zeit

*10.6.1943 Tachau (Böhmen; heute Tschechien)
†25.11.2013 Frankfurt am Main

Peter Kurzeck und seine Bücher gehören zu den späten Ent-
deckungen meines Leserlebens. Prägend für den Schriftsteller
war seine Flucht als Kind aus Böhmen in den oberhessischen
Ort Staufenberg, in der Nähe von Gießen, auf den er in seinen
Erzählungen immer wieder zurückkommt. Viele Jahre hat er
in Staufenberg gewohnt und das Dorf und seine Umgebung
akribisch und feinfühlig beschrieben, bevor er sich andere
Zufluchtsorte suchte. Die kindliche Sensibilität, das Fremd-
sein in der Enge des Dorfes, die Sehnsucht nach menschlicher
Wärme und Nähe, die ewige Unruhe und nicht endende Suche
nach Liebe, die Trauer über Verlorenes und die anrührende
Geschichte der Beziehung zu seiner Tochter und deren Mutter werden in einer unverwechselbaren Sprache in Bilder ge-
fasst. Beim Lesen seiner Bücher stellt sich immer wieder der
Gedanke ein: So war es, genau so! Nur: Ich habe es vergessen.
Kurzeck holt lange in uns verloren geglaubte Bilder zurück, unablässig nehmen unsere verschütteten Erinnerungen Gestalt
an, er ist ein Bewahrer alles Vergänglichen.

Peter Kurzeck wurde am 10. Juni 1943 im Sudetenland geboren. Mit seiner Mutter und seiner Schwester verschlug es
ihn 1946 nach Staufenberg/Hessen. Dort verbrachte er seine
Kindheit und Jugend in einer Wohnung für Heimatvertriebe-
ne, bis er 1977 mit seiner Freundin Sybille Wächter nach Frankfurt am Main umzog. Zuvor hatte er nach einer Lehre in Gießen als Personalchef bei der US-Armee gearbeitet. Im Sommer
1971 beschloss er, bei gleichzeitiger Halbtagsbeschäftigung in

einem Antiquariat, als freier Schriftsteller zu arbeiten. Als Peter Kurzeck im Jahr 1975 Sybille Wächter kennenlernte, war er zweiunddreißig Jahre alt. Seine neunzehnjährige Freundin ging noch zur Schule. Im Sommer des gleichen Jahres reiste das Paar nach Paris und anschließend in die Aubagne. Immer wieder zog es die beiden auf Reisen nach Südfrankreich, mal fuhren sie per Anhalter, meistens mit dem Zug. Ende der 1970er Jahre erschien sein erster Roman *Der Nußbaum gegenüber vom Laden in dem du dein Brot kaufst* im Frankfurter Verlag Stromfeld/Roter Stern. 1979 wurde seine Tochter Carina geboren. Die Schilderung des Alltags mit Partnerin Sybille und Tochter Carina zieht sich wie ein roter Faden durch Kurzecks Texte.

Lange Zeit war Peter Kurzeck schwer alkoholkrank. Gegen Ende des Jahres 1983 wurde er von seiner Freundin Sybille verlassen, kurzfristig wohnte er nun in einem Abstellraum, danach bei Freunden in einer Dachkammer. Über sich selbst schrieb Kurzeck: *Zigaretten, Streichhölzer. Schon ewig Kettenraucher. Einundzwanzig Jahre Suff, Wachtabletten, Unmengen Kaffee. Immer noch jeden Tag zwanzig Tassen Espresso und kaum je genug Schlaf – das spürst du am Herz ...*[130] Von einem Tag auf den anderen entschied er sich, keinen Alkohol mehr zu trinken. Seit Beginn der 1990er Jahre lebte Peter Kurzeck in der Kleinstadt Uzès (Südfrankreich). Wer einmal in diesem Städtchen in der Provence gewesen ist, der ahnt, dass Peter Kurzeck hier an manchen Tagen seines Lebens glücklich gewesen sein muss.

Den von ihm auf zwölf Bände angelegten Zyklus *Das alte Jahrhundert* begann er mit dem Roman *Übers Eis*, der 1997 erschien. Doch es blieb ihm nicht genug Zeit, den Zyklus zu vollenden. Der fünfte Band, *Vorabend*, der im Jahr 2011 herauskam, sollte der letzte sein. Nach mehreren Schlaganfällen starb Peter Kurzeck im Alter von siebzig Jahren am 25. November 2013 in Frankfurt am Main. Er wurde auf dem Frankfurter Hauptfriedhof beigesetzt.

Peter Kurzeck gehört in den Reigen der großen Chronisten der deutschen Nachkriegszeit. Aber sein Stil ist anders als der von Grass, Lenz, Kempowski oder dem knapp zwanzig Jahre später geborenen Gerhard Henschel: Über allem, was Kurzeck aufgeschrieben hat, liegen Schwermut und Trauer, obgleich er nichts weiter tut, als die Abfolge seines alltäglichen Lebens minutiös aufzuzeichnen. Sein Erzählstil lebt von der Faszination des Augenblicks, der akribischen Beschreibung alltäglicher Vorgänge im Tages- und Nachtablauf und auch von der Wahrnehmung der ihn umgebenden Menschen und der Natur, in der er lebt und die er erlebt. Kurzeck berichtet über sein Leben, seine Erinnerungen, die Orte, an denen er sich aufhält: das Dorf Staufenberg, die Lahn, die Stadt Frankfurt und die dortige Studenten- und Spontiszene, seine Aufenthalte in der Provence und in dem südfranzösischen Städtchen Uzès, und die Nähe zu den Menschen um ihn herum.

Kurzeck hat die Menschen geliebt, empfindsam, ausgeliefert, atemlos und immerzu sich erinnernd und alles schonungslos aufschreibend. Er schrieb auf alles, was ihm gerade zur Verfügung stand: auf Bierdeckel, Zigarettenschachteln, Packpapier, Papierservietten.

In einem Nachwort zu *Der Nußbaum gegenüber vom Laden, in dem du dein Brot kaufst* (Schöffling 2021) schreibt der Schriftsteller Andreas Maier über seinen Kollegen Peter Kurzeck: *Er redete unermeßlich viel. Das war zum einen kostbar, zum anderen anstrengend. Aber auch das mußte so sein. Peter Kurzecks Leben und Werk bestand daraus, sich sein Leben und Werk zu erzählen und anderen davon zu erzählen, wie er sich sein Leben und sein Werk erzählt. Da konnte keiner entrinnen. Mit Kurzeck befreundet zu sein, bedeutete genau das: sein Leben und Werk erzählt bekommen. Legendär sind seine Telefonanrufe, und besonders hier muß man sich es bildlich vorstellen: ein brennender, lodernder, unerträglich helles Licht verstrahlender Engel inmitten einer südfranzösischen Telefonzelle, dessen Billigtarife er, Peter Kurzeck, vorher studiert hatte. Er tätigte den Tag über zahllose Anrufe. Ohne das hielt er es nicht aus. Er mußte erzählen. Immer von sich ...*[131]

Im Jahr 2011 wurde Peter Kurzeck zum Ehrenbürger der Stadt Staufenberg ernannt. Dort, schräg gegenüber von seinem ehemaligen Wohnhaus und in unmittelbarer Nähe der Volksschule (Rote Schule), die er als Junge besucht hat, wurde im Jahr 2014 ein Platz nach ihm benannt.

Meine Lieblingsbücher von Peter Kurzeck:
- **Kein Frühling**
- **Vorabend**
- Der Nußbaum gegenüber vom Laden,
  in dem du dein Brot kaufst
- Ein Kirschkern im März
- Der vorige Sommer und der Sommer davor

Peter Kurzecks Bücher sind etwas für die großen Ferien oder für lange Abende. Seine Worte, seine Gedanken sind wie ein dahinströmender Fluss, dem man sich ausliefert. Kurzeck muss man langsam lesen, jeder Satz, jedes Wort will gelesen sein. An manchen Sätzen hat der Autor stundenlang gefeilt. Holger Schneider vom NDR hat über Peter Kurzeck gesagt: »Hier schreibt einer, als sei jeder Tag der letzte, als müsse – und könne! – er durch das Erzählen die Welt erlösen.«

Vorabend ist eine lange Reise des Autors in seine oberhessische Kindheit. Kurzeck ist ein Meister situativer Momentaufnahmen, ein deutscher Schriftsteller, der in seinem Schreibstil an James Joyce und dessen wichtigstes Werk *Ulysses* erinnert. Dem Ort seines Aufwachsens und langjährigen Lebensmittelpunkt Staufenberg bei Gießen hat er ein Denkmal gesetzt:

Und dann sagte ich, die Farben. Besonders im Sommer. Am meisten am Anfang des Sommers. Kornfelder, blaue Hügel. Man geht auf das Dorf zu. Aber auch wenn man im Dorf ist. Vor dem Turm. Von unserem Küchenfenster aus. Bei Stephans Gärtchen am

Zaun. Und dann in der Sonne manchmal ist das Licht so hell, daß das ganze Dorf weiß ist. Ein Sommertag. Noch früh. Die Straßen und Wege noch nicht geteert. Seit Wochen trocken. Und werden dann immer heller. Werden erst zu Sand, dann zu Staub. Ein feiner trockener Staub. Fast wie Mehl. Frühmorgens dann erst noch Dunst, eine leichte Wolke. Manchmal im Oberdorf alles noch blau. Hellblau und lila und weiter unten sieht man schon die Wege und Zäune und Ziegeldächer. Aber auf der Burg und im Oberdorf schon die Sonne und das Dorf noch im Nebel – das gibt es auch! Ein heller leuchtender Nebel, der sich gleich auflöst. Und schon vorher krähen von allen Seiten die Hähne ...[132]

Kurzecks Stil ist einmalig. Häufig verzichtet er auf den klassischen Satzbau aus Subjekt und Prädikat. Punkt für Punkt, wie ein Maler, wirft er seine Farben aufs Papier.

Peter Kurzeck untermauert einmal mehr die Behauptung, dass alle große Literatur »regional« ist, wo auch immer Leben und Erleben sich abspielen mögen.

Lesetipps zu Peter Kurzeck:

— Christian Riedel / Matthias Brauer (Hrsg.): *Peter Kurzeck.* edition text + kritik, München 2013.

— Erika Schmied (Hrsg.): *Peter Kurzeck. Der radikale Biograph* (Bildband). Verlag Stroemfeld, Frankfurt am Main 2013.

Literatour Peter Kurzeck:

— Peter Kurzecks Schauplätze in Staufenberg bei Gießen: https://peter-kurzecks-wege.de/

— Hinweistafel am ehemaligen Wohnhaus von Kurzeck, gegenüber vom Peter-Kurzeck-Platz, 35460 Staufenberg

— Peter Kurzeck Gesellschaft e. V., Händelstraße 13, 35460 Staufenberg / Hessen

47 Maarten 't Hart.
Der Meistererzähler aus Maassluis

* 25.11.1944 Maassluis / Niederlande

Maarten 't Hart ist alles andere als ein typischer Vertreter seiner Landsleute, die man sich gewöhnlich als auf Grachtenbooten wohnende Gute-Laune-Menschen vorstellt, die Heineken-Bier und Genever trinken, keine Vorhänge vor den Fenstern haben, im Winter auf zugefrorenen Kanälen mit weit ausholenden Bewegungen auf Schlittschuhen dahingleiten, ständig Haschisch rauchen und gute Fußballer sind oder einfach nur Tulpen züchten.

Das Leben von Maarten 't Hart hat sich in Kindheit und Jugend in der Provinz Zuid-Holland abgespielt, und dort gibt es Gegenden und Ortschaften, die bis heute von einem zutiefst calvinistischen christlichen Glauben geprägt sind. Wer die etwas andere Seite unserer holländischen Nachbarn näher kennenlernen möchte, dem seien die Bücher von Maarten 't Hart empfohlen. Jedes seiner Werke spricht für sich.

Geboren wurde Maarten 't Hart am 25. November 1944 in der 32 000 Einwohner zählenden Stadt Maassluis, die am Nieuwe Waterweg liegt, zwischen dem Hoek von Holland und Rotterdam. Maarten erhielt den Vornamen seines Großvaters väterlicherseits. Dieser Großvater betrieb ein Lebensmittelgeschäft, nahm laut seinem Enkel Maarten nie eine Dusche, war ein passionierter Damespieler und zeit seines Lebens niemals krank. Familienmitglieder äußerten, der erwachsene Maarten 't Hart gleiche seinem Großvater bis aufs Haar. Maarten 't Hart dazu: *Seinen Hang zu Frauen, seinen außergewöhnlichen Geiz, die Scheu vor Wasser und das Nicht-verlieren-können, das habe ich von ihm.*[133] Der Großvater mütterlicherseits arbeitete als Gärtner. Maartens Vater, Paulus 't Hart, war von Beruf Totengräber. Ihm hat Maarten 't Hart in dem Buch *Gott fährt Fahrrad* ein unvergessliches Denkmal gesetzt. Und ebenso seiner Mutter Magdalena, geborene van der Giessen, einer strenggläubigen, stets von Ängsten und Sorgen und einer fast krankhaften Eifersucht geplagten Frau, und zwar mit dem Buch *Magdalena*.

Bereits 1978 war Maarten 't Hart mit dem Roman *Ein Schwarm Regenbrachvögel*, der 1981 verfilmt wurde, der Durchbruch zu einem der wichtigsten niederländischen Gegenwartsschriftsteller gelungen. *Ein Schwarm Regenbrachvögel* erzählt die Geschichte eines Jungen, der in einer engen calvinistischen Welt aufwächst, seinen Glauben verliert und als Erwachsener auf der Suche nach sich selbst ist. Zum 1996 erschienenen Roman *Das Wüten der ganzen Welt*, der zum Bestseller avancierte, schrieb Elke Heidenreich im *Spiegel*: »Eine Geschichte über Musik und Schönheit, über rettende Liebe, gerechten Mord, verzweifelte Lebenslügen und feigen Verrat. Ein wunderbares Kunstwerk ...«

So sind die Darstellungen und Szenen in zahlreichen Büchern Maarten 't Harts in der engen Welt seiner näheren Umgebung angesiedelt. Sie handeln von merkwürdigen, kauzigen und eigenwilligen Menschen, die tief in ihrem Glauben verwurzelt sind, von ihrem täglichen Daseinskampf im Leben mit der Natur und den ihnen zugewachsenen Herausforderungen, von der Liebe und vom Tod – und immer wieder auch von der Musik, die für den Autor Maarten 't Hart eine wichtige Rolle in seinem Leben spielt.

Der Einberufung zum Militär wollte sich Maarten 't Hart entziehen. Er erwog, zur Musterung geblümte Unterwäsche anzuziehen oder Hand in Hand mit einem Freund zur Tauglichkeitsprüfung zu erscheinen. Das scheint er dann doch unterlassen zu haben. Im Juli 1968 erhielt er den Einberufungsbescheid und machte eine für ihn überraschende Erfahrung:

Ich war in der Kaserne so merkwürdig glücklich ... ich habe die Zeit in vollen Zügen genossen, obwohl mir alles Militärische fremd blieb.[134] Maarten 't Hart brachte es während seiner Militärzeit bis zum Dienstgrad Oberleutnant.

Maarten 't Hart, ein außerordentlich begabter Organist und Musiker, studierte von 1962 bis 1968 Biologie an der Universität Leiden. Noch während seines Studiums heiratete er im Jahr 1967 Anneke van den Muyzenburg, mit der er bis heute auf dem Teylingerhof in Warmond bei Leiden lebt. Das Anwesen mit Park wurde von ihm 1984 erworben.

Achtzehn Jahre lang war Maarten 't Hart als Dozent für Verhaltensforschung an der Universität Leiden beschäftigt; nebenbei arbeitete er als freier Autor. Ebenso wie *Ein Schwarm Regenbrachvögel* wurden seine Bücher *Auge in Auge*, *Die Sonnenuhr* (unter dem Filmtitel *Das geheime Leben meiner Freundin*) und *Das Wüten der ganzen Welt* verfilmt. Für sein Werk erhielt er zahlreiche Preise; im Jahr 2003 wurde er zum Ritter des Ordens vom Niederländischen Löwen ernannt. Im Jahr 2009 entstand in der Bibliothek von Maassluis das Nationale Dokumentationszentrum Maarten 't Hart.

Von sich selbst hat Maarten 't Hart gesagt, dass das Schreiben für ihn ein Befreiungsakt gewesen sei und nun etwas, das ihn glücklich mache und ihm das Leben erträglich werden lasse. Und mehr als das: *Es gibt zwei Leute, glaube ich: Menschen, die immer trauriger werden im Leben, und Menschen, die immer heiterer werden im Leben. Und ich glaube, ich gehöre zu den Letzteren.*[135]

Das Gesamtwerk Maarten 't Harts steht in seiner Erzählweise in der Tradition der Epoche des Realismus im 19. Jahrhundert: ungeschönte Darstellung des tatsächlich Geschehenen, Verzicht auf eigene Wertung und Urteile: schreiben, was ist. Dafür hat Maarten 't Hart eine ureigene Form der Sprache gefunden, Geschichten adaptiert und erfunden, die in viele Sprachen übersetzt wurden. Maarten 't Hart zählt unzweifelhaft zu den großen europäischen Erzählern der Gegenwart.

Meine Lieblingsbücher von Maarten 't Hart:

- **Gott fährt Fahrrad oder Die wunderliche Welt meines Vaters**
- **Der Nachtstimmer**
- Das Pferd, das den Bussard jagte
- Das Wüten der ganzen Welt
- Die Netzflickerin

In den zwölf Geschichten des Buches **Gott fährt Fahrrad**, erschienen 1979, erzählt Maarten't Hart von der »wunderlichen Welt« seines Vaters und der calvinistisch geprägten Welt des niederländischen Städtchens Maassluis, in der »Pau«'t Hart als Grabmacher auf dem Friedhof angestellt war. Den bewegenden Moment des Sterbens seines Vaters hat er in erschütternden Worten festgehalten:

Noch einmal richtete er sich auf, schob verzweifelt die Decke weg, die die Schwester wieder ordentlich hingelegt hatte. Dann glitt er plötzlich zur Seite, zu mir herüber, fiel rückwärts auf den Rand der Kissen und atmete noch zweimal einen Lufthauch aus, genauso wie ich es ihn früher so oft hatte tun sehen, wenn er Rauchkringel blasen wollte. Auf dem Monitor wurde die Linie plötzlich flach und ruhig und kroch zu einem grünen, heller werdenden Punkt zusammen, der schließlich zur Mitte des Bildschirms trieb und leise, aber doch immer dringender um Aufmerksamkeit pfiff ...[136]

Ein empfehlenswertes Buch zu Maarten 't Hart:

– Maarten 't Hart: *Das Paradies liegt hinter mir. Meine frühen Jahre.* Aus dem Niederländischen von Gregor Seferens. Piper Verlag, München 2014.

Literatour Maarten 't Hart:

– Nationaal Documentatiecentrum Maarten 't Hart (Nationales Dokumentationszentrum Maarten 't Hart), Bibliothek Maassluis, Uiverlaan 18, 3145XN Maassluis, Niederlande

48 Gerhard Henschel.
Ein deutscher Chronist

*28.4.1962 Hannover

Wer Gerhard Henschel trifft, der viele Jahre ständiger Autor des Satiremagazins *Titanic* war, könnte ihn, rein äußerlich betrachtet, für einen Mathematiklehrer oder den Schatzmeister eines SPD-Ortsvereins halten: stets korrekt, nie auffallend gekleidet, zurückhaltend, mit einem sympathischen, fast schüchternen Lächeln um den Mund. Doch der Mann hat es faustdick hinter den Ohren, und dies erst recht, wenn es darum geht, etwas zu Papier zu bringen. Er ist ein Autor, der es wie kein Zweiter versteht, das Leben der Menschen in der Bundesrepublik Deutschland am eigenen Beispiel vor Augen zu führen. Dabei schont er niemanden, am allerwenigsten sich selbst.

In den Romanen über sein Alter Ego Martin Schlosser liefert Gerhard Henschel eine minutiöse Chronik des eigenen Er-Lebens von der Kindheit in den sechziger Jahren bis heute. Fortsetzung folgt: Alle ein, zwei Jahre fügt er einen weiteren Abschnitt des Lebensweges von Martin Schlosser hinzu. Eine derartig lückenlose Chronologie des Lebens in deutschen Landen der jüngeren Vergangenheit und der Gegenwart hat es bisher nicht gegeben – nicht einmal bei dem von Henschel bewunderten Zeitzeugen Walter Kempowski, den er in der lakonischen und selbstironischen Darstellung menschlicher Schicksale noch übertrifft.

Henschel hält nichts zurück bei dem, was er aufschreibt. Er ist ehrlich, seine Sätze sind klar und fern allem Artifiziellen. Er nimmt seine Leserschaft mit, er kann sie in Worten zu Tränen rühren, aber noch häufiger zum Lachen bringen – denn in allem, was er aufschreibt, holt ihn irgendwann der ihm eigene Humor wieder ein.

Henschel bleibt sich selbst treu in den Martin-Schlosser-Romanen. Martin Schlosser lässt das Leben auf sich zukommen, er wartet ab und findet sich zurecht, in seiner Familie, in der Schule, in seinen Liebesbeziehungen zu Frauen und im Umgang mit Freunden. Dem Autor gelingt es, Leserinnen und Leser gleichermaßen einzunehmen für diesen empfindsamen, allem Guten und Schönen aufgeschlossenen Protagonisten, der für manche und insbesondere die Bewunderer des 1. FC Köln nur zwei Fehler hat: dass er im noch jugendlichen Alter unendlich lange braucht, bis er in der Anbahnung einer Liebesbeziehung zu Potte kommt – und dass er Fan von Borussia Mönchengladbach ist. Mit zunehmendem Alter des Helden und dem Fortschreiten der Chronologie aber weicht die frühe Schüchternheit des Martin Schlosser einem Sturm-, Drang- und Eroberungsverhalten, das bei der treuen Leserschaft gleichermaßen Erstaunen und Entzücken hervorruft.

Geboren wurde Gerhard Henschel am 28. April 1962 in Hannover als Sohn eines höheren Bundeswehr-Verwaltungsbeamten und dessen Ehefrau. Die Geschichte der Ehe seiner Eltern hat Henschel in dem Briefroman *Die Liebenden* verarbeitet, der 2002 erschien. Die Eltern, zeitweilig aus beruflichen Gründen getrennt, erzählen einander aus dem Alltag, von Freuden, Ängsten, Sorgen und Leid. Die Zeitspanne des Briefwechsels umfasst die Jahre 1940 bis 1993.

Seine Kindheit verbrachte Gerhard Henschel in Koblenz, Vallendar und Meppen. Schon als Heranwachsender, im Alter von dreizehn Jahren, gab er eine Familienzeitung heraus, deren Grundlage Verwandtschaftstreffen im großen Kreis waren und bei denen Fotoaufnahmen gemacht wurden. Der Umfang der Zeitschrift, die den Titel *Der Monat* trug und von 1975 bis 1980 in einer Auflage von einem Exemplar pro Ausgabe erschien, betrug fünfzehn bis dreißig Seiten. Das »Nachrichtenmagazin«

des Herausgebers und Chefredakteurs Gerhard Henschel berichtete über die Familie Henschel, die Verwandtschaft, Hochzeiten, Taufen, Urlaub und Haustiere. Als Gerhard Henschel sich auf das Abitur vorbereiten musste, endete das Projekt.

Neben seinem Studium der Germanistik, Soziologie und Philosophie in Bielefeld, Berlin und Köln jobbte er als Kellner und Taxifahrer. Henschel schrieb satirische und politische Beiträge für die Zeitschriften *Kowalski*, *Titanic*, *konkret* sowie verschiedene Tages- und Wochenzeitungen. Dabei beschäftigte er sich unter anderem mit dem alltäglichen Sprachgebrauch und kulturgesellschaftlichen Erscheinungsformen menschlichen Zusammenlebens: dem Wiederaufleben des Rechtsradikalismus, dem Niveauverlust in der deutschen Medienlandschaft, dem orthodoxen Festhalten linker politischer Gruppierungen an marxistischen Theorien. Gemeinsam mit Eckhard Henscheid veröffentlichte er Sachbücher über die *Kulturgeschichte der Mißverständnisse* und das *Jahrhundert der Obszönität*. In der Aufsatzsammlung *Menetekel* widmete er sich dem zunehmenden Kulturpessimismus in der Gesellschaft.

Wegen eines satirischen Artikels in der *taz* über die angebliche Penisverlängerung des Chefredakteurs einer großen deutschen Boulevardzeitung wurde er auf Zahlung von 30 000 Euro Schmerzensgeld verklagt. Die Klage wurde abgewiesen. Auf die von der *Bild*-Zeitung herausgegebene *Bild-Volksbibel* ließ Henschel eine *Springer-Bibel* folgen, in der er Dokumente aus der Geschichte des vielfach geschmähten Blattes veröffentlichte.

Was immer er auch schreibend anfasste, ist ihm gelungen. Neun Schlosser-Romane sind in den Jahren 2004 bis 2021 erschienen, allesamt im Hoffmann und Campe Verlag: *Kindheitsroman*, *Jugendroman*, *Liebesroman*, *Abenteuerroman*, *Bildungsroman*, *Künstlerroman*, *Arbeiterroman*, *Erfolgsroman* und *Schauerroman*.

Die jüngst erschienenen beiden Kriminalromane, die er auf Anregung eines Freundes zu Papier brachte und die zu seinen verkaufsstärksten Büchern zählen, hätte er sich nach Meinung einiger seiner Anhänger für sein Alterswerk aufsparen sollen. Denn auf den nächsten »Schlosser« wartet die Henschel-Fangemeinde wie Drogensüchtige auf den nächsten Schuss.

Gerhard Henschel, Vater von drei Kindern, lebt in einem Haus am östlichen Rand der Lüneburger Heide. Das Dorf, in dem er wohnt, ist ein Ortsteil von Bad Bevensen. Dort hat er in einem Keller ein Archiv eingerichtet, in dem in Hunderten von Aktenordnern und Mappen Dokumente, Fotos, Briefe von Eltern, Geschwistern und Verwandten aufbewahrt sind, die ihm als Fundus für seine literarischen Arbeiten dienen. Alles muss seine Ordnung haben, denn Henschels Prinzip lautet nach eigenem Bekunden: »Es soll alles so nah an der Wahrheit sein wie möglich.«

Gerhard Henschel arbeitet meist nachts und hört beim Schreiben Musik. Für eineinhalb Seiten Text benötigt er drei bis vier Stunden. Einzelnen Personen, die in der Schlosser-Chronik auftreten, schickt er die entsprechenden Textpassagen zu und lädt sie ein, die sie betreffenden Abschnitte umzuschreiben, falls ihnen etwas nicht passt. Auch als Übersetzer ist er gelegentlich tätig. So übertrug er gemeinsam mit Kathrin Passig den ersten Band der Bob-Dylan-Autobiographie *Chronicles* ins Deutsche.

Die Lektüre der Schlosser-Romane gehört für mich zu den kurzweiligsten und vergnüglichsten Leseerlebnissen der letzten Jahrzehnte. Nur selten habe ich beim Lesen so oft lachen müssen und gedacht, wie schön und spannend doch das Leben sein kann. Die Selbsteinschätzung Gerhard Henschels trifft den Nagel auf den Kopf: *Meine Leser gehören nicht nur meiner Generation an, sie sind auch zwanzig Jahre älter oder jünger – und alle sagen zu mir: So ging es bei uns zu Hause auch zu.*[137] Oder, wie ein Rezensent des NDR anmerkte: »Meppen ist überall.«

Meine Lieblingsbücher von Gerhard Henschel:

- Kindheitsroman
- Jugendroman
- Liebesroman
- Abenteuerroman
- Bildungsroman
- Künstlerroman
- Arbeiterroman
- **Erfolgsroman**
- Schauerroman

Das Buch *Erfolgsroman* erschien 2018 bei Hoffmann und Campe als achter Band der Martin-Schlosser-Romane. *Erfolgsroman* ist – wie alle anderen Bände der Serie – ein Glücksfall für die deutsche Gegenwartsliteratur, witzig, pointenreich, frisch, nie langweilig und immer entwaffnend ehrlich:

In Marco Ferreris Verfilmung der Storys von Charles Bukowski zeigte Ornella Muti abends auf RTL plus ihre Brüste, ihr Hinterteil und ihre Muschi vor, was zwar hübsch aussah, aber schauspielkünstlerisch auch nicht mehr hermachte als die Stripteasenummern, mit denen Helmut Kohls geliebte Privatsender die geistig-moralische Wende herbeizuzwingen versuchten.

Die Lektüre der Meppener Morgenpost *glich einer Geisterbahnfahrt durch alle Schrecken der Provinz: »Blutzuckermeßgeräte vorgestellt«, »Müll brannte«, »Wochenmarkt verlegt«, »Sozialamt geschlossen«, »Frauengymnastik fällt aus«.*

Say okay, I have had enough, what else can you show me?

Ich stattete Papa einen weiteren Besuch ab, bevor ich mich wieder nach Heidmühle aufmachte, mit seinem Jetta, an dessen Rückspiegel sich unten ein Schalter befand, mit dem sich der Spiegel so einstellen ließ, daß man dem Fahrer, der hinter einem fuhr, nicht in die Fresse zu kucken brauchte. Eine geniale Erfindung. Wenn mir irgendetwas verhaßt war, dann die dämlichen Visagen der Autofahrer, denen ich nicht schnell genug fuhr.

Regnerisch war's. Das richtige Wetter für einen Anfall von Liebeskummer. Es war mir immer noch schleierhaft, wieso Andrea sich von mir getrennt hatte. Nach fünf glücklichen Jahren. In tiefer Armut, zugegeben, aber jetzt stieg mein Glücksstern doch auf!

I can't understand

She let go of my hand

An' left me here facing the wall …

Und es war weit und breit kein Ersatz in Sicht für diese blöde Pute …[138]

Wer so wie Henschel erzählen kann, der muss ausbleibende Leser nicht fürchten. So, wie man Simenons Non-Maigret-Romane gelesen haben muss, um das 20. Jahrhundert begreifen zu können, wird man Henschels Schlosser-Romane als Panoptikum der gesellschaftlichen Verhältnisse in der Bundesrepublik Deutschland wahrnehmen.

Weiterführende Empfehlungen zu Gerhard Henschel:

— *Klassik-Pop-et cetera. Am Mikrofon Gerhard Henschel.*
  Sendung im Deutschlandfunk vom 2. März 2019.

— Lesungen mit Gerhard Henschel. Aktuelle Informationen
  über die Homepage des Hoffmann und Campe Verlags.

49 Robert Seethaler.
Ein Wiener in Berlin

*7.8.1966 Wien

All denen, die bevorzugt zeitgenössische deutsche Literatur lesen, kann der österreichische Schriftsteller kein Unbekannter sein. Robert Seethalers Bücher finden sich in jeder guten Buchhandlung und werden regelmäßig in der *Spiegel*-Bestsellerliste aufgeführt. Der 2012 erschienene Roman *Der Trafikant* verschaffte dem schnörkellos schreibenden Autor einen ersten Erfolg. Zwei Jahre später brachte der Roman *Ein ganzes Leben* den internationalen Durchbruch mit Übersetzungen in über vierzig Sprachen.

Robert Seethaler kam am 7. August 1966 im Wiener Bezirk Favoriten (10. Bezirk) zur Welt. Das Arbeiterviertel Favoriten ist zunehmend multikulturell geprägt. Der Vater von Rudolf Seethaler war Installateur von Beruf und arbeitete nebenberuflich als Holzschnitzer, die Mutter war Sekretärin. Wegen einer angeborenen Sehschwäche besuchte Robert eine Schule für sehbehinderte Kinder. Im Alter von fünfzehn Jahren flog er von der Schule. Er machte eine Lehre als Verkäufer und war zeitweilig als Bote für die Wiener Zeitung *Kurier* tätig. Für den Sportteil des *Kurier* schrieb er gelegentlich Texte und arbeitete als Plattenverkäufer und Physiotherapeut. Anschließend ging er für acht Monate nach Israel, um dort in einer Truthahnfabrik zu arbeiten.

Nachdem er das Abitur nachgeholt hatte, begann er Psychologie zu studieren, beendete das Studium jedoch nicht. Nun absolvierte Seethaler eine Ausbildung an der Schauspielschule des Wiener Volkstheaters. Er trat auf Bühnen in Wien, Berlin,

Hamburg und Stuttgart auf. Für die ZDF-Fernsehserie *Ein starkes Team* übernahm er die Rolle des Rechtsmediziners Dr. Armin Kneissler. Weitere Engagements gab es für den 1,96 Meter großen Schauspieler im *Tatort* und in der *Soko Donau-Wien*. Auch als Drehbuchautor machte er sich einen Namen. Dem Drehbuch *Die zweite Frau* folgend, entstand der erste Roman Seethalers: *Die Biene und der Kurt*. Die Schauspielerei hat Robert Seethaler inzwischen zugunsten seiner schriftstellerischen Tätigkeit reduziert.

Erst im Alter von achtunddreißig Jahren begann Robert Seethaler mit dem Schreiben. Mit dem Roman *Der Trafikant* setzte er sich auf dem deutschsprachigen Buchmarkt durch. In Österreich wurde er Schullektüre. Es ist die Geschichte des Lehrjungen Franz Huchel in einem Wiener Zeitungs- und Tabakwarenladen unmittelbar vor dem Anschluss Österreichs an Hitlerdeutschland. Der Junge verliebt sich in eine drei Jahre ältere Haushaltshilfe aus Böhmen, die nachts als Tänzerin in einer Bar auftritt. Unter den jüdischen Stammkunden des Ladens ist auch der berühmte Sigmund Freud, von dem der Lehrjunge sich Rat erhofft. Das Buch wurde 2018 von Nikolaus Leytner verfilmt mit Simon Morzé als Franz Huchel und Bruno Ganz als Sigmund Freud.

Im Roman *Ein ganzes Leben* schildert Seethaler das Leben eines Knechts, der sich einem Arbeitstrupp anschließt und als Seilbahnarbeiter eine der ersten österreichischen Bergbahnen baut. Dann begegnet er Marie, seiner großen Liebe, die er bald wieder verliert.

Das Feld, 2018 erschienen, ist eine Aneinanderreihung von Geschichten, in denen dreißig Tote in Monologen über ihr Leben berichten: »Eine erinnert sich daran, dass ihr Mann ein Leben lang ihre Hand in seiner gehalten hat«, heißt es auf dem Umschlag. »Eine andere hatte siebenundsechzig Männer, doch nur einer von ihnen hat sie geliebt ...« Den Impuls zu diesem Buch gab ihm eine Gedichtanthologie, die im Jahr 1915 unter dem Titel *Spoon River Anthology* erschien und dreihundert Gedichte von Toten enthält. Dieses Buch, so Robert Seethaler, habe er fünfunddreißig Jahre mit sich herumgetragen. Und Seethaler weiter: *Ich bin ja Wiener, und deswegen kann ich sowieso nix anders, als das Leben ständig vom Ende her zu denken.*[139]

Diese drei genannten Romane (*Der Trafikant*, *Ein ganzes Leben*, *Das Feld*) gehören meiner Ansicht nach zu den besten Büchern deutscher Sprache in den ersten beiden Jahrzehnten des 21. Jahrhunderts. Zuletzt erschien von Seethaler im Jahr 2020 *Der letzte Satz*, ein Roman über Gustav Mahler, in dem der herzkranke Komponist auf seiner Schiffsreise von Amerika nach Europa im April 1911 an sein Leben zurückdenkt.

Über sich und seine Art des Schreibens hat Seethaler gesagt: *Ich komme aus einer ganz einfachen Arbeiterfamilie. Für mich ist auch jetzt der Beruf des Schriftstellers geradezu etwas Absurdes. Ich kann es selbst noch gar nicht glauben ... ich hatte nie diese Eloquenz, nie diese Selbsterhöhung, der Welt sich mitteilen zu können. Dementsprechend schreibe ich meine Bücher. Ich muss die Sätze eher zusammenzimmern. Da fließt nichts raus.*[140] Der Autor schnitzt und feilt an jedem einzelnen Satz.

Robert Seethaler, der nur selten Interviews gibt und als öffentlichkeitsscheu gilt, hat einen Sohn und lebt seit zwanzig Jahren in Berlin-Kreuzberg, in der Nähe des Volksparks Hasenheide.

Meine Lieblingsbücher von Robert Seethaler:
- Der Trafikant
- **Ein ganzes Leben**
- Das Feld

Das Buch ***Ein ganzes Leben*** erzählt das Schicksal des 1898 als Waisen geborenen Andreas Egger, der bei einem Bauern, dem Schwager seiner Mutter, in einem einsamen Alpental aufwächst. Sein Ziehvater schlägt ihn häufig und verletzt den

Jungen dabei so sehr, dass dieser fortan hinkend durchs Leben geht. Egger arbeitet später für eine Firma, die Seilbahnen baut. Er verliebt sich in eine Frau, die Magd Maria. Um ihr seine Liebe zu gestehen, engagiert er Männer aus dem Dorf, die an den Berghängen mit brennenden Säcken »Für Dich, Maria« in den Schnee »schreiben«. Aber das Glück des Paares währt nur kurz. Durch ein Lawinenunglück verliert Egger seine Geliebte.

Seethalers Sprache ist unaufgeregt und präzise:

In der Nacht wurde Egger von einem merkwürdigen Laut geweckt. Es war nicht mehr als eine Ahnung, ein sanftes Flüstern, das die Mauern strich. Er lag in der Dunkelheit und lauschte. Er spürte die Wärme seiner Frau neben sich und hörte ihre leisen Atemgeräusche. Schließlich stand er auf und ging nach draußen. Der warme Föhnwind stieß ihm entgegen und riss ihm fast die Tür aus der Hand. Über den Nachthimmel rasten schwarze Wolken und dazwischen schimmerte immer wieder ein blasser, unförmiger Mond hervor. Egger stapfte ein Stück die Wiese hinauf. Der Schnee war schwer und nass und überall gluckerte das Schmelzwasser. Er dachte an das Gemüse und daran, was sonst noch zu tun wäre. Der Boden gab nicht viel her, aber es würde reichen. Sie könnten eine Ziege haben oder vielleicht sogar eine Kuh, dachte er, wegen der Milch. Er blieb stehen. Irgendwo in der Höhe hörte er ein Geräusch, so als ob irgendetwas im Inneren des Berges mit einem Seufzen platzte. Dann hörte er ein tiefes, anschwellendes Grollen, und nur einen Augenblick darauf begann die Erde unter seinen Füßen zu zittern. Plötzlich war ihm kalt. Binnen Sekunden erhob sich das Grollen zu einem durchdringenden, hellen Ton. Egger stand regungslos und hörte, wie der Berg zu singen begann. Dann sah er in einer Entfernung von zwanzig Metern etwas Großes, Schwarzes lautlos vorbeihuschen, und noch ehe er begriffen hatte, dass es ein Baumstamm war, rannte er los. Er rannte durch den tiefen Schnee zum Haus zurück und rief nach Marie, doch im nächsten Moment packte ihn etwas und hob ihn hoch. Er fühlte, wie er davongetragen wurde, und das Letzte, was er sah, ehe ihn eine dunkle Welle überspülte, waren seine Beine, die über ihm in den Himmel ragten, als hätten sie die Verbindung zum Rest des Körpers verloren. Als Egger wieder zu sich kam, waren die Wolken verschwunden, und der Mond stand strahlend weiß am Nachthimmel.[141]

Robert Seethaler hat die Geschichte des Andreas Egger aufgeschrieben: ein ganzes Leben. Es ist eine Geschichte vom Leben und Überleben, von Arbeit, Liebe und Tod in der Stille der Berge und in der Natur. Der Autor erzählt von Stimmungen und Gefühlen, die uns alle vertraut, doch kaum bewusst sind – ein großer Roman.

Weiterführende Empfehlung:

— *Der letzte Satz*. Hörbuch. Gelesen von Matthias Brandt.

— *Ein ganzes Leben*. Hörbuch. Gelesen von Ulrich Matthes.

50 Joachim Meyerhoff.
Der Frauenflüsterer

*18.7.1967 Homburg/Saar

Der Schauspieler und Autor Joachim Meyerhoff ist einer der Lieblinge des deutschen Feuilletons. Kein Theaterkritiker, kein Literaturkritiker kommt an ihm vorbei. Sein Romanzyklus *Alle Toten fliegen hoch* wurde von der überregionalen Presse gewürdigt wie kaum ein anderes zeitgenössisches literarisches Werk deutscher Sprache. Und das ist gut so, denn Joachim Meyerhoff ist ein Ausnahmeautor, der seine Leserschaft mitreißt, sie zum Lachen und zum Weinen bringen kann, und das alles auf einer einzigen Seite. Der Grund dafür liegt in seiner Ehrlichkeit. Mit seinen Figuren und mit sich selbst geht er schonungslos um. Ein Kritiker der Zeitung *Die Rheinpfalz* brachte es auf den Punkt: »Joachim Meyerhoff macht sich nackt, literarisch gesehen.«

Die künstlerische Meisterschaft, sagen die, die ihn auf der Bühne gesehen haben, gelte auch für den Schauspieler Joachim Meyerhoff. Daneben tritt er in Talkshows auf, gibt Interviews und ist aufgrund seiner unterschiedlichen Begabungen in aller Munde. Nicht zuletzt ist der groß gewachsene, sensible Mann mit der sanften Stimme ein Liebling der Frauen. Meyerhoffs *Alle Toten fliegen hoch. Amerika* habe ich vor einigen Jahren in einer Buchhandlung entdeckt. Es gehört für mich zu den schönsten und ergreifendsten Büchern, die ich in den letzten Jahren gelesen habe. Folglich las ich auch alle nachfolgenden Romane des Zyklus.

Joachim Phillip Maria Meyerhoff wurde am 18. Juli 1967 in Homburg/Saar geboren. Sein Vater arbeitete als Leiter der

Landesklinik Schleswig-Holstein für Kinder- und Jugendpsychiatrie in Schleswig. Daneben hatte er einen Lehrstuhl an der Medizinischen Hochschule in Lübeck inne und leitete im Sozialministerium des Landes Schleswig-Holstein die Gesundheitsabteilung. Die Familie – Vater Hermann und Mutter Susanne Meyerhoff mit ihren drei Söhnen Hermann, Martin und Joachim – wohnte in einem Haus auf dem Gelände der psychiatrischen Klinik. In einem Interview beschrieb Joachim Meyerhoff seinen Vater als einen »liebevollen Totalausfall« und berichtete, dass der Vater einem seiner Brüder für jeden Tag, an dem er nicht weine, zwanzig Pfennig versprochen habe.

Im Jahr 1985 musste die Familie einen schweren Schicksalsschlag hinnehmen: Sohn Martin, der mittlere der drei Brüder, starb bei einem Verkehrsunfall. Zum Zeitpunkt des tödlichen Unfalls seines Bruders hielt sich Joachim Meyerhoff für ein Jahr als Austauschschüler bei einer amerikanischen Gastfamilie in Laramie / Wyoming auf. Davon erzählt er in seinem Buch *Alle Toten fliegen hoch. Amerika*. Es ist ein Buch, das nichts auslässt: ein Buch über die Liebe, das Entferntsein, die Einsamkeit, den Tod, über die Verzweiflung und den Mut zum Neuanfang.

Nach der Rückkehr aus den USA machte Joachim Meyerhoff das Abitur und besuchte die Schauspielschule in München. Anschließend arbeitete er an Theatern in Kassel, Bielefeld, Dortmund, Berlin und am Deutschen Schauspielhaus in Hamburg. Dreizehn Jahre war Meyerhoff Ensemblemitglied am Wiener Burgtheater, bevor er 2019 an die Berliner Schaubühne wechselte. In den Jahren 2007 und 2017 wurde er von der Zeitschrift *Theater heute* zum Schauspieler des Jahres gewählt.

Joachim Meyerhoff war mit der Schauspielerin Christiane von Poelnitz, ebenfalls Ensemblemitglied des Wiener Burgtheaters, verheiratet. Aus der Ehe gingen zwei Kinder hervor. Außerdem ist er Vater eines Sohnes aus einer anderen Partnerschaft.

Alle Toten fliegen hoch. Amerika erschien 2011, zwei Jahre später folgte *Wann wird es endlich wieder so, wie es früher nie war* und dann – im Abstand von je zwei bis drei Jahren – drei weitere Bände der Serie.

Alle seiner Bücher sind mehr oder weniger autobiographisch. *Wann wird es endlich wieder so, wie es früher nie war* erzählt von der Kindheit des Jungen auf dem Anstaltsgelände der psychiatrischen Klinik für Kinder und Jugendliche, in der sein Vater Direktor ist. Die Leser werden mit einer Welt konfrontiert, die ihnen fremd vorkommen muss, eine verrückte Welt unter scheinbar Verrückten. Sie tauchen darin ein wie auch in die Geschehnisse des Familienlebens, das geprägt ist von Liebe und Schmerz. Meyerhoff nimmt seine Leserinnen und Leser an die Hand und zieht sie in seinen Bann. Das grandios erzählte, erschütternde Finale des Buches schildert, wie der erkrankte Vater dem Sohn das von ihm geführte Doppelleben offenbart. Er erzählt, wie es dazu gekommen ist, dass er aufgrund der Erkrankung nicht mehr arbeiten kann, dass er sich in eine wesentlich jüngere Frau verliebt hat und diese Beziehung zu Ende gegangen ist und dass ihm einfach alles zu viel wird. Und dann sagt der früher so schweigsame Vater zu seinem Sohn: *Ich freue mich so, mein Josse, dass du mich besuchst ... Mein lieber Josse. wirklich so schön, dass du da bist ...*[142]

Die sich anschließenden Bände – *Ach, diese Lücke, diese entsetzliche Lücke* und *Die Zweisamkeit der Einzelgänger* – setzen die Serie chronologisch fort. *Ach, diese Lücke, diese entsetzliche Lücke* erzählt von Meyerhoffs Aufenthalt bei den Münchner Großeltern, als er dort die Schauspielschule besuchte. Sie leben in einer alten Villa, und an alkoholischen Getränken mangelt es im Tagesablauf nicht. Weißwein, Whisky, Rotwein und Cointreau wechseln einander ab, und zur Nacht geht es mit dem Treppenlift ins Obergeschoss zum Schlafgemach. Einmal weilt der Schauspieler Horst Tappert, bekannt als Fernsehkommissar Derrick, zu Besuch bei den Großeltern und geht mit dem Schauspielschüler Joachim in die hauseigene Sauna. Das Buch spielt in den Jahren 1989 bis 1992 und gibt einen Einblick in die nicht immer leichten Anfänge der Schauspielerkarriere des später gefeierten Bühnenstars.

Was Dichtung und was Wahrheit ist, das bleibt auch in dem Roman *Die Zweisamkeit der Einzelgänger* an manchen Stellen offen. Nun ist der junge Schauspieler in der Theaterprovinz gelandet und unterhält parallel gleich drei Liebesbeziehungen: zu Hanna, seiner »Hauptfreundin« in Bielefeld, die studiert und der er beim Einschlafen Geschichten erzählt, zur schwarzhaarigen Tänzerin Franka in Dortmund und zu einer üppig ausgestatteten Bäckerswitwe mit dem schönen altdeutschen Namen Ilse, die ihn nicht nur regelmäßig mit knusprigen Brötchen, sondern auch mit anderen Annehmlichkeiten verwöhnt. Doch das ständige Hin und Her geht auf Dauer nicht gut. Hanna und Franka gehen von der Fahne. Nur die Bäckerin bleibt ihm bis zum Ende der Theaterspielzeit in Dortmund erhalten.

Im Dezember 2018 erlitt Joachim Meyerhoff einen Schlaganfall und war zeitweilig linksseitig gelähmt. Davon erzählt er in seinem 2020 erschienenen Roman *Hamster im hinteren Stromgebiet*, der aus meiner Sicht ein wenig hinter den anderen Bänden zurückbleibt. Das mag auch am Inhalt des Buches liegen, denn durch die Notfallsituation, in die der Erzähler geriet, ist nichts mehr so leicht, wie es einmal war.

Doch mehr als der beiden ersten Bände des Zyklus *Alle Toten fliegen hoch* bedarf es nicht, um die wahre Bedeutung eines großen Schriftstellers zu erkennen. Joachim Meyerhoff ist ganz gewiss ein Großer.

Meine Lieblingsbücher von Joachim Meyerhoff:

- **Alle Toten fliegen hoch. Amerika**
- Wann wird es endlich wieder so, wie es früher nie war
- Ach, diese Lücke, diese entsetzliche Lücke
- Die Zweisamkeit der Einzelgänger

Das erste Buch von Joachim Meyerhoff **Alle Toten fliegen hoch. Amerika** erschien 2011 im Verlag Kiepenheuer & Witsch und wurde ein Bestseller. Die KiWi-Taschenbuch-Ausgabe erreichte im Jahr 2016 die 31. Auflage. Die autobiographisch geprägte Geschichte des Ich-Erzählers ist so sensibel und zu Herzen gehend erzählt, dass man den Band kaum aus der Hand legen mag:

Eines Morgens wachte ich auf, und es hatte geschneit. Schon seit Wochen war das den kurzen Sommer ignorierende Weiß von den baumlosen Bergen langsam die Hänge hinunter zu den Waldrändern gekrochen und hatte die Prärie erreicht. Nun hatte der Winter in einer einzigen Nacht das ganze Hochplateau erobert. Ich ging hinaus auf die Holzveranda. Alles hauchdünn mit Pulverschnee bedeckt. Mir kam es so vor, als ob erst jetzt, unter dieser feinen Schneedecke, die Landschaft zu ihrem Ursprung fand. Dem Sommer war es nie gelungen, die Kälte zu vertreiben, der Herbst brachte Stürme und Regen. Oft war mir die Landschaft uninteressant vorgekommen: eine fahle Einöde. Erst durch den Schnee fand diese Landschaft zu sich selbst ...

Ich lag in meinem Zimmer und hörte Musik. Dire Straits: »These mist covered mountains – are a home now for me – but my home is the lowlands – and always will be...« Das Telefon klingelte nebenan im Wohnzimmer. Hazel kam zu mir herein: »It's for you. Your dad.« Am Dienstagabend? Wir telefonierten eigentlich immer nur sonntags. Ich sagte: »Hallo, Papa.«

»Hallo, mein lieber, lieber Sohn!« Seine Stimme war ganz leise. Ich wusste sofort, dass etwas Furchtbares geschehen war. »Was ist denn, Papa?« »Es ist etwas ganz, ganz Schlimmes passiert. Ach ...« »Ja?« Ich hörte ihn weinen. »Was denn?« Er erzählte mir, dass mein mittlerer Bruder mit dem Auto verunglückt sei – tot.

Ich ging zurück in mein Zimmer, setzte mich auf die schwankende Matratze meines Wasserbetts, sah zu Boden und wunderte mich über die verschlungenen Muster des Teppichs, die mir noch nie aufgefallen waren. Es klopfte. Hazel kam herein und fragte:

»*What happened?*« *Ich sah sie an, wollte antworten, aber mir fiel kein einziges englisches Wort mehr ein* ...[143]

Das ist ein Text, in dem kein Wort zu viel steht. Die Beschreibung der Winterlandschaft in der Wahrnehmung des Jungen, der sich als Austauschschüler für ein Jahr in einer Kleinstadt in Wyoming aufhält, mit Blick auf die Prärie und die Rocky Mountains. Man hat sofort die melancholisch-traurige Melodie des Dire-Straits-Songs im Ohr, und dann der auf wenige Sätze begrenzte Dialog zwischen Vater und Sohn mit der erschütternden Nachricht aus Deutschland und die Sekunden danach, als sich der Erzähler aufs Bett setzt und auf das vorher nie wahrgenommene Muster des Teppichs starrt: Bewegender, einprägsamer lässt sich Trauer nicht ausdrücken.

Weiterführende Empfehlungen:

— Joachim Meyerhoff ist als Schauspieler auf unterschiedlichen Bühnen in Deutschland zu sehen. Zudem ist er regelmäßig mit seinen Büchern auf Lesungstournee (aktuelle Termine auf der Website des Verlages Kiepenheuer & Witsch).

VIII

LITERARISCHE GENIES

51 Patricia Highsmith.
Die Katzenliebhaberin

*19.1.1921 Fort Worth/Texas

†4.2.1995 Locarno/Schweiz

Patricia Highsmith ist ein Muss! Ihre Bücher haben mich so fasziniert, dass ich so gut wie keines von ihnen ausgelassen habe. Patricia Highsmith zählt zu den wichtigsten Schriftstellerinnen des 20. Jahrhunderts. Mit ihren Kriminalromanen und Erzählungen steht sie mit Georges Simenon, was die Art des Erzählens und die psychologische Herleitung der Handlungen und Motive der Protagonisten betrifft, auf einer Stufe. Wie Simenon urteilt und verurteilt sie nicht, sie ist keine Moralistin. Ihr geht es darum, deutlich zu machen, wieso scheinbar »normale« Menschen in Ausnahmesituationen ein Verbrechen begehen. Darin entwickelt sie eine Meisterschaft, wie sie außer Simenon kein anderer Autor im Genre des Kriminalromans erreicht hat. Und schließlich teilt sie eine weitere Gemeinsamkeit mit ihrem Kollegen: Die Zahl der Frauen, die Patricia Highsmith geliebt hat, ist beträchtlich.

In einer Mischung aus Neugierde und Verehrung habe ich während eines Aufenthaltes am Lago Maggiore einmal ihr Haus im Valle Maggia im Tessin aufgesucht. Außer einem Foto einer schwarzen Katze auf einer hohen Mauer habe ich von dort allerdings keine besonderen Erinnerungen und Erkenntnisse mitnehmen können. Was bleibt, sind die insgesamt bestimmt einen Regalmeter umfassenden Romane und Erzählungen der Texanerin in meinem Zimmer.

Geboren wurde Patricia Highsmith am 19. Januar 1921 in Fort Worth in Texas. Der Vater, Grafiker und Sohn deutscher Einwanderer, trennte sich – nach eineinhalb Jahren Ehe –

neun Tage vor der Geburt Patricias von seiner Frau, die eben-falls von Beruf Grafikerin war. Patricias Mutter heiratete zwei Jahre später Stanley Highsmith (ebenfalls Grafiker von Beruf), der somit ihr Stiefvater wurde. In der Biographie von Andrew Wilson über Patricia Highsmith wird berichtet, dass »Pat« ein unerwünschtes Kind war: »Als ihre Mutter feststellte, dass sie schwanger war, versuchte sie, das Kind abzutreiben, indem sie Terpentin trank.« Zeit ihres Lebens blieb sie ihrer Mutter in einer Art Hassliebe verbunden.

Das Baby Patricia wurde in die Obhut der Großmutter müt-terlicherseits gegeben. Im Alter von drei Jahren erkrankte Patricia an der Spanischen Grippe, die seit 1918 rund um den Erdball grassierte. Der Arzt hatte die kleine Pat bereits aufge-geben, doch die Oma gab ihr ein Abführmittel, das Quecksilber enthielt, und sie wurde wieder gesund.

Mit dem Stiefvater und der Mutter zog sie 1926 nach New York. Schon als kleines Mädchen träumte sie davon, um die Welt zu reisen: nach Mexiko, Deutschland, Österreich, in die Schweiz, nach England und Frankreich. Diesen Traum hat sie später aufgrund ihres überwältigenden Erfolgs als Schriftstel-lerin auch wahr gemacht, obgleich sie immer wieder nach Texas zurückkehrte. Sie war stolz darauf, Texanerin zu sein, und sie war eine begeisterte Reiterin (es war die einzige Sportart, die sie je betrieb). Weil ihre Körperhaut einen dunklen Teint auf-wies, vermutete sie zeitweilig, indianische Vorfahren zu haben, doch von ihr angestellte Nachforschungen bestätigten dies nicht.

Mit dem Schreiben begann sie bereits während ihrer Schul-zeit. Gleich in der ersten Klasse wurde sie hochgestuft und aufgrund ihres Lese- und Schreibtalents in die zweite Klasse versetzt. Gerne spielte sie mit den schwarzen Kindern, deren Eltern und Familien im Haus ihrer Großmutter in New York zur Miete wohnten. 1929 zogen die Highsmiths zurück nach Texas. Auch dort glänzte sie durch gute schulische Leistungen und las in ihrer Freizeit, bevorzugt Bücher über die Indianer. Schlechte oder auch nur durchschnittliche Zensuren konnte sie nur schwer ertragen. Früh entdeckte sie, dass ihre Gefühlswelt eine andere war als die ihrer nächsten Freundinnen und Freunde, und deshalb zog sie sich zunehmend zurück. Ihre Sehnsüchte und Träume hielt sie gegenüber ihrer Umgebung verborgen. Nicht einmal ihrem Tagebuch vertraute sie zunächst an, dass sie sich zu Frauen hingezogen fühlte. Sie unterdrückte ihre Sexualität, weil ihre Art, sich nach Liebe und Nähe zu sehnen, verboten war. In New York unterzog sie sich einer halbjährigen Konversionstherapie, um heterosexuell zu werden. Die »Therapie« musste zwangsläufig fehlschlagen.

Nach der High School besuchte Patricia Highsmith das exklusive Barnard College für Frauen in New York. Sie studierte im Hauptfach englische Literatur und in den Nebenfächern Latein, Griechisch und Zoologie und interessierte sich für die Schriften von Karl Marx und Sigmund Freud. Im Alter von zwanzig Jahren las sie die Werke von William Shakespeare und James Joyce, hörte Mozart und Bach, betätigte sich als Redakteurin einer Studentenzeitschrift und schrieb Texte für Comics.

Obgleich sie im Gegensatz zur Mode jener Zeit nicht Röcke oder Kleider, sondern stets Reithosen trug, ahnte kaum jemand in ihrer Umgebung, dass Patricia sich zu Frauen hingezogen fühlte. Doch begann sie nun mehr und mehr, ihre Bedürfnisse zu leben; eine nähere Beziehung zu einem homosexuellen Mann zu Beginn der 1940er Jahre blieb die Ausnahme. Der machte Aktfotos von ihr, weil sie einen so knabenhaften Körper hatte. Diesem Mann widmete sie einige Jahre später ihren Roman *Die zwei Gesichter des Januars*.

Zeitweilig unterhielt Patricia Highsmith parallele Liebesbeziehungen zu Frauen, ohne darin dauerhafte Erfüllung zu finden. Nun äußerte sie: *Ich finde, Sex sollte eine Religion sein. Ich habe keine andere.*[144] In der New Yorker Kunstszene pflegte sie ein Netz unterschiedlichster Kontakte, besuchte Partys und galt unter ihren Freundinnen und Freunden als unternehmungslustig, eloquent, witzig und gebildet. Das war nur die eine Seite ihrer Persönlichkeit. An anderer Stelle ist nachzulesen, dass sie auch wütend und böse sein konnte. Ein bürgerliches Familienleben lehnte sie ab, sie erstellte Listen ihrer Liebhaberinnen. Kinder mochte sie nicht. Belanglose Begebenheiten vermochten sie zu erschüttern und zu Tränen zu rühren. Sie brauchte die ständige Anerkennung ihrer Umgebung, um schreiben zu können. Und Trost fand sie immer wieder im Alkohol: Martini während ihrer College-Jahre, danach Wein, Gin und Whisky. Ihr ausgiebiger Alkoholgenuss und das ausschweifende Sexualleben nahmen selbstzerstörerische Formen an. Im Juni des Jahres 1941 schrieb sie über sich selbst: *Ich habe eine solche Hölle hinter mir von Falschheit, Tränen, Spott, künstlichen Glücksgefühlen, Träumen, Begierden und Ernüchterung, von schönen Fassaden, die Hässliches verbargen, von hässlichen Fassaden, die Schönes verbargen, von Küssen, von trügerischen Umarmungen, von Rauschmitteln und Flucht. Also will ich schreiben. Muss ich schreiben ...*[145]

Im Frühjahr 1940 erschienen ihre ersten Kurzgeschichten in der Literaturzeitschrift *Barnard Quarterly*. 1950 wurde der Roman *Strangers on a Train* (*Zwei Fremde im Zug*) veröffentlicht und im Jahr darauf von Alfred Hitchcock verfilmt. So wurde Patricia Highsmith über Nacht weltberühmt. Der Erfolg ermöglichte ihr nun zahlreiche Reisen und längere Aufenthalte in Europa. Sie wählte Reiseziele aus, die sie als Kulisse für ihre literarischen Werke verwenden konnte. Vor diesem Hintergrund entstanden die Ripley-Romane, in der die Hauptfigur Tom Ripley die Identität eines vom ihm ermordeten jungen Amerikaners namens Richard Greenleaf annimmt, um an den Schauplätzen des europäischen Jetset ein sorgenfreies Leben zu führen. Alle fünf Ripley-Romane, die zwischen 1955 und 1977 erschienen, wurden verfilmt.

Auch andere Romane von Patricia Highsmith sind psychologisch so raffiniert konstruiert, dass die Grenzen zwischen »normalem« menschlichen Verhalten und Obsessionen, die zu Verbrechen führen, fließend sind. Ähnlich wie bei Simenon identifizieren sich Leserinnen und Leser mit den »Helden« der Geschichten – ungeachtet der Verbrechen, die diese begehen. Marijane Meaker, langjährige Partnerin Patricia Highsmiths, schrieb in ihren Erinnerungen, dass diese »verflossene Geliebte gern ersatzweise in ihren Romanen ermorden ließ«. In der Figur der »Nickie« in Highsmiths Roman *Der Schrei der Eule* glaubte Meaker sich wiedererkannt zu haben.

Anfang der 1960er Jahre ging Patricia Highsmith nach Europa. Sie lebte in Positano, südlich von Neapel, in England, Frankreich und ab 1981 im Tessin in der Schweiz. Im Maggia-Tal, nördlich des Lago Maggiore, im Ort Aurigeno kaufte sie sich ein altes Haus. Hier lebte sie meist allein mit mehreren Katzen und ihrer Schneckenzucht. Katzen und Schnecken gehörten zu ihren Lieblingstieren, weil diese so still waren und sie von ihnen nicht gestört wurde. Eine Schnecke trug sie in ihrer Handtasche herum.

1988 zog sie noch einmal um in ein größeres Anwesen in Tegna im Centovalli. Sieben Jahre später, am 4. Februar 1995, starb sie, einsam, verbittert und alkoholkrank, in einem Krankenhaus in Locarno an Krebs. Auf dem Friedhof von Tegna befinden sich eine Gedenktafel für Patricia Highsmith und auch die Urne, in der ihre Asche aufbewahrt wird.

Patricia Highsmith schrieb unzählige Kurzgeschichten, zweiundzwanzig Romane und hinterließ sechsundfünfzig unveröffentlichte Notiz- und Tagebücher, die Diogenes-Verleger Daniel Keel in ihrem Haus in Tegna nach ihrem Tod entdeckte. Eine Auswahl mit über 1300 Seiten, herausgegeben von ihrer langjährigen Lektorin Anna von Planta, wurde 2021 im Diogenes Verlag veröffentlicht. Patricia Highsmith zu ihrem Notizbuch: *Ich widme dieses Notizbuch dem Alkohol ... seiner beseelen-*

den Kraft, mit der er den dunklen, dichten Vorhang der Realität zerreißt, so dass der Mensch das wahre Ausmaß seiner Phantasie erkennen kann, seiner Kraft, Schmerzen zu lindern, und denen Mut zu spenden, die ihn nötig haben.[146]

Meine Lieblingsbücher von Patricia Highsmith:
- **Der Schrei der Eule**
- Zwei Fremde im Zug
- Die zwei Gesichter des Januars
- Der süße Wahn
- Das Zittern des Fälschers
- Der talentierte Mr. Ripley
- Tiefe Wasser
- Ediths Tagebuch

Ab 1968 erschienen die Werke von Patricia Highsmith im Zürcher Diogenes Verlag, der seit 1993 auch die Weltrechte an ihrem Gesamtwerk hält. Im Jahr 2002 begann Diogenes mit einer Ausgabe sämtlicher Werke in neuer Übersetzung. Über den Roman ***Der Schrei der Eule***, 2002 erschienen in der Übersetzung von Irene Rumler, schreibt der Verlag: »Ein Roman über die Unmöglichkeit der Liebe, vermeintliche und echte Verrücktheit und die Unvermeidbarkeit des Bösen.«

Der Schrei der Eule gehört zu den besten und spannendsten psychologischen Kriminalromanen des 20. Jahrhunderts. Robert Forrester, ein Ingenieur, spioniert einer jungen Frau namens Jenny Thierolf nach und beobachtet sie vor ihrem Haus, wie sie gerade dabei ist zu kochen:

Gut drei Meter vom Haus entfernt blieb er stehen, ein Stück neben dem Lichtfleck, der aus dem Fenster fiel. Er sah sich nach allen Seiten um. Das einzige andere Licht, das er entdecken konnte, befand sich genau hinter ihm, auf der anderen Seite des langen Feldes, vielleicht eine halbe Meile weit weg, ein einsames Licht im Fenster eines Bauernhauses. In der Küche deckte das Mädchen den

Tisch für zwei, was wohl bedeutete, dass ihr Freund zum Essen kam, ein großer Bursche mit schwarz gewelltem Haar. Robert hatte ihn zweimal gesehen. Einmal hatten sie sich geküsst. Vermutlich liebten sie sich und wollten heiraten. Hoffentlich wurde das Mädchen glücklich. Robert schob sich näher an die Hauswand heran, ohne die Füße zu heben, um nicht auf einen Zweig zu treten. Dann blieb er an einem kleinen Baum stehen und hielt sich mit einer Hand an einem Ast fest ...[147]

Robert wird entdeckt und kommt mit der von ihm verehrten Jenny ins Gespräch. Kurze Zeit später löst sie die Verlobung mit ihrem Freund Greg. Es kommt zu einer Prügelei zwischen Robert und Greg, bei der Greg ins Wasser stürzt. Robert zieht ihn ans Ufer und lässt ihn dort liegen. Im Zuge der sich anschließenden Ermittlungen kommt es zu Verwicklungen, in die auch Nickie, die ehemalige Ehefrau von Robert, einbezogen ist, und zu einem Mord. Verdächtigt wird: Robert Forrester.

Der Schrei der Eule wurde dreimal verfilmt: 1987 von Claude Chabrol, 1987 von Tom Toelle (als Fernsehfilm) und 2009 von James Traves.

Empfehlenswerte Bücher über Patricia Highsmith:

— Andrew Wilson: *Schöner Schatten. Das Leben von Patricia Highsmith.* Aus dem Englischen von Anette Grube und Susanne Röckel. Berlin Verlag, Berlin 2004.

— Marijane Meaker: *Meine Jahre mit Pat.* Aus dem Amerikanischen von Manfred Allié. Diogenes Verlag, Zürich 2005.

— Joan Schenkar: *Die talentierte Miss Highsmith.* Aus dem Amerikanischen von Renate Orth-Guttmann, Katrin Betz und Anna-Nina Kroll. Diogenes Verlag, Zürich 2015.

Literatour Patricia Highsmith:

— Haus in Aurigeno, Valle Maggia / Tessin, Schweiz
— Haus in Tegna, Valle Maggia / Tessin, Schweiz
— Gedenktafel auf dem Friedhof von Tegna / Tessin

52 Albert Camus.
Ein Franzose aus Algier

*7.11.1913 Mondovi/Algerien

†4.1.1960 Villeblevin/Frankreich

Rororo-Taschenbücher haben jungen Menschen mit wenig Geld das Lesen leichter gemacht. 2,20 DM kostete Mitte der sechziger Jahre ein Taschenbuch im Rowohlt Verlag. Jeden Monat gab es Neuerscheinungen im Taschenbuch – auch bei anderen Verlagen wie dtv, Ullstein, S. Fischer und List. Im Alter von sechzehn las ich das rororo-Taschenbuch *Der Fremde* von Albert Camus: Eintauchen in eine andere Welt, die flimmernde Hitze des Landes Algerien, das einsame, stoische Leben des Ich-Erzählers Meursault, der scheinbar gefühllos seiner Umwelt gegenübersteht, ein Ausflug ans Meer und eine Ausnahmesituation, in der ein Mensch zum Mörder wird. Dieses Buch, das mich von der ersten Seite an in seinen Bann zog, habe ich im Lauf meines Lebens immer wieder gelesen.

Bis zum Ausbruch der Corona-Pandemie dachte ich, dass *Der Fremde* das wichtigste Buch des in Algerien geborenen französischen Nobelpreisträgers sei. Dann las ich im Jahr 2020 *Die Pest* – das nach Ausbruch der Pandemie ein Verkaufshoch erlebte – ein zweites Mal. Beim Lesen kam mir immer wieder der Gedanke, dass menschliches und gesellschaftliches Verhalten in Krisensituationen völlig unabhängig von Zeit, Ursache und Art des Geschehens weitgehend identisch ist. Albert Camus ist ein profunder Kenner des Menschen und ein Dichter, dessen Werke zeitlos sind. Auf die Frage nach seinen zehn Lieblingsworten hat Albert Camus geantwortet: *Die Welt, der Schmerz, die Erde, die Mutter, die Menschen, die Wüste, die Ehre, das Elend, der Sommer, das Meer.*[148] Das ist der Kosmos, in dem sich das

Werk des großen Schriftstellers bewegt. Seine Botschaften sind aktueller denn je. 1940 schrieb Camus: *Bleiben wir jederzeit wach, wenden wir unsere Augen nicht ab von jener bitteren Realität, die uns über den Kopf wächst und uns niederschmettert. Auf diese Weise werden wir unsere Menschenpflicht erfüllen und vielleicht das retten, was so furchtbar bedroht ist ...*[149]

Albert Camus war der Sohn einer französischen Familie, die nach Algerien ausgewandert war. Am 7. November 1913 wurde er in der ostalgerischen Kleinstadt Mondovi geboren. Sein Vater, der für eine französische Weinfirma in Algerien arbeitete, war kurz zuvor mit der Familie dorthin gezogen, um auf einem Weingut als Kellermeister tätig zu werden. Als Albert neun Jahre alt war, wurde sein Vater zur Armee einberufen. Die Mutter wohnte nun mit ihren beiden Söhnen in Algier. In der Marneschlacht erlitt der Vater eine Kopfverletzung, an deren Folgen er im Alter von neunundzwanzig Jahren verstarb.

Nach dem Tod ihres Mannes zog Catherine Camus mit ihren Söhnen – Albert und dessen älterem Bruder Lucien – in die Rue de Lyon und dort an das Ende der Straße, die direkt an das Araberviertel grenzte. Die Familie lebte in einer Wohnung ohne Toilette und ohne Elektrizität. Catherine Camus arbeitete als Putzfrau, um die Kinder kümmerte sich die Großmutter. Zu den Grundprinzipien ihrer Erziehung gehörten Sparsamkeit, Fleiß, Ordnung und Disziplin. Sie strafte ihre Enkel mit der Peitsche, ermöglichte es aber mit der ihr eigenen Härte, dass die Familie sich trotz der Armut, in der die Kinder aufwuchsen, einigermaßen durchs Leben schlagen konnte. Albert Camus teilte die entbehrungsreichen Jahre seiner Kindheit mit vielen seiner Spiel- und Schulkameraden. Im Armenviertel von Algier konzentrierten sich die schäbigen Mietwohnungen der aus Frankreich und anderen südeuropäischen Ländern eingewanderten Kolonialisten, und hier lebten die Ärmsten der Armen.

Zeit seines Lebens war Camus' Mutter, deren Vorfahren von der Baleareninsel Mallorca stammten, eine wichtige Bezugsperson für ihn. Sie konnte weder lesen noch schreiben. Schon als Kleinkind soll sie an einer Hör- und Sprechstörung gelitten haben. Andere Quellen besagen, dass die Sprechstörung erst nach dem Tod ihres Mannes eingetreten sei. Bei den kargen Mahlzeiten saß die Familie gemeinsam schweigend am Tisch, und an den Abenden sah man durch das Fenster dem Treiben auf der Straße zu.

Zu einer Vaterfigur wurde dem Jungen der Grundschullehrer Louis Germain, der seine Begabung förderte und ihm wichtige Lebensgrundsätze vermittelte. Er war es auch, der Mutter und Großmutter davon überzeugte, dass Albert das Gymnasium besuchen sollte, und ihm ein Stipendium verschaffte. Die Schule war für den jungen Albert Camus ein Ort des Glücks, obgleich er sich stets bewusst war, dass er sich hier in einer anderen Welt bewegte. Manchmal schämte er sich für die Armut, aus der er kam. In den Ferien musste er arbeiten, zeitweilig auch in der Böttcherwerkstatt seines Onkels. Er mochte das Eingesperrtsein in dunklen Werkstätten nicht und hätte sich viel lieber in der freien Natur und unter der ewig scheinenden Sonne aufgehalten.

Stets war Camus von der Angst vor dem Tod begleitet. Mit siebzehn Jahren erkrankte er an einer langwierigen Lungentuberkulose und musste die letzte Klasse des Gymnasiums wiederholen. Nach dem Abitur nahm er an der Universität Algier das Studium der Philosophie auf und beschloss zu schreiben. Er verfasste Artikel für eine islamische Zeitung und setzte sich für die Gleichberechtigung von Arabern und Berbern ein.

Während seines Studiums schloss er sich einer Gruppe von Malern, Bildhauern und literarisch Interessierten an. Und er wurde Torwart der Fußballmannschaft der Universität. Rückblickend schrieb er über diese Zeit: *Was ich schließlich am sichersten über Moral und menschliche Verpflichtungen weiß, verdanke ich dem Fußball.*[150] Darüber hinaus arbeitete er in einer studentischen Theatergruppe mit. Auf die Frage, wo er denn in seinem Leben am glücklichsten gewesen sei, hat Camus geantwortet: *Auf der Bühne und auf dem Fußballplatz.*

Im Alter von vierundzwanzig Jahren heiratete er Simone Hié, eine bildhübsche junge Frau aus gutem Hause, die er seinem Freund ausgespannt hatte. Simone Hié galt als Femme fatale, die nicht nur bei Albert Camus einen bleibenden Eindruck hinterließ. Durch Simone bekam Camus Kontakt zu linksintellektuellen Kreisen mit großbürgerlichem Habitus. Er trat in die Kommunistische Partei ein.

Es dauerte nicht lange, bis sich Camus von seiner Frau trennte. Sie nahm Drogen und hatte ihn betrogen, und diese Erfahrung prägte ihn auf Jahre hinaus. Marie-Laure Wieacker-Wolff schreibt in ihrem Porträt des Autors dazu: »Nach der gescheiterten Ehe mit Simone änderte sich Camus' Verhalten gegenüber Frauen grundsätzlich. Er entwickelte sich geradezu zu einem Macho.«

Fortan lebte Camus mit zwei Studienkolleginnen in einer Wohngemeinschaft in einem Haus über dem Meer. Der WG gesellte sich bald auch seine neue Freundin Christiane Galindo hinzu. Er löste seine Bindung zur Kommunistischen Partei, für die er eine Organisation in der algerischen Hauptstadt aufbauen sollte, weil er sich den autoritären Strategien der Parteioberen nicht fügen wollte. In dieser Zeit fühlte er sich glücklich, sie gehört zu den schaffensreichsten Perioden seines Lebens.

Nachdem er ein Stellenangebot als Lehrer in einer südalgerischen Stadt abgelehnt hatte, übernahm er die Aufgabe eines Reporters bei der neu gegründeten prokommunistischen Zeitung *Alger Républicain.* Er betreute dort die Ressorts Kultur, Theater und Buchbesprechungen. Engagiert widmete er sich auch der Verfassung von Gerichtsreportagen. In den Jahren 1936 bis 1938 entstand Camus' erster Roman mit dem Titel *Der glückliche Tod*, den er allerdings nicht veröffentlichte. Er diente später als Steinbruch für *Der Fremde*. 1938 erschien dann als erstes Buch die Essaysammlung *Hochzeit des Lichts*.

In Algier hatte Camus 1937 Francine Faure kennengelernt, die Mathematik studierte und eine begabte Pianistin war. Im Jahr 1938 zogen die beiden zusammen. Auf dem Papier war Camus damals noch immer mit Simone Hié verheiratet. Erst 1940 wurde die Scheidung vollzogen, und Camus heiratete Francine. Im September 1945 wurden Francine und Albert Camus die Zwillinge Catherine und Jean geboren.

Mit Beginn des Zweiten Weltkrieges wurde in Frankreich eine Pressezensur eingeführt. Im Streit mit den Zensurbehörden stellte der *Alger Républicain* sein Erscheinen ein. Die Leitung der Nachfolgezeitung *Le Soir Républicain* musste Camus aufgeben, weil das Blatt von der Regierung verboten wurde. Camus ging nach Paris und erhielt eine Anstellung bei der Zeitung *Paris Soir*.

Im Winter 1941/42 kehrte er mit Francine nach Algerien zurück. In Oran, der Heimatstadt von Francine, unterrichtete er jüdische Kinder und arbeitete an weiteren Büchern: an dem Essay *Der Mythos des Sisyphos*, dem Drama *Caligula* und an dem Roman *Der Fremde*. Nach dessen Erscheinen 1942 erlitt Camus einen erneuten Tuberkuloseanfall, und er suchte ein Sanatorium auf.

Der Fremde begründete den Ruhm von Albert Camus. Im Alter von dreiunddreißig Jahren war er einer der renommiertesten und meistgelesenen Schriftsteller in Frankreich. 1947 erschien *Die Pest* und wurde sofort ein Bestseller. Der Roman gilt bis heute als das wichtigste Werk der französischen Nachkriegsliteratur.

1946 kaufte sich Camus in Lourmarin, einem Dorf in der Provence, ein Haus. Aus Algerien beschaffte er sich einen Esel, der die Einsamkeit mit ihm teilte, während seine Familie zumeist in Paris lebte. Nachdem sich seine Mutter ein Bein gebrochen hatte, kehrte er mehrfach kurzfristig nach Algerien zurück. Er besuchte nun auch den Süden des Landes und die Wüste. Seine Ehe mit Francine litt unter Camus' fortdauernder Beziehung zu der jungen Schauspielerin Maria Casàres. Ihr schrieb der spätere Nobelpreisträger glühende Liebesbriefe, fernab des kühl-distanzierten Stils, in dem er seine Romane verfasste: *Ich warte auf Dich und verabscheue es, zu warten. Ich schreibe Dir und hasse die Abwesenheit. Du, Deine Hände, Dein Körper an meinem, Dein Mund, das ist es, was mich leben lässt. Sag mir, dass Du auf mich wartest und dass Du mich liebst. Beruhige den, der Dich zärtlich liebt und der außerhalb von Dir nicht mehr zu leben weiß. Ich umarme Dich traurig ...*[151]

Seine Frau Francine erkrankte an Depression, und Camus fühlte sich schuldig. Die Tochter Catherine, die später das Werk ihres Vaters verwaltete, musste infolge der Erkrankung ihrer Mutter im Alter von acht Jahren für ein Jahr zu ihrer Großmutter nach Algerien ziehen.

Als der algerische Unabhängigkeitskrieg ausbrach, trat Camus für Reformen in der Kolonialverwaltung ein und forderte die bürgerrechtliche Gleichstellung der *Arabes*. Er hielt aber an der Vorstellung eines französischen Algerien fest. 1957 wurde Camus »für seine bedeutungsvolle Verfasserschaft, die mit scharfsichtigem Ernst menschliche Gewissensprobleme in unserer Zeit beleuchtet«, der Nobelpreis für Literatur verliehen.

Die Tuberkulose machte ihm immer mehr zu schaffen. Er hielt sich nun fast nur noch in Lourmarin auf, wo er in den Ferien von seiner Familie besucht wurde. Am 4. Januar 1960 verunglückte Albert Camus im Auto seines Verlegers Michel Gallimard auf der Fahrt von Lourmarin nach Paris. Eigentlich hatte der Autor mit der Bahn nach Paris fahren wollen. Der von einem Neffen des Verlegers gelenkte Wagen, ein Facel Vega, kam in der Nähe von La Chapelle Champigny ins Schleudern, nachdem ein Hinterreifen platzte, und prallte gegen einen Baum. Camus war sofort tot. Sein Grab befindet sich auf dem Friedhof von Lourmarin.

Über Lourmarin hat Camus geschrieben: *Manchmal genoss ich den grünen und flüchtigen Geschmack unverdienten Glücks,*

Himmel und Erde waren dann miteinander versöhnt.[152] An einem heißen Sommernachmittag im Jahr 1976 habe ich das Dörfchen, vierzig Kilometer nördlich von Aix-en-Provence gelegen, einmal besucht, um zum Grab von Albert Camus zu gehen. Der Ort, in dem heute eine Straße nach ihrem berühmten Einwohner benannt ist, war menschenleer, und über den Hügeln am Horizont türmten sich Gewitterwolken auf. Schmetterlinge schwirrten über den Gräbern des Friedhofs. Unscheinbar und schlicht die Aufschrift auf dem Grabstein des Dichters: »Albert Camus 1913–1960«. Und weil außer mir kein Mensch weit und breit zu sehen war, hätte man vermuten können, der große Schriftsteller und Philosoph Albert Camus sei in Vergessenheit geraten. Doch damals wie heute gilt: Albert Camus lebt.

Meine Lieblingsbücher von Albert Camus:
- **Der Fremde**
- Die Pest
- Hochzeit des Lichts
- Heimkehr nach Tipisa
- Der erste Mensch

Der 1942 bei Gallimard erschienene Roman **Der Fremde** erzählt die Geschichte eines Franzosen in Algerien. Das Buch beginnt mit der Reise des Büroangestellten Meursault zu einem Altersheim in dem achtzig Kilometer von Algier entfernten Ort Marengo, in dem gerade seine Mutter verstorben ist. Lapidar berichtet der Ich-Erzähler von seiner Ankunft und der Wache am Totenbett seiner Mutter. Trauern kann er nicht.

Auch die Verbindung zu seiner Geliebten Marie gestaltet sich emotionslos: *Abends hat Marie mich abgeholt und hat mich gefragt, ob ich sie heiraten wollte. Ich habe gesagt, das wäre mir egal, und wir könnten es tun, wenn sie es wollte.*[153] Im weiteren Verlauf der Handlung wird Meursault durch einen Zufall zum Mörder. Meursault hält sich mit Freunden an einem Strand unter glühend heißer Sonne auf. Sie treffen auf eine Gruppe von Arabern, und es kommt zu einer Schlägerei. Kurze Zeit später begegnen sie einem der Araber erneut, und Meursault erschießt ihn, von der sengenden Sonne erschöpft und durch einen Sonnenstrahl auf der Klinge des von seinem Kontrahenten gezückten Messers geblendet, versehentlich. Meursault sagt später zu dieser Situation: *Ich habe in dem Moment gedacht, man könnte schießen oder nicht schießen.*[154]

In einer Gefängniszelle wartet der zum Tode Verurteilte auf seine Hinrichtung. Er empfindet keine Reue und steht seiner Umwelt völlig gleichgültig gegenüber. Im Prozess vor Gericht rechtfertigt er sich nicht.

Der Fremde gilt als das bedeutendste Buch des französischen Existenzialismus. Das Buch beginnt mit dem Satz: *Heute ist Mama gestorben.*[155]

Lesetipps zur Biographie von Albert Camus:

— Iris Radisch: *Camus: Das Ideal der Einfachheit. Eine Biographie.*
Rowohlt Verlag, Reinbek 2013.

— Olivier Todd: *Albert Camus. Ein Leben.* Aus dem Französischen von Doris Heinemann. Rowohlt Verlag, Reinbek 1999.

— Marie-Laure Wieacker-Wolff: *Albert Camus.* dtv, München 2003.

— Morvan Lebesque: *Camus.* Übersetzt von Guido G. Meister.
Rowohlt Bildmonographie, Hamburg 1960.

— Brigitte Sändig: *Albert Camus.* Rowohlt Verlag, Reinbek 1995.

Gedenkstätte:

— Grab von Albert Camus, 84160 Lourmarin / Vaucluse (Provence),
Frankreich

53 Georges Simenon.
Bücher und Frauen wie Sand am Meer

*13.2.1903 Lüttich/Belgien
†4.9.1989 Lausanne/Schweiz

In seinen Non-Maigret-Romanen hat Simenon vor unterschiedlichen regionalen Kulissen immer wieder aufs Neue Lebenssituationen beschrieben, in denen menschliche Schwächen zu
katastrophalen Folgen führen. Innerhalb von Sekunden oder
Minuten entscheidet spontanes Handeln über das zukünftige
Schicksal und die Schuld eines Menschen. Dabei entwickelt
Simenon von leichter Hand Konstellationen zwischenmensch-
licher Beziehungen, in die sich Leserinnen und Leser hin-
einversetzen können und in denen ihnen deutlich wird, wie
schmal der Grat ist, auf dem man sich selbst durchs Leben bewegt. Eine einzige, im Affekt getroffene falsche Entscheidung,
und das Unglück nimmt seinen Lauf.

Unübertroffen ist zudem Simenons Talent, die Handlungen
seiner Romane in eine Atmosphäre zu betten, die die spezifi-
sche Lebensart von Menschen in ihrer unmittelbaren Umgebung authentisch wiedergibt, sei es in einem Haus an einem
holländischen Kanal, auf einem Bauernhof im Elsass, in einem
Anwesen in der Bretagne oder der Normandie, einem Wohn-
viertel in Paris oder New York, einer Landschaft in Arizona
oder Neuengland oder in einem Hotel an der französischen
Mittelmeerküste – um nur einige Beispiele der Schauplätze
seiner Werke zu nennen.

Ich habe alle Non-Maigret-Romane von Simenon gelesen,
einige davon mehrfach. Seine Bücher kann man jedem noto-
rischen Nichtleser getrost empfehlen: Nach dem ersten Band
Simenon wird er Simenon-süchtig sein. Ich kenne keinen

Schriftsteller, keine Autorin, deren Werke mich so sehr gefesselt haben wie die Non-Maigrets von Georges Simenon. Seine aus meiner Sicht besten Bücher konnte ich oft nur schweren Herzens aus der Hand legen, und wenn ich sie zu Ende gelesen hatte, entstand ein Gefühl von Entbehrung und Leere.

Ich gestehe: Zuweilen beschleicht mich ein schlechtes Gewissen. Denn ich habe nur einen einzigen Maigret gelesen, und danach keinen mehr. Genauer begründen kann ich das nicht. Vielleicht liegt die Ursache darin, dass Simenons Non-Maigrets – jedes Buch für sich – so einzigartig sind, dass ich mich mit dem Serienkommissar und dessen Fällen nicht beschäftigen wollte.

Im Rahmen einer Podiumsdiskussion gegen Ende seines Lebens erklärte Georges Simenon dem Regisseur Federico Fellini, er sei ein größerer Casanova als Fellini gewesen, schließlich habe er nach eigener Berechnung seit seiner frühesten Jugend 10 000 Frauen gehabt, darunter 8000 Prostituierte. Das würde bedeuten, dass der belgische Autor dreißig Jahre lang jeden Tag mit einer anderen Frau geschlafen hat – oder sechzig Jahre lang jeden zweiten Tag mit einer anderen. Obwohl er sechsundachtzig Jahre alt wurde, scheint das Selbstzeugnis des Belgiers, das in der gesamten Medienwelt verbreitet wurde, leicht übertrieben. Entsprechende Belege wurden in der Literaturwissenschaft bisher nicht erbracht, so bleibt das ausgiebige Sexualleben des Georges Simenon für seine Forscher und Biographen letzten Endes ein Buch mit sieben Siegeln.

Erwiesen ist, dass die Zahl der von ihm vorgelegten Veröffentlichungen der Anzahl der Frauen, die er hatte, nahekommt. Seine Biographin Nicole Geeraert hat in ihrer 1991 erschienenen Biographie ein Werkverzeichnis von Georges Simenon zusammengetragen. Es führt auf: sechzig Geschichten und Erzählungen, die in Zeitungen und Zeitschriften erschienen, 186 Groschenromane, 75 Maigret-Romane, 129 Non-Maigret-Romane, 59 Reportagen, 25 autobiographische Werke.

Die Bücher erschienen in vierzig Ländern und weit mehr als fünfzig Sprachen, von Afrikaans und Arabisch über Belorussisch und Buriatisch, Gälisch und Gujarathi bis hin zu Tatarisch, Ukrainisch und Usbekisch. Simenon schrieb unter zahlreichen Pseudonymen: Germain d'Antibes, Aramis, Bobette, Christian Brulls, Georges Caraman, M. le Coq, Jacques Dersonne, Jean Dorsage, Luc Dorsan, Jean Dossage, Georges-Marin Georges, Gom Gut, Georges d'Isly, Kim, Miquette, Jean du Perry, Jean Perry, Maurice Pertuis, Plick et Plock, Pouem et Zette, Jean Sandor, Georges Sim, Gaston Vialis und G. Violis.

Geboren wurde der Mann für das Guinness-Buch der Schriftstellerrekorde als Sohn eines Versicherungsangestellten in Lüttich am 13. Februar 1903. Er wuchs in einem kleinbürgerlichen Milieu auf. Der Vater lebte zurückgezogen, auf ein bürgerliches Leben bedacht. Die Mutter wiederum versuchte beständig, die Lebenssituation der Familie zu verbessern, veranlasste ihren Mann mehrfach umzuziehen und behütete ihren Sohn wie ihren Augapfel. Mit Arbeiterkindern jedenfalls sollte er nicht spielen. Zurückblickend schrieb Simenon: *Wir waren arm. Nicht wirklich arm, nicht ganz unten auf der sozialen Leiter, die der bürgerliche Mittelstand, die Wohlhabenden, die Reichen überall auf der Welt erfunden haben und die bei mir Empörung hervorrief. Waren wir nicht alle Menschen?*[156]

Georges war ein braves Kind mit blonden Locken. Im Alter von sechs Jahren wurde er in die unweit der Wohnung gelegene Privatschule des katholischen Institut Saint-André aufgenommen. Bei der Erstkommunion verliebte er sich zum ersten Mal in ein Mädchen – der Beginn einer Obsession, die ihn sein ganzes Leben begleiten sollte.

Als er elf Jahre alt war, trat Georges Simenon in das Jesuitenkolleg Saint-Louis ein. Seine zweite, nun intensivere Begegnung mit dem weiblichen Geschlecht fand im Alter von zwölf Jahren statt. Georges schlief mit einem drei Jahre älteren Mädchen, und seither hatte er – wie er schreibt – den Glauben an den lieben Gott verloren. Nun wollte er nicht mehr Priester, sondern Offizier werden.

In der Schule war er immer noch Primus, in der katholischen Gemeinde trotz seines angeblichen Glaubensverlustes weiterhin Messdiener, und in seiner freien Zeit las er, was ihm in die Finger kam, bevorzugt Bücher von Robert Louis Stevenson und auch im Jesuitenkolleg »verbotene« Bücher von Balzac, Puschkin und Dostojewski.

Um seiner Freundin näher zu sein, wechselte er die Schule. Doch die erste große Liebe zerschlug sich, seine Angebetete hatte sich einem älteren Jungen zugewandt. Simenon begann, einen Hass gegen seine neue Schule zu entwickeln. Außer in Französisch brachte er nur noch schlechte Noten nach Hause, vor allem in Flämisch und Deutsch. Seine Mitschüler kamen sämtlich aus begüterteren Familien als er. Er schämte sich seiner kleinbürgerlichen Herkunft und hielt sich gern in Kneipen und Billardcafés auf. Noch vor der Mittleren Reife verließ er die Schule und begann eine Lehre in einer Buchhandlung, die jedoch nicht lange andauerte. Es folgte eine Lehre als Konditor, die er ebenfalls nach kurzer Zeit wieder abbrach.

Anfang 1919 flanierte Simenon durch die Lütticher Innenstadt und kam am Redaktionsbüro der stockkonservativen katholischen Tageszeitung *Gazette de Liège* vorbei. Spontan hatte er die Idee, dort um eine Anstellung nachzufragen. Zu seiner eigenen Überraschung wurde er sofort als Lokalreporter eingestellt. Nun verkehrte der Jungreporter in Künstlerkreisen, wo er die Malerin Régine Renchon kennenlernte. Simenon wurde zum Militärdienst eingezogen, und aus Régine und Georges wurde ein Paar. Sein erster Roman *Au pont des arches* erschien.

Nach dem Tod des von ihm verehrten Vaters verließ Simenon Lüttich und ging allein nach Paris. Um Geld zu verdienen, übernahm er einen Posten in der rechtsextremen *Action française*. Er wohnte in einem billigen Hotel und schickte ein Drittel seines Gehaltes an seine verwitwete Mutter. Im Alter von zwanzig Jahren heiratete er Régine (»Tigy«) Renchon, die ihm nach Paris folgte. Das Paar bewohnte ein kleines Hotelzimmer in der Rue des Dames, im Quartier des Batignolles gelegen. Tigy wärmte Fertiggerichte auf, denn es war bei fristloser Kündigung untersagt, im Hotelzimmer zu kochen. Simenon über die damalige Zeit: *Meine Erzählungen mehrten sich, und ich hatte mir eine alte, klappernde Schreibmaschine geliehen, da ich nicht in der Lage war, sie zu kaufen. Die Zahl meiner Pseudonyme stieg mit der der Zeitungen, für die ich arbeitete. Ich arbeitete sehr schnell. Es kam vor, dass ich acht Erzählungen an einem Tag schrieb ...*[157]

Unablässig schrieb er nun auch Groschenromane für ältere Damen, rührende Herz-und-Schmerz-Geschichten. Für ein Heft brauchte er zwei bis drei Tage. Die Ideen dazu fielen ihm auf Spaziergängen ein, die Namen der Figuren entnahm er dem Pariser Telefonbuch und den Background beschaffte er sich durch das Lesen von Reise- und Länderbeschreibungen. Er schrieb wie ein Besessener, stand morgens um sechs Uhr auf, schloss sich in sein Zimmer ein und legte los. Neben seiner Schreibmaschine stand eine Flasche Bordeaux, aus der sich der Autor ab und zu einen Schluck gönnte. Bald schrieb er an umfangreicheren Werken: Für ein Kapitel brauchte er zwei Stunden, für einen Roman etwas länger als für ein Romanheftchen: sieben Tage. Hatte er ein Manuskript abgeschlossen, war er erleichtert und genehmigte sich statt Bordeaux eine Flasche Champagner oder einen Bordellbesuch – oder auch beides.

Im Jahr 1925 engagierte das Ehepaar Simenon eine Haushaltshilfe, Henriette Liberges (»Boule«), die über zwanzig Jahre hinweg Simenons Geliebte wurde, ohne dass sie je Du zueinander sagten. In Fécamp in der Normandie beschloss er, sich ein Boot bauen zu lassen, auf dem genug Platz für ihn, seine Frau, die Geliebte Boule und die dänische Dogge Olaf war. Mit dem Boot brachen sie gemeinsam zu einer Nordseereise auf. Sie besuchten Maastricht, Amsterdam, schipperten durch Kanäle, durchquerten auch die holländische Zuidersee und ankerten in Wilhelmshaven, wo Simenon von deutschen Behörden der Spionage verdächtigt und vernommen wurde.

Um zu schreiben, stellte er an Bord des Bootes seine Schreibmaschine auf zwei Kisten, und so entstand 1929 der erste »Maigret« mit dem Titel *Pietr le Letton*. Nachdem Simenons Verleger Arthème Fayard das Manuskript des ersten Maigret gelesen hatte, vergab er an seinen Autor den Auftrag, weitere Kriminalromane um den Pariser Kommissar mit Melone, Mantel und Pfeife zu schreiben. So erschien ab 1931 jeden Monat ein neuer Maigret-Roman.

Simenon schrieb nicht nur wie ein Uhrwerk, er war auch in der Lage, die Vermarktung seiner Bücher durch kreative Werbeaktionen zu unterstützen. In Paris veranstaltete er einen Ball, zu dem vierhundert prominente Personen eingeladen wurden, die als Verbrecher oder Polizisten kostümiert waren und sich am Einlass die Fingerabdrücke abnehmen lassen mussten.

Mittlerweile konnte sich Simenon einen Wagen mit Chauffeur leisten und eine Villa in Antibes mieten. Bald zog er mit seiner Frau nach La Rochelle an die Atlantikküste. Er unternahm kostspielige Reisen quer durch Europa und eine Weltreise mit Tigy, während Boule Haus und Hund Olaf hütete. Aus der Türkei brachte er drei junge Wölfe mit, die er auf dem von ihm gemieteten Gutshof La Richardière in einem Gehege einquartierte. Nach Beendigung der Maigret-Serie wechselte Simenon den Verlag und veröffentlichte fortan bei Gallimard.

Im ersten Kriegsjahr des Zweiten Weltkrieges, 1939, kam der Sohn Marc zur Welt. Die belgische Regierung ernannte Simenon zum Flüchtlingskommissar für belgische Emigranten, die nach der deutschen Besatzung nach Frankreich gingen. Simenon mietete einen Bauernhof in der Vendée, danach einen Teil eines Schlosses in Fontenay-le-Comte und schließlich eine Villa in Saint-Mesmin. Im Laufe seines Lebens brachte Simenon es auf dreiunddreißig unterschiedliche Wohnsitze – auch das rekordverdächtig.

Beim Schnitzen eines Stockes für seinen Sohn verletzte sich Simenon. Bei der darauffolgenden Generaluntersuchung stellte der ihn behandelnde Arzt eine Angina Pectoris fest und prophezeite dem Dichter, dass er noch zwei Jahre zu leben hätte. Nun lebte Simenon in ständiger Angst, frühzeitig zu sterben – dabei war er gerade einmal siebenunddreißig Jahre alt. Vier Jahre später, 1944, bescheinigte ihm ein Pariser Arzt, kerngesund zu sein. Entsprechend gut gelaunt feierte Simenon, nach Hause zurückgekehrt, die positive Nachricht mit Boule – und wurde dabei von seiner Ehefrau in flagranti ertappt. Tigy forderte ihn auf, Boule sofort des Hauses zu verweisen. Simenon lehnte ab und gestand Tigy, dass er sie seit zwanzig Jahren mit Hunderten anderer Frauen betrogen habe. Sie beschlossen, offiziell weiterhin zusammenzubleiben.

Nach Ende des Krieges verließ die Familie Frankreich mit dem Ziel New York: Der Sohn Marc sollte amerikanisch erzogen werden. Doch aufgrund seiner mangelnden Englischkenntnisse ließ sich Simenon in Sainte-Marguerite-du-Lac-Masson in der frankophonen kanadischen Provinz Quebec nieder. Dort stellte Simenon die fünfundzwanzigjährige Denyse Ouimet als Sekretärin ein. Schon beim Einstellungsgespräch soll es Simenons Bekundungen zufolge zu intimen Kontakten gekommen sein. Über die attraktive Frankokanadierin, die später seine zweite Ehefrau werden sollte, ging das Gerücht, dass sie gerne und oft Alkohol trank und ein bewegtes Vorleben mit Männern hatte. Simenon soll stets sehr eifersüchtig gewesen sein.

Tigy nahm auch die Menage à trois mit Denyse hin. In den darauffolgenden Jahren unternahmen sie mehrere Reisen quer durch die USA. In Tucson / Arizona wurde eine Hazienda angemietet, Geld spielte keine Rolle. Ende 1948 wurde Denyse von Simenon schwanger, und im September 1949 kam der gemeinsame Sohn Johnny zur Welt. Ein halbes Jahr später wurde die Ehe zwischen Georges Simenon und Tigy geschieden. Noch am Tag der Scheidung heiratete er Denyse.

Nach zwei Europareisen und der Geburt der Tochter Marie-Jo im Februar 1953 verließen die Simenons die USA und kehrten nach Europa zurück. Ein gutes Jahr hielten sie sich in Cannes auf, bevor sie ein Schloss in der Nähe von Lausanne mieteten. Im Jahr 1959 kam der Sohn Pierre zur Welt. In Europa wurde Ehefrau Denyse zum ersten Mal bewusst, dass sie die Ehefrau eines weltberühmten Mannes war: Einladungen und Ehrungen waren an der Tagesordnung, und ein Termin jagte den nächsten. Denyse stellte im Jahr 1961 Teresa Sburelin als Hausmädchen an. Teresa sollte die dritte Lebensgefährtin Simenons werden – offensichtlich hatte er eine besondere Neigung zu Haus- und Kindermädchen. Boule aber hatte ihre Nebenrolle nun endgültig satt; sie verließ den Haushalt und wurde Kindermädchen in der Familie von Simenons Sohn Marc.

Simenon ließ sich ein Anwesen in Épalinges in der Nähe des Genfer Sees mit zweiundzwanzig Zimmern erbauen, das 1963 bezogen wurde. Von 1964 bis 1972 schrieb er in Épalinges dreizehn Maigret- und vierzehn Non-Maigret-Romane. Im Februar 1973 teilte Simenon der Weltöffentlichkeit mit, dass er seine Autorentätigkeit beendet habe. Er verkaufte das Anwesen in Épalinges und bezog ein kleineres Haus in der Nähe von Lausanne.

Denyse wurde wegen Depressionen und infolge ihrer Alkoholkrankheit in eine psychiatrische Klinik eingewiesen; Tochter Marie-Jo musste sich einer psychiatrischen Behandlung unterziehen. Am 19. Mai 1978 nahm sich Marie-Jo das Leben. Der Suizid seiner Tochter traf den Schriftsteller schwer. Laut Einschätzung von Simenon-Biographen soll das Verhältnis von Simenon zu Marie-Jo zeitweilig nahezu inzestuöse Formen angenommen haben. In einem fiktiven Brief an seine Tochter mit dem Titel *Mémoires intimes* – Simenons letzte Buchveröffentlichung 1981 – wies Simenon die Verantwortung am Tod seiner Tochter öffentlich zurück.

Seine letzten Jahre verbrachte der Dichter an der Seite Teresa Sburelins. Im Alter von sechsundachtzig Jahren starb Georges Simenon am 4. September 1989 in Lausanne.

Gabriel García Márquez sagte über Georges Simenon: »Georges Simenon ist der wichtigste Schriftsteller des 20. Jahrhunderts.« Auch zahlreiche zeitgenössische Schriftsteller zählten – und zählen – zu den Bewunderern Simenons, darunter Kurt Tucholsky, William Faulkner, Dashiell Hammett, Henry Miller, Ernest Hemingway, Walter Benjamin, Thornton Wilder, und André Gide. Johannes Mario Simmel sagte über seinen belgischen Kollegen: »Kein Schriftsteller im 20. Jahrhundert hat den Menschen genauer beschrieben. Georges Simenon hat es wie kein anderer verstanden, in Worte zu fassen, wozu der Mensch fähig ist, in seinem Leben, in seinen Lieben, mit seinen Lastern.«

Über seine Sicht des Menschen hat Georges Simenon gesagt: *Der Mensch ist derart schlecht für das Leben ausgerichtet, dass man fast einen Übermenschen aus ihm machen würde, wenn man in ihm einen Schuldigen – statt ein Opfer – sähe.*[158]

Die besten »Non-Maigrets‹ von Georges Simenon:

- **Das blaue Zimmer**
- Die Verlobung des Monsieur Hire
- Die Marie vom Hafen
- Die Fantome des Hutmachers
- Schlusslichter
- Sonntag
- Die Komplizen
- Der Mann mit dem kleinen Hund
- Die Katze

In ***Die Fantome des Hutmachers*** schildert Simenon das Leben des wohlhabenden Hutmachers Labbé und seines Nachbarn, dem in ärmlichen Verhältnissen lebenden Schneider Kachoudas, in der Hafenstadt La Rochelle. Seit Tagen ist ein Frauen-mörder in der Stadt unterwegs, und das Verhängnis nimmt seinen Lauf. **Die Verlobung des Monsieur Hire** ist eine Liebes-geschichte, die damit beginnt, dass ein kleiner, alternder Mann, der in einem Hinterhaus wohnt, eine junge Frau, die ihn mit ihren Reizen provoziert, beobachtet. Sie hat einen Freund, und Monsieur Hire kommt nicht umhin, die beiden auf Schritt und Tritt zu verfolgen. Dann geschieht ein Mord, den nur Monsi-eur Hire begangen haben kann.

Ortswechsel – und ein weiteres Highlight im Schaffen Sime-nons: Im US-Bundesstaat Maine, in dem sie ihre Kinder ab-holen wollen, geraten deren Eltern Nancy und Steve Hogan aneinander. Unterwegs trennt sich das Paar, weil Steve sich betrinkt, und als er aus einer Bar zu seinem Auto kommt, sitzt in seinem Wagen ein gesuchter Verbrecher. Das ist der Aus-gangspunkt des großartigen Romans **Schlusslichter**.

Die Originalausgabe des Romans **Das blaue Zimmer** er-schien 1964 und kam im gleichen Jahr auch auf den deutschen Buchmarkt. In *Das blaue Zimmer* geht es um die Liebe zwischen einem verheirateten Mann und einer verheirateten Frau. Re-gelmäßig trifft Tony die schöne Andrée, seine Geliebte, in ei-nem schäbigen Hotel am Bahnhof, und als sie ihn fragt, ob er sein ganzes Leben mit ihr verbringen könnte, antwortet er mit einem Wort: »Sicher.« Das hat ungeahnte Folgen. Denn Andrée möchte Tony ganz und für immer. Deshalb tötet sie ihren Ehe-mann und erwartet nun von Tony, seine Frau umzubringen. Die atmosphärische Dichte der Handlung macht *Das blaue Zimmer* zu einem der besten Romane Simenons:

Die Luft war warm draußen auf dem Bahnhofsplatz, und auch im sonnendurchfluteten Zimmer – eine lebendige Wärme, die zu atmen schien.

Er hatte die Fensterläden nicht ganz geschlossen, nur bis auf einen Spalt von zwanzig Zentimetern, so dass sie durch das offene Fenster die Geräusche der Kleinstadt hörten, die einen verworren

wie ein ferner Chor, die anderen nah und deutlich, sich klar ab-
hebend wie etwa die Stimmen der Gäste auf der Terrasse.

All diese Geräusche waren bis zu ihnen gedrungen, als sie sich
vorhin in wilder Leidenschaft der Liebe hingegeben hatten; sie hat-
ten sich vereint mit ihren Körpern, ihrem Speichel, ihrem Schweiß,
mit Andrées weißem Bauch und seiner eigenen dunkleren Haut,
mit dem rautenförmigen Lichtstrahl, der das Zimmer teilte, den
blauen Wänden, dem zitternden Spiegelbild und dem Geruch des
Hotels, einem ländlichen Geruch von Wein und Schnaps, die im
Speisesaal serviert wurden, von dem Ragout, das in der Küche
schmorte, und der leicht modrigen Seegrasmatratze ...[159]

Im Rahmen einer Kooperation der Verlage Kampa und Hoffmann und Campe / Atlantik erscheint seit einigen Jahren die
deutsche Gesamtausgabe der Werke von Georges Simenon –
ein Mammutprojekt. »Georges Simenon ist der meistgelesene,
meist übersetzte, meist verfilmte, der erfolgreichste Schriftsteller des 20. Jahrhunderts«, so der Verlag.

Biographisches über Georges Simenon:

— Nicole Geeraert: *Georges Simenon*. Rowohlt Bildmonographie,
  Reinbek 1991.

— Georges Simenon: *Intime Memoiren und Das Buch von Marie Jo*
  (Autobiographie). Aus dem Französischen von Hans-Joachim
  Hartstein u. a. Diogenes Verlag, Zürich 2018.

— Daniel Kampa u. a. (Hrsg.): *Georges Simenon. Sein Leben in Bildern.*
  Diogenes Verlag, Zürich 2009.

— Horst Senker: *Auf den Spuren von Georges Simenon durch Lüttich.*
  Sendung im Deutschlandfunk vom 8. September 2019.

Literatour Georges Simenon:

— Statue Georges Simenon, Place Saint-Lambert,
  Rue de Violette 8, 4000 Lüttich, Belgien

— Simenon Geburtshaus, Rue Léopold 26, 4000 Lüttich, Belgien
  (am linken Ufer der Maas, in der Nähe des Viertels Outremeuse)

54 Gabriel García Márquez.
Der Magier aus Kolumbien

* 6.3.1927 Aracataca/Kolumbien
† 17.4.2014 Mexiko-Stadt

Gabriel García Márquez gilt vielen Leserinnen und Lesern rund um den Erdball als der größte Schriftsteller des 20. Jahrhunderts. Für mich ist er zumindest der zweitgrößte (gleichauf mit Georges Simenon). Seine Phantasie im Verweben von Mythen und realem Geschehen, sein atemloses Erzählen, der unerschöpfliche Reichtum an Bildern von Liebe, Glück, Tod und Leid in seinen Werken sind unerreicht.

Geboren wurde Gabriel García Márquez – von seinem ihn verehrenden Lesepublikum liebevoll »Gabo« genannt – am 6. März 1927 im Dorf Aracataca, einer Ortschaft in der kolumbianischen Provinz Magdalena, fünfzig Kilometer vom Karibischen Meer entfernt. Dorthin hatte es seinen Vater Gabriel Eligio García Martínez im Alter von zwanzig Jahren verschlagen, um sich nach einem abgebrochenen Medizinstudium zum Telegraphisten ausbilden zu lassen. In Aracataca lernte er Luisa Santiaga Márquez Iguáran kennen, die er trotz des Widerstands ihrer Eltern im Jahr 1926 heiratete. Luisas Vater war Steuerbeauftragter seines Bezirks und gehörte, nachdem er sich als Oberst im kolumbianischen Bürgerkrieg Meriten erworben hatte, zu den angesehensten Männern von Aracataca.

Nach der Heirat zog das junge Ehepaar nach Riohacha, im Norden Kolumbiens an der karibischen Küste gelegen. Zur Geburt ihres Sohnes Gabriel am 6. März 1927 begab sich Mutter Luisa in das 250 Kilometer entfernt liegende Aracataca. Der Sohn blieb bei den Großeltern in Aracataca zurück und verbrachte dort seine ersten zehn Lebensjahre. Die Großmutter mütterlicherseits, Tranquilina Iguarán Cortés, war eine begabte und phantasiereiche Geschichtenerzählerin. Der Großvater, Nicolás Ricardo Márquez Mejía, lebte mehr von den Erinnerungen seiner Erlebnisse im Bürgerkrieg als von Einkünften aus seinem erlernten Beruf als Goldschmied und Steuerberater. Er wurde zum großen Vorbild und engsten Vertrauten des kleinen »Gabito«.

Gabito wuchs in einem riesigen Haus mit vielen Zimmern auf, von denen der kleine Junge einige nicht betreten durfte, da die Großmutter behauptete, dort würden sich tote Verwandte aufhalten. Der Enkel wurde in die Montessori-Schule geschickt. Als Gabriel García Márquez zehn Jahre alt war, starb der geliebte Großvater – für den Jungen ein schrecklicher Verlust. Die schillernden Erzählungen der Großeltern wurden zum Reservoir, aus dem er später als Schriftsteller schöpfte.

Als er seine Mutter wiedersah, kam sie Gabito wie eine fremde Frau vor. Der Vater Eligio García hatte nach seiner Tätigkeit als Telegraphist eine Homöopathie-Ausbildung absolviert und erwarb eine Lizenz als Apotheker. Die Eltern zogen nach Aracataca zurück, und der Vater eröffnete dort eine Apotheke. Die lief allerdings so schlecht, dass er sein Glück mit einer weiteren Apotheke in seinem 260 Kilometer von Aracataca entfernten Geburtsort Sincé im Departement Sucre versuchte. Weitere Versuche des Vaters, eine finanzielle Basis für die inzwischen auf acht Kinder angewachsene Familie zu schaffen, scheiterten ebenso.

Gabito, der Erstgeborene, wohnte zunächst weiterhin im Haus der Großeltern in Aracataca und ging dort in die Primarschule, bevor er zu den Eltern nach Sucre und Barranquilla zog. Hier besuchte er die Sekundarstufe eines Jesuitenkollegs. Anschließend schickten ihn die Eltern zur weiterführenden Schulausbildung in ein Internat unweit von Bogotá, der Hauptstadt Kolumbiens. Mit Unterstützung des Schulleiters an der neuen Schule gründete er die Schülerzeitung *Gaceta Literaria*

und begann sich für Politik und für den Marxismus zu interessieren. Nach dem Abitur im Jahr 1946, das er – trotz gewisser Schwächen im Fach Mathematik – als Bester des Jahrgangs bestand, begann García Márquez an der Universität in Bogotá ein Jurastudium. Sein Interesse an zeitgenössischer Literatur litt darunter nicht. García Márquez las die wichtigsten Werke der russischen, englischen und französischen Literatur des 19. und 20. Jahrhunderts. Er entdeckte die Erzählung »Die Verwandlung« von Franz Kafka, die zu einem »Schlüsselerlebnis« für ihn wurde. García Márquez dazu: *Als ich mit siebzehn Jahren »Die Verwandlung« las, kam ich darauf, Schriftsteller zu werden. Ich sah, dass Gregor Samsa eines Morgens, in einen riesigen Käfer verwandelt, erwachen konnte und sagte mir: Ich wusste nicht, dass man das machen kann, aber wenn so etwas möglich ist, dann interessiert mich das Schreiben ... Ich begriff plötzlich, dass es in der Literatur noch andere als nur die rationalistischen Möglichkeiten gab, die ich bis dahin in den Schulbüchern kennengelernt hatte ...*[160]
Und so begann er, eigene Geschichten zu schreiben.

Der angehende Schriftsteller verkehrte in literarischen Cafés, bevorzugte auffallende Kleidung und diskutierte mit Freunden und Kommilitonen über aktuelle politische Entwicklungen. In der Literaturbeilage der Zeitung *El Espectador* wurden seine ersten drei Kurzgeschichten abgedruckt.

Nach der Ermordung des liberalen Präsidentschaftskandidaten Jorge Eliécer Gaitán kam es in Bogotá zu einem Aufstand, und die Universität wurde auf unbestimmte Zeit geschlossen. Daraufhin wechselte García Márquez zur Universität Cartagena. Nebenbei arbeitete er als Kolumnist für die Zeitung *El Universal*. Da García Márquez aber lieber schrieb als zu studieren, brach er – sehr zum Missfallen seines Vaters – das Jurastudium ab und konzentrierte sich fortan auf seine Tätigkeiten als Autor.

Er schloss sich einer Gruppe von Journalisten und Autoren an, die in der literarischen Welt als die »Gruppe von Barranquilla« bezeichnet wurde. Sie gründeten die Wochenzeitschrift *Chronica*, und García Márquez wurde ihr leitender Redakteur. Es folgten journalistische Engagements bei weiteren kolumbianischen Zeitungen und Zeitschriften. Für eine Interimszeit arbeitete er auch als Handelsvertreter für Enzyklopädien. Darüber hat Gabo in seinen Memoiren berichtet. Das Buchgeschäft sei zunächst prächtig gelaufen, so der spätere Nobelpreisträger, überall auf seiner Vertreterreise sei er entfernten Verwandten begegnet, die ihn mit möglichen Kunden zusammenbrachten und die ihm dann als Zeichen der Höflichkeit Bücher abkauften. Eine zweite Verkaufstour war dann weniger erfolgreich: *Schlimm war, dass am Ende der nostalgischen Reise die von mir verkauften Bücher noch gar nicht eingetroffen waren, und ich deshalb die Anzahlung nicht kassieren konnte. Ich saß schließlich ohne einen Centavo da, während das Metronom des Hotels tickte und immer schneller tickte ...*[161] Der Buchverkäufer Gabriel García Márquez musste einen Schuldschein unterschreiben.

García Márquez sympathisierte mit der verbotenen Kommunistischen Partei Kolumbiens, wurde aber nicht deren Mitglied. Sein Engagement für eine gerechtere Gesellschaft und seine Solidarität mit sozialistischen Bewegungen blieb dennoch zeit seines Lebens ungebrochen.

Sein erster Roman *Laubsturm* wurde zunächst von einem argentinischen Verlag abgelehnt, bevor ihn 1955 ein kleiner Verlag in Bogotá veröffentlichte. Die Verkäufe bewegten sich über mehrere Jahre hinweg in einem bescheidenen Rahmen. Mit einer Erzählung gewann er den ersten Preis eines nationalen Literaturwettbewerbs. Gleichzeitig avancierte er bei *El Espectador* zum Starreporter. Im Sommer 1955 brach er zu einem langen Aufenthalt nach Europa auf. Der Achtundzwanzigjährige berichtete als Korrespondent aus Genf, Venedig, Wien, Prag, Warschau und Paris. Die Beziehung zu seiner Freundin Mercedes Barcha Pardo, die er in den 1940er Jahren kennengelernt hatte, blieb derweil auf eine Brieffreundschaft beschränkt.

Die Zeit als Reporter in Europa stellte für García Márquez in Paris und Genf eine große Herausforderung dar, da er nur Grundkenntnisse in der französischen Sprache besaß. So mied er die Gipfeltreffen und Pressekonferenzen führender europäischer Politiker, wann immer dies möglich war, und begab sich auf die Suche nach berichtenswerten Begebenheiten im Alltag der Menschen. Gelegentlich geriet Gabo auch in finanzielle Nöte. Dies galt vor allem für den Aufenthalt in Paris, von dem der Autor eine Episode erzählt: *Es war eine sehr lange Nacht, denn ich wusste nicht, wo ich schlafen sollte, und verbrachte die Zeit auf Parkbänken dösend ... und im leuchtenden Dunst eines herbstlichen Dienstagmorgens war ich das einzige lebende Wesen in einer verlassenen Stadt ...*[162] Anschließend wurde er von der Polizei verprügelt, weil man ihn für einen Algerier hielt.

Die Korrespondentenkarriere erlitt einen jähen Abbruch, als *El Espectador* von der kolumbianischen Regierung verboten wurde.García Márquez wurde arbeitslos. Zeitweilig musste er Flaschen sammeln, um sich vom Pfandgeld etwas zum Essen kaufen zu können. Nachts schrieb er an seinem Roman *Der Oberst hat niemand, der ihm schreibt*, stets ein Foto seiner Verlobten Mercedes im Blick.

In Paris lernte er die baskische Schauspielerin Tachia Quintana kennen und verliebte sich in sie. Er zog in die kleine Wohnung seiner Freundin, die sich ein Zubrot durch Putzen und als Kindermädchen verdiente. Tachia wurde schwanger von ihm, verlor das Kind jedoch vor dessen Geburt. Das Paar trennte sich Ende 1956. García Márquez ging zurück in sein billiges Hotel und schrieb weiter an seinem Roman, während die materielle Not unverändert anhielt. Es folgten Aufenthalte in der DDR und in der Sowjetunion. Den Westteil Berlins beschrieb er nach einem Besuch im Jahr 1957 als *eine riesige Agentur für kapitalistische Propaganda,*[163] und auch dem Osten der Stadt wurden die Leviten gelesen: *Die sozialistische Antwort auf Westberlins Aufschwung ist der monumentale Kitsch der*

Stalinallee, deren Dimensionen ebenso überwältigend sind wie ihre Geschmacklosigkeit.[164]

Im Alter von dreißig Jahren kehrte García Márquez 1957 nach Kolumbien zurück. Dort wartete seine Freundin Mercedes Barcha auf ihn. Das Paar heiratete im März 1958, und im Jahr darauf kam der Sohn Rodrigo zur Welt. García Márquez arbeitete weiter als Journalist für verschiedene kolumbianische Zeitungen und Zeitschriften. Der Roman *Der Oberst hat niemand, der ihm schreibt* wurde in der literarischen Zeitschrift *Mito* veröffentlicht. *Laubsturm* erschien nun in einem größeren Verlag in einer Auflage von 30 000 Exemplaren.

Nach dem Sieg der kubanischen Revolutionäre Ende 1958 unter Führung von Fidel Castro gründete García Márquez in Bogotá eine Zweigstelle der kubanischen Presseagentur Prensa Latina. Um die Interessen der kubanischen Revolutionäre angesichts der einsetzenden Kampagne der US-Regierung gegen Castro und seine Gefolgsleute zu unterstützen, reiste García Márquez mit Frau und Kind in die USA und von dort aus weiter mit einem Greyhound-Bus nach Mexiko. Die Tätigkeit für Prensa Latina gab er wieder auf, da dort die orthodoxen Anhänger des Sowjet-Marxismus bald in der Mehrheit waren.

Eine gesunde finanzielle Basis für die Familie, in der ein zweites Kind erwartet wurde, war noch immer nicht hergestellt. Ein Freund empfahl dem Autor, sich an einem Literaturwettbewerb des Esso-Konzerns zu beteiligen. Mit *Die böse Stunde* gewann er den Preis in Höhe von 3000 US-Dollar, sodass die Entbindungskosten für den zweiten Sohn (Gonzalo) aufgebracht werden konnten. Sogar einen Wagen, einen betagten Opel, konnte sich der Schriftsteller nun anschaffen. Das Auto musste bald wieder verkauft werden; vom Erlös konnte sich die Familie ein weiteres halbes Jahr ernähren.

Im Jahr 1965 nahm García Márquez die Arbeit an *Hundert Jahre Einsamkeit* auf. Nach der Fertigstellung des Romans erschienen Vorabdrucke des Romans in Zeitungen und Zeitschriften in Mexiko, Argentinien, Peru und Kolumbien. Der argentinische Verlag Sudamericana startete die Buchausgabe im Juni 1967 mit einer Auflage von 8000 Exemplaren, die innerhalb von zwei Wochen vergriffen waren. *Hundert Jahre Einsamkeit* gilt als der Roman, der den magischen Realismus begründete. Zum Zeitpunkt des Erscheinens war der Autor vierzig Jahre alt – und auf einen Schlag weltberühmt. Die Kritiker überschlugen sich in immer neuen enthusiastischen Bekundungen. Und die materielle Not des Autors und seiner Familie hatte ein für alle Mal ein Ende.

Am finanziellen Erfolg seines Romans und nachfolgender Veröffentlichungen sowie daraus resultierenden Preisgeldern ließ der Autor auch seine Umwelt teilhaben. Er spendete für die venezolanische Linkspartei MAS, engagierte sich gegen das Pinochet-Regime in Chile und gründete die Stiftung Habeas zur Verteidigung der Menschenrechte und Unterstützung von politischen Gefangenen. Mit Fidel Castro, den er auf einer Kubareise kennenlernte, pflegte er eine lebenslange Freundschaft. Zum siebzigsten Geburtstag von Fidel Castro schrieb er eine Eloge unter dem Titel »Mein Freund Castro«.

1975 erschien der Roman *Der Herbst des Patriarchen*, eine Abrechnung mit den Diktatoren Lateinamerikas, in einer Startauflage von 500 000 Exemplaren. Im April 1981 veröffentlichte er *Chronik eines angekündigten Todes*, den Roman, den er bereits dreißig Jahre zuvor zu Papier gebracht hatte. Die Startauflage betrug eine Million Exemplare. Im Jahr 1982 wurde García Márquez der Nobelpreis für Literatur verliehen für seine Werke, »in denen sich das Phantastische und das Realistische vereinen, die Leben und Konflikt eines Kontinents widerspiegeln«. Anlässlich der Verleihung des Nobelpreises in Stockholm trug Gabo entgegen der Etikette eine weiße Stoffhose und ein weißes Leinenhemd statt Frack und Fliege. Einem Freund sagte er, dass er nicht wie ein Pinguin habe aussehen wollen.

Der Roman *Die Liebe in den Zeiten der Cholera* folgte drei

Jahre später. Er ist neben *Hundert Jahre Einsamkeit* wohl das wichtigste Buch des lateinamerikanischen Dichters. In *Die Liebe in den Zeiten der Cholera* greift García Márquez Motive der Liebes- und Ehegeschichte seiner Eltern auf. Fermina Daza und Dr. Juvenal Urbino führen eine über fünfzigjährige Ehe mit allen Höhen und Tiefen, die das Leben kennt – bis der Mann beim Versuch, seinen auf einen Mangobaum entflohenen Papagei einzufangen, von der Leiter stürzt und stirbt. Auf diesen Tag hat Florentino Ariza einundfünfzig Jahre, neun Monate und vier Tage lang gewartet. Schon als Achtzehnjähriger hatte sich der frühere Telegraphist und später zum Direktor einer karibischen Schifffahrtsgesellschaft arrivierte Florentino in die schöne, aus gutem Hause stammende Fermina verliebt, doch Fermina heiratete damals den vornehmsten und reichsten Mann der Stadt. Am Abend nach der Beerdigung ihres Ehemannes erneuert Florentino Ariza seine Liebeserklärung. Die Witwe gibt dem Werben Florentinos nach, und beide brechen zu einer Schiffsreise auf dem Fluss Magdalena auf. An Bord wird die Cholera-Flagge gehisst, um andere Passagiere vom Schiff fernzuhalten, damit das Paar im Greisenalter seine junge, alte Liebe ungestört genießen kann. *Die Liebe in den Zeiten der Cholera* erschien im November 1985.

Die letzten Jahre seines Lebens verbrachte García Márquez in Mexiko. 1999 erkrankte er an Krebs und unterzog sich einer Chemotherapie. Fünfzehn Jahre später, im April 2014, starb er in Mexiko-Stadt. In Aracataca findet sich, auf eine Mauer gemalt, ein Graffito (in deutscher Übersetzung): »Für Gabriel García Márquez. Du bist Aracataca, die Wiege der Kultur, wo man dem Genius huldigte, dem König der Literatur; heute schläft er unter Lorbeeren der Größe und des Ruhms, während die Geschichte umgeschrieben wird, während ihm die Hochrufe zuteilwerden und Ehrenbezeigungen und der Strahlenkranz des Königs der Schriftsteller.«

Meine Lieblingsbücher von Gabriel García Márquez:

- **Hundert Jahre Einsamkeit**
- Der Oberst hat niemand, der ihm schreibt
- Chronik eines angekündigten Todes
- Die Liebe in den Zeiten der Cholera
- Der General in seinem Labyrinth
- Von der Liebe und anderen Dämonen
- Nachricht von einer Entführung
- Leben, um davon zu erzählen

Hundert Jahre Einsamkeit gilt als bedeutendster Roman von Gabriel García Márquez. Er erzählt über hundert Jahre hinweg die Geschichte der Familie Buendía. José Arcadio Buendía gründet das Dorf Macando am Rande des Urwalds, das im Lauf mehrerer Generationen beispielhaft für den Aufstieg und Niedergang Lateinamerikas steht. Es ist der Schauplatz von Siegen und Niederlagen, Glanz und Elend, Liebe, Sünde, Verfehlungen, Rache und Naturgewalten.

Berühmt geworden ist der Anfang des Buches:

Viele Jahre später sollte der Oberst Aureliano Buendía sich vor dem Erschießungskommando an jenen fernen Nachmittag erinnern, an dem sein Vater ihn mitnahm, um das Eis kennenzulernen. Macando war damals ein Dorf von zwanzig Häusern aus Lehm und Bambus am Ufer eines Flusses mit kristallklarem Wasser, das dahineilte durch ein Bett aus geschliffenen Steinen, weiß und riesig wie prähistorische Eier. Die Welt war noch so jung, dass viele Dinge des Namens entbehrten, und um sie zu benennen, musste man mit dem Finger auf sie deuten. Alljährlich im Monat März schlug eine Familie zerlumpter Zigeuner ihr Zelt in der Nähe des Dorfes auf und gab mit einem gewaltigen Getöse aus Pfeifen und Trommeln die neuesten Erfindungen bekannt. Als erstes zeigten sie den Magneten. Ein massiger Zigeuner mit wildem Bart und Spatzenfingern, der sich als Melchiades einführte, stellte öffentlich das zur Schau, was er das achte Wunder der alchimistischen Weisen Mazedoniens nannte. *Zwei Metallbarren hinter sich herschleifend, zog er von Haus zu Haus, und alle erschraken, als sie sahen, wie Kessel, Becken, Zangen und eiserne Tragöfen von ihren Plätzen fielen, wie die Hölzer unter dem verzweifelten Versuch der Nägel und Schrauben, sich ihnen zu entwinden, ächzten, wie sogar langvermisste Gegenstände gerade da auftauchten, wo man sie am heftigsten gesucht hatte, und in lärmender Flucht hinter Melchiades' Zaubereisen herschleiften.*[165]

Nachdem García Márquez den ersten Satz des Romans zu Papier gebracht hatte, verging kein Tag, an dem er nicht weiterschrieb – bis zur letzten Zeile. *Hundert Jahre Einsamkeit* erschien am 5. Juni 1967 in Buenos Aires, wurde in 37 Sprachen übersetzt und bis heute mehr als 30 Millionen Mal verkauft. Es ist ein unvergleichliches Epos des lateinamerikanischen Kontinents und eines der schönsten Bücher der Weltliteratur.

Lesetipps zur Biographie von Gabriel García Márquez:

— Dagmar Ploetz: *Gabriel García Márquez*. Rowohlt Bildmonographie, Reinbek 1992.

— Dagmar Ploetz: *Gabriel García Márquez, Leben und Werk*. Kiepenheuer & Witsch, Köln 2010.

— Harald Irnberger: *Gabriel García Márquez. Die Magie der Wirklichkeit*. Artemis & Winkler Verlag, Düsseldorf 2003.

— Gabriel García Márquez: *Leben, um davon zu erzählen* (Autobiographie). Aus dem Spanischen von Dagmar Ploetz. Kiepenheuer & Witsch, Köln 2002.

Literatour Gabriel García Márquez:

— Gabriel-García-Márquez-Haus und Museum, Carrera 5 N 6, 35 Av. Monseñor Espejo, Aracataca, Kolumbien

— Gabriel-García-Márquez-Bus-Tour ab Aracataca

55 Franz Kafka.
Der Größte

*3.7.1883 Prag
†3.6.1924 Kierling bei Klosterneuburg

Während eines Verlagskongresses in Prag wollte ich an einem späten Nachmittag das Grab von Franz Kafka besuchen. Alle anderen Kafka-Gedenkstätten in Prag und Umgebung hatte ich bereits bei früheren Besuchen aufgesucht. Ein Taxifahrer brachte mich zum Eingangstor des Friedhofs. In einem kleinen Verwaltungsgebäude saß ein alter Mann mit einer Kippa auf dem Kopf und machte mir deutlich, dass ich noch genau fünf Minuten Zeit hätte, das Grab von Kafka zu finden. Um 17 Uhr würde der Friedhof geschlossen. Ich musste mir eine Kopfbedeckung leihen, sprintete gemäß der Beschreibung des Friedhofswärters zwischen den Gräbern entlang und fand eine Minute vor Schließung des Friedhofs das Grab mit der Nummer 21. So habe ich wenigstens einmal in meinem Leben für sechzig Sekunden am Grab des Dichters Franz Kafka gestanden.

Wohl über keinen deutschen Schriftsteller ist so viel geschrieben worden wie über diesen Meister des Wortes, der ein so reines, kristallklares Deutsch schrieb wie kein anderer vor oder nach ihm. Franz Kafka ist auch hundert Jahre nach seinem Tod einer der meistgelesenen Dichter deutscher Sprache. In seiner makellosen sprachlichen Präzision, durchsetzt von einer untergründigen Komik, steht er auf einer Stufe mit den großen Klassikern der Literaturgeschichte. Niemand hat die Entfremdung des Menschen im Angesicht von Technik, Bürokratie und Verwaltung und die Ohnmacht gegenüber Justiz und Macht im 20. Jahrhundert so treffend beschrieben wie er.

»Kafkaesk« nennt man heute etwas, das einem unerklärlich, bedrohlich oder absurd erscheint. Rätselhaft: das sind viele seiner Werke, und so unterscheiden sich die Interpretationen seiner Erzählungen und Romane in vielfacher Hinsicht. Harald Martenstein, der oft ironische Kolumnist der Wochenzeitung *Die Zeit*, hat zu den einander widersprechenden Deutungen von Texten angemerkt: »Gerade durch Vieldeutigkeit werden Texte oft gut. Dem Himmel sei Dank, dass Kafka nicht klarstellen musste, welches Regime er in *Der Prozess* beschreibt. Heute müsste er vielleicht im Vorwort beteuern, dass nicht die Grünen gemeint sind.«

Zeit seines Lebens aber war Franz Kafka als Schriftsteller weitgehend unbekannt. Nur einzelne Weggefährten wussten seine Texte zu schätzen. Schreiben war das Lebenselixier des Prager Schriftstellers deutscher Zunge. Alles andere musste dahinter zurückbleiben.

Franz Kafka wurde am 3. Juli 1883 in Prag geboren. Seine Eltern waren der Galanteriewarenhändler Hermann Kafka, gebürtig aus Wosek in Südböhmen, und dessen Frau Julie, geborene Löwy, aus Podiebrad an der Elbe stammend. Im Geschäft des Vaters wurden Schals, Tücher, Bänder, Knöpfe, Schnallen, Gürtel, Handschuhe, Regenschirme und Spazierstöcke verkauft. Franz Kafka hatte fünf Geschwister, zwei Brüder, die schon bald nach der Geburt starben, und drei Schwestern, Valerie (»Valli«), Gabriele (»Elli«) und Ottilie (»Ottla«). Die Kinder der Kafkas besuchten eine deutsche Schule, und in der Familie wurde Deutsch gesprochen. Kafkas Onkel Siegfried Löwy, Land- und Betriebsarzt in Triesch, lud ihn immer wieder in sein Haus und zu Kurzreisen ein. Der Onkel weckte sein literarisches Interesse und begeisterte ihn auch für das Motorradfahren. Zeit seines Lebens interessierte sich Kafka für alle technischen Neuerungen in seinem näheren und weiteren Umfeld: Telefon, Untergrundbahnen, Automobile, Flugzeuge.

Frühe Fotoaufnahmen zeigen den kleinen, braunäugigen

Franz als einen meist skeptisch dreinschauenden Jungen, einige davon in Mädchenkleidern oder auch in hohen Stiefeln, mit halblangen Hosen und einer hübschen Ponyfrisur. Nach dem Besuch der Knabenvolksschule am Prager Fleischmarkt besuchte er das humanistische Staatsgymnasium in Prag-Altstadt, unweit seines Elternhauses. Die Unterrichtssprache war Deutsch. Das humanistische Gymnasium galt als die strengste Schule in der Stadt, als Fremdsprachen wurden Latein und Griechisch gelehrt, dazu Englisch und Französisch als Wahlfächer. Als Schüler blieb Franz Kafka weitgehend unauffällig. Gemeinsam mit seinem Vater besuchte er die »Civilschwimmschule« an der Moldau. Dort ankerte später auch sein eigenes Boot.

Zu seiner Bar Mizwa versandten seine Eltern eine Einladungskarte mit folgendem Text:

»Ich lade Sie höflichst zur Confirmation meines Sohnes Franz, welche am 18. Juni 1896 um ½ 10 Uhr Vormittag in der Zigeuner-Synagoge stattfindet. Hermann Kafka, Zeltnergasse 8.« Die Bezeichnung »Confirmation« statt Bar Mizwa beruhte auf dem Bestreben jüdischer Bürger, sich den Glaubensgepflogenheiten der deutschen Bevölkerung Prags anzupassen. Fast zehn Prozent der Einwohner Prags zu jener Zeit waren Deutsche, rund 54 000, davon etwa die Hälfte Angehörige jüdischen Glaubens.

Kafkas Abiturzeugnis wies zumeist befriedigende Zensuren aus. Auch in Deutscher Sprache wurde ihm lediglich ein »Befriedigend« attestiert. Allein in Philosophischer Propädeutik und Griechisch erhielt er die Beurteilung »lobenswert«. Nach dem Abitur nahm er an der Prager Universität ein Studium der Chemie auf. Das währte gerade einmal vierzehn Tage, dann wechselte er zur juristischen Fakultät. Am liebsten besuchte er aber kunsthistorische Vorlesungen. Die Juristerei war für ihn als Brotberuf vorgesehen, in Wirklichkeit aber hatte Kafka keinen anderen Traum, als zu schreiben.

Schon als Gymnasialschüler, im Alter von fünfzehn, hatte

er mit dem Schreiben begonnen. Aus dieser Zeit sind lediglich Fragmente erhalten geblieben. In der Lese- und Redehalle für deutsche Studenten lernte er zu Beginn des 20. Jahrhunderts seinen Freund und späteren Mentor Max Brod kennen. Max Brod war einen Kopf kleiner als der für damalige Verhältnisse groß gewachsene Franz Kafka (1,82 Meter). Brod hatte schon mehrere Bücher geschrieben und war hauptberuflich bei der Prager Postdirektion beschäftigt. Gemeinsam mit Brod, der dem weiblichen Geschlecht nicht abhold war, zog Kafka in Prag nachts um die Häuser und besuchte einschlägige Lokale wie das Trocadero oder das Eldorado. Auf Vermittlung von Max Brod gelang es, den einen oder anderen Text von Kafka in Zeitschriften unterzubringen.

Die engste Vertraute von Franz in der Familie war Ottla, seine jüngste Schwester. Sie arbeitete im Geschäft des Vaters und berichtete ihrem Bruder, dass der Vater in seinen Angestellten grundsätzlich »Feinde« sähe, denen man misstrauen müsse. Beim gemeinsamen Abendessen hatte Franz seinen eigenen Speiseplan. Bevorzugt aß er Obst und Nüsse, um den häufiger bei ihm auftretenden Magenschmerzen vorzubeugen. Am dann folgenden allabendlichen Kartenspiel (»Franzefuß«) nahm der Sohn nicht teil. Die emotionalen Ausbrüche des Vaters – Schimpfen, Lachen, Streiten, auf den Tisch Hauen – beim Spiel nervten ihn. Lieber zog er sich in sein Zimmer zurück. Im Café Arco traf sich Kafka mit anderen deutsch-jüdischen Autoren, darunter auch Franz Werfel, dem Max Brod einen Text von Kafka zu lesen gab. Werfel urteilte negativ; dies sei ein unbedeutender Text.

Mit Onkel Siegfried Löwy besuchte Kafka Naturheilsanatorien, und in der Wasserheilanstalt in Zuckmantel (Schlesien) lernte er zum ersten Mal eine Frau näher kennen: Er habe sie geliebt, schrieb er, »dass es mich im Innersten geschüttelt hat«.

Aus den Aufzeichnungen einer Hausangestellten ist eine Beschreibung des von Franz Kafka bewohnten Zimmers in der

Zeltnergasse 3 erhalten geblieben: »Sein Zimmer war einfach eingerichtet. Neben der Tür war ein Schreibtisch, auf ihm lag das römische Recht in zwei Bänden. Gegenüber vom Fenster war ein Schrank, vor ihm ein Fahrrad, dann das Bett, neben dem Bett ein Nachtkästchen, und bei der Tür ein Bücherregal und ein Waschbecken.«

Die Zwischen- und Abschlussprüfungen seines Jurastudiums bestand er mit gutem bis genügendem Erfolg. Im Juni 1906 wurde er an der Karl-Ferdinands-Universität zum Doktor der Rechte promoviert. Nach dem Studium trat Franz Kafka aber weder in den Staatsdienst ein noch eröffnete er eine juristische Praxis. Auf Vermittlung eines Onkels wurde er verbeamteter Jurist in der halbstaatlichen Arbeiter-Unfallversicherungs-Anstalt für das Königreich Böhmen in Prag. Zu Kafkas Aufgaben gehörten die Wahrnehmung der Interessen der Gesellschaft vor Gericht, das Verfassen von Texten zur Unfallverhütung im Baugewerbe sowie Kontrollbesuche in Fabriken und Gewerbebetrieben.

Im Sommer 1912 hielt er sich für drei Wochen im Luft- und Licht-Sanatorium Jungborn im Harz auf. Das Motto der Adolf-Just-Anstalt lautete: Kehrt zurück zur Natur. Zum täglichen Programm gehörten Wassergüsse, Schlammbäder und Bewegung in frischer Luft – vorzugsweise splitternackt. Nur ein einziger Kurgast trug eine Badehose: Franz Kafka. Kafka berichtet darüber in seinem Tagebuch, das er ab 1910 bis zu seinem Tod regelmäßig führte – das Medium seiner fortwährenden literarischen Selbstbeobachtung: *Heute früh: Waschen, Müllern, gemeinsames Turnen (ich heiße der Mann mit den Schwimmhosen), Singen einiger Choräle, Ballspielen im großen Kreis ... Konzert einer Militärkapelle aus Goslar. Nachmittag Heu gewendet ...*[166]

Das Jahr 1912 brachte eine entscheidende Wende in Kafkas Leben. Ende 1911 hatte er eine erste, später verworfene Fassung seines Amerika-Romans (*Der Verschollene*) zu Papier gebracht. Im Herbst 1912 schrieb er in einer einzigen Nacht seine

Erzählung »Das Urteil« nieder und nur wenige Wochen später »Die Verwandlung«.

Zur gleichen Zeit kam es zu heftigen familiären Auseinandersetzungen. Elli, die sechs Jahre ältere Schwester Franz Kafkas, war mit Karl Hermann, dem Besitzer der Ersten Prager Asbest-Fabrik, verheiratet. Das Unternehmen geriet in Schwierigkeiten, und auf den ausdrücklichen Wunsch und mit Hilfe von Vater Hermann Kafka trat Franz als Teilhaber in das Unternehmen ein. Franz sollte das nicht unbeträchtliche finanzielle Engagement der Familie Kafka und dessen sinnvolle Verwendung kontrollieren. Doch die besonnene Art, in der der Sohn seiner Aufgabe nachging, die Freundlichkeit, mit der er sich den Arbeitern der Fabrik zuwandte, entsprach den Vorstellungen des Vaters nicht. Franz Kafka versuchte sich gegen die Fremdbestimmung zu wehren. Als seine Lieblingsschwester Ottla Partei für ihren Vater ergriff, äußerte ihr Bruder: »Ich hasse sie alle der Reihe nach.«

Im November 1912 erschien auf Vermittlung von Max Brod im Rowohlt Verlag eine erste Veröffentlichung Franz Kafkas – insgesamt acht Prosaskizzen – unter dem Titel *Betrachtung* in einer nummerierten Auflage von 800 Exemplaren. Es folgten in den kommenden Jahren weitere Werke Kafkas im Kurt Wolff Verlag: *Der Heizer* (1913), *Die Verwandlung* (1915) und *Das Urteil* (1916) in Auflagen von jeweils nicht mehr als 1000 Exemplaren. Das Lesepublikum Franz Kafkas blieb bis zu seinem Tod im Juli 1924 überschaubar. Auch die Bücher *In der Strafkolonie*, *Ein Hungerkünstler* und *Ein Landarzt*, die noch zu Lebzeiten Franz Kafkas erschienen, kamen über eine Auflage von 2000 Exemplaren nicht hinaus.

Im August 1912 hatte Franz Kafka in der Wohnung von Max Brod Felice Bauer kennengelernt, die in Berlin lebte und dort in einer Firma für Diktiergeräte als Prokuristin arbeitete. Nachdem Felice beiläufig erzählte, dass sie mit Vergnügen gern auch längere Manuskripte abtippe, war das Interesse von Franz geweckt. Gemeinsam mit Max Brods Vater brachte er das Fräulein zu ihrem Hotel, ohne ihre Anschrift in Berlin in Erfahrung gebracht zu haben. Nach langwierigen Bemühungen fand er schließlich ihre Adresse heraus, und erst nach reiflichem Abwägen entschloss er sich, Felice zu schreiben. Neben seiner intensiven literarischen Produktion setzte nun eine wahre Flut von Briefen an Felice ein, in einem knappen Jahr schrieb er über dreihundert Briefe an seine zukünftige Verlobte. Die Antwortbriefe von Felice ersehnte er heiß und innig, zugleich fühlte er sich, wenn sie ihn auf berufliche und familiäre Sachverhalte ansprach, an den stets mahnenden Vater erinnert. Im ersten Halbjahr 1913 besuchte Kafka Felice zweimal in Berlin. Im Juni machte er ihr einen Heiratsantrag, kurze Zeit darauf kam es zu einem ersten Bruch. Der Grund dafür lag in der Unfähigkeit Kafkas, sich für eine feste Bindung zu einer Partnerin und für ein Familienleben zu entscheiden. Am 29. Dezember 1913 schrieb er, nachdem ihm Felice Bedenken ihrerseits ob einer möglichen Heirat mitgeteilt hatte, in einem Antwortbrief:

Ich liebe Dich, Felice, mit allem, was an mir menschlich gut ist, mit allem, was an mir wert ist, dass ich mich unter den Lebendigen herumtreibe. Ist es wenig, so bin ich wenig. Ich liebe Dich ganz genau so, wie Du bist, das, was mir an Dir gut scheint, wie das, was mir nicht gut scheint, alles, alles. So ist es bei Dir nicht, selbst wenn alles andere vorausgesetzt wird. Du bist mit mir nicht zufrieden, Du hast an mir Verschiedenes auszusetzen, willst mich anders haben, als ich bin. Ich soll mehr in der Wirklichkeit leben, soll mich nach dem, was gegeben ist, richten u. s. f. Merkst du denn nicht, dass Du, wenn Du solches aus wirklichem Bedürfnis willst, nicht mehr mich willst, sondern an mir vorüber willst? Warum Menschen ändern wollen, Felice? Das ist nicht recht. Menschen muss man nehmen, wie sie sind, oder lassen, wie sie sind. Ändern kann man sie nicht ... Trotzdem, Felice – sogar das, dass Du an mir Verschiedenes auszusetzen hast und ändern möchtest, sogar das liebe ich, nur will ich, dass Du das auch weißt. Und jetzt entscheide, Felice.[167]

Kafkas »Liebe in Briefen« zeugt von einem nicht enden wollenden Hin und Her zwischen der Frau, die er zu lieben meint, und der von ihm ausgemachten Bestimmung, zum Schreiben berufen zu sein. Das Schreiben sei ihm das Wichtigste auf Erden, beichtete er Felice, *wie etwa einem Irrsinnigen sein Wahn.*[168]

Im April 1914 traf sich Franz Kafka erneut mit Felice in Berlin. Sie verlobten sich inoffiziell. Zu Pfingsten des gleichen Jahres folgte die offizielle Verlobung in Anwesenheit der Eltern, die aus Prag anreisten. Sechs Wochen später wurde die Verlobung wieder gelöst. Im Januar 1915 trafen sich Franz und Felice einmal mehr; im gleichen Jahr unternahm das Paar einen Pfingstausflug an die deutsch-österreichische Grenze, und nach einem gemeinsamen Sommerurlaub in Marienbad im 1916 beschloss man, nach Kriegsende zu heiraten. Ein weiteres Jahr verging, dann verlobten sich Franz und Felice erneut.

Kurze Zeit darauf begann die schwere Erkrankung Kafkas, gekennzeichnet von Kopfschmerzen, Schlaflosigkeit und Bluthusten. Diagnostiziert wurde Lungentuberkulose. Wenig später kam es zur endgültigen Trennung von Felice. Felice Bauer heiratete dann einen Bankprokuristen. Mit ihm wanderte sie 1930 in die USA aus, wo sie 1960 verstarb.

Aufgrund seiner Krankheit wurde Kafka von der Büroarbeit befreit. Im Herbst 1917 brach er zu einem mehrmonatigen Aufenthalt in Nordböhmen auf, wo seine Schwester Ottla auf einem Landgut arbeitete. Es folgten vier weitere Monate der Rekonvaleszenz in der Pension Stüdl in Schelesen (bei Liboch) an der Elbe. Dort lernte er Julie Wohryzek, die Tochter eines Prager Synagogendieners, kennen und verlobte sich mit ihr. Aber auch diese Verlobung wurde nach kurzer Zeit gelöst. Zuvor hatte ihm sein Vater Hermann dringend von einer Heirat abgeraten, da ihm Julies Familie nicht gut genug schien.

Franz Kafka ging nun noch einmal nach Schelesen zur Kur. Dort schrieb er im Jahr 1919, fünf Jahre vor seinem Tod, in einer Nacht den »Brief an den Vater«, der seinen Vater jedoch nie erreichen sollte, weil Mutter Julie ihrem Sohn geraten hatte, ihn für sich zu behalten. Denn der lange Brief an den Vater beinhaltete die schonungslose und beklemmende Aufarbeitung der Vater-Sohn-Beziehung, unter der Franz Kafka ein Leben lang gelitten hat.

Franz Kafka schrieb: *Damals und damals überall hätte ich die Aufmunterung gebraucht. Ich war ja schon niedergedrückt durch Deine bloße Körperlichkeit. Ich erinnere mich zum Beispiel daran, dass wir uns zusammen in einer Kabine auszogen. Ich mager, schwach, schmal, Du stark, groß, breit. Schon in der Kabine kam ich mir jämmerlich vor, und zwar nicht nur vor Dir, sondern vor der ganzen Welt. Du warst für mich das Maß aller Dinge.*

An anderer Stelle des Briefes hieß es: *Es ist auch wahr, daß Du mich kaum einmal wirklich geschlagen hast. Aber das Schreien, das Rotwerden Deines Gesichts, das eilige Losmachen der Hosenträger, ihr Bereitliegen auf der Stuhllehne, war für mich fast ärger. Es ist, wie wenn einer gehenkt werden soll. Wird er wirklich gehenkt, dann ist er tot, und alles ist vorüber. Wenn er aber alle Vorbereitungen zum Gehenktwerden miterleben muß und erst wenn ihm die Schlinge vor dem Gesicht hängt, von seiner Begnadigung erfährt, so kann er sein Leben lang daran zu leiden haben.*[169]

Zahlreiche Literaturwissenschaftler sehen in Kafkas »Brief an den Vater« den Schlüssel zur Analyse aller anderen Werke des Autors. Wie vielen Lesern meiner Generation wohl auch ist der »Brief an den Vater« für mich stets Anlass zur Selbstreflexion gewesen. Wie wurden wir zu dem Menschen, der wir geworden sind? Wie hat sich die Erziehung unserer Väter und Mütter in der Familie mit Geschwistern und Großeltern ausgewirkt? Warum bin ich der, der ich bin?

Während eines weiteren Sanatoriumsaufenthaltes in Meran nahm Kafka einen Briefwechsel mit seiner in Wien lebenden Übersetzerin ins Tschechische, Milena Jesenská, auf. Mit ihr traf er sich in Wien und in Gmünd. Milena war aber mit dem Wiener Autor und Literaturkritiker Ernst Polak verheiratet.

Die Beziehung ist umfassend dokumentiert in den *Briefen an Milena* – einem Konvolut, das, was die darin beschriebenen Komplikationen, Missverständnisse und Bekenntnisse betrifft, der Briefsammlung an Felice vergleichbar ist. Auch hier, in den *Briefen an Milena*, findet man uneingeschränkte Hinwendung, Begehren in Worten, wenn Kafka schreibt: *So bin ich jetzt, ohne irgendetwas sonst zu machen, bis halb zwei nachts über diesem Brief gesessen, habe ihn angesehn und durch ihn Dich. Manchmal, nicht im Traum, habe ich diese Vorstellung: Dein Gesicht von Haaren zugedeckt, es gelingt mir das Haar zu teilen und rechts und links hin wegzuschieben, Dein Gesicht erscheint, ich fahre an der Stirn und den Schläfen hin und halte nun Dein Gesicht zwischen den Händen.*[170] Wenige Tage später schreibt er an die »Liebe Frau Milena« und ist wieder per Sie mit seiner Übersetzerin, geriert sich aber dennoch ganz poetisch: *Geschriebene Küsse kommen nicht an ihren Ort, sondern werden von den Gespenstern auf dem Wege ausgetrunken ...*[171] Seit Milena Franz Kafka traf, fühlte sie sich zu ihm hingezogen. Sie bewunderte ihn, doch sie wusste, dass ein Leben mit Franz Kafka ihre Sehnsucht nach Glück nicht stillen konnte. Denn Franz Kafka war sterbenskrank. Und so scheiterte auch dieser Versuch in Liebesdingen.

Milena Jesenská verhalf Jahre später, nach der Besetzung der Tschechoslowakei durch Hitlers Truppen, Juden und anderen Verfolgten unter Einsatz ihres Lebens zur Flucht und leistete Widerstand gegen das Hitlerregime. Sie wurde von der Gestapo verhaftet und kam ins Konzentrationslager Ravensbrück. Dort verstarb sie am 17. Mai 1944 nach einer Nierenoperation.

Nach dem Ende der Beziehung zwischen Franz und Milena folgten weitere Aufenthalte Kafkas in Sanatorien in der Hohen Tatra und in Spindlermühle im Riesengebirge, wo er mit den Arbeiten an seinem Hauptwerk *Das Schloß* begann. Den Sommerurlaub 1923 verbrachte Kafka mit seiner Schwester Elli in Müritz an der Ostsee. Dort lernte er in einer Feriensiedlung des jüdischen Volksheims seine letzte Liebe, Dora Diamant, kennen.

Sie mieteten ein gemeinsames Zimmer in Berlin-Steglitz und gingen oft im Botanischen Garten und im Steglitzer Park spazieren.

Zweimal zogen Dora und Franz Kafka in Berlin um, zunächst in die Steglitzer Grunewaldstraße, dann in die Heidestraße in Zehlendorf. Wegen des schlechten Gesundheitszustandes Kafkas musste Dora die Umzüge allein bewältigen. Im März 1924 brachte Max Brod seinen Freund zurück nach Prag. Vier Wochen später reiste Kafka mit Dora Diamant in ein Sanatorium nach Kierling an der Donau, nahe Klosterneuburg. Dort pflegte Dora Diamant ihn bis zu dessen Tod am 3. Juni 1924. Über diese letzte Liebe des Franz Kafka hat der Schriftsteller Michael Kumpfmüller ein erschütterndes und zu Herzen gehendes Buch geschrieben: *Die Herrlichkeit des Lebens*.

Franz Kafka wurde nur vierzig Jahre alt. Das Grab des unsterblichen Dichters Franz Kafka liegt auf dem Straschnitzer Friedhof in Prag. Noch zu Lebzeiten verfügte Franz Kafka, dass seine unveröffentlichten Schriften vernichtet werden sollten. Glücklicherweise setzte sich Max Brod, der von Kafka selbst als Nachlassverwalter eingesetzt worden war, über den letzten Willen seines Freundes hinweg. Sonst hätten die großen Romane des größten Dichters der Literaturgeschichte – *Der Prozess*, *Das Schloß* und der Amerika-Roman *Der Verschollene* – niemals das Licht der Öffentlichkeit erblickt.

Über Literatur und die Kraft, die von ihr ausgehen sollte, hat Franz Kafka einst an seinen Freund Oskar Pollak geschrieben: *Wenn das Buch, das wir lesen, uns nicht mit einem Faustschlag auf den Schädel weckt, wozu lesen wir dann das Buch? Damit es uns glücklich macht, wie Du schreibst? Mein Gott, glücklich wären wir auch, wenn wir keine Bücher hätten, und solche Bücher, die uns glücklich machen, könnten wir zur Not selber schreiben ... Ein Buch muss die Axt sein für das gefrorene Meer in uns. Das glaube ich.*[172]

Meine Lieblingsbücher von Franz Kafka:

- **Das Schloß**
- Der Prozess
- Die Verwandlung
- Das Urteil
- Brief an den Vater
- Briefe an Felice
- Briefe an Milena

Das Schloß ist der wichtigste Roman Franz Kafkas und blieb infolge der schweren Erkrankung des Autors unvollendet. Kafka begann die Arbeiten am Manuskript während eines Kuraufenthaltes im Riesengebirge im Jahr 1922. Das Buch erschien erst zwei Jahre nach seinem Tod. Kafka erzählt darin die Geschichte des Landvermessers K., der sich in einem Dorf am Fuße des Schlossbergs aufhält und den ihm von einem Grafen erteilten Auftrag nachgehen will. Doch er findet den Weg ins Schloss nicht, weil ihn die Behörde daran hindert. In immer neuen Varianten schildert Kafka den anhaltenden und vergeblichen Kampf des Titelhelden K. und dessen rätselhafte Begegnungen mit den Dorfbewohnern. *Das Schloß* gilt als eines der wichtigsten literarischen Werke des 20. Jahrhunderts und wurde immer wieder neu interpretiert – etwa als schwarze Satire auf die Macht, Willkür und Bürokratie von Staatsapparaten und anonymen Behörden. Der Roman beginnt mit den Sätzen:

Es war spätabends, als K. ankam. Das Dorf lag in tiefem Schnee. Vom Schloßberg war nichts zu sehen, Nebel und Finsternis umgaben ihn, auch nicht der schwächste Lichtschein deutete das große Schloß an. Lange stand K. auf der Holzbrücke, die von der Landstraße zum Dorf führte, und blickte in die scheinbare Leere empor.

Dann ging er, ein Nachtlager suchen; im Wirtshaus war man noch wach, der Wirt hatte zwar kein Zimmer zu vermieten, aber er wollte, von dem späten Gast äußerst überrascht und verwirrt,

K. in der Wirtsstube auf einem Strohsack schlafen lassen. K. war damit einverstanden. Einige Bauern waren noch beim Bier, aber er wollte sich mit niemandem unterhalten, holte selbst den Strohsack vom Dachboden und legte sich in der Nähe des Ofens hin. Warm war es, die Bauern waren still, ein wenig prüfte er sie noch mit den müden Augen, dann schlief er ein ...[173]

Empfehlenswerte Bücher über Franz Kafka:

— Reiner Stach: *Franz Kafka. Die frühen Jahre. Die Jahre der Entscheidungen. Die Jahre der Erkenntnis.* Biographie. Drei Bände. Verlag S. Fischer, Frankfurt am Main 2002–2014.

— Hartmut Binder: *Kafkas Welt.* Rowohlt Verlag, Reinbek 2008.

— Klaus Wagenbach: *Franz Kafka. Eine Biographie seiner Jugend.* Francke Verlag, Bern 1958.

— Klaus Wagenbach: *Franz Kafka. Bilder aus seinem Leben.* Verlag Klaus Wagenbach, Berlin 1983.

— Alois Prinz: *Auf der Schwelle zum Glück. Die Lebensgeschichte des Franz Kafka.* Beltz & Gelberg, Weinheim 2005.

— Michael Kumpfmüller: *Die Herrlichkeit des Lebens* (Roman), Kiepenheuer & Witsch, Köln 2011.

Literatour Franz Kafka:

— Kafka-Museum, Hergetova Cihelná, Cihelná 2b, 11800 Prag 1

— Geschäftshaus Hermann Kafka, Celetná 12, 11000 Prag 1

— Hermann Kafkas Geschäft im Kinsky-Palais, Staroměstské nám. 606, 11000 Prag 1

— Grab Franz Kafkas, Neuer Jüdischer Friedhof, Izraelská 712, 13000 Prag 3 – Žižkov

Zitatnachweise

1   Wilhelm Busch: *Tobias Knopp*. Rowohlt Verlag, 1957

2   Wilhelm Busch: *Die fromme Helene*. Diogenes Verlag, 2007

3   Wilhelm Busch: *Tobias Knopp*. Rowohlt Verlag, 1957

4   ebenda

5   Theodor Storm, Nachdichtung »Das Hohelied Salomos«; zitiert
    nach Jochen Missfeldt: *Du graue Stadt am Meer. Der Dichter
    Theodor Storm in seinem Jahrhundert*. Carl Hanser Verlag, 2013

6   Theodor Storm: *Der Schimmelreiter*. Reclam Verlag, 2005

7   Ludwig Thoma: *Lausbubengeschichten*. dtv, 1966

8   Winfried Freund: *Annette von Droste-Hülshoff*. dtv, 1998, S. 31

9   Briefe von Annette von Droste Hülshoff und Levin Schücking,
    Projekt-Gutenberg.org

10 Annette von Droste-Hülshoff: »Der Knabe im Moor«.
    In: Echtermayer / von Wiese: *Deutsche Gedichte*. August Bagel
    Verlag, 1966, S. 468

11 ebenda

12 ebenda

13 Heinrich Heine: *Deutschland. Ein Wintermärchen*.
    Reclam Verlag, 2001

14 Beate Borowka-Clausberg: *Salomon Heine in Hamburg*.
    Wallstein Verlag, 2013

15 Heinrich Heine: *Deutschland. Ein Wintermärchen*.
    Reclam Verlag, 2001

16 ebenda

17 Adalbert Stifter: »Aus dem bairischen Walde«. In: Adalbert Stifter:
    Sämtliche Erzählungen, Band II. Carl Hanser Verlag, 2005

18 Urban Roedl: *Stifter*. Rowohlt Verlag, 1999, S. 42

19 Dirk Lorenzen: *Adalbert Stifter. Der Meister der totalen
    Sonnenfinsternis*. Deutschlandfunk, 28. 1. 2018

20 Adalbert Stifter: *Der Nachsommer. Eine Erzählung*.
    Goldmann Klassiker, 2005

21 Christian Lindner: »Gottfried Keller – Autodidakt, Vagabund,
    Schriftsteller«. Deutschlandfunk, 19. 7. 2019

22 Gottfried Keller: *Der grüne Heinrich*. Reclam Verlag, 2011

23 Gottfried Keller: *Kellers Werke in 5 Bänden*. Aufbau Verlag, 1966

24 Theodor Fontane: *Tagebuch*. Fontane-Archiv Potsdam

25 Theodor Fontane: *Meine Kinderjahre*. Fischer Taschenbuch, 2011

26 Annonce Friedrich Mann am 28. 10. 1933 in *Lübecker General-Anzeiger*

27 Thomas Mann: *Deutsche Hörer! Radiosendungen nach Deutschland aus den Jahren 1940–1945*. Fischer Taschenbuch, 1987

28 Thomas Mann: *Bekenntnisse des Hochstaplers Felix Krull*. S. Fischer Verlag, 1954

29 Brief von Joseph Roth an Stefan Zweig vom 28. 4. 1933

30 Joseph Roth: *Radetzkymarsch*. dtv, 1998

31 Brief von Franz Kafka an Felice Bauer, Februar 1933

32 franzkafka.de/fundstuecke/kafka-mag-else-lasker-schueler-nicht

33 Dana Horáková: *Starke Frauen. Verehrt, geliebt, verteufelt*. Quadriga Verlag, 2011

34 Else Lasker-Schüler: »Mein blaues Klavier«, in: Echtermayer / von Wiese: *Deutsche Gedichte*. August Bagel Verlag, 1966, S. 636

35 Rainer Maria Rilke: »Der Panther«, in: ebenda, S. 612

36 Joachim Ringelnatz: *Sämtliche Gedichte*. Diogenes Verlag, 2005

37 nach Walter Lennig: *Benn*. Rowohlt Verlag, 1968, S. 129

38 Gottfried Benn: »Nur zwei Dinge«. *Sämtliche Gedichte*. Klett-Cotta, 1986

39 Gottfried Benn: »Astern«. © 1948, 2006 Arche Literatur Verlag AG, Zürich–Hamburg

40 Gottfried Benn: »Einsamer nie«. © 1948, 2006 Arche Literatur Verlag AG, Zürich–Hamburg

41 Gottfried Benn: »Anemone«. © 1948, 2006 Arche Literatur Verlag AG, Zürich–Hamburg

42 Peter Stolle: »Der ewige Muttertag«, in: *Der Spiegel* 46/1998

43 ebenda

44 Elisabeth Guzy: *Erich Kästner und das Theater*. Diplomarbeit am Institut für Theater-, Film- und Medienwissenschaft der Universität Wien, Juli 2010

45 »Mai 1933: Nazis verbrennen Bücher«, NDR.de 9. 5. 2016, ndr.de/geschichte/chronologie/10-mai-1933-buecherverbrennungen-in-deutschland,buecherverbrennung2.html

46 Erich Kästner: *Gedichte*. Büchergilde Gutenberg, 1992

47 ebenda

48 Günter Eich: *Gedichte*. Suhrkamp Verlag, 2002

49 ebenda

50 ebenda

51 ebenda

52 Stefanie Hoffmeister: »Zum 20. Todestag der heimatlosen jüdischen Lyrikerin Mascha Kaléko«, in: *Berliner Zeitung*, 18.1.1995

53 Mascha Kaleko: »Das bisschen Ruhm«, in: *Die paar leuchtenden Jahre*. Hrsg. von Gisela Zoch-Westphal, dtv, 2003

54 Brief von Mascha Kaléko an Ingeborg Drewitz, Dezember 1974

55 Mascha Kaléko: *Das lyrische Stenogrammheft*. Rowohlt Verlag, 1974

56 nach Jakob Strobel y Serra: »Wales auf Dylan Thomas' Spuren. Nackt vorbei an der Schenke«, *Frankfurter Allgemeine Zeitung*, 24.10.2014

57 Dylan Thomas: *Gedichte*. Hanser Verlag, 1967

58 ebenda

59 Ingeborg Bachmann: *Sämtliche Gedichte*. Piper Verlag, 2003

60 Hans Magnus Enzensberger: *Der Untergang der Titanic. Eine Komödie*. Suhrkamp Verlag, 1969

61 Hans Magnus Enzensberger: *Gedichte*. Suhrkamp Verlag, 1969

62 ebenda

63 ebenda

64 John Lennon: »Imagine« (Songtext)

65 Übersetzung Hermann Schmidt

65 John Lennon / Paul McCartney: »Eleanor Rigby« (Songtext)

66 Bob Dylan: »If you see her, say hello« (Songtext), Copyright © 1974 by Ram's Horn Music; renewed 2002 by Ram's Horn Music

67 Übersetzung Gisbert Haefs, *Bob Dylan Lyrics 1962–2001* © 2004, 2014, 2016 by Bob Dylan. Für die deutsche Ausgabe: © 2004, 2014, 2016 Hoffmann und Campe Verlag, Hamburg

68 Georg Büchner, Brief an Wilhelmine Jaeglé, Januar 1834

69 Georg Büchner, Brief an Wilhelmine Jaeglé, 10.3.1834

70 Georg Büchner, Brief an Wilhelmine Jaeglé, 27.1.1837

71 Georg Büchner: *Der Hessische Landbote*. Reclam Verlag, 1996

72 B. Traven: *Das Totenschiff*. Büchergilde Gutenberg, 1959

73 nach Jürgen Manthey: *Hans Fallada*. Rowohlt Verlag, 1963, S. 129

74 Hans Fallada: *Bauern, Bonzen und Bomben*. Rowohlt Verlag, 1975

75 Vilhelm Moberg: *Der Roman von den Auswanderern.*
Büchergilde Gutenberg, 1988

76 Ödön von Horváth: *Buch der Tänze.* Schahin Verlag, 1922

77 Marcel Reich-Ranicki auf zeit.de, 14. 4. 1972

78 Ödön von Horváth: *Jugend ohne Gott.*
Suhrkamp BasisBibliothek, 1999

79 Maj Sjöwall / Per Wahlöö: *Die Tote im Götakanal.*
Rowohlt Verlag, 1968

80 »Isabel Allende: Ehe-Aus nach 27 Jahren«,
in: *Volksstimme Magdeburg*, 3. 1. 2016

81 Steffi Kammerer: »Die unglaublichen Erlebnisse der Isabel
Allende«, Literarische Welt, 23. 7. 2021

82 Isabel Allende: *Das Geisterhaus.* Lizenzausgabe Spiegel-Edition, 1989

83 nach Susanne Führer: »Schriftstellerin Herta Müller: ›Ich wusste
immer, was ich nicht will‹«. Deutschlandfunk Kultur *Im Gespräch*,
25. 12. 2019

84 nach »Herta Müller: ›Ich galt als Parasit‹«, Interview.
ARD / SWR.de *Report Mainz*, 19. 1. 2010

85 nach Führer: »Schriftstellerin Herta Müller«, 25. 12. 2019

86 nach Andrea Seibel: »Herta Müller: ›Putins Dreistigkeit beleidigt
meinen Verstand‹«. Interview, welt.de, 5. 3. 2015

87 Führer: »Schriftstellerin Herta Müller«, 25. 12. 2019

88 Herta Müller: *Niederungen.* Rotbuch Verlag, 1984

89 https://www.nur-zitate.com, Zitat Marcel Pagnol, Zitat Nr. 12809

90 Marcel Pagnol: *Eine Kindheit in der Provence.* Piper Verlag, 1999

91 nach Maike Albath: »125. Geburtstag von Marcel Pagnol: Berühmt
durch seine Geschichten über den Alltag«. Deutschlandfunk,
28. 2. 2020

92 www.zitate.eu/autor/bertolt-brecht-zitate/168733

93 Reinhold Jaretzky: *Bertolt Brecht.* Rowohlt Verlag, 2006

94 Karoline Kuhla: »Brecht in Hollywood: ›Hügelkette mit
Preisschildchen‹«. Spiegel.de, 27. 2. 2013

95 ebenda

96 Bertolt Brecht in *Sinn und Form*, April 1953

97 Brief Bertolt Brecht an Walter Ulbricht am 17. 6. 1953

98 Bertolt Brecht, »Die Lösung«, in: *Buckower Elegien.*
Suhrkamp Verlag, 1964

99 Bertolt Brecht: »Erinnerung an die Marie A«, in: Echtermayer / von
Wiese: *Deutsche Gedichte.* August Bagel Verlag, 1966

100 Ernest Hemingway, »Das Ende von Etwas«,
in: *Die Nick Adams Stories.* Rowohlt Verlag, 1983

101 ebenda

102 Jerome D. Salinger: *Der Fänger im Roggen.*
Kiepenheuer & Witsch, 1962

103 John Steinbeck: *Das Tal des Himmels.* dtv, 2002

104 Rede von Tschingis Aitmatow an der Akademie Diözese
Rottenburg-Stuttgart, 1998

105 Tschingis Aitmatow: *Dshamilja.* Erzählung. A. d. Russischen
v. Gisela Drohla. © Insel Verlag Frankfurt am Main 1962.
Alle Rechte bei und vorbehalten durch Insel Verlag Berlin

106 Brief von Alfred Andersch an Golo Mann, 1979

107 Percy Adlon: »Mann und Frau im Gehäuse – Alfred und Gisela
Andersch im Onsernonetal«, Dokumentation 1975

108 Alfred Andersch: *Die Kirschen der Freiheit.* © 1968, 2006 Diogenes
Verlag AG Zürich

109 https://gutezitate.com/zitat/277969

110 https://gutezitate.com/zitat/165677

111 Heinrich Böll: »Über mich selbst« (1959), www.heinrich-boell.de

112 Susanne Esch: »Kölner Westen. Hier schrieb Heinrich Böll
wichtige Werke«, in: *Kölner Stadtanzeiger*, 21.10.2017

113 Heinrich Böll: *Irisches Tagebuch.* Kiepenheuer & Witsch, 1957

114 ebenda

115 Siegfried Lenz: *So zärtlich war Suleyken.* © 1955 Hoffmann und
Campe Verlag, Hamburg

116 Günter Grass: *Die Blechtrommel.* Luchterhand Verlag, 1959

117 Walter Kempowski: *Alkor. Tagebuch 1989.* Albrecht Knaus Verlag,
2001

118 www.beruehmte-zitate.de/zitate/2012087-walter-kempowski-das-
einzige-was-mich-am-tod-wirklich-traurig-macht/

119 Walter Kempowski: *Im Block.* Albrecht Knaus Verlag, 2016

120 Uwe Timm: *Der Verrückte in den Dünen.* © 2020, Verlag
Kiepenheuer & Witsch GmbH & Co. KG, Köln

121 nach Tobias Wenzel: »Schriftsteller Uwe Timm: Der Alt-68er wird
80«. Deutschlandfunk Kultur *Fazit*, 29.3.2020

122 Uwe Timm: *Am Beispiel meines Bruders.* dtv, 2005

123 nach Andreas Austilat und Norbert Thomma: »Schriftsteller F. C.
Delius im Interview. ›Ich war stets resistent gegen Utopien‹«.
Der Tagesspiegel, 5.2.2016

124 F. C. Delius im Interview mit Tilman Krause: »Es war alles ganz anders«. *Die Welt*, 10.1.2001

125 F. C. Delius im Interview mit Felix Zimmermann: »Autor Delius über die RAF. ›Das erste Terroropfer ist die Sprache‹«, *taz am wochenende*, 2.10.2017

126 F. C. Delius im Interview: »Es gibt nichts Spannenderes als die Sprache«. *Rhein-Neckar-Zeitung*, 25.2.2006

127 F. C. Delius: *Bildnis der Mutter als junge Frau*. Rowohlt Verlag, 2006

128 nach Austilat und Thomma: »Schriftsteller F. C. Delius im Interview«, 5.2.2016

129 F. C. Delius: *Der Sonntag, an dem ich Weltmeister wurde*. © 2004, Rowohlt Verlag GmbH, Reinbek

130 Christoph Schröder: »Peter Kurzecks Reise in den französischen Sommer«. Deutschlandfunk *Büchermarkt*, 15.9.2019

131 Andreas Maier, Nachwort in Peter Kurzeck: *Der Nußbaum gegenüber vom Laden, in dem du das Brot kaufst*. Schöffling & Co., 2021

132 Peter Kurzeck: *Vorabend*. Stroemfeld Verlag, 2011

133 Maarten 't Hart: *Das Paradies liegt hinter mir*. Piper Verlag, 2014

134 ebenda

135 nach Michael Köhler: »Weltliterat Maarten 't Hart: ›Ich bin kein Eremit‹«, Deutschlandfunk *Büchermarkt*, 23.10.2019

136 Maarten 't Hart: *Gott fährt Fahrrad oder Die wunderliche Welt meines Vaters*. Arche Verlag, 2000, S. 304 f.

137 Thomas Andre: »Gerhard Henschel ist der Biograph der Babyboomer«, in: *Hamburger Abendblatt*, 9. März 2017

138 Gerhard Henschel: *Erfolgsroman*. © 2018 Hoffmann und Campe Verlag, Hamburg

139 nach Andrea Gerk: »Robert Seethaler und sein Roman ›Das Feld‹: ›Der Tod dient vor allem als Projektionsfläche‹«. Interview, Deutschlandfunk Kultur *Lesart*, 7.6.2018

140 nach Volker Heimann: »Robert Seethaler ›Ein ganzes Leben‹«. Deutschlandfunk *Büchermarkt*, 1.9.2014

141 Robert Seethaler: *Ein ganzes Leben*. © 2014 Hanser Berlin in der Carl Hanser Verlag GmbH & Co. KG, München

142 Joachim Meyerhoff: *Wann wird es endlich so, wie es nie war*. Kiepenheuer & Witsch, 2015

143 Joachim Meyerhoff: *Alle Toten fliegen hoch. Amerika*. Kiepenheuer & Witsch, 2016

144 nach Uli Hufen: »Tagebücher von Patricia Highsmith: Appetit auf Zerstörung«. Deutschlandfunk *Büchermarkt*, 31.10.2021

145 ebenda

146 ebenda

147 Patricia Highsmith: *Der Schrei der Eule.* Hrsg. v. Paul Ingendaay
     u. Anna von Planta. Aus d. Amerikanischen v. Irene Rumler.
     © 1976, 2002 Diogenes Verlag AG Zürich

148 newslichter.de/2013/11/camus-lieblingsworte

149 Albert Camus in *Le Soir Républicain*, 1. Januar 1940

150 nach Hans Woller: »Der Philosoph und der Fußball«.
     Deutschlandfunk, 10. 11. 2013

151 Albert Camus und Maria Cesarès: *Schreib ohne Furcht und viel.
     Eine Liebesgeschichte in Briefen 1944–1959.* Rowohlt Verlag, 2021

152 nach »Lourmarin ist ein Pilgerort für Camus-Verehrer«,
     focus.de/dpa, 15. 11. 2013

153 Albert Camus: *Der Fremde.* Rowohlt Verlag, 1996

154 ebenda

155 ebenda

156 Georges Simenon: *Intime Memoiren.* © 1981 by Georges Simenon
     Limited, © 2018 Hoffmann und Campe Verlag, Hamburg

157 ebenda

158 www.gutezitate.com/zitat/132525

159 Georges Simenon: *Das blaue Zimmer.* © 1964 by Georges Simenon
     Limited, © 2019 Hoffmann und Campe Verlag, Hamburg

160 Harald Irnberger: *Gabriel García Márquez. Die Magie der
     Wirklichkeit. Biografie.* Artemis & Winkler Verlag, 2003, S. 73

161 ebenda, S. 141

162 ebenda, S. 169

163 ebenda, S. 176

164 ebenda, S. 177

165 Gabriel García Márquez: *Hundert Jahre Einsamkeit.*
     Fischer Taschenbuch, 2004

166 Franz Kafka, *Tagebücher.* S. Fischer Verlag, 2008

167 Franz Kafka, *Briefe an Felice.* Fischer Taschenbuch, 1976

168 ebenda

169 Franz Kafka: *Brief an den Vater.* Reclam Verlag, 1995

170 Franz Kafka: *Briefe an Milena.* Fischer Taschenbuch, 2011

171 ebenda

172 Franz Kafka: *Brief an Oskar Pollak.* 27. Januar 1904

173 Franz Kafka: *Das Schloß.* Fischer Taschenbuch, 2012

Bildnachweise